D1726365

ЭДУАРД
ТОПОЛЬ

СОБРАНИЕ СОЧИНЕНИЙ

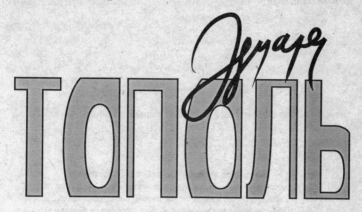

Эдуард Тополь
ТОПОЛЬ

Завтра в России

АСТ
ИЗДАТЕЛЬСТВО
Москва
2001

УДК 882
ББК 84(2Рос-Рус)6-44
Т 58

Серийное оформление и компьютерный дизайн А.А. Воробьева

Тополь Э.

Т 58   Завтра в России: Роман. — М.: ООО «Издательство АСТ», 2001. — 448 с.

ISBN 5-17-001964-5.

Вниманию читателей предлагается роман «Завтра в России» известного во всем мире писателя.

УДК 882
ББК 84(2Рос-Рус)6-44

ISBN 5-17-001964-5

ВЫНУЖДЕННОЕ ПРЕДИСЛОВИЕ

Я не читаю предисловий к чужим книгам и поэтому не писал их к своим. Но биография этой книги уже сама складывается в роман, и вот несколько слов на эту тему.

Я сел писать исторические фантазии на тему «Завтра в России» в октябре 1986 года, и на первых порах даже мне самому развитие сюжета часто казалось нелепым бредом неумелого романиста. Но потом советская история вдруг стала развиваться так стремительно, что события, выдуманные мной и отнесенные на 1992—1994 годы, начали превращаться в сегодняшний и даже вчерашний день. Так, помню, в третьей главе этой книги я (мысленно поставив себя на место Горбачева) смело реабилитировал Троцкого и Бухарина — в 1990 году. А через месяц мне пришлось выкинуть эту главу — Горбачев реабилитировал Троцкого и Бухарина на три года раньше!

Короче говоря, пока я сочинял будущее для России и консультировался по ряду предполагаемых мной событий с Пентагоном и другими экспертами, Россия с фантастической скоростью двигалась в это будущее, и я, пытаясь застолбить свой copyright на историю, отдал роман в нью-йоркскую газету «Новое Русское Слово», где он и был напечатан летом 1988 года. Одновременно роман ушел и к моему американскому издателю.

Но именно в то лето горбомания захлестнула мир. И мой американский издатель, прочитав роман об аресте советского Президента, приходе к власти партийно-шовинистской хунты и гражданской войне в России, пришел в ужас и сказал, что «даже если это все правда, нам такая правда не нужна!». И еще он добавил, что если я не перестану писать такие глупости, то имя мое исчезнет в литературной пыли.

Я хорошо помню, что, когда подобные заявления по поводу моих сочинений делали лет тридцать назад редакторы советских журналов и киностудий, я считал их идиотами и антисемитами (и, кстати, ни разу не ошибся). Но до чего же в нас, русских, развито уважение к Западу! — после пары аналогичных ответов других американских издателей я запретил своему агенту показывать роман кому бы то ни было и тут же выбросил рукопись в подвал.

И только моя, в августе 1989 года, поездка в Россию заставила меня вернуться к этому роману. Потому что в Москве, в Ленинграде и в Таллинне я с первых же минут почувствовал себя брошенным на страницы романа. Да, уже тогда значительная часть моих исторических фантазий оказалась хроникой русских событий. Даже выдуманная мной организация «Патриоты России» вдруг объявилась в Ленинграде...

Я вернулся в Америку, перенес действие романа из 1992— 1994 годов поближе к сегодняшнему дню и попросил своего агента снова послать рукопись моему американскому издателю. Но агент сказал, что этого человека уже не существует — его имя исчезло в издательской пыли.

Черт возьми! Я видел, что история явно катится по сценарию, намеченному мной в романе, но никто не хотел этот роман печатать, никто не верил в мои предсказания! Даже мистер Горбачев! Да, я думаю, что и об этом уже можно сказать: летом 1990 года Виталий Коротич, главный редактор журнала «Огонек», отдал рукопись этого романа Михаилу Сергеевичу Горбачеву в надежде получить у него «добро» на публикацию. И с гордостью сам сказал мне об этом в Нью-Йорке, обещая начать печатать роман с сентября 1990 года. Но прошел сентябрь, ноябрь и даже январь 1991 года, роман уже вышел отдельной книгой в Болгарии, а Коротич... Мне передали, что тот самый Коротич, который рекомендовал роман М.С. Горбачеву и просил у меня разрешения напечатать его в журнале (а затем еще и издать в трехтомнике моих сочинений), — этот самый Виталий Коротич вдруг обозвал роман «порнографией». Я понял, что он просто повторил то, что сказал ему М.С. Горбачев после прочтения рукописи.

А роман все-таки вышел в России — в мае 1991 года, полупиратски, в Махачкале, в кошмарной обложке и с огромными купюрами, — но за три месяца до тех событий, которые в нем предсказаны. Причем, как увидит читатель, предсказаны чуть ли не с точностью до одного дня! Например, в романе, написанном, повторяю, в 1986—1988 годах, арест советского Президента происходит в субботу, 20 августа, а в жизни он случился 19-го. Но это просто потому, что в то время, когда я писал роман, у меня под рукой не было календаря 1991 года...

Конечно, мне могут сказать, что я не все угадал. Например, антигорбачевский переворот у меня в романе удался, а в жизни — провалился.

Но у меня, господа, на это другая точка зрения. Я позволю себе предположить, что Госпожа Русская История прочла мой роман и, ужаснувшись предстоящим России испытаниям, впервые сжалилась над русским народом и вовремя успела внести в мой сценарий режиссерские поправки. Потому что без этого янаевско-крючковского заговора-фарса Россия еще десять лет топталась бы на месте, буксовала между Горбачевым и Ельциным. И все равно был бы заговор, был бы путч — другого пути не было! Я искал этот другой путь полтора года, а жена, боясь, что мои предсказания сбудутся, просила меня найти какое-нибудь другое будущее для России хотя бы в романе, но я не нашел — не потому, что не хотел, а потому, что пасьянс горбачевской перестройки складывался только так — не иначе!

Но кроме антигорбачевского заговора в романе, как увидит читатель, были намечены и более трагические события. Поэтому, я думаю, мой роман еще актуален — не только как черновик истории или ее альтернативный сценарий. А как взгляд в ту пропасть, мимо которой миру удалось проскочить буквально чудом.

Есть ли в этом чуде заслуга моего романа? Полностью ли миновала та опасность, которую я видел еще пять лет назад?

Не рано ли сбрасывать со счетов возможность трагического ожесточения фабулы русской истории?

Этого я не знаю.

И — уже боюсь предсказывать.

Эдуард ТОПОЛЬ

10 октября 1991 года
Нью-Йорк, США

Часть I

КРАСНЫЙ АВГУСТ

8 АВГУСТА 199... ГОДА
Из экстренных выпусков газет во всем мире

«ДЕЛЕГАТ КОММУНИСТИЧЕСКОГО СЪЕЗДА СТРЕЛЯЕТ В СВОЕГО ПРЕЗИДЕНТА!» «СПАСУТ ЛИ ВРАЧИ ПРЕЗИДЕНТА?» «НОВЫЙ ПЕРЕВОРОТ В КРЕМЛЕ???...»

ДЕНЬ ПЕРВЫЙ

1

Москва,
Кремлевская больница.
11.15 по московскому времени

«— Подсудимый Батурин, встать! Признаете ли вы, что 8 августа на заседании съезда партии стреляли в товарища Горячева?

— Да. Стрелял.

— Чей приказ вы выполняли?

— Я стрелял от имени всей партии...»

Горячев мучительно поморщился. Но даже выругаться вслух у него еще не было сил. Он лежал на высокой больничной койке, чуть приподнятый на подушках, с хирургическим швом на груди, окутанный проводами датчиков и окруженный новейшим импортным медицинским оборудованием. Миниатюрные экранчики постоянно показывали частоту его пульса, кровяное давление, ритм сердца, заполняемость легких и т.д. Вся эта аппаратура дублировала приборы, стоящие в кабинете главврача Кремлевской больницы академика Бахтина, и была поставлена в палату по приказу самого Горячева, как только его привезли в больницу. С простреленной грудью и кровью в плевре левого легкого, почти теряя сознание от боли и страха умереть, Горячев еще по дороге из Кремлевского Дворца съездов, где прозвучал этот страшный выстрел, успел подумать, что он не может доверять кремлевским врачам. Стрелявший не был уличным шизофреником, он был делегатом съезда партии. И, значит, это покушение — результат заговора. Но кто заговорщики? Правые во главе с Лигачевым? Левые во главе с Ельциным? Демократы-экстремисты? Русские националисты из «Памяти»? Анархисты? Военные? Кто бы это ни был, они могли заранее сговориться с врачами «Кремлевки» о том, что если Горячев не будет убит, а только ранен, то он должен умереть в больнице. Заговорщики должны были сговориться с врачами, иначе они — полные идиоты! Потому что если он выживет, то... Господи, если я выживу, то...

И весь короткий путь — всего три квартала от Кремля до улицы Грановского, где находится Кремлевская больница, — Горячев думал только об этом: как НЕ отдать себя в руки кремлевских врачей, как НЕ допустить, чтобы его оперировали русские хирурги. Но только в операционной, когда анестезиолог уже нес к его лицу маску для общего наркоза, Горячев, собрав все силы, сказал:

— Нет... Ларису!

Лариса почему-то не попала в машину «скорой помощи», которая везла Горячева из Кремля в больницу. То ли о ней, жене Горячева, забыли в сутолоке, то ли и с ней что-то случилось (арест? сердечный приступ?), но, как бы то ни было, даже в этом ее отсутствии Горячев видел еще один признак заговора.

— Некогда! — нетерпеливо ответил ему Бахтин, уже одетый в зеленый хирургический халат, с резиновыми перчатками на руках и со стерильной маской на лице. — Некогда, Михаил Сергеевич! Дорога каждая секунда!

Горячев окинул взглядом их всех — Бахтина и еще двух кремлевских хирургов, их ассистентов и анестезиолога. Конечно, вряд ли все они вовлечены в заговор, это почти невероятно. И все же...

— Нет, — повторил он Бахтину. — Ларису...

Бахтин засопел, сдерживая бешенство, и даже это показалось Горячеву подозрительным. Но тут Лариса сама вбежала в операционную. За ней спешила медсестра, на ходу завязывая на спине у Ларисы шнурки стерильного халата.

— Миша! Боже мой!..

Движением пальцев Горячев приказал и врачам, и медсестрам выйти из операционной.

— Вы с ума сош... — протестующе взревел Бахтин, но Горячев только мучительно поморщился, и рука его вяло, но и властно велела им всем убраться немедленно.

— Полминуты! — процедил сквозь зубы Бахтин, и они вышли.

— Что, Миша? — наклонилась над Горячевым Лариса.

Он чувствовал, что теряет сознание, что боль, горячая, как огненный шар, раскаленным комом распирает грудь и обжигает сердце, спину, мозг.

— Только... американский врач... из посольства... — произнес он сухими бескровными губами. И — утонул в своей боли, и последнее, что видел, — искру догадки в ее глазах...

Все, что было потом, он узнал с ее слов. Она загородила собой потерявшего сознание Горячева, а Бахтин устроил ей скандал. «Идиотка! Он может умереть от пневмонии!» — кричал Бахтин, срывая с рук резиновые перчатки. Секретарь ЦК Егор Лигачев уговаривал: «Лариса Максимовна, здесь наши лучшие врачи! Как мы будем выглядеть в глазах всего мира?!» Министр обороны Вязов орал по телефону американскому послу: «Да! Вашего врача, вашего! Я высылаю вертолет!» А шеф КГБ Митрохин сказал Ларисе: «Если через три минуты американский врач не будет здесь, я арестую вас, и наши врачи начнут операцию!». Именно в эти минуты:

— в Москве было объявлено военное положение, три танковые и шесть дивизий спецназа вошли в город, а вся армия, авиация, флот и ракетные части были подняты по боевой тревоге — отражать атаку извне, если покушение на Горячева — это дебют иностранной агрессии;

— лучшая гэбэшная дивизия имени Дзержинского блокировала Кремль — на случай, если вслед за устранением Горячева планировался кремлевский переворот;

— бастовавшие железнодорожники Кавказа, Сибири и Прибалтики добровольно прервали забастовку. Всесоюзный стачечный комитет строителей объявил об отмене всеобщей стачки, назначенной на завтра, а Координационный центр оппозиционных партий — об отмене всех митингов и демонстраций;

— все телестудии мира прервали свои передачи и показывали момент покушения, безостановочно повторяя эти сенсационные кадры (на съезде партии были операторы 43 крупнейших телестудий со всего света).

И только московское телевидение, прервав, конечно, прямую передачу из Дворца съездов, пыталось успокоить население. «Уважаемые товарищи! — говорил Кириллов, самый популярный диктор программы «Время». — Правительство призывает вас сохранять спокойствие. Товарищ Горячев доставлен в больницу, врачи принимают все меры...»

Но как раз в эти минуты врачи ничего не предпринимали, а ждали своего американского коллегу. Министерский вертолет маршала Вязова взял доктора Доввея прямо с крыши американского посольства, полторы минуты занял полет от здания посольства до Кремлевской больницы, и все это время Лариса держала оборону, не подпуская врачей к мужу, хотя он лежал на операционном столе без сознания. Наконец Бахтин просто отшвырнул ее («грубо, как бык», — говорила потом Лариса), подошел к Горячеву и начал операцию, и в этот момент в операционную вбежал американский врач Майкл Доввей. «У меня не было выхода, Михаил Сергеевич, — объяснял потом Бахтин Горячеву. — Вы могли умереть от пневмонии. Поэтому просить прощения у вашей жены я могу только за то, что не оттолкнул ее раньше. Мы бы не имели сейчас такого абсцесса!..»

— *Батурин, не корчите из себя героя! Мы тоже члены партии, но мы не давали вам полномочий стрелять в товари-*

ща Горячева, — произнес Марат Ясногоров, председатель Партийного трибунала. — А пронести оружие через шесть контрольных пунктов в Кремлевский Дворец одному человеку вообще невозможно. Значит, кто-то дал вам этот пистолет уже в зале. Кто? Назовите сообщников!..

Большой, в полтора квадратных метра, настенный японский телеэкран системы «High definition» создавал почти полную иллюзию присутствия в палате Батурина и Партийного трибунала. Батурин перевел взгляд своих светлых глаз с Ясногорова на других членов трибунала и усмехнулся:

— Несколько лет назад немецкий мальчишка один пролетел над всей страной от Балтики до Красной площади. Я тоже пронес пистолет сам, в кармане...

«Как держится! Как спокойно держится, стервец! — подумал Горячев. — Так можно держаться только в том случае, если знаешь, что у тебя за спиной надежное прикрытие. Но кто же мог обещать убийце свое покровительство? Наверняка только тот, кто и сейчас обладает значительной властью. Так неужели это Лигачев? Если бы Горячев был убит, именно Лигачев, давний конкурент Горячева в Политбюро, стал бы Генеральным. Никто другой. Так неужели он решился?..»

— Повторяю, у меня нет сообщников, и вообще тут нет заговора, — словно отвечая на мысли Горячева, продолжал Батурин. — А вот единомышленники — вся наша партия, и поэтому я говорю и от имени партии. Если разрешите, я объясню...

«Разреши ему! Пусть объяснит!» — чуть не сказал Горячев в экран председателю трибунала Марату Ясногорову. Он не знал этого Ясногорова — кто такой? откуда? Партийные трибуналы были введены только в этом году, когда выяснилось, что 18 миллионов служащих советской партийно-бюрократической машины уже не только открыто саботируют перестройку, но и повсеместно наживаются на ней — берут гигантские взятки с кооперативов, рэкетиров, сельских арендаторов. Причем суммы взяток — чаще всего в американских долларах — затмевали рекорды взяточничества даже брежневской семейки в эпоху ее правления. И тогда Горячев решился на чистку партии. Это была рискованная затея. В тридцатые годы Сталин проводил такие чистки террором, и тогда партия отдавала ему своих вождей и героев — лишь бы выжить самой. Но, выжив, партия научилась заранее убирать тех лидеров, у которых обнаруживались опасные для партократии замашки сталинизма. Так слетели и Маленков, и Жуков, и Хрущев, и Шепилов... Поэтому Горячев повел чистку руками самой партии. Членов трибунала подбирали из числа рядовых коммунистов, не занимающих административных постов, и они бестрепетно гнали из партии как старых, так и новых бюрократов. Несколько десятков крупных, показательных процессов над «скрытыми врагами перестройки» помогли Горячеву восстановить свой авторитет в глазах народа, мечтающего о «сильной руке». И доказать публике, что тотальная нехватка продовольствия в стране вызвана врагами и саботажниками перестройки — партийными бюрократами. Таким образом, накануне самого критического лета 199... года — лета, на которое все предвещали общенародный бунт, взрыв, революцию, — Горячев с помощью этих трибуналов успел притушить страсти, переадресовать всеобщее возмущение положением в экономике и получить у Истории еще одну отсрочку.

Но сейчас он боялся, что этот неизвестный ему председатель трибунала Ясногоров как-нибудь грубо собьет Батурина, не даст ему высказаться...

Однако Ясногоров лишь покровительственно усмехнулся Батурину и произнес певуче:

— *Да уж, пожалуйста! Объясните...*

«Молодец, хорошо сказал», — подумал Горячев. Он даже забыл на несколько мгновений, что эти двое объясняются по поводу его жизни, по поводу той свинцовой пули, которая прошла в трех миллиметрах от его сердца. Он увлекся их словесной дуэлью, как игрой хороших актеров в телеспектакле. Батурину 34 года, он второй секретарь Волжского горкома партии, кряжистый русак, именно таких курносых русаков с голубыми глазами отбирал Горячев во время своих поездок по стране и продвигал их на ключевые партийные и хозяйственные посты. А вот кто такой Ясногоров — черт его знает, скорее всего — никто, да и внешне он вовсе не из горячевской гвардии, а тщедушный какой-то, лицо худое, глаза базедовые, на вид лет тридцать. Но как красиво подсек Батурина, вежливо: «Да уж, пожалуйста! Объясните...»

Стоя напротив семи членов Партийного трибунала, Батурин чуть нахмурился, переступил с ноги на ногу, но при этом в светлых глазах его читались ясность и несмятенность мысли.

— *Что ж! Я скажу. Что такое наша партия сегодня? Какова ее роль в обществе?*

— *Только без лекций,* — перебил Ясногоров.

Да уж, действительно, усмехнулся про себя Горячев. Кто ты такой, мерзавец, чтобы лекции нам читать? Я в твои годы был никем, провинциальной партийной шестеркой, рядовым инструктором по сельскому хозяйству Ставропольского крайкома. Но я терпел, сгибался, выполнял идиотские указания брежневской мафии, интриговал и рисковал на каждом шагу, чтобы ты, сукин сын, сразу в тридцать лет получил крупную партийную должность и полную свободу инициативы...

Батурин выпростал свой взгляд из пространства, к которому он уже собирался обратиться, посмотрел на Ясногорова и вдруг согласился совершенно по-деловому:

— *Хорошо. Без лекций. Я стрелял в Горячева потому, что он отнял у меня жену, сына и родовое наследство...*

«Та-а-ак, — разочарованно протянул в уме Горячев, — он просто шизофреник...»

— *Больше того,* — продолжал Батурин, — *Михаил Горячев отнимает жен и детей у всех партийных работников. Возьмите статистику: сколько жен бросили своих партийных мужей десять лет назад и сколько в этом году? В этом — в восемь раз больше! Почему? Кто поставил нас в положение презираемых и третьесортных?..*

Все-таки без лекции не обойдется, мельком подумал Горячев, но, черт с ним, пусть говорит. Похоже, и Ясногоров решил так же — он откинулся на спинку стула и не перебивал Батурина.

— *...Россия всегда, испокон века была чиста от идей мелкой спекуляции и погони за наживой. Россия была отлична от* *всех остальных народов мира поиском Духовности и Высшего смысла. И у нас, русских коммунистов, тоже был авторитет духовных лидеров мира, — говорил тем временем Батурин. — Да, духовных! Полмира открывали по утрам газету «Правда» и из нее узнавали, что МЫ назначили правдой на сегодня! Нищая, полуголодная страна была примером для народов самых сытых стран, и никто у нас не бастовал, не требовал автономии и даже в мыслях не посягал на власть нашей партии...*

Какая у него странно-знакомая манера рубить мысль на короткие предложения, подумал Горячев. И так знакомо он наклоняет голову чуть вперед...

— Но где все это теперь? Что свергло партию с пьедестала? Реформы Михаила Горячева — вот что! — сказал Батурин так твердо, словно вбил гвоздь ударом кулака. — Сегодня совершенно очевидно, что перестройка, затеянная Горячевым, с треском провалилась. Вот уже несколько лет народ задыхается от инфляции и тотального дефицита, государственный дефицит достиг астрономических цифр, экономикой уже невозможно управлять ни с помощью денег, ни приказами. Даже при Брежневе, которого так легко превратили в посмешище, даже при Брежневе положение было лучше! А Горячев продолжает думать, что он демократизировал страну и ему за это памятник поставят. Но он не демократизировал — он развратил страну! Русский народ стал таким же, как все — как итальянцы, греки, евреи — только деньги, только валюта! А иначе никто не работает, вся страна митингует. И все кричат «долой коммунистов!». Бикфордов шнур гражданской войны уже горит повсюду. Запад закабаляет умы молодежи своей поп-культурой...

«Все ясно, — обозлился Горячев, — я раскачал лодку, я продался ЦРУ и международному сионизму и веду страну в сети капитализма. Но раньше об этом писали в ЦК только партийные старики-анонимщики. А теперь... «перестройка провалилась!». А кто ее провалил — не вы ли сами? Черт возьми, до чего у этого мерзавца моя манера произносить речи! Последние годы все молодые партийные выдвиженцы подражают мне, некоторые даже очки носят — только чтобы быть на меня похожими. Но чтобы мой же убийца!..»

— Что же получается? — спросил тем временем Батурин у трибунала. — Мой прадед штурмовал Зимний и проводил коллективизацию. Мой дед прошел замполитом от Волги до Берлина. Мой отец подавлял восстание в Венгрии и строил атомные электростанции. Я командовал ротой в Афганистане. Четыре поколения — за что мы воевали? Великая страна, супердержава рассыпается на глазах. Польша, Венгрия, Прибалтика, Грузия — все откалывается, выламывается из системы, которую построили наши отцы и деды. Не сегодня завтра народ возьмет в руки колья и пойдет крушить все и вся! А моя семилетняя дочка смотрит на меня, как на убогого, и говорит по-английски: «Папа, let face it, ты неудачник, у нас нет даже своей машины!» И так — у всех партийных работников. Собственные дети презирают нас за то, что мы коммунисты. Мне очень жаль, что я не убил Горячева, мой выстрел должен был упредить революцию и спасти партию. Но передайте Горячеву: партия все равно его уничтожит...

Рядом с кроватью, на экранчике, зачастила кривая сердечного ритма. Горячев нажал кнопку «стоп» на пульте дистанционного управления видеомагнитофоном, откинулся головой на подушку и закрыл глаза. Нужно успокоиться, а то сейчас прибежит лечащий врач... Господи, что за страна! Император Александр Второй отменил крепостничество — убили! Петр Столыпин собирался ввести фермерство — убили! Как только в Кремле появляется не тиран, а нормальный человек, в него стреляют от имени какой-то Высшей русской Духовности, партии, сверхидеи. «Выстрелом в Горячева упредить революцию!..» Черт, как больно дышать... Нет, нужно успокоиться и на что-то решиться. Не с Батуриным — Батурин подождет, посидит в камере. А с батуринцами — срочно и без суеты. Итак, этот выстрел — это их ответ на чистку партии. А ведь еще вчера казалось, что именно такие молодые батурины, которых он недавно сам возвысил из низов партийной, военной и научной номенклатуры, — это и есть его личная гвардия внутри КПСС, новый костяк перерождения партии. А оказывается — нет!

Горячев открыл глаза. Прямо напротив него, на стене, на громадном экране, лицо Батурина застыло на стоп-кадре последней реплики: «Партия его все равно уничтожит». И столько жесткой, остервенелой силы было в светлых глазах Батурина, что Горячев вдруг пронзительно понял: а ведь уничтожат! За власть и уничтожат! Ведь точно такие глаза — захлестные — были когда-то и у парней в его деревне, когда они выходили на уличные, село на село, драки. С дубинами и стальными ломами в руках выходили, чтобы не бить — убить!

Горячев пошевелил пальцами, нажимая последовательно несколько кнопок на пульте правительственной видеосвязи. Эту последнюю американскую новинку, «видеотелефон» — систему из 142 телевизоров, принимающих закодированный сигнал кремлевского телекоммутатора, — всего месяц назад подарил Советскому правительству Арман Хаммер, «вечный друг» СССР. Горячев сам провел распределение всех 142 видеофонов и теперь легким нажатием кнопки убрал с огромного экрана лицо Батурина и, набрав четырехзначный номер, вызвал на тот же экран кабинет главного редактора «Правды» Матвея Розова. Розов, как всегда, был на месте — сидел над свежими полосами завтрашней газеты. Молодой, курносый, светлоглазый и широкоскулый, как Батурин.

Это сходство так неприятно поразило Горячева, что он на несколько секунд задержал кнопку включения связи и просто рассматривал, что Розов делает. Конечно, через всю газету гигантский заголовок: «ЗДОРОВЬЕ М.С. ГОРЯЧЕВА — ВНЕ ОПАСЕНИЙ». Все-таки замечательное это изобретение — видеофон, особенно эта возможность скрыто наблюдать за подчиненными. Говорят, у Сталина была манера включаться в кремлевский коммутатор и часами подслушивать телефонные разговоры своих «соратников». Черт возьми, как хорошо он понимает теперь Сталина, который держал в страхе всех и в то же время всех боялся. А может, только так и можно управлять Россией — доглядом, сыском и террором? Впрочем, говорят, что по заказу многих партийных боссов, которых Горячев снабдил видеофоном, какие-то умельцы уже разработали системы оповещения о включении видеоканала, и стоило подключиться к любому видеофону, как у ее хозяина где-нибудь в потайном месте тут же загоралась сигнальная лампочка. Наверно, и Розов уже знает, что кто-то смотрит на него глазом видеокамеры, но еще не знает, кто именно — из КГБ, из ЦК партии?..

Нажатием кнопки Горячев включил видеокамеру, торчащую на коротком штативе над пультом видеосвязи. И тут же напротив Розова на телеэкране возникло лицо Горячева.

— О, Михаил Сергеевич... — стал подниматься Розов.

— Сиди... сиди... — негромко, с затрудненным дыханием произнес Горячев.

Розов опустился в кресло и спросил:

— Как вы себя чувствуете?

— Слушай... сейчас тебе привезут кассету... с выступлением этого Батурина в трибунале... — сказал Горячев. — Вообще-то это смесь шовинизма с правой фразеологией... Но завтра же... все его выступление... должно быть опубликовано...

— Что-о?. — изумился Розов.

— Подожди... Это не все... — нетерпеливо поморщился Горячев. Простреленная грудь отдавала болью при каждом вдохе и выдохе. Но Горячев превозмог себя, сказал: — И в этом же номере... нужно объявить дискуссию «Убивать или не убивать Горячева за экономическую революцию?».

— То есть — как?!! Да это же будет кощунство! Нет, я не могу!..

Горячев устало закрыл глаза, давая себе отдохнуть, но не выключая видеосвязи. Да, вот в чем ошибка! Этих молодых партийных волкодавов он хотел превратить в партию современных грамотных менеджеров. А они шли на партийную работу ради привилегий и сытой начальственной жизни. И в этом весь конфликт — не убывающий, а растущий! Гласность вскипятила болото русского общества, изменила страну, даже народ стал политически активным, и только они, батурины и розовы, не хотят перестраиваться ни на йоту, а лишь стервенеют и хотят власти — тотальной власти, сталинской, над всем миром! А все остальное: Россия, духовность — это старая демагогия, которая легко оправдывает любую руку, поднявшую пистолет. «Перестройка про-

валилась... Мой выстрел должен был упредить революцию!»
Мерзавец! Нет, больше он с этой сволотой церемониться не
будет — сначала они гробили его реформы, а теперь подняли руку и на него самого!..

Тем временем Розов, пользуясь паузой, демонстрировал
верноподданнический раж:

— Дискредитировать вас?! Такими словами?! И вообще!.. Мало того, что этот мерзавец в вас стрелял, мы еще
дадим ему газетную трибуну?!

Горячев чуть-чуть, всего на долю миллиметра, приоткрыл ресницы и подглядывал за Розовым. И чем больше он
смотрел, тем лживей казалась ему розовская риторика и тем
больше убеждался он в правильности своего решения. Да,
именно так! В который раз судьба подает ему свой знак —
жесткий, но ясный. Сначала был Чернобыль, потом этот
немецкий летчик-мальчишка, потом — Сумгаит, Армения,
Тбилиси, шахтерская забастовка... Но в том-то и секрет горячевского таланта, что он умеет любую опасную ситуацию
развернуть себе в прибыль. Чернобыль и немецкий летчик-
мальчишка позволили избавиться от армейской мафии в
Генштабе, от всех этих горе-маршалов, которые требовали
бесконечного наращивания атомного оружия. Сумгаит, Армения, Тбилиси и шахтерская забастовка позволили рас-
трясти партийно-брежневскую номенклатуру. А теперь —
Батурин. Этот выстрел показал, что оттягивать решитель-
ный взмах ножа, как он всегда это делает, ожидая, что противник сам спелым яблоком упадет к ногам, — больше
нельзя! Ведь Александра Второго когда-то тоже убили со
второй попытки. Да, господа Батурины, я принял решение.
Это демократом быть трудно, добрым и терпеливым быть
трудно, а быть диктатором...

Горячев открыл глаза и, перебив Розова, произнес тихо,
но жестко:

— Вечером... привезешь мне... сигнальный экземпляр
газеты... Чтобы все в ней было так, как я сказал...

И отключил видеосвязь.

ДЕНЬ ВТОРОЙ

2

**Поезд «Сибирский экспресс».
05.20 по московскому времени**

Поезд шел на восток. Безусловно, можно было лететь домой самолетом, но вчера вечером, в тот момент, когда делегатам съезда объявили, что состояние здоровья товарища Горячева уже не вызывает опасений и они могут разъехаться по домам, многие, не сговариваясь, предпочли отправиться поездом. Ссылались на аэрофобию, на усталость, на грозы в атмосфере... Но каждый думал, что знает мысли остальных: в 1934 году Сталин уничтожил почти всех делегатов 17-го съезда партии — 1907 человек! — только за то, что кто-то из них симпатизировал его сопернику Кирову. А теперь? Достаточно ли громко они, делегаты съезда, выражали свое возмущение покушением на Горячева? Да, еще вчера Хозяин строил из себя либерала. Его можно было критиковать и даже некрепко покусывать. Но как он поведет себя после того, как получил пулю в грудь?

Роман Стриж, первый секретарь Свердловского обкома партии, лежал в двухместном купе мягкого вагона «СВ». Окно было заштолено плотной бархатной занавеской, но внизу, сквозь узкую щель, просачивался первый, еще даже не солнечный, а предутренний свет. «Уже наверняка пять утра, — подумал Стриж, — а уснуть так и не удалось. Что бы я сделал на месте Горячева, если бы какой-то Батурин простелил мне грудь? Только честно — что бы я сделал?»

И от того, ЧТО бы он, Стриж, сделал на месте Горячева, ему стало так не по себе, что в пустом купе наедине с самим собой он, громко крякнув и спустив ноги на пол, сел на полке. Был или не был этот Батурин в братстве «Патриоты России»? Вот в чем вопрос!.. Конечно, уснуть уже не удастся. Сходить в туалет, а потом попросить у проводника чаю и покурить. Обычно Стриж не позволял себе курить натощак, но сейчас он и сам не заметил, как рука его потянулась к пачке болгарских сигарет, вытащила одну и чиркнула зажигалкой.

Пламя высветило пустую противоположную полку, треть которой занимала яркая коробка — самолет вертикального взлета с дистанционным управлением. Эту немецкую игрушку, мечту всех мальчишек, Стриж вез своему шестилетнему сыну, которого обожал, как все поздние отцы, — Стрижу было сорок, когда пацан родился. Но сейчас мысли Стрижа были далеко от этого купе и даже от сына. Он все возвращался памятью назад, к тому моменту, когда...

...Стриж сидел в пятом ряду партера. Не то чтобы он специально следил за Батуриным, а просто все случилось у него на глазах, в самом конце заседания, сразу за сообщением Парткомиссии о результатах выборов в Политбюро. Конечно, выбрали Горячева, Яковлева, Лигачева, Вязова, Митрохина, Кольцова — короче, почти всех, кого захотел Сам. Затем делегаты стали передавать на сцену записки. Эти записки собирали специальные, с красной повязкой на рукавах, «дежурные по залу» — гэбэшники, конечно. Они ссыпали их в стоящую на авансцене вазу. Но кое-кто из делегатов, сидевших рядом с проходом или близко к сцене, нес свои записки сам, не дожидаясь «дежурных». Батурин был одним из таких. Стриж видел, как цепочка делегатов двигалась по проходу к сцене, и один из них — моложавый крепыш в сером костюме — даже облокотился грудью о бархатный обвод авансцены, протянул к вазе левую руку с запиской, и вдруг его правая рука вынырнула с пистолетом из кармана пиджака, присоединилась к протянутой вперед левой, и почти в тот же миг прозвучал выстрел!

Батурин стрелял как профессионал, держа пистолет двумя руками и еще используя край авансцены для упора.

Горячев — его мишень — сидел в Президиуме и, к своему счастью и к несчастью Батурина, именно в эту секунду наклонился с каким-то замечанием или вопросом к Кольцову.

И одновременно с появлением пистолета в руке Батурина трое «дежурных по залу» уже вытянулись в прыжке к нему.

Сидя в пяти шагах, Стриж — сам бывший лейтенант, прошедший Афганистан еще в 1980 году и тогда же демобилизованный из армии после ранения — буквально почувствовал, как Батурин боковым зрением ловит эти летящие на него фигуры, как он использует последнюю долю секунды для того, чтобы все-таки «посадить» цель на мушку, и нажимает курок, а в следующее мгновение его уже сшибают с ног на пол, выламывают руки.

А Горячев медленно, почти удивленно, без вскрика продолжает клониться к Кольцову, как и наклонялся за миг до выстрела.

Да, в такой ситуации это был отличный выстрел, ничего не скажешь! Батурин стрелял по движущейся мишени из пистолета, а пуля прошла в трех миллиметрах от сердца! Но зачем он стрелял? Зачем? Неужели нашлись нетерпеливые идиоты, которые решились на насильственный переворот? Это было первой же мыслью Стрижа после выстрела, и он невольно оглянулся, ожидая следующего хода заговорщиков — лавину войск, заполнявшую зал, или объявление по радио об аресте Президиума съезда и всех членов горячевского Политбюро. Но ничего такого не произошло. Вокруг были только такие же, как у Стрижа, растерянно-недоумевающе-ожидающие лица делегатов съезда. Спрашивается: какого же черта ты стрелял, мать твою, если за тобой нет никаких сил? И как теперь быть? Как спасаться?..

Стриж в сердцах замял сигарету в пепельнице, сунул босые ноги в сандалии и с силой откатил дверь. Волна света и свежего воздуха хлынула ему в лицо. Но не это заставило Стрижа удивленно застыть на месте.

В коридоре, у каждого окна и у открытых дверей своих купе, стояли делегаты съезда. Здесь была чуть не вся партийная элита Сибири — руководители Тюменской, Омской, Новосибирской, Кемеровской и других областей, через которые шел на восток поезд «Москва — Владивосток». Их небритые, землистого цвета лица с воспаленными глазами свидетельствовали о том, что, как и Стриж, никто из них не спал в эту ночь. А некоторые, судя по тому, что были в костюмах и при галстуках, даже и не ложились. Ничего себе ночка, подумал Стриж. Конечно, пока они были в Москве, все вместе, в одной гостинице «Россия», было не так страшно. Но теперь каждый сойдет в своем городе и останется один на один со своим КГБ...

Стриж взял из купе махровое полотенце, перебросил через плечо и направился в конец вагона, к туалету. Никто не поздоровался с ним по дороге, и он никому не сказал «Доброе утро!». Похоже, все знали мысли друг друга, и трудно было в таком случае назвать это утро «добрым». Но Боже! Какое единое выражение апатии в их лицах — как у овец, идущих на убой... И вдруг Стрижа осенило: неужто все тут не спали потому, что тоже гадали — был или не был Батурин «патриотом»? Но это значит...

Фокус «Патриотов России» состоял в том, что внешне это братство выглядело невинней общества филателистов — никакой организации, никакого устава, никаких членских списков! Любой русский, болеющий душой за свою национальную культуру, мог назвать себя «русским патриотом» — что в этом предосудительного? Разве не имеют права русские болеть за свою нацию, за свою историю, культуру? Ведь все последние семьдесят лет кто диктовал нам, русским, какая у нас должна быть культура? Всякие Троцкие, Бродские, Кагановичи, Эйзенштейны, Мандельштамы, Мейерхольды, Пастернаки — вот кто! Они влезли во все русские дела и диктуют, пишут, спорят, критикуют! А сейчас вместе с горячевскими реформами и договорами о разоружении хлынула в Россию западная идеология, американские ритмы, мода и даже еда! Но «Патриоты» не проповедуют звериный антисемитизм и не призывают к погромам, как общество «Память». Мы размежевались с «Памятью», мы отказались от их фашистских лозунгов, мы вообще вышли из всех шумных обществ и перестали бывать на митингах, мы растворились в партии и даже сами не знаем, сколько нас. Но если весь вагон не спал, гадая, был или не был Батурин членом или — не дай Бог! — офицером братства «Патриотов», то неужели все тут — «патриоты»?!

Пораженный своей догадкой, Стриж даже оглянулся. Черт возьми! Если такое же подавляющее большинство «патриотов» было среди делегатов съезда, то почему никто не дал нам сигнал голосовать против Горячева?..

На двери туалета, в прорези, торчало табло «Занято», а из-под двери несло резким запахом хлорки. Говорят, по чистоте сортиров можно судить об уровне цивилизации народа. Стриж поморщился и прошел дальше, в тамбур. Здесь, у настежь открытой наружной двери, стояли двое. Секретарь Иркутского обкома партии Иван Турьяк — рыжий, стриженный бобриком 38-летний увалень с большими ушами — был похож на медведя, набросившего городской пиджак на волосатые плечи. Вторым был начальник Свердловского областного управления КГБ майор Федор Вагай — сорокалетний, по-офицерски подтянутый малыш с крепким и сухим, словно вырезанным из ореха, лицом. Федор был шурином Стрижа или, как говорят на Западе, «брат в законе». Он молча протянул Стрижу пачку «Дуката». Стриж отмахнулся и сказал:

— Доброе утро...

— Н-да уж... — врастяжку ответил Турьяк, одним этим и выразив свое настроение. И тут же отвернулся к двери, подставил встречному ветру свое широкое лицо и рыжую волосатую грудь.

— Ты видал? — спросил Стрижа Федор Вагай. — Никто не спал! Всю ночь! Только ты железный...

— Я тоже не спал, — признался Стриж и вздохнул. Если про кого и можно сказать «братья в законе», то именно про них двоих — Стрижа и Вагая. Семь лет назад, когда рядового инструктора райкома Романа Стрижа вдруг внесли в список кандидатов на должность секретаря Свердловского райкома партии и он сам изумился такому высокому прыжку, Федя Вагай сказал ему как бы шутя: «Ты, Роман, теперь произведен из рядовых «патриотов» в «патриот-лейтенанты!» И тогда Стрижа как молнией пронзила догадка — так вот что такое братство «Патриотов»! Исподволь, без шума заполнить все партийные должности и мирно овладеть ЦК партии, подчинить его русско-патриотическому авангарду... Этот Батурин был из «новогорячевцев» самого последнего выдвижения и, следовательно, не мог попасть на должность

секретаря горкома без утверждения административного отдела ЦК. И в этом была вся загвоздка! Засветить «патриотов» в административном отделе ЦК — это выдать всю идею
братства, это подставить под арест всех партийных выдви-
женцев последних лет! Стрижа, Турьяка, Вагая и, кажется,
всех пассажиров в пяти вагонах «СВ» только в этом поезде.
И когда! В самое решительное лето, когда все в стране висит на волоске: или — или...

Дальний звон церковного колокола вмешался в частый
ритм вагонных колес. Все трое повернули головы на этот
медово-тягучий звук. И только тут, кажется, впервые увидели, что уже утро, что огромное теплое солнце выкатыва-
ется навстречу поезду и корона его лучей пронизывает белые
гребни тумана, слежавшегося за ночь в прогалинах меж ле-
сами. Волгу миновали ночью. Стриж слышал, как прогрохотал поезд через навесной трехкилометровый мост, и теперь
европейская, индустриальная Россия все больше уступала
место России исконной — с бегущим вдоль полей окоемом
полевых ромашек, с березами и ивами над плавными ре-
чушками, с избами небольших вятских деревень, где в последние годы стала появляться жизнь. Эта новая жизнь была
видна даже отсюда, издали — стада частного скота на пой-
менных лугах Вятки-реки, аккуратные квадраты полей арендаторов, строительство нескольких новых изб и даже
колокольня новой церкви на взгорке.

Да, жизнь кое-где возвращается в деревни, никто этого
не отрицает. Но какой ценой? Русские люди превратились
в израильских мошавников. Живут как хотят! Даже церкви
строят, никого не спрашивая! А партия, вышло, — сама по
себе, никому не нужный на жопе бантик!..

И вдруг, словно подтверждая мысли Стрижа, — за рас-
пахнутой дверью вагона, на откосе железнодорожной насы-
пи промелькнул гигантский, выложенный из побеленных
камней призыв:

«ДОЛОЙ КПСС! ВСЯ ВЛАСТЬ СОВЕТАМ!»

— Тьфу! С-с-суки!.. — выругался Федор Вагай.
— Выпить надо, — сказал Стриж.

— Ресторан закрыт еще, — вяло бросил Турьяк.

— Да и там водки не получишь, — сказал Федор.

— Получу! Пошли! — Стриж повернулся и решительно направился в соседний вагон. Вагай и Турьяк без охоты двинулись за ним. Соседний вагон был не купейный, а просто плацкартный — с открытыми двухэтажными спальными полками, на которых еще спали пассажиры. По случаю августовской жары многие были лишь едва прикрыты простынями, обнажавшими плечи и спины... Вдоль всего коридора торчали голые ноги с плохо остриженными ногтями, пахло потом, лежалой одеждой, чесночной колбасой. Где-то хныкал ребенок, кто-то сопел во сне, чемоданы раскачивались в такт вагонной качке... Стриж, Вагай и Турьяк прошли через весь этот вагон вперед, в тамбур, к вагону-ресторану. Но дверь ресторана, конечно, оказалась запертой, а табличка за стеклом извещала, что:

«Дорожный ресторан «Мадонна»
работает с 7 утра до 2 ночи.
Перерыв: с 10 до 11 утра и с 5 до 6 дня.
Вино и пиво продаются с 11 утра. Водка и др.
крепкие спиртные напитки — с 4 дня».

— Я ж говорил: еще час до открытия, — сказал Федор Вагай.

Стриж, не слушая его, заколотил в дверь открытой ладонью сильно, громко, настойчиво. Никто не открывал.

— Бесполезно... — снова начал Вагай.

— Откроют! — упрямо бросил Стриж. — Мы пока еще власть, етти их мать!.. — И застучал уже не ладонью, а кулаком.

Но на лицах Вагая и Турьяка был скепсис. Хотя железные дороги по-прежнему оставались государственной собственностью, последние пару лет вагоны-рестораны стали отдавать в аренду частникам. Конечно, это разом изменило и внешний облик этих ресторанов, и уровень обслуживания. Какая-нибудь семья из трех-четырех человек, взяв в аренду такой вагон-ресторан, тут же превращала его из

стандартно-безвкусной общепитовской точки в модерновое
кафе типа «Мадонны» или в древний трактир а-ля «Русский
теремок». В поездах дальнего следования даже меню менялось в соответствии с тем, какую зону Союза пересекал поезд — на Украине подавали наваристый украинский борщ,
галушки, заливного поросенка с хреном, гречневую кашу
со шкварками; на Кавказе — шашлыки, цыплят табака, са-
циви, бастурму и несколько видов плова; в средней полосе
России — окрошку, пироги с грибами, ленивые вареники,
картофельные деруны, карпа в сметане, а в Сибири — пельмени с медвежатиной, пироги с голубикой, шанежки с осет-
ром, блины с икрой, с лососиной, с медом... Но сколько
зарабатывают за один, скажем, рейс сами хозяева этих ресторанов? На каких процентах работают на них проводники,
целыми днями разнося по вагонам корзины и тележки с
вкуснейшей едой, от которой просто немыслимо отказаться при дорожном безделье? Наличные купюры летят в карманы частников, как шпалы под рельсами, и никто теперь
не вправе ничего приказать владельцам этой «Мадонны»...
Однако Стриж все-таки достучался — за стеклянной дверью открылась вторая, внутренняя дверь, и показался не то
хозяин ресторана, не то официант — высокий голоплечий
парень лет 26 с петушиной прической панка и в кухонном
фартуке с надписью «REMBO-7».

— В чем дело? — крикнул он из-за двери, с аппетитом
надкусывая огурец крепкими зубами и подергиваясь в такт
музыке, вырвавшейся из глубин ресторана.

— Открой! — требовательно сказал Стриж.

Панк повернул изнутри дверную защелку, но дверь от-
ворил лишь на ширину ладони.

— Слушаю вас...

— Вы «патриот»? — с некоторым сомнением спросил у
него Стриж, невольно отстраняясь от ударившего по ушам
крика Мадонны.

— В каком смысле? — Панк вопросительно наклонил
рыжий гребень своей прически.

Стриж поморщился. Если бы этот олух был членом общества «Патриоты России», он бы не стал спрашивать «в
каком смысле?!»

— Ладно, — отмахнулся Стриж. — Мы хотим выпить...

— Ресторан открывается в семь утра, — тут же сказал панк и уже собрался закрыть дверь, однако Стриж предусмотрительно вставил ногу в дверную щель. Панк удивленно перевел взгляд с этой ноги на лицо Стрижа:

— Та-а-ак! Милицию позвать? — Музыка за его спиной резко оборвалась.

— Я — секретарь Свердловского обкома! — сказал Стриж.

— А я греческий князь, ну и что? — насмешливо ответил панк и с веселым вызовом посмотрел Стрижу прямо в глаза.

Именно это веселье в его глазах в сочетании с насмешливым «греческим князем» и ярко-рыжим стоячим гребнем его прически взбесило Стрижа. Он враз забыл о своих ночных страхах, и кровь ударила ему в голову, наливая мышцы сибирско-медвежьей силой. И уже не думая, теряя самоконтроль и даже наслаждаясь освобождением от этой постоянной удавки самоконтроля, Стриж мощным ударом плеча откинул внутрь ресторана и дверь, и этого панка. Панк упал на пол, а Стриж повернулся к изумленным Турьяку и Вагаю:

— Пошли!

И шагнул в ресторан.

И в ту же секунду получил от вскочившего панка оглушительный удар в челюсть. Потрясенный не столько силой этого удара, сколько тем, что этот частник, этот сопляк поднял даже не руку — ногу! — на него, секретаря обкома, Стриж несколько мгновений стоял, пошатываясь, как в нокауте, а затем резко дернул головой, стряхивая головокружение и возвращая мышцам силу для настоящей драки.

Однако Турьяк и Вагай были уже между ним и панком. Причем Турьяк замком обхватил Стрижа за плечи, а Вагай уже направил свой «тэтэшник» на панка, застывшего в стойке дзюдо. При его прическе и наряде он был похож на африканского дикаря, готового к атаке.

— Стоп! Спокойно! — тоном укротителя говорил ему Вагай. — Мы делегаты съезда партии. Руки вверх...

И все бы, наверно, обошлось — под дулом пистолета парень нехотя расслабился, стал поднимать руки вверх. Но тут из глубины ресторана показалась фигура пожилой женщины в кухонном фартуке.

— Бандиты!!! — орала она на бегу, хватая по дороге стул.

Вагай непроизвольно повернулся в ее сторону вместе с пистолетом в руке, и в тот же момент панк бросился на него, заломил руку с пистолетом, а женщина опустила стул на медвежью голову Турьяка. Тем временем еще двое — молоденькая жена панка и его отец — бежали сюда из кухни с огромными кухонными ножами в руках. Грохнул выстрел. Как пистолет оказался в руках панка и каким чудом пуля никого не задела в этой кутерьме — об этом никто не думал, но всех отрезвил грохот выстрела.

— Папа, стой! — заорал панк своему отцу, сидя на полу и держа в руке пистолет, направленный теперь на Турьяка, Стрижа и Вагая.

— Паскуды! Документы!

Турьяк, голый до пояса, медленно поднял с пола свой пиджак и бросил его панку. Тот, держа одной рукой пистолет, другой рукой прощупал карманы турьяковского пиджака.

— На хер тебе их документы?! — в запале крикнул ему отец, все еще держа навскидку огромный кухонный нож. — Я счас милицию!.. Тут работаешь как лошадь, а тут приходят вот такие — за кассой, бля!..

— Подожди... — сказал ему панк, доставая из кармана турьяковского пиджака красное кожаное удостоверение с золотым тиснением: «МАНДАТ ДЕЛЕГАТА СЪЕЗДА КПСС». Внутри мандата была фотография Турьяка и надпись типографским шрифтом: «КАНДИДАТ В ЧЛЕНЫ ЦК КПСС. ПЕРВЫЙ СЕКРЕТАРЬ ИРКУТСКОГО ОБЛАСТНОГО КОМИТЕТА КПСС». Панк захлопнул удостоверение и сказал отцу: — Не нужно милицию...

— Почему?!

— Потому что милиция им принадлежит.

— Вот твоя партия! — повернулась мать панка к своему мужу. — Сволочи! С пистолетом! Такие и в Горячева стреляли! Банди...

— При чем тут Горячев! — поспешно пробасил Турьяк как можно примирительней. — Я хотел чаю, а ты меня стулом по голове...

Громкий стук в наружную дверь вагона заставил всех повернуться к тамбуру. Оказывается, поезд уже, наверно, с минуту стоял на станции Ежиха.

— Эй, тетери, заспались! — весело кричали с платформы два молодых местных мужика. — Принимай товар-то, а то поезд пойдет!..

Панк презрительно швырнул Вагаю его пистолет, вышел в тамбур и открыл наружную дверь. За ней впритык к платформе был припаркован маленький и запыленный грузовичок-пикап, в его кузове тесно стояли высокие металлические бидоны с молоком и сметаной, плетеные корзины с головками сыра, укутанными в сырую марлю, ящики с крупной черникой, грибами, помидорами, огурцами. И ведра с еще живыми, вяло шевелящими усами раками.

Окинув цепким взглядом товар, панк вытащил из кармана джинсов толстую пачку денег, отсчитал 400 с чем-то рублей и отдал одному из мужиков. Рыжий гребень прически ничуть не помешал ему превратиться в делового бизнесмена. Мужики, не споря и не торгуясь, тут же стали затаскивать бидоны, ящики и корзины в тамбур вагона-ресторана. А в свой пикапчик бросили два ящика чешского пива, которые вынес им отец панка.

— Обратно по графику поедешь? — спросил панка один из ежихинских мужиков. — Через неделю?

Панк пожал плечами:

— Если забастовки на дороге не будет...

— Через неделю ежевика поспеет, — сказал мужик. — Будешь брать?

— Только расфасованную, в кульках.

— Само собой, — согласился мужик. — Дети расфасуют...

Тем временем жена панка, его мать и отец спешили внести продукты внутрь вагона, и Турьяк помог им тащить тяжелый бидон с молоком. Жена панка покосилась на него недружелюбно, но промолчала. Гудок электровоза подстегнул Вагая и Стрижа тоже включиться в работу. В открытой двери вагона-ресторана возникло несколько парней — пассажиров из общих вагонов. На их голых плечах были наколки — у одного русалка, у другого надпись «НЕ ЗАБУДУ АФГАНИСТАН!».

— Эй, друг, пивка бы по бутылке! — попросили они панка с жаждой в глазах и в голосе.

— Не имею права, только с одиннадцати часов, — ответил им панк.

Поезд плавно тронулся. И уже на ходу, когда вагон проплывал мимо стоящего с желтым флажком дежурного по станции, тот бросил в тамбур перевязанную бечевкой толстую пачку свежих газет — местных и центральных. На изгибе верхней газеты можно было прочесть «ПРАВДА», а ниже был крупный заголовок «РЕЧЬ БАТУРИНА...».

...Минут через десять Стриж, Турьяк и Вагай мирно сидели под яркими цветными портретами голоногой Мадонны в еще закрытом для посетителей вагоне-ресторане, пили чай и под громкую песню все той же Мадонны читали «Правду»:

— «...Выстрел Батурина подтверждает успех перестройки. Она достигла того уровня необратимости, когда стала смертельно опасной для всего социального слоя антиреформы...»

И та же самая женщина, мать панка, которая разбила стул о голову Турьяка, теперь несла им из кухни огромную сковородку дышащей жаром яичницы-глазуньи и блюдо со свежими овощами. На краю блюда лежал кусок льда величиной с кулак. Поставив и сковородку, и блюдо на стол, женщина взяла лед, завернула его в салфетку и молча положила на голову Турьяку. Турьяк поморщился от боли.

— Держи, держи! — приказала ему женщина. — И так уже синяк вспух!.. Ну? Что вам еще? Раков с пивом?

— Да мы бы по беленькой согрешили, — сказал Турьяк, держа одной рукой лед на голове. — А то голова мерзнет...

Женщина молча ушла на кухню, где остальные члены ее семьи привычно готовились к открытию ресторана — здесь под песню Мадонны гремела посуда, стучали ножи и в огромном чане варились свежие раки. Как и в самом ресторане, все стены кухни были тоже оклеены портретами Мадонны — на некоторых из них даже были ее автографы.

А сама Мадонна металась с микрофоном по экрану портативного видеомагнитофона «AKAI», вибрировала телом в такт своей песне, а рядом с телевизором ее поклонник-панк в том же ритме стучал ножом по овощам...

Проводив взглядом хозяйку ресторана, Вагай вполголоса продолжал читать «Правду»:

— «Публикуя речь Батурина, редакция предлагает читателям провести на заводах, фабриках и в селах дискуссию на тему: «Убивать или не убивать товарища Горячева за перестройку советской системы и экономики?» Редакция надеется получить самый широкий отклик читателей и гарантирует, что все письма, даже анонимные, будут опубликованы».

Дочитав, Вагай поднял глаза на Турьяка и Стрижа.

— Это все? — спросил Турьяк.

— Все, — сказал Вагай.

Турьяк облегченно вздохнул:

— Слава Богу!

— Что «слава Богу»? — спросил Вагай.

— Можно спать, — объяснил Турьяк. — Ничего про «патриотов»...

— Мудак ты! — сказал Вагай с горечью. — Ты знаешь, что сейчас начнется? «Патриоты», не «патриоты» — это уже не важно! Горячев хочет весь народ на нас натравить! — И раздраженно выругался: — Бля, эта музыка!..

Тут из кухни опять показалась пожилая хозяйка ресторана. На подносе она несла запотевший графинчик водки, рюмки и тарелку с солеными грибами. Турьяк, Стриж и Вагай враз оживились, стали освобождать на столе место:

— Вот это спасибо!.. Это по-русски!.. Уважила!..

— Мой сын, между прочим, в Афганистане воевал, — сказала женщина.

— А это ты к чему? — удивился Турьяк.

— А это я к тому, что, — буднично произнесла женщина, — пить — пейте, а с пистолетом хватит баловать, доигрались ужо! — И, привлеченная заголовком «Речь Н. Батурина в Партийном трибунале», склонилась над плечом Вагая. — Что тут про этого паразита пишут?

— Да так, речь его напечатали... — нехотя сказал Вагай, накрыв речь Батурина блюдом с овощами, и попросил: — Слушайте, вы можете убрать эту музыку?

— Еще речи его печатают! — сказала женщина. — Сталин бы ему напечатал речь! Горячев, может, тоже не сахар, но кто хочет работать, тот может. Так и ему пуля! Я неверующая, а каждое утро теперь молюсь за него, чтоб выжил. Даже цветы ему с рейса отнесла в больницу...

— Выживет, не бойся, — сказал ей Стриж.

— Теперь выживет, — добавил Вагай. — Нам вчера на закрытии съезда объявили.

— Ну и слава Богу! — сказала женщина, разливая водку по трем рюмкам. — За нас, за народ кровь пролил ваш генеральный. А мог бы, как Сталин, гнуть нас и гнуть. Или воровать, как Брежнев. А он... Вот за его здоровье и выпейте, ага...

Стриж, Вагай и Турьяк переглянулись. Женщина ждала, требовательно глядя на них. Мадонна пела что-то дико американское. Не сказав ни слова, они взяли рюмки и молча выпили.

— А он тоже в Афганистане был, — нюхнув свой кулак вместо закуски, Турьяк кивнул женщине на Стрижа. — Первым входил, между прочим...

— Офицерил, небось? — спросила у Стрижа женщина.

— Ну... — вместо Стрижа подтвердил Турьяк.

— Оно и видно... — сказала женщина скорее осуждающе, чем уважительно. И ушла на кухню. Там она уменьшила было звук в видеомагнитофоне, но ее сын тут же вернул Мадонне полное, на весь ресторан, звучание. Турьяк крякнул и налил всем по второй.

— Н-да... — сказал он. — Дожили! Они нам и ногой в морду, и стулом по голове, а потом еще нотации читают!

— Сволочь этот Батурин! — Вагай с досадой стукнул кулаком по столу. — Ты видишь, что он наделал! Они теперь Горячеву цветы носят! Вчера еще про него анекдоты, а сегодня...

— Это только начало! — произнес Стриж, разглядывая графин с водкой так, словно видя в нем события ближайшего будущего.

— Начало чего? — трусливо спросил Турьяк.

— Культурной революции, чего! — вместо Стрижа ответил ему Вагай. — Мао Цзэдун свою оппозицию как уничтожил, не помнишь? — И, не ожидая ответа Турьяка, повернулся к Стрижу: — Может, объявить этого Батурина агентом сионистов?

— А что?! — тут же воспрянул Турьяк. — Если выяснится, что он «патриот», подсунуть версию, что он агент сионистов, а? Мол, стрелял в Горячева, чтобы опорочить братство «патриотов»...

Вагай и Турьяк смотрели на Стрижа. Все-таки было в нем нечто, что заставляло их признавать в нем лидера.

Стриж выпил свою рюмку одним глотком, помолчал, глядя за окно на пролетающую там очередную деревню, и повернулся наконец к своим друзьям.

— Нет! — сказал он. — Горячев пользуется ситуацией, чтобы стать в глазах народа святым и натравить страну против партии, — вот для чего эта дискуссия, — Стриж кивнул на «Правду». — Так что неужели мы, как бараны, пойдем под нож? А? Под суды трибуналов? А? Я спрашиваю?

— А что ты предлагаешь? — осторожно спросил Вагай.

— Встряхнуть надо нашего брата, вот что! — уверенно сказал Стриж. — Не отсиживаться по купе и не ждать трибуналов, а взять эту кампанию в свои руки — вот наша задача. Драка — так драка, едрена мать!..

3

**Вашингтон, Белый дом.
08.25 по вашингтонскому времени
(15.25 по московскому)**

Старая «вольво» с затемненными стеклами и дипломатическим номерным знаком, запыленным настолько, что ни один журналист не смог вычислить, какому же посольству она принадлежит, на большой скорости прошла по Pensylvania Avenue и свернула к Белому дому. Эта простая хитрость — импортная машина с запыленными номерами — должна была скрыть внеочередные визиты к Президенту руководителей CIA*, Пентагона или других визитеров, о которых прессе знать совершенно ни к чему. Теперь водитель машины, приближаясь к заранее открытым для нее воротам Белого дома, снизил скорость, и машина миновала невидимую биомикроволновую проверку на взрывчатку, отравляющие вещества и т.п. Эта тайная «Система А» опознания была создана год назад для защиты Дома и его сотрудников от террористических актов.

Войдя в Овальный кабинет, адмирал увидел Президента за столом, начисто освобожденным от всех бумаг. Слева был пульт «ПСОВ» («Прямая Связь Особой Важности») с плоской коробкой видеомагнитофона. Рядом, на подсобном столике, принтер и бело-слепой экран персонального компьютера Президента. Месяц назад Президент поставил компьютер в Овальный кабинет, демонстративно нарушив консервативную традицию сохранности этого офиса в старинном стиле, и пресса тогда много шумела по этому поводу, тем более что Президент по старинке все равно постоянно заваливал свой стол бумагами и дневниковыми записями — так старые бухгалтеры проверяют работу своих калькуляторов с помощью счетных машинок...

Сейчас отсутствие бумаг на столе Президента означало, что он встревожен просьбой адмирала принять его срочно и вне расписания и, убирая свой стол, как бы отстранился от всех прочих дел. Джон Риктон решил, что зря он, пожалуй, просил Президента об аудиенции по «ПСОВ». Но таков уж у него характер — нетерпеливый...

— Добрый день, господин Президент! — сказал он как можно бодрее.

— Хэлло, адмирал. — Президент протянул Риктону руку.

— Садитесь. Что будете пить?

— Ничего. Спасибо. — Адмирал сел. — Я не хочу отнимать у вас время, сэр.

— Что у вас, адмирал?

_____
* CIA — ЦРУ.

Ощутив напряженность в голосе Президента, Риктон достал из кармана видеокассету, встал и кивнул на видеомагнитофон:

— Могу я?

— Конечно, — сказал Президент.

Для человека высокого или даже среднего роста не представило бы труда перегнуться через стол Президента и дотянуться до видеомагнитофона. Но Риктон был ростом со знаменитого комика Джорджа Бернса. Поэтому ему пришлось обойти президентский стол, чтобы вставить кассету в видеомагнитофон. Морскому адмиралу Джону Риктону было 69 лет, он был самым старым в нынешней команде Белого дома. Целый сонм советников отговаривал Президента назначать директором CIA этого «аутсайдера». Приводя в пример чуть не всю историю Агентства — оно работало успешно только тогда, когда во главе его стояли профессиональные разведчики Аллан Даллес и Вильям Кейси. Но Джон Риктон был командиром того авианосца, с палубы которого в 1962 году взлетела для перехвата русских судов в Карибском море вертолетная эскадрилья Стива — старшего сына Президента. Тогда, с 24 по 28 октября 196... года, вертолет Стива провисел в общей сложности 49 часов в двух метрах над капитанским мостиком советского судна, блокированного на подходе к Кубе с грузом атомных боеголовок в трюмах. Именно в это время Роберт Кеннеди втолковывал Добрынину, что если русские не уберут с Кубы свои ракетные установки, «мы их ликвидируем сами» и при этом «будут не только мертвые американцы, но и мертвые русские». Но двадцатилетний Стив не знал тогда, о чем Роберт Кеннеди говорил с Добрыниным. И он не видел этих проклятых русских атомных боеголовок. Зато он хорошо видел самих русских и даже снял их на кинопленку — 62 русских моряка, экипаж русского судна. Зажатые с четырех боков американскими военными кораблями, снизу — американской подводной лодкой, а сверху — сменяющими друг друга эскадрильями военных вертолетов, эти русские парни сидели на палубе в ожидании приказа Москвы и, чтобы не сойти с ума от смертельного напряжения, безостановочно рассказывали анекдоты. Четверо суток. Президент хорошо помнил ту пленку — белые хохочущие лица с удивительным преобладанием металлических зубов в каждом рту, разинутом от истерического смеха. И это впечатление навсегда определило отношение Президента к русским: в смертельных ситуациях они хохочут, обнажая металлические зубы. И столь же хорошо, на всю жизнь, он запомнил рассказ сына о том, как капитан Джон Риктон напутствовал тогда его и остальных летчиков в эти полеты-дежурства над русскими судами. «Мальчики, вот вам слово техасского ковбоя: если эти fucking русские начнут стрелять, я не буду ждать разрешения Макнамарры ответить! Пусть мне это стоит карьеры или жизни, но тот, кто вас, не дай Бог, собьет, тот догонит вас еще на подходе к морскому дну, клянусь! А теперь — летите! Помните: Риктон за вами!»

Тридцать лет спустя эти слова стоили адмиралу Риктону поста министра обороны, потому что Президент не мог отдать все военное ведомство такому рисковому «техасскому ковбою». Но он отдал ему CIA, потому что в годы новой разрядки напряженности с русскими сотрудники этого заклеванного прессой Агентства нуждались именно в нем — руководителе, за спиной которого они могли чувствовать себя спокойно. И до сей минуты Президент еще ни разу не пожалел о своем решении...

Вот и сейчас он терпеливо, без насмешки проследил, как маленький Риктон обошел его стол, вставил какую-то кассету в видеомагнитофон и нажал клавишу «Play». В тот же миг висящий на противоположной стене кристаллический экран, чуть вогнутый для создания стереоэффекта, вспыхнул, и Президент вдруг увидел крупно, во весь экран, лицо Николая Батурина, идущего прямо на камеру. Неделю назад этого человека узнал весь мир, все телестудии старались выкроить, выкадровать и увеличить крохотное изображение мужчины в сером костюме, который в числе таких же неброских фигур шел к авансцене Кремлевского зала с поднятой в левой руке белой запиской. Но даже в момент выстрела ни один оператор не успел перебросить на Батурина телевик своей камеры — так неожиданно прозвучал этот выстрел в рутине работы Коммунистического съезда в Москве. И у всех телекомпаний было на экранах одно и то же — абрис серой фигуры Батурина с нечетким лицом — до покушения, свалка возле авансцены, разбитое гэбэшниками лицо Батурина — ПОСЛЕ выстрела.

Но теперь убийца шел прямо на зрителя, и лицо его было во весь экран, и, как в лучших голливудских фильмах, вы могли прочесть в этих голубых глазах изумительную собранность, решительность, твердость. Вот он подходит к авансцене, левой рукой протягивает свою записку к вазе, разжимает пальцы, и в этот же миг его правая, с пистолетом, рука возникает на уровне его лица, объединяется с левой, зрачки голубых глаз чуть скосились вправо, но тут же и вернулись на место, остановились прямо на вас, и — грянул выстрел! Президент даже чуть отшатнулся — таков был эффект.

— Потрясающе! Где вы это взяли? — сказал он, забыв на секунду о тревожном смысле внеочередного визита директора CIA.

— Это ерунда, — небрежно сказал адмирал, довольный произведенным эффектом. — Конечно, за один этот кадр любая телестудия заплатила бы миллион. Но я руковожу «нон-профит» организацией. Смотрите дальше, сэр. Теперь вы увидите лицо каждого, я повторяю — КАЖДОГО делегата этого съезда. ДО, ВО ВРЕМЯ и ПОСЛЕ выстрела. Начнем с первого ряда...

Через минуту Президент понял, что принес ему адмирал Джон Риктон. Он принес ему живые, в движении и почти во плоти, портреты почти трех тысяч делегатов съезда Коммунистической партии Советского Союза. Крупным планом, на идеальном японском экране «High Defenition». И каждое лицо было сначала пустым, скучным и усталым, какими бывают лица в зале во время чрезмерно затянувшегося заседания. А затем, когда Батурин выбрасывал вперед руку с пистолетом, лица делегатов взрывчато менялись. Они подавались вперед с глазами, расширенными от изумления и... ТОРЖЕСТВА. Такая вспышка торжества бывает в глазах дикого зверя при виде упавшей добычи. Да, не испуг, не страх, не гнев, а именно ТОРЖЕСТВО было в лицах делегатов съезда! И далее, после выстрела, когда Горячев боком упал на Кольцова, упал без вскрика и тяжело, как падает убитый, — в их глазах были РАДОСТЬ и ОГЛЯДКА, ОЖИ-ДАНИЕ... Пусть весь перепад этих простых эмоций про-должался не более секунды или даже меньше, а затем люди брали себя в руки и диктовали своим лицам подобающее этому моменту выражение, — поразительно, до чего просто и ясно можно читать на человеческом лице, если застать его врасплох и многократно увеличить на киноэкране! Ки-ноэкран выдает нюансы наших чувств и очень часто — даже мысли. Не было никаких сомнений в идентичности пове-дения первого десятка делегатов... второго... третьего... СКУ-КА — ИЗУМЛЕНИЕ — ТОРЖЕСТВО — ОГЛЯДКА и — ВЫЖИДАНИЕ, прикрытое фальшивым негодованием.

Под многими лицами были впечатаны их фамилии и должности: «ИГНАТ ЦИБУЛЯ, первый секретарь Полтав-ского обкома», «АЛЕКСЕЙ ЗОТОВ, первый секретарь Мос-ковского горкома...»

На тридцатом, наверно, телепортрете Президент оста-новил пленку. Он уже все понял.

— Итак? — сказал он адмиралу.

— Вы не хотите смотреть дальше? — произнес Риктон огорченно, уж очень ему нравился результат его работы.

— Я хочу знать ваши подсчеты, — сказал Президент. — Сколько делегатов съезда хотели, чтобы Горячев был убит?

Адмирал насупился. Опять Президент демонстрирует свой бесстрастно-компьютерный подход к делу. А вся эмо-циональная оценка работы ребят из Агентства свелась лишь к тому, что Президент отпрянул от выстрела Батурина, как подросток в кинотеатре.

— Из 28 сотен делегатов — 2258, — сухо ответил адмирал.

— Сколько?! — Президент подался вперед от изумления.

«Ага, проняло!» — удовлетворенно подумал адмирал. Но вслух повторил без всякой окраски:

— 2258. То есть восемьдесят и шесть десятых процента.

— И вы знаете их пофамильно?

— На сегодня мы знаем пофамильно 72 процента делега-тов, выразивших радость в момент покушения на Горяче-

ва, — подчеркнуто протокольно сформулировал Риктон. —
Остальные, я полагаю, будут идентифицированы в течение
недели.

Но Президент не обращал внимания на его тон.

— Сколько соучастников покушения было в зале?

— Судя по выражению лиц — ни одного.

— А на сцене, в Президиуме?

— Сэр, я склонен думать, что Батурин действовал в одиночку. Это подтверждает и сегодняшняя публикация в «Правде» его речи в трибунале. Просто он выразил их желание... —
Риктон кивнул на экран.

— Вы думаете, Горячев знает о такой тотальной оппозиции?

— Если бы он знал, что их уже 80 процентов, он не дал
бы им собраться всем вместе. Но теперь, после покушения,
я думаю, он поверил Батурину и с перепугу затеял эту дискуссию. Вы слыхали о ней, конечно? «Убивать или не убивать Горячева за его реформы...»

— Та-ак... — протянул задумчиво Президент. — Что же
мы будем делать с этой пленкой?

Адмирал молчал. Он сделал свое дело, он дал Президенту документ неоценимой важности. Но он не услышал даже
единого слова — ладно, не благодарности, но хотя бы оцен-
ки его работы! Интересно, сколько раз в истории США директор CIA не только ставил в известность Президента о
том, что в России предстоит правительственный переворот,
но и показал ему лица всех участников этого переворота?! А
еще через две-три недели на основании заключения специ-
алистов по физиогномике он, возможно, сможет назвать и
вероятных лидеров этого переворота...

— Сколько военных в оппозиции? — спросил Президент.

— Не все представители армии были на этом съезде в
форме, сэр. И то же самое — КГБ. Но с армией, в общем,
давно известно. После ухода из Афганистана и сокращений
на вооружение кадровые офицеры только ждут случая... Да
это и в речи Батурина прозвучало.

— Та-ак... Ваши выводы?

— Мои выводы простые, — пожал плечами адмирал. — Исторически Горячев проиграл; перестройка русской экономики провалилась. Теперь весь вопрос в том, кто на кого сумеет свалить вину: Горячев на партийных бюрократов или партократия на Горячева. Сейчас у Горячева хороший шанс: простой народ всегда на стороне раненых. «Кровь, пролитая за людей» — это публика любит. Но дискуссия, которую он затеял в прессе, — это только отсрочка переворота. Она заставит противников Горячева громче всех петь ему дифирамбы и требовать смертной казни Батурину. А когда эта кампания кончится, переворот станет неизбежен. Если, конечно... — Адмирал умолк, держал паузу.

— Если мы не пошлем ему эту пленку, вы хотите сказать.

— Это в вашей власти, сэр.

— И он их всех расстреляет?

— Я думаю, у него нет альтернативы. Или он их, или они его. То есть они-то в него уже стреляли. — Риктон усмехнулся: — Теперь его черед...

Вот оно, подумал Президент. Вот один из тех моментов, которые он ненавидел больше всего в своей президентской службе. Когда только он, он один должен принять решение, от которого может зависеть судьба страны. Говорят, что в такие моменты великих политиков спасают интуиция, сверхчутье на ход Истории. Но на него в такие моменты наваливается просто удушье, и мучает, и размазывает по стене, и кричит: «На кой черт ты сел в это кресло?!» Боже, какой ужасный выбор: спасти Горячева ценой жизни двадцати двух сотен русских коммунистов или сделать вид, что ты ничего не знаешь и пусть они угробят его при следующей попытке... Он враждебно взглянул на адмирала:

— Зачем вы мне это принесли?!

— Извините? — изумленно переспросил адмирал.

Президент наклонился вперед так, что грудью уперся в стол.

— Я не доносчик! Я не могу положить Горячеву на стол расстрельный список! Я — Президент Соединенных Штатов! — почти выкрикнул он.

Изумление на лице адмирала и побелевшее лицо секретарши Кэтрин, испуганно заглянувшей в дверь, заставили Президента опомниться. Он жестом приказал Кэтрин закрыть дверь.

— Извините, адмирал...

Черт возьми, разве им объяснишь! После дела Оливера Норта уже никто в Белом доме не берет на себя смелость сделать хоть что-то без ведома Президента! В конце концов, если бы аналогичная ситуация возникла лет пять назад, Вильям Кейси нашел бы возможность отправить эту пленку Горячеву БЕЗ ВЕДОМА Президента Рейгана! Но теперь... Где-то там, на другой стороне земного шара, в больничной палате, лежит раненый Горячев — коммунист, но с одним положительным качеством — чувством реальности.

Президент даже не замечал, что он уже давно встал из-за стола и вышагивает от стены до стены под удивленным взглядом адмирала. Когда Рональд Рейган объявил миру, что эпоха завоевания мира марксизмом закончилась, никто в мире не отнесся к этому так серьезно, как Горячев. Горячев первый понял, что это — правда. И повел себя соответственно: стал спасать хотя бы то, что имел — коммунистический режим в советском блоке. Правда, и это ему не удается...

— Почему я должен спасать Горячева? — вдруг остановился Президент перед адмиралом. В его мыслях появились холодная ясность и ожесточение.

— Вы ничего не должны, сэр, — сказал адмирал. Он еще никогда не видел Президента таким возбужденным и не понимал, что с ним происходит. — Во всяком случае, сейчас не должны. Эти русские противники Горячева... Сейчас они все попрячутся или, наоборот, будут громче всех кричать осанну Горячеву. И только после этого... Впрочем, Горячев, может быть, и потом вывернется. Вы же знаете, у него какая-то дьявольская способность к выживанию. Уже сколько раз...

— Вы не ответили на мой вопрос, — перебил Президент. Он тоже хорошо знал Джона Риктона и понимал, что старик только изображает служаку-простачка. — Почему я должен спасать Горячева? Сейчас или когда-нибудь в будущем?

Адмирал ожесточился. Он молча подошел к видеомагнитофону и с силой снова нажал кнопку «Play». Черт возьми, как бы говорил он этим, если у тебя есть глаза — смотри! На экране вновь поплыли портреты коммунистической элиты СССР. «РОМАН СТРИЖ, первый секретарь Свердловского обкома КПСС», «ФЕДОР ВАГАЙ, начальник Свердловского управления КГБ», «МАНСУР УСУМБАЛИЕВ, первый секретарь Ташкентского горкома КПСС»...

— Вы видите эти лица, сэр? — почти сухо спросил адмирал. — А теперь я прочту вам первое, пробное заключение физиогномистов моего Агентства. Подчеркиваю: это заключение лишь по первым трем сотням лиц. — Адмирал достал из кармана сложенный втрое листок. — С завтрашнего дня я сажаю на эту работу целую бригаду независимых психиатров. Но слушайте пока то, что есть: «Ознакомившись с представленными телепортретами... используя компьютерные методы физиогномики...» — Он бежал глазами по строчкам на своем листе. Нет, он вовсе не собирался читать это Президенту, когда просил о срочной аудиенции. Ведь эта работа еще не закончена. Но теперь... — Вот! «Доминирующими чертами большинства предъявленных лиц являются комплекс социальной неполноценности и внутренняя агрессивность. Сравнение с социально-психологическими типами русского народа, разработанными на основе компьютерного анализа всей русской литературы от Пушкина до Солженицына, показывает, что данные лица относятся, говоря языком американских стандартов, к категории мафиози, наиболее точно представленных в фильме «Godfather...».

— Стоп! — прервал Президент и поморщился. — Это ерунда, Джон! Половину таких лиц вы можете найти в любом пабе Огайо. Но даже если бы они были Оракулами, это не значит, что я должен отправить их на расстрел! — И он снова заходил по кабинету.

— Вообще-то я не за этим пришел, господин Президент, — сказал Риктон. — Но, с другой стороны, если они возьмут власть в России...

— То что? Что случится? Конкретно!

Адмирал вздохнул.

— Хорошо, — сказал Риктон. — У меня есть еще одна пленка. Не здесь. В Агентстве. Но думаю, вы мне поверите на слово. Так вот. В мае 1987 года в Москве, на Красной площади, были три гигантские демонстрации общества «Память». Вы, конечно, о них слышали. По сути, это русские шовинисты с лозунгами уничтожения всех евреев мира и создания Великой России от Сибири до Константинополя. Старая маньячная русская идея времен Достоевского. Вчера один из моих парней взял в архиве телестудии АВС пленку с теми демонстрациями. И мы стали крутить эти пленки на двух экранах одновременно. Вы не поверите, сэр, это те же лица! Не все, конечно, но многие. Мы, конечно, не поверили сами себе и засунули обе пленки в опознающе-системный компьютер. За ночь он обработал первую сотню вот этих лиц. — Адмирал вновь кивнул на экран. — И что же? Шестьдесят два из них принимали участие в той демонстрации! Вы понимаете? Эти русские шовинисты не стали создавать свою отдельную партию, три года назад это еще было невозможно в России. Но они просто овладели коммунистической. Вы понимаете?

— Да, — усмехнулся Президент. — Ну и что? А Горячев распустил колхозы, отдал землю крестьянам, и уже в этом году Россия вполовину сократила закупки нашего зерна. Так что, если русские шовинисты уберут Горячева и восстановят колхозы, фермеры Огайо им только спасибо скажут!

Адмирал замолчал. При чем тут фермеры Огайо? Если Президент предпочитает не слышать того, что ему говорят, это уже его, Президента, проблема.

И вдруг Президент остановился перед адмиралом и сказал совсем иным тоном:

— А почему мы законсервировали SDI? Почему мы убрали ракеты из Европы?

— Я? — изумился Риктон.

— Да, вы! Я, вы, Конгресс — мы все! Вечно мы шли русским навстречу! Ленину нужны были деньги для строительства коммунизма — Хаммер тут как тут, концессии!

Сталин захотел пол-Европы превратить в концлагерь — пожалуйста! Брежневу и Горячеву нужен детант — ради Бога! Почему русские всегда получают все, что хотят и когда они этого хотят? В результате — лично под Горячева законсервировали SDI и разоружили Европу. А теперь вы приходите ко мне и говорите: завтра в этой империи к власти придут фашисты! И что я должен делать? Что?

Адмирал молчал. Он всю жизнь прослужил в военном флоте, он воевал с немцами, с японцами, с корейскими и вьетнамскими коммунистами, и, видит Бог, все, что тут кричит Президент, лично к нему не имеет никакого отношения, он никогда не высказывался за вывод ракет из Европы.

Но Президент не отступал:

— Отвечайте, Джон!

— Сэр... — Риктон кашлянул в кулак. — Через три недели я положу вам на стол список лиц, которые, судя по заключению физиогномистов и психиатров, могут возглавить антигорячевский заговор, а далее вы будете решать...

— Значит, так! — сказал Президент и сел в свое кресло. — Всю эту работу не только засекретить самым жестким образом, но и отменить участие в ней всех, кто вне штата вашего Агентства, и никаких экспертов со стороны! Это раз. Второе. Передайте всем вашим парням, которые участвовали в этой операции, мою благодарность. Я думаю, им пришлось здорово попотеть, чтобы получить на пленке такое изображение. Наградите их месячным окладом... Ну, сами решите, из своего фонда. И, наконец, третье. Скажите мне, адмирал, вот их было на этом съезде почти три тысячи делегатов. Из них двадцать две сотни — противники Горячева. Так почему они не проголосовали против него? Почему все как один голосовали «за»?

Адмирал усмехнулся — конечно, Президенту США было бы куда легче жить, если бы русских, филиппинских, иранских, ливийских и прочих диктаторов отстраняли от власти простым голосованием! Но в этом случае они бы не назывались диктаторами...

— Сэр, — сказал адмирал. — Фокус коммунизма заключается в том, что там все голосуют «за». «Против» голосуют только мертвые. Я могу идти?

Президент молчал.

Риктон потянулся к видеомагнитофону. Там все еще крутилась пленка, беззвучно посылая на огромный экран изображение русских коммунистов с глазами, вспыхивающими радостью в момент выстрела в Горячева.

— Я думаю, у вас есть еще одна копия? — сказал Президент.

— О, конечно... — замер Риктон.

— Тогда эту оставьте мне.

— С удовольствием. Всего хорошего, господин Президент. — Адмирал направился к двери.

— Минутку, — остановил его Президент. — А зачем вы вообще снимали этот съезд на свою пленку?

Адмирал повернулся от двери. Он не мог отказать себе в удовольствии хотя бы на прощание сказать то, что собирался сказать Президенту с самого начала встречи.

— Мы не просто снимали этот съезд на пленку, сэр. Мы создали эту пленку специально ради этого съезда. Потому что с первого дня моей работы в Агентстве я мечтал о такой возможности — иметь полную картотеку этих типов. — Адмирал кивнул на очередное лицо коммунистического деятеля, возникшее на экране. — Посмотрите на него! Ведь теперь я про каждого из них могу сказать, что они любят — женщин? деньги? водку?.. Правда, сначала у меня была другая идея. Я мечтал показать эти лица Конгрессу накануне очередного голосования по SDI и заодно сравнить интеллектуальный уровень этих коммунистов с уровнем наших конгрессменов. Но боюсь, что счет будет не в нашу пользу, а Конгресс тут же срежет мне финансирование Агентства до нуля. Я могу идти?

— Вы куда-нибудь спешите, Джон? — грустно спросил Президент.

— Я? — удивился адмирал. — Нет, никуда... Просто я не хотел отнимать ваше время...

— Вы уже отняли у меня куда больше... — Президент вздохнул. — Вы знаете, в чем наша беда, Джон? Мы научились видеть каналы на Марсе и пыль на Юпитере. Мы умеем предсказывать погоду и.экономические кризисы. Но мы никогда не могли предсказать хотя бы за день, что там произойдет у этих русских. Даже сам Горячев свалился нам как снег на голову...

— Сэр, я принес вам такой прогноз.

— Где гарантии, Джон? Вы знаете, сколько прогнозов ложится на этот стол каждый день?

Адмирал не ответил.

Президент усмехнулся:

— Н-да... Я вас понимаю. На то я и Президент... Ладно, можете идти, адмирал.

Риктон вышел, закрыв за собой дверь.

Но Президент уже не видел этого.

Он сидел один в тихом Овальном кабинете и смотрел на лица русских коммунистов, плывущие перед ним на экране. Какие-то у них действительно мафиозные лица. Поколение 30 — 40-летних. Одно лицо, второе, третье... СКУКА — ИЗУМЛЕНИЕ — ТОРЖЕСТВО — ОГЛЯДКА — ВЫЖИДАНИЕ... Боже, до чего они похожи на тех молодых русских матросов, которые во время Кубинского кризиса сидели тогда на открытой палубе своего корабля! Неужели в России действительно будет фашизм? Это страшно, но, Господи, сколько раз его уже пугали этим, и сколько раз сам Горячев пугал этим своих противников? А с другой стороны, даже если бы все эти типы были морскими пиратами со стальными зубами, может ли он, Президент США, одним движением отправить Горячеву их имена для расстрела?..

Какой-то посторонний звук, и даже не звук, а колебание воздуха отвлекло его от экрана. Он перевел взгляд на дверь кабинета.

В двери стояла его секретарша. Конечно, прежде чем впустить следующего визитера, она хотела бы знать, не нужна ли Президенту хотя бы чашка кофе.

— Нет, Кэтрин, спасибо. Как зовут нашего врача, который неделю назад вынимал пулю у Горячева?

— Операцию делали русские врачи, сэр. Наш врач только ко наблюдал. Его зовут Майкл Доввей. Он вам нужен?

4

Москва, ЦК КПСС на Старой площади.
16.30 по московскому времени

В ПОЛИТБЮРО ЦК КПСС
от М. Ясногорова, председателя
Партийного трибунала ЦК КПСС

ЗАЯВЛЕНИЕ

Сегодня, 15 августа с.г., в газете «Правда», органе ЦК КПСС, без ведома членов Партийного трибунала опубликована речь подсудимого Н. Батурина на закрытом заседании трибунала и объявлена дискуссия на тему «Убивать или не убивать товарища Горячева за его «перестройку»?...»

Эта акция «Правды» является грубым нарушением «Положения о Партийном трибунале», где сказано: «Ни один партийный или советский орган не имеет права вмешиваться в работу трибунала или оказывать давление на его членов».

Как публикации речи Батурина, так и объявленная газетой дискуссия представляют собой открытую попытку оказания давления на наше решение со стороны руководства ЦК КПСС, которому подчинена газета «Правда». В связи с этим я не считаю для себя возможным выполнять впредь обязанности председателя Партийного трибунала, о чем и ставлю Вас в известность.

Марат Ясногоров
Москва, 15 августа с.г.

— А чем, собственно, мешает вам эта дискуссия? — спросил Кольцов раздраженно, упершись взглядом в заявление Ясногорова. И тут же почувствовал, как Ясногоров изумленно вскинул на него свои огромные, болезненно расширенные глаза. Словно спрашивал: «Неужели вы сами не понимаете?»

Однако Кольцов не поднимал глаз от стола. Борису Кольцову было за шестьдесят. Горячев, обновив практически все Политбюро, не ввел в его состав ни одного человека моложе себя самого. А поручив Кольцову контроль за прессой и идеологией, вынуждал его постоянно находиться между молотом ретивых и готовых все взорвать перестройщиков и наковальней консерваторов из партаппарата.

И эта работа по принципу «и вашим, и нашим» все больше раздражала Кольцова, потому что все уступки настырным «демократизаторам», «плюралистам» и «либералам» — публикация ли Солженицына, разрешение ли на регистрацию новых партий и т.п. — Горячев проводил, как бы преодолевая его, Кольцова, сопротивление. И только он, Кольцов, знал, что все разговоры Горячева о «взвешенном подходе», «поступательном движении», «необходимости точного расчета» — это просто отражение жуткой, почти болезненной нерешительности самого Горячева, его страха сделать очередной, даже самый маленький шажок. Но сколько же можно сидеть одним задом на двух стульях?!

Не дождавшись ответного взгляда, Ясногоров откинулся в кресле.

— У этой дискуссии одна цель, — сказал он громко и уверенно. — Выявить противников товарища Горячева и мобилизовать против них общественное мнение страны. При этом: даже если противники товарища Горячева уклонятся от дискуссии, всенародная кампания восхваления Горячева, организованная прессой, должна напугать их, показать, что народ их растерзает, если они захотят сместить Михаила Сергеевича...

— Ну-ну... — произнес Кольцов. — Но даже если так — как это мешает работе трибунала?

— Очень просто! — Ясногоров пожал плечами. — С завтрашнего дня в «Правде» и во всех других газетах начнут публиковать сотни писем трудящихся с требованием расстрелять не только Батурина, но вообще всех, кто недоволен реформами Горячева. Митинги народного гнева будут транслировать по телевидению...

— Откуда вы знаете? — уязвленно перебил Кольцов. Весь день он как раз и занимался организацией таких митингов и потому не принял Ясногорова с утра, хотя тот явился со своим заявлением еще шесть часов назад и все шесть часов просидел внизу, в Приемной ЦК...

— Из истории. Покушение на Ленина в августе 18-го года было предлогом первой волны красного террора и моделью всех остальных сталинских репрессий. Они всегда были оформлены как «гневная отповедь народа врагам партийной линии». Сейчас начнется то же самое. В результате, если человек когда-нибудь позволил себе публично критиковать политику Горячева — не важно, с какой стороны, слева или справа, — его теперь заклеймят «батуринцем» и «врагом народа». И в такой обстановке члены трибунала не могут вынести Батурину никакого иного приговора, кроме расстрельного. Но я не хочу в этом участвовать, извините!

— А вы считаете, что Батурина нужно оправдать? — осторожно спросил Кольцов.

— Видите ли, до тех пор, пока Политбюро ЦК не освободит меня от поста председателя трибунала, я не имею права высказывать свое личное мнение о подсудимом, а тем более — о мере наказания, — ответил Ясногоров, глядя Кольцову прямо в глаза.

Кольцов просто физически ощущал, как он оценивает его взглядом своих огромных пронзительных глаз. Но, похоже, живое любопытство на обычно замкнутом лице Кольцова поощрило Ясногорова к откровенности.

— Скажем так... — произнес он. — Имеет ли право партия судить своего члена за то, что сама практикует с первого дня своего прихода к власти? Ведь физическое уничтожение противников было для нас методом и захвата власти, и удержания ее на протяжении всей нашей истории. Партократия ради своего выживания убила Берию, свергла Хрущева и так далее. А теперь — стреляла в Горячева. Следовательно, Партийный трибунал должен сначала определить, насколько Батурин является продуктом партийного воспитания, а уж затем думать о приговоре. Однако теперь, после этой публикации в «Правде», даже обсуждать такие вопросы нелепо! — Ясногоров сделал презрительный жест в сторону свежего номера «Правды», лежащего на столе у Кольцова.

Некоторое время Кольцов рассматривал Ясногорова в полной тишине изумления, как рассматривал бы полярный медведь попавшего на льдину жирафа. Вот те и раз — покушение Батурина — это результат партийного воспитания!.. Значит, вот это и есть та новая партийная молодежь, которая открыто именует себя «неокоммунистами», как бы открещиваясь от всех прочих коммунистов — «ленинцев», «сталинцев», «брежневцев» и даже «горячевцев»? Да он и одет по моде этих «новых коммунистов» — под разночинца XIX века: косоворотка под потертой вельветовой тужуркой, парусиновые брюки и парусиновые же туфли. Даже одеждой они демонстрируют возврат в доленинскую эпоху. И такого «неокоммуниста» административный отдел ЦК утвердил на пост председателя Партийного трибунала?! Они там что — с ума посходили? Сначала проморгали Батурина, а теперь...

Кольцов набрал на пульте видеосвязи код начальника картотеки ЦК. Тут же зажегся телеэкран, на нем возникло внимательное мужское лицо, готовое к выполнению любого задания.

— Слушаю вас, Борис Иванович.

— Личное дело Ясногорова, — сказал Кольцов и повернулся к Ясногорову: — Ваше имя-отчество?

— Марат Васильевич, — сказал Ясногоров.

— Марат Васильевич Ясногоров, — повторил Кольцов в глазок видеокамеры.

— Секундочку, — произнес начальник картотеки. Было видно, как он беглым движением пальцев набирает на терминале компьютера фамилию и имя-отчество Ясногорова.

— Прошу вас...

Вслед за этим лицо начальника картотеки исчезло с экрана, и вместо него возникла фотография Ясногорова семи-восьмилетней давности, сделанная, видимо, тогда, когда

Ясногоров вступил в партию. Затем, как титры в кино, поплыли данные: дата и место рождения, национальность, образование, семейное положение, место работы, какими иностранными языками владеет... И пока Кольцов считывал глазами сухую информацию — русский... закончил исторический факультет Куйбышевского университета... холост... работает учителем истории в Томске... владеет английским (хорошо), немецким (слабо)... — он не переставал думать о том, как же быть. Послать этого Ясногорова к чертовой матери, а членам трибунала объявить, что он заболел? И пусть они выберут себе нового председателя и быстрей выносят приговор без всяких этих историко-психологических выкрутасов. Батурина нужно казнить — это сразу утихомирит тысячи вот таких, как этот Ясногоров, и еще тысячи, которые и похлеще него, а главное, это заставит Горячева стать наконец той «жесткой рукой», которая так нужна сегодня России. Если бы Батурин убил Горячева, эта жесткая рука стала бы носить другую фамилию — Лигачев, Рыжков, Ельцин, Митрохин или даже Кольцов, но теперь дело не в смене фамилии Генсека, а в смене всей внутренней политики. Жесткость и стремительность — вот что нужно! А то уже начались разговоры: кто выдвигал Батурина секретарем горкома партии? Почему Секретариат ЦК утвердил его делегатом съезда? И вообще — кто у нас курирует идеологию и моральный облик партийных кадров?

Но, с другой стороны: состав трибунала был опубликован в «Правде» неделю назад, и если вслед за Ясногоровым еще кто-нибудь из членов трибунала заявит самоотвод — это уже будет скандал!..

Досмотрев файл до конца, Кольцов выключил видеосвязь и опять взглянул на Ясногорова. Тот сидел в кресле по-прежнему прямо — даже неестественно прямо, как птица, застывшая на ветке. За его спиной было большое окно, выходящее на Старую площадь, и щуплая фигура Ясногорова почти не заслоняла пыльно-зеленые верхушки деревьев и рыжие крыши Солянки. Поодаль, над Садовым кольцом, патрульные армейские вертолеты чертили зеленое небо — в Москве все еще было военное положение. И Кольцов вдруг почувствовал приступ раздражения и апатии — ведь ясно, теперь-то уж совершенно ясно, что спасти страну, власть, уберечь Россию от кровавого потопа можно только железной рукой. А он опять вынужден вилять, лавировать, дипломатничать с этим «неокоммунистом», мять его под себя, чтобы избежать еще одного скандала.

— Значит, вы считаете, что есть разница между политическим убийством и, скажем, убийством уголовным? — спросил Кольцов.

Ясногоров резко подался вперед всем своим худым телом и воскликнул обрадованно:

— Вы поняли? Вы поняли меня! Эт-т-то замечательно! Просто замечательно!!! Просто замечательно!!! Конечно! Огромная разница! У человечества есть тысячелетний опыт судов уголовных, но судам над террористами всего сто лет! И — никаких правил! Смотрите: самое первое политическое покушение было совершено в России 13 июля 1877 года. Вера Засулич стреляла в петербургского градоначальника генерала Трепова за то, что он приказал высечь плетьми политического заключенного. И суд присяжных оправдал Засулич! Понимаете? Суд наших, русских присяжных оправдал террор! С этого все началось, и, может быть, именно в этой точке истории лежит ошибка. Потому что дальше пошло по нарастающей. Уже через четыре года убит Александр Второй, потом — Столыпин. И разве был в России хоть один район, где ленинская партия пришла к власти без террора, простым и открытым голосованием? Никогда, нигде! Только оружием! Смотрите: Временное правительство мы арестовали и свергли. Царя и его семью — расстреляли. Учредительное собрание — разогнали. Советами — овладели. Конкурирующие партии — уничтожили. Крестьян в колхозы — загоняли. Иными словами: мы сделали террор универсальным оружием на все случаи жизни. Даже против целых народов — поляков, венгров, афганцев... А теперь я хочу вас спросить: разве вы будете судить волчонка за то, что он вырос и хочет загрызть вожака стаи? Будете?

— Я-то не буду. Но волки... — улыбнулся Кольцов, поощряя Ясногорова на откровенность.

— Вот! Волки! — Ясногоров даже привстал торжествую-
ще и поднял указательный палец, как школьный учитель,
поймавший правильную мысль в ответе ученика. — В этом
все дело! Конечно, несколько лет назад Батурина шлепнули
бы без всяких разговоров! Но теперь дело Батурина ставит
перед нами вопрос: кто мы? Партия волков — все та же
сталинско-брежневская? Или мы избавимся от репрессив-
ной волчьей психологии и войдем в XXI век партией подлинного гуманизма?

— То есть вы хотите судить партию, но оправдать Батурина, так? — вдруг резко, в упор спросил Кольцов.

Но Ясногоров даже не смутился. А лишь огорченно опустился в кресло и вздохнул от досады:

— Да при чем тут «оправдать», «осудить»? Я не адвокат
и не судья! Я школьный учитель. Но я считаю: если партия
ведет борьбу за искоренение сталинизма, то и Партийный
трибунал должен быть новым — не карательным органом, а
трибуналом от слова «ТРИБУНА». С этой трибуны мы должны выразить свое отношение к современному политическому
террору во всем мире — раз, к нашей исторической партийной традиции физического устранения противников — два и
к Батурину как к выразителю этой традиции — три.

— Так... Понятно... — Кольцов постучал пальцами по
крышке стола. Вот то, о чем он предупреждал Горячева с
самого начала: рано или поздно гласность превратится в
суд над партией. — Но я не думаю, что страна готова сейчас
к таким откровениям...

Ясногоров покровительственно усмехнулся:

— В школе подростки говорят мне и не такое!

— То есть? — спросил Кольцов. У него вдруг мелькнула
новая идея, и теперь ему нужно было время размять ее и
оценить возможности. Что, если из рук этого «неокоммуниста» Горячев получит оправдательный приговор Батурину и будет вынужден сам, собственноручно, переписать его
в обвинительный, смертельный? О, это было бы гениально!

— Вы себе не представляете, какие вопросы задают подростки на уроках истории и как стыдно, как чудовищно
стыдно подчас говорить им правду! — Ясногоров произнес

это с такой страстью и болью, что Кольцов почти воочию увидел его в школьном классе наедине с тремя десятками атакующих подростков. Так вот откуда эта риторика и манера проводить исторические параллели. — Я иногда думаю, — горячо продолжал Ясногоров, — что даже немцем быть легче, чем коммунистом! Ведь немцы открыто признали свою коллективную вину за уничтожение двадцати миллионов людей, и это раскаяние их очистило и обновило. А наша партия уничтожила шестьдесят миллионов людей СВОЕГО народа, но мы не признаем коллективной вины, а сваливаем все на Сталина, на Берию, на Мехлиса... Да все грузины, поляки и евреи, вместе взятые, не в состоянии убить шестьдесят миллионов русских! Мы, мы сами всегда истребляем себя, и Батурин — производное этого психоза. Именно потому партии надо покаяться и через это — очиститься! — закончил он с болью.

— Хорошо, — сказал Кольцов, ища новый подход к этому типу. Он уже принял решение. — Я обещаю: через год-два мы вернемся к теме террора. И вам не придется стрелять в меня или в Горячева, чтобы высказать свою позицию...

Ясногоров устало поднялся. Саркастическая усмешка искривила его губы — мол, сколько раз мы уже слышали это «подождите», «еще не время», «народ не готов»!.. Но не это взорвало Кольцова. А то, что этот мальчишка, этот сопляк вдруг двинулся к выходу именно тогда, когда он, Кольцов, решил оставить его на посту председателя трибунала. Подал заявление, как клерку, и пошел!

— Слушайте, вы! — почти крикнул Кольцов и пальцем показал Ясногорову обратно на кресло. — Сядьте! Это ЦК, а не школа! Садитесь! И скажите мне вот что. Если мы уж такие чистые и новые коммунисты, то как насчет того, чтобы отдать власть? Вообще! А? Ведь она добыта нечестно — террором! И держится на терроре, да? Так, может, коммунистам уйти от власти? Освободить Кремль? — Он сам не понимал, что с ним такое, почему он так сорвался. Или вся эта неделя с момента выстрела в Горячева была одной напряженной струной, и теперь эта струна лопнула на этом мальчишке? — Ну! Отвечайте?!

— Я думаю... — ответил Ясногоров стоя.

— И что же? — победно усмехнулся Кольцов, чуть остывая.

— Я думаю, это было бы самое правильное. Для партии. Но вы этого никогда не сделаете.

— А вы бы сделали на моем месте, да? — уже успокаивался Кольцов. Да, такому, как Ясногоров, не прикажешь, его нужно обломать. — И кому бы вы отдали власть? «Памяти»? Национал-монархистам? — продолжал Кольцов насмешливо, но уже с почти отеческой укоризной и доверительностью. — Ведь при действительно свободном голосовании народ всегда выбирает националистов. А они вас первых повесят, именно вас — первых! Как евреи Христа...

— Может быть... Это может быть... — задумчиво произнес Ясногоров. — Но, с другой стороны, это так мучительно — жить с чувством вины и не каяться! Не очиститься...

— Подождите, очистимся... — сказал Кольцов, уже забавляясь с этим Ясногоровым, как кот с мышью. Он смаковал про себя свое решение. Если этот Ясногоров его, Кольцова, довел до взрыва, то что же будет с Горячевым?! Конечно, это не очень по-джентльменски — подсовывать раненому такие «сердечные» пилюли, но, черт возьми, если Горячев поставит свою подпись под смертным приговором Батурину, это будет началом новой эры!

Изобразив на лице предельную озабоченность, Кольцов спросил:

— Значит, вы считаете, что газетная дискуссия может отразиться на позиции членов трибунала?

— Не «может», а наверняка отразится! — устало, как тупому ученику, объяснил Ясногоров. Он уже потерял веру в то, что Кольцов способен понять его.

Но Кольцов был терпелив. Теперь он был терпелив. Он вообще умел быть терпеливым, когда считал это необходимым.

— А долго вы еще будете разбирать это дело? — спросил он все тем же озабоченно-деловым тоном.

— Это зависит не от нас, а от КГБ. Я поручил товарищу Митрохину проверить, не было ли все-таки за спиной у Батурина заговора или акции вражеской разведки.

Кольцов поймал себя на том, что даже удивился: 32-летний школьный учитель «поручил» председателю КГБ!

Неужели в Сибири еще можно сохранить такую моральную девственность? Или это тоже отличительная черта нового поколения? Впрочем, разве не сказано в «Положении о трибунале», что ВСЕ партийные органы обязаны оказывать ему помощь в работе?

— Что сказал вам товарищ Митрохин? — без всякой улыбки спросил Кольцов.

— Пока ничего. Но у него есть еще неделя, — ответил Ясногоров.

— Вы что — дали ему срок?! — все-таки не выдержал Кольцов. Даже он, Кольцов, не рисковал назначать сроки Павлу Митрохину — члену Политбюро, председателю КГБ и любимчику Горячева.

— Нет, — сказал Ясногоров. — Просто я сказал товарищу Митрохину, что трибунал не может ждать вечно, и, если в течение двух недель у КГБ не будет данных о заговоре или иностранной акции, мы будем исходить из того, что Батурин действовал в одиночку. Одна неделя уже прошла.

— Понятно. Хорошо! — Кольцов двумя руками уперся в край своего стола и чуть откатился на кресле, откинулся в нем и вытянул ноги. Так он всегда готовил себя к тому, что он называл «взять быка за рога». Тут был как раз такой случай. Молодой бычок с огромными базедовыми глазами должен вернуться в трибунал и выполнить ту работу, которая нужна ему, Кольцову. — Для того чтобы оградить трибунал от какого-либо нажима, мы сейчас в течение получаса вывезем вас и всех остальных членов трибунала на подмосковную дачу ЦК. Там у вас не будет ни радио, ни газет, ни телевизора до тех пор, пока вы не вынесете приговор. То есть вы будете отрезаны от любого давления извне. Согласны?

Ясногоров наклонил голову к левому плечу и рассматривал теперь Кольцова чуть сбоку и снизу вверх, явно обдумывая, какой тут может быть подвох.

— Безусловно, все материалы, всех свидетелей и обвиняемого вам будут доставлять по первому вашему требованию, — добавил Кольцов.

— Но ведь речь Батурина уже опубликована! — наконец сказал Ясногоров.

— Виновные в этом понесут наказание, — с лукавой готовностью отпарировал Кольцов.

— То есть... То есть как?! — изумился Ясногоров. — Разве это не Горячев приказал напечатать?

— Он. Но без ведома Секретариата ЦК. И мы это обсудим на Политбюро. Конечно, когда товарищ Горячев выздоровеет. Вы напишите официальный протест от имени трибунала.

— Я... я не к этому стремился... — смешался Ясногоров. — Вы... вы хотите сказать, что на Политбюро вы... вы можете обсуждать приказы самого Горячева?!

— А почему же нет? Вы знаете, чей это был кабинет? Жданова и Суслова. Если теперь вы можете говорить здесь все, что вы только что наговорили, то почему я не могу говорить все, что думаю, на заседании Политбюро? Или только вы смелые — молодые?

— Нет, я этого не сказал... — задумчиво произнес Ясногоров и уже по-иному, с каким-то новым вниманием посмотрел на Кольцова. — Неужели?.. И вы считаете, что все, что я вам только что сказал, мы сможем изложить в приговоре?

— Не только сможете, но обязаны! Если, конечно, члены трибунала разделяют вашу позицию. Или если у вас хватит эрудиции убедить их... — откровенно дожимал Ясногорова Кольцов.

Но Ясногоров даже не почувствовал этого.

— Но в таком случае я... — сказал он, еще не очень решительно. — Могу я забрать заявление и продолжить работу в трибунале?

...Когда закрылась дверь, Кольцов соединился по видеосвязи с главврачом Кремлевской больницы. Кивнув на приветствие академика Бахтина, спросил:

— Как самочувствие Михаила Сергеевича?

— Идет на поправку... — сказал Бахтин.

— Очень хорошо. Спасибо!... — энергично поблагодарил Кольцов. И, выключив видеосвязь, долго смотрел в окно на летающие над городом военные вертолеты. Да, переворот, на который надеялся Батурин, переворот, который готовили и, конечно, продолжают готовить силы антиреформы (интересно, почему они не выступили на съезде?), — этот переворот произведет он один, сам — внутри Горячева!

ДЕНЬ ТРЕТИЙ

16 АВГУСТА

5

Москва, Посольство США.
15.05 по московскому времени

— Good afternoon, sir...

Посол, не ответив, жестом показал Майклу на дверь задней комнаты своего кабинета — эту комнату в посольстве называли bag free. Черт возьми, подумал Майкл, проходя туда впереди посла. Он никогда не был в bagfreeroom — что тут делать посольскому врачу?

Однако ничего необычного в этой комнате не было — несколько мягких кожаных кресел, стол, бар с выпивкой, мягкий свет ламп дневного света, книжные полки. Правда, ни окон, ни телефонов, а на столе какой-то небольшой пульт. Пульт биоволновой защиты, догадался Майкл.

Посол закрыл дверь, подошел к пульту и нажал несколько кнопок. Майкл огляделся, но никаких биоволн не почувствовал. Сиайэшники клянутся, что биоволновая защита экранирует любое подслушивание, но стоит эта чертовщина столько, что экранировать в посольствах можно пока только одну-две комнаты.

— Майкл, через восемь часов вы встречаетесь в Вашингтоне с нашим Президентом...

— Что-о?!

— Но об этом не должна знать ни одна душа. Сейчас вы вернетесь в свой кабинет, и ровно через двадцать минут вам позвонит ваша невеста из Брюсселя...

— У меня нет никакой невесты! Тем более в Брюсселе, сэр! — Майкл изумленно заморгал ресницами.

— Это не важно. Это объяснит причину вашего неожиданного отъезда. Она скажет, что прилетела из Штатов всего на сутки, и если вы хотите провести с ней ночь, то должны тут же лететь в Брюссель. Что вы и сделаете с большим энтузиазмом — прибежите ко мне за разрешением и — в аэропорт! Вы должны успеть на шестичасовой рейс «Люфтганзы» до Брюсселя. А больше я сам ничего не знаю. Но, думаю, в Брюсселе вас действительно будет ждать какая-нибудь красотка...

— Сэр, это по поводу Горячева?

— Клянусь, Майкл, я сказал вам все, что знаю. Но не думаю, что господину Президенту вы нужны как врач. Конечно, вы теперь знаменитость, но, мне кажется, в Вашингтоне есть еще несколько врачей вашего уровня... — Посол, довольный своей остротой, взглянул на часы. — Good luck, Майкл! У вас восемнадцать минут до звонка из Брюсселя. И переоденьтесь по дороге в аэропорт, вы все-таки летите к Президенту Соединенных Штатов...

Конечно, это по поводу Горячева, думал Майкл, глядя из окна самолета на приближающиеся острые крыши и шпили Брюсселя. С той минуты, как восемь дней назад армейский вертолет маршала Вязова, словно морковку из грядки, выдернул Майкла из рутины его жизни в посольстве и бросил к операционному столу Горячева, все в жизни Майкла закрутилось так, что, черт возьми, уже не он управляет событиями, а они — им. И теперь эти события несут его в Вашингтон на встречу с Президентом США! А у этой «невесты», звонившей из Брюсселя, был такой грудной, с придыханием голос, что — ой-ей-ей! Конечно, в тот день русские врачи не дали Майклу даже прикоснуться к раненому Горячеву, и только по тому, как они — явно демонстративно — давали Майклу возможность видеть все, что они делают, он понял свою роль: кому-то было важно, чтобы он, американский врач, следил, правильно ли они оперируют Горячева. После операции ему объяснили, что это был каприз Ларисы Горячевой, а уже назавтра на 32-летнего Майкла буквально обрушилась мировая слава. Его портреты замелькали в западной прессе, у него брали интервью программы «С добрым утром, Америка!» и «20/20», и он каждый день посещал Горячева в Кремлевской больнице. Но при этом Майкл все время чувствовал какой-то дискомфорт, словно он присваивает чужую славу. Ведь русские никогда не показывают по телевизору своих врачей, лечащих кремлевскую элиту, не печатают их портреты и не берут у них интервью. И сколько Майкл ни подчеркивал в своих интервью, что он только присутствовал при операции Горячева, тележурналисты пропускали это мимо ушей, а газетчики это слово вообще выбрасывали. И получалось, что Майкл чуть ли не сам оперировал и спас Горячева. Майкла это коробило — он вообще не был амбициозен. Вот уже четыре года он работает в Москве, получает всего-навсего 67 тысяч в год, в США для врача это вообще не деньги. У него маленькая «трехкомнатная», как говорят в России, квартира (спальня, гостиная, кухня), старенький спортивный «мерседес» и семнадцатилетняя подружка, русская белоснежка, студентка и хористка. Но зато — до этой истории с Горячевым — у него была масса свободного времени, никаких дежурств в госпиталях, никакой борьбы за клиентуру и никакой головной боли в конце года от того, что приходится платить жуткие налоги Дяде Сэму! Свобода!

Неделю назад этой свободе наступил конец. «Майкл, вы видели сегодня Горячева? Как он себя чувствует?..», «Майкл, пришел телекс от ассоциации американских фармацевтов. Они предлагают для Горячева какое-то суперновое лекарство...», «Майкл, фирма MedFurniture хочет прислать Горячеву weelchair специального дизайна...» — «Пошлите их к черту!» И вообще медицинского смысла в визитах к Горячеву не было никакого, у Горячева было обычное огнестрельное ранение с банальным абсцессом, который быстро рассасывался, и его лечили светила советской медицины. Но посол настоял на этих визитах: «Майкл, вы теперь не столько врач, сколько дипломат с докторским пропуском к Горячеву. Я, например, вижу Горячева не больше пяти раз в год, а вы — каждый день!»

Русские тоже не возражали против этих визитов, поскольку Майкл ежедневно составлял для «Вашингтон пост» бюллетени о здоровье Горячева и, таким образом, подтверждал советские сообщения о том, что Горячев выздоравливает...

— Майкл! Майкл! — Нечто фантастическое, влюбленно раскинув тонкие руки, бежало навстречу Майклу на Брюссельском аэровокзале. Нечто из фильмов о Джеймсе Бонде или из рекламы духов «Obsession» — не старше двадцати лет, на длинных ногах, с потрясающей фигурой и стриженная по последней моде коротким бобриком, отчего ее темные глаза казались огромными, а губы... Господи, на виду у всего брюссельского аэровокзала она так прильнула к Майклу губами, грудью, животом и ногами, словно исстрадалась от длительной разлуки с любимым и сейчас же умчит его в ближайший отель в постель...

К сожалению, он даже не узнал ее имени. Она усадила его в арендованный «BMW» последней модели и молча, на предельной скорости вывела машину из аэровокзала, каждую секунду поглядывая в зеркальце заднего обзора. Только убедившись в том, что никто за ними не увязался, она резко свернула обратно и по боковой дорожке вернулась в аэропорт, на стоянку частных вертолетов. Здесь, сказав Майклу лишь «Бон вояж!», она сдала его какому-то пилоту вертолета, скорее всего — сиайэйшнику, а еще через семнадцать минут вертолет доставил Майкла прямо на летное поле натовской базы, к «F-121» — новейшему американскому истребителю, крейсерская скорость которого в три с половиной раза превышает скорость звука. Скафандр, трехминутный инструктаж, как дышать и как выдернуть кольцо парашюта в случае аварии, жесткое откидное сиденье позади пилота, пристяжные ремни, приятная музыка «Битлов» в наушниках шлемофона, короткий разбег самолета по ночному летному полю, и... в следующую секунду Майкла с такой силой вжало в сиденье, словно им выстрелили из пушки. Его легкие, желудок, сердце и печень сдвинулись к лопаткам и позвоночнику, а щеки поплыли с лица назад, к ушам... «Дышать! — услышал он в шлемофоне голос молоденького, не старше 22 лет пилота. — Дышать! Сейчас все пройдет!»

Такие мальчишки подают гамбургеры в «Макдоналдсе» или играют на игорных автоматах, подумал Майкл о пилоте. Но через полминуты самолет, набрав высоту, лег на курс, сменил конфигурацию крыльев и перегрузки действительно кончились, а вместо них Майкл впервые в жизни ощутил кайф невесомости. Черт возьми, жизнь прекрасна, господа! Особенно — с высоты полета в «F-121», когда, оторвавшись от звука своих двигателей и от вечерней старушки-Европы, вы в полнейшей тишине и с тройной звуковой скоростью мчитесь на Запад, вдогонку укатившему туда солнцу, и вот уже его розово-желтый шар... Все-таки он поступил гениально, когда после резидентуры наплевал на возможность открыть свой офис в Лонг-Айленде и подписал вместо этого контракт с «International Service Agency», поставляющим обслуживающий персонал всем американским посольствам за границей. Конечно, он мечтал поехать в Японию — он с юности любил маленьких женщин, babywomen, которых так приятно сгибать, выламывать и вращать НА себе. Но, в конце концов, он и в Москве нашел себе не хуже. Он выучил русский, он научился пить водку, не разбавленную ни тоником, ни содовой, он понял вкус русской кухни, а самое главное — в Москве он получил то, что нельзя получить в Токио, в Бонне и вообще нигде, кроме России. Даже без дохода в миллион долларов в год Майкл стал в Москве частью самой престижной элиты — он был ИНОСТРАНЦЕМ. И не каким-нибудь вьетнамцем или арабом, которых русские и за людей не считают, — нет, он — АМЕРИКАНЕЦ!..

Откинувшись затылком к подголовнику сиденья, Майкл слушал «Битлов» и с высоты 12 000 метров смотрел, философствуя, на серебристую чешую Атлантического океана. В Америке к иностранцам совсем иное отношение, чем в России. Мы можем уважать французскую парфюмерию, но не французов. «Мерседесы», но не немцев. А в России само слово «иностранец» — уже капитал, как графский титул. И практически любая русская девушка — ваша. Конечно, такая элитарность разлагает. Она приучает чувствовать себя

Гулливером в стране лилипутов, арийцем, принцем крови
и т.п. И когда ты приезжаешь из России домой даже в
отпуск, ты уже сам не свой, ты категорически не хочешь
становиться Гулливером в стране великанов или даже Гулливером в стране таких же Гулливеров. И ты рвешься обратно в Россию. Правда, сейчас в России происходит
черт-те что — это кипящий котел, который вот-вот взорвется. Но тем интересней, черт возьми!.. Впрочем, выскочить из этого котла на пару дней и прошвырнуться в
Вашингтоне по Джорджтауну (да еще за счет американского правительства!) — это тоже неплохо, в этом он себе,
конечно, не откажет...

6

**Урал, город Свердловск.
17.10 по местному времени
(15.10 по московскому)**

Клацая колесами на стыках рельсов, слева от машины
Вагая прошел трамвай, набитый и облепленный пассажирами. И вдруг остановился на перекрестке улиц Ленина и
Свердлова, и водитель, молодая рыжая бабенка, высунувшись из кабины, издали замахала рукой подростку, торгую-
щему на углу газетами, листовками и брошюрами
«Демократического союза», «Партии анархо-синдикалистов»,
«Христианского возрождения» и прочей литературой подобного толка. «Чего вам?» — крикнул ей пацан. «Афганца» и
«Уральскую женщину», отозвалась вагоновожатая, и мальчишка, схватив газеты и какие-то брошюры, побежал к ней
через улицу, а потом, стоя под окном кабины трамвая, стал
отсчитывать сдачу с ее трехрублевок, нарочно затягивая время, чтобы уговорить эту рыжую купить у него и брошюры...

А вокруг вопила гудками река частных машин, и Вагай
тоже вскипел, сам нажал сигнал на руле водителя своей служебной «Волги». Но эта рыжая сволочь раскорячила свой двух-

вагонный трамвай прямо посреди улицы и хоть бы хны — никуда не торопится и еще смеется!

— Серафим, ну-ка быстро! Узнай фамилию этой суки! — приказал Вагай своему сотруднику Серафиму Круглому, сидевшему на заднем сиденье.

Тот выскочил из машины, тяжелой трусцой побежал к трамваю.

— Распустился народ — плюет на законы! — в сердцах сказал Вагай.

— Богатые стали! — поддакнул шофер-сержант. Ему было не больше 25, на его гимнастерке отблескивали под солнцем две медали: «Воину-интернационалисту» и «За отвагу» — знак его участия в афганской войне. Эти медали давали солдатам, служившим в Афганистане, но многие солдаты их не носили или надевали по праздникам, да и то — орденские колодки, а не сами ордена и медали, но шофер Вагая носил свои медали ежедневно...

Круглый вернулся, запыхавшись.

— Стасова Ирина, — доложил он. — Первый трамвайный парк. Между прочим, послала меня матом...

Тут трамвай освободил перекресток, «Волга» тронулась, но Вагай все не мог остыть. Конечно, можно сейчас же позвонить в трамвайный парк и через директора врезать этой Стасовой Ирине, но с тех пор как все перешли на хозрасчет, даже директор трамвайного парка вправе послать тебя — мол, с такой жалобой обращайтесь в милицию...

— Не улица Ленина, а какой-то Тель-Авив! — сказал Вагай хмуро. Действительно, вся центральная улица города была запружена лотками газетчиков-неформалов, пирожковыми ларьками, пивными палатками, кафе «Макдоналдс», пиццерией, плакатами «Уральского сопротивления КПСС» и рекламными щитами с голыми бабами и панковскими рок-звездами.

— Уже под обком подкатывают своей торговлей... — сказал шофер и кивнул на массивное четырехэтажное здание обкома партии с большим красным флагом на стальном флагштоке и гигантским транспарантом по всему верхнему карнизу: «ПАРТИЯ И НАРОД — ЕДИНЫ!». Свердловчане называют это здание «Большой дом». Под ним, в крохотном скверике, у памятника первому советскому президенту Якову Свердлову, тоже нагло, как на ярмарке, расположились торговки кедровыми орешками, семечками, издевательскими значками типа «Если это коммунизм, то что будет дальше?».

Здесь же старухи и дети кормили хлебными крошками голубей. Эти голуби каждый день загаживают памятники так, что приходится держать специального мойщика, который по ночам брандспойтом смывает птичье дерьмо с голов Маркса, Ленина, Свердлова. И не только в Свердловске — по всей стране! Ладно, подумал Вагай, если мы вернем себе всю полноту власти, я наведу порядок. И с народом, и с голубями...

— Стоп! — приказал он шоферу на мосту через реку Исеть, которая протекала через центр города — желтая и обмелевшая, как всегда в середине августа. Тут, на углу Исетской набережной и улицы Ленина, был как бы центр города, самое оживленное место. И именно тут стояла яркая палатка-тент с гигантским портретом Горячева и не менее броской надписью-призывом:

«ВСТРЕТИМ ВЫХОД ГОРЯЧЕВА ИЗ БОЛЬНИЦЫ
ВСЕНАРОДНОЙ ДЕМОНСТРАЦИЕЙ!
ЗАПИСЫВАЙТЕСЬ НА ДЕМОНСТРАЦИЮ
В ЧЕСТЬ ВЫЗДОРОВЛЕНИЯ
ТОВАРИЩА ГОРЯЧЕВА!»

Шофер остановил машину метрах в двадцати от тента, Вагай коротко кивнул Серафиму Круглому:

— Пошел.

Тот вышел из машины, словно гуляючи, подошел к тенту. Перед тентом два молодых сотрудника КГБ — парень и девушка (одетые, конечно, в гражданское — футболки с надписью «УРАЛМАШ» и кроссовки «Адидас») — громко, на всю улицу выкрикивали в мегафон призывы записываться на демонстрацию и бойко раздавали прохожим цветные листовки-календари с портретами Горячева, а детям бес-

платно вручали шары и флажки. Третий — внутри тента —
вел запись, к нему стояла большая очередь праздношатающейся публики. Люди довольно охотно жертвовали кто пять,
а кто и десять рублей на цветы, гирлянды и оркестры в день
демонстрации.

— Очередь даже... за Горячева... — сказал шофер, словно
читая мысли шефа. Прикидываясь простачком-солдатом, он
часто говорил вслух то, что все остальные держали при себе.

Вагай промолчал. Он знал, что самые большие пожерт-
вования давали не здесь. Несколько сотрудников КГБ (тоже,
конечно, одетые в гражданское) обходили в это время всю
улицу Ленина, лоток за лотком и магазинчик за магазинчи-
ком, и тоже вели запись будущих демонстрантов. И уж там
владельцы магазинов, обязанные Горячеву своим бизнесом,
отваливали на демонстрацию по сто и даже по двести рублей. Тем более что агитаторы обещали: имена самых крупных жертвователей будут опубликованы в местной газете
«Уральский рабочий». А частники любят выпендриваться
друг перед другом...

Круглый вернулся от тента, доложил:

— Три тысячи двести семнадцать человек записались.
Семь тысяч рублей пожертвовали.

— Ни хрена себе! — воскликнул шофер, трогая машину. —
На майскую демонстрацию их силой не загонишь, а тут!.. — И
спросил Вагая: — Куда теперь?

— На «Тяжмаш», — сказал Вагай. Это была уже девятая
остановка в центре города, и всюду было одно и то же —
активная массовая готовность части населения пожелать здоровья «отцу родному, который кровь за народ пролил».
Именно так и предполагал Стриж, когда вчера в поезде из-
ложил свою идею. Новая советская буржуазия — все эти
лавочники, хозяева ресторанов, менеджеры кооперативных
фабрик, учителя, журналисты, студенты — вся шумная пена,
которая всегда на виду в любом городе, — всколыхнулась и
радостно, как и предполагал Стриж, откликнулась на призыв к демонстрации. Это будет их собственная демонстрация, буржуазная демонстрация, и уж теперь-то они выйдут

на нее, не боясь ничего! Но как раз это и входит в расчет Стрижа. Пусть они выйдут, пусть покажут себя! А потом...

Взгляд Вагая переместился с исетского моста дальше и выше — как бы к будущему. Но поскольку заглянуть в будущее не дано даже майорам КГБ, его глаза остановились на городской панораме, открывающейся вдоль осыпающихся берегов Исети. Огромный город, индустриальный центр Урала, или, как говорят газеты, «сибирское Чикаго», стоял над желтоводной уральской рекой. И всюду, на десятки километров, торчали дымящие белым, желтым и серым дымом заводские трубы. Гигант советской индустрии «Тяжмаш» — 75 тысяч рабочих, 27 процентов производства всех советских танков. Уральский сталелитейный. Уральский химический. Свердловский автомеханический...

Тут машина миновала мост, и городскую панораму заслонили старые, времен конструктивизма, здания — серповидная гостиница «Исеть», молотобойный корпус киностудии... стройка плавательного бассейна на месте дома, в котором в 1918 году была расстреляна семья последнего русского царя Николая Второго. Этот дом купца Ипатьева пришлось давно, еще при Брежневе, снести потому, что со всей России сюда стекались богомольцы, а теперь стали срочно строить тут бассейн, чтобы была причина огородить это место и не допускать здесь массовые молебны в честь «убиенных коммунистами святых», которые ежегодно стал устраивать тут «Христианско-демократический союз»...

Густой и серый поток рабочих двигался теперь навстречу машине Вагая от центральной проходной «Тяжмаша». Двадцать тысяч рабочих первой, утренней смены плюс несколько тысяч инженеров, конструкторов, учетчиков и т.п. покидали «Тяжмаш», выходя из восьми проходных на севере, западе, востоке и юге гигантской территории завода. Когда они; одетые в серые и черные спецовки, шли, занимая не только оба тротуара, но и всю мостовую, казалось, что это идет та самая рабочая демонстрация, которую еще в 1905 году описал Максим Горький в своем пролетарском романе «Мать».

Сегодня у каждой проходной рабочих ждали такие же, как в центре города, палатки-тенты и плакаты с призывами записываться на демонстрацию в честь выздоровления Горячева. И возле этих палаток рабочие потоки завихрялись, некоторые останавливались, кто-то выяснял, когда именно будет демонстрация, зачем собирают деньги. Но почти все проходили мимо, не задерживаясь у столика записи... И это понравилось Вагаю больше всего.

Сидя в машине, он откинулся в кресле и любовался этим потоком. Точнее — тем контрастом, который был в поведении людей в центре города и здесь, в рабочем районе. Конечно! Что дала этим простым работягам горячевская перестройка? Дикий рост цен, жуткую инфляцию, дефицит предметов даже самой первой необходимости, а также — потогонную сдельщину и угрозу безработицы в связи с переходом завода на хозрасчет. Вот и все! Молодец Стриж, гений, все правильно вычислил!.. На заднем сиденье Серафим Круглый достал из своей сумки-холодильника бутылку холодного немецкого пива и услужливо протянул Вагаю...

Через час, объехав все восемь проходных «Тяжмаша» и еще несколько палаток-тентов у заводских ворот Станкостроительного и Автомеханического заводов, Вагай снял в машине трубку радиотелефона и сказал телефонистке-оператору:

— Обком, кабинет Стрижа...

Слева и справа, в просветах между многокилометровыми квадратами серых заводских территорий, тянулись кварталы стандартных пятиэтажных жилых домов и пыльные, без зелени улицы. Рабочая зона — видно с первого взгляда, по бельевым веревкам на балконах... Наконец Вагая соединили.

— Стриж? — сказал он. — Докладываю. В центре города за первые три часа записались двадцать семь тысяч частников, учителей и студентов. И за это же время на «Тяжмаше», Станкостроительном и Автомеханическом — всего пятьсот человек и почти все — инженеры... Да, рабочие не записываются... Ладно, еду дальше, в «Свердловск-2». — Он положил трубку и кивнул шоферу: — Поехали!

«Свердловск-2» был закрытым городом-спутником в двадцати километрах от основного Свердловска. Там было 130 000 жителей, и все они работали на «режимных» заводах по производству танковых снарядов и тактических ракет. Но уже и без проверки «Свердловска-2» ясно, что все эти телевизионные митинги рабочих в защиту Горячева — чистая липа, как всегда — организованы. На самом же деле рабочему классу Горячев уже поперек горла — со всеми его реформами, речами-обещаниями и с его женой Ларисой, которую он таскает за собой по всему миру. Только исконно русское долготерпение позволяло годами кормить этот народ обещаниями рая, но теперь волна летних забастовок строителей, железнодорожников, шахтеров и ткачих показала, что все — терпение у народа кончилось! И прав Батурин — народ вот-вот пойдет крушить все и вся, и тогда уж сметет не только Горячева, но и партию...

Шофер тормознул у железнодорожного переезда — полосатый шлагбаум преграждал путь. Вдали послышался паровозный гудок, затем с грохотом и стуком колес пронесся недлинный грузовой состав. На его платформах стояли новенькие зачехленные танки «Т-90» и лежали длинные туловища межконтинентальных ракет.

— Наши, — с гордостью сказал шофер. — Свердловские!

Вагай закурил и сказал шоферу негромко, сквозь зубы:

— Ты вот что... Вечером сходишь в клуб «Память». Скажешь, чтоб готовились...

7

**Вашингтон, военный аэропорт в Мэриленде.
17.00 по вашингтонскому времени
(24.00 по московскому)**

Через 2 часа 18 минут после взлета в Брюсселе «F-121», обогнав солнце, вернул Майкла в тот вечер, который он покинул в России. Обжигающий вашингтонский закат слепил глаза, когда самолет приземлился и подрулил к новень-

кому «Боингу» с огромным гербом США на фюзеляже.
Между трапом этого правительственного «Боинга» и замершим «F-121» стоял лимузин. Майкл хотел стащить с головы
шлем скафандра, но пилот приказал: «Не снимайте! Прыгайте так!» В скафандре и шлеме Майкл спрыгнул на раскаленный асфальт летного поля, и лимузин оказался прямо
перед ним — уже с открытой дверцей. Даже если где-нибудь за милю отсюда какой-нибудь охотник-журналист нацелил на этот «Боинг» свою фото- или кинокамеру — что
он увидит? Какого-то летчика в высотном скафандре и закрытом шлеме. «Господи, — думал меж тем Майкл, поднимаясь по трапу «Боинга». — Неужели опять лететь?»

— Сюда, пожалуйста... — Стюард ввел его в самолет,
показал, где снять скафандр, а затем повел в глубь салона,
открыл дверь.

— Господин Президент, — доложил он. — Доктор Майкл
Доввей.

Президент сидел в глубине салона за письменным столом и оказался точно таким, каким Майкл десятки раз видел его по телевизору. Это даже разочаровало. Он встал и
через стол протянул Майклу руку:

— Рад вас видеть, Майкл. Как вам понравился полет?
Что будете пить?.. — А через минуту перешел к делу: — Как
себя чувствует мистер Горячев? Когда он выйдет из больницы?

— Сэр, я не знаю, как решат русские врачи, но у нас его
бы выписали через три дня. Я был у него сегодня утром —
он уже в порядке.

— Вас пускают к нему каждый день?

— Да, мистер Президент.

— Кто-нибудь еще присутствует при ваших визитах к
нему?

— Конечно, мистер Президент.

— Кто?

— Чаще всего — доктор Зинаида Талица, это его лечащий врач, мистер Президент.

— Можете не говорить мне каждый раз «мистер Президент», Майкл. Мне жаль, что нам пришлось вызвать вас из

Москвы таким спешным и не очень комфортабельным образом. Но я оказался прав в своих предположениях: у нас есть только вот эти три дня на кое-какую работу, которую я хочу вам доверить. Можете ли вы остаться с Горячевым один на один?

Майкл изумленно посмотрел на Президента. Он что — с ума сошел?!

— Нет, — усмехнулся Президент. — Я не собираюсь просить вас убить Горячева! Скорее — наоборот. Я хочу, чтобы вы передали ему мое личное послание. Вот это. — И Президент протянул Майклу свой фирменный бланк с четким текстом. — Вы читаете по-русски или вам дать английский текст?

— Я читаю по-русски, сэр. Вы хотите, чтобы я прочел?

— Да...

PRESIDENT OF UNITED STATES OF AMERICA.
WHITE HOUSE, WASHINGTON D.S., USA.

16 августа 1990.
Господину Михаилу Сергеевичу ГОРЯЧЕВУ,
Генеральному секретарю ЦК КПСС,
Кремлевская больница, Москва, СССР.

Многоуважаемый Господин Горячев,
От имени американского народа и от себя лично выражаю Вам глубокое сочувствие в связи со случившимся на внеочередном съезде КПСС инцидентом и желаю Вам скорейшего и полного выздоровления.

Ваше желание в критические для Вашей жизни минуты воспользоваться помощью американского врача воспринято Администрацией Белого дома и мной лично как знак Вашего глубокого доверия не только к американской медицине, но и ко всему американскому народу. Именно в связи с этим доверием, установившимся между нашими странами в последние годы, я решил с той же степенью доверительности поделиться с вами совершенно конфиденциальной информацией, оказавшейся в моем распоряжении.

Не ссылаясь на источники, я осмелюсь поставить Вас в известность о том, что опубликованная Вами в «Правде» речь Н. Батурина представляет собой ДЕЙСТВИТЕЛЬНОЕ отражение настроений как минимум 80% руководства Вашей партии, и эти 80% готовы к осуществлению самых радикальных действий, не исключающих и ту угрозу Вам лично, которая прозвучала в речи Н. Батурина. Я не сомневаюсь в том, что Вы, как опытный и мудрый политик, не дадите ввести себя в заблуждение той кампании восхваления Вашей личности, которая ведется сейчас на страницах советской печати, и трезво оцените...

Пока Майкл читал, Президент терпеливо ждал, потом спросил:

— Вы сможете передать это письмо без свидетелей? Как видите, это очень важно.

— Я не могу ручаться, сэр. Меня еще никогда не оставляли с ним наедине...

— К сожалению, никакого другого пути передать это письмо срочно и без свидетелей у нас нет. Даже если я пошлю в Москву государственного секретаря, Горячев не примет его в больнице. А любой русский посредник, даже из ближайшего окружения Горячева, может быть в числе этих 80 процентов. Вы попробуете это сделать, Майкл?

Когда к вам обращается с просьбой Президент Соединенных Штатов и вы не частное лицо, а правительственный служащий, у вас почти нет выбора. Особенно если ваше имя упоминается в его послании чуть ли не как символ доверия Горячева американскому народу! Майкл еще понятия не имел, как ему исхитриться остаться наедине с Горячевым, но сказал:

— Да, сэр, я постараюсь.

— У вас есть какие-нибудь вопросы? — спросил Президент.

Майкл замялся. Конечно, у него был вопрос!

— Есть, — понял его Президент. — Вас интересует, откуда мы знаем, что думают 80 процентов руководителей русских коммунистов. К сожалению, я не могу вам это сказать, а Горячеву это знать тем более не нужно. Важно, чтобы он осознал реальность угрозы. Это максимум, что я могу для него сделать. Он, конечно, захочет узнать, не передал ли я ему еще что-нибудь на словах. Поэтому я и дал вам прочесть письмо. Попробуйте как-нибудь полушутя заметить, что, я надеюсь, он не расстреляет всех своих коммунистов, чтобы избавиться от этих восьмидесяти процентов. Он же не Сталин. Как вы думаете?

Майкл понял, что сам Президент не очень в этом уверен.

— Сэр, он еще не расстрелял даже Батурина. И потом — в Москве говорят, что уже не те времена...

— Спасибо, — облегченно сказал Президент. — Я тоже так думаю. Сейчас Горячеву нужно срочно расколоть эту оппозицию и перетянуть хотя бы часть ее на свою сторону. Впрочем, не мне ему советовать, он хитрая лиса. Но нам важно помочь ему удержаться в Кремле, хотя бы ради стабильности мировой экономики. Потому что, если в России придут к власти какие-нибудь национальные экстремисты... Вы понимаете?

Это Майкл как раз понимал. Последние пару лет все посольство только и говорит, что о росте в России русофильских и антизападных обществ, движений, клубов. Все чаще молодые русские bodybilders, которых в Москве называют «люберы», нарочно задирают иностранцев на улицах или в кафе, провоцируют на драку, прокалывают шины дипломатических машин. Правда, в посольстве говорят, что это всего лишь «стихийный протест низких слоев русского общества вторжению поп-культуры, и он отлично компенсируется расширением деловых и торговых связей Запада и Востока и политикой Горячева на разоружение». Но все же...

Однако пока Майкл соображал, что Президент знает обо всем этом из посольских рапортов, а чего может и не знать, Президент поднялся:

— Что ж, Майкл. Я рад был с вами познакомиться. Желаю успеха. — Он взглянул на наручные часы. — Думаю, к десяти утра вы будете в Москве. Не спешите передать письмо в первый же день — у вас еще есть, как вы говорите, три дня в запасе...

8

**Сибирь, станция Ишим.
24.00 по московскому времени
(03.00 следующего дня по местному)**

В теплом ночном воздухе были видны освещенные луной покатые контуры лесов с острыми верхушками нефтяных вышек, торчащих над сибирским кедрачом и хвоей. Пахло дальними прогорклыми пожарами и прелью таежных болот. Следуя плавному изгибу железнодорожной колеи, поезд катил по пологому скату таежной сопки над пенистым потоком реки Ишим. При выходе из этого изгиба вдруг открылись высокие, освещенные пунктиром лампочек ректификационные колонны и трубы нефтеперерабатывающих заводов, гигантские нефтеналивные емкости, огни промышленного города Ишима.

Не выпуская из рук карт, Иван Турьяк затянулся сигаретой, дым тут же вытянуло в приоткрытое сверху окно. Карта не шла, и вообще Турьяк не был картежником, но что еще прикажете делать, если у всего поезда бессонница, а ресторан уже закрыт? Стриж, сука, надыбал какую-то идею, но что именно — не сказал, так и сошел вчера утром в Свердловске. «Сначала я у себя в городе проверю!» Вот и гадай, что он там надумал! Конечно, они, четверо преферансистов — Турьяк, первый секретарь Омского обкома, Родион Пехота, и еще двое партийных, но рангом поменьше, сибирских лидеров — запаслись на ночь и коньяком, и закуской, как, впрочем, и все остальные пассажиры — делегаты съезда. Но после двух бессонных суток дороги никому как-то не пилось и не елось...

— Хо-оди, не тяни резину-то-о... — сказал Турьяку Родион Пехота. Сорокалетний, с острым крестьянским лицом, он был из породы тех, которых называют «хитрованы», и, как все омичи, раскатывал букву «о». — Ишим, что-о ли?

Поезд мягко тормозил у пустого ночного перрона. Турьяк с досадой бросил карты. Пехота тут же загреб весь банк и засмеялся довольный. Но вдруг его лицо вытянулось так, словно он увидел привидение.

— Гля!.. Гля!.. — показал он за окно.

За окном, на перроне, Стриж, Вагай и Серафим Круглый шли рядом с притормаживающим вагоном. Круглый нес два портфеля — Стрижа и Вагая.

— Роман! — высунулся в окно Турьяк. — Эй! Какими судьбами?

Из окон других купе тоже выглянули любопытные лица. Вагон остановился. Круглый предъявил проводнику три билета.

— А вы же в Свердловске сошли! — удивленно сказал проводник Стрижу и Вагаю.

— Ну и что? Тут два часа лету, — ответил Вагай.

— Так вы нас самолетом догнали? — сообразил проводник.

— Братцы, что случилось? — выбежал в тамбур Турьяк.

— Ничего не случилось, — успокоил его Вагай. — Дело есть. Ко всем. Утром поговорим.

— Да не тяните душу! Все равно ж не сплю!..

— Утром, утром, Иван, — веско сказал Стриж, проходя в свое старое, так никем и не занятое купе. — Утром все соберемся и потолкуем. У нас хорошие новости.

Поезд мягко тронулся.

ДЕНЬ ЧЕТВЕРТЫЙ
7 АВГУСТА

9

**«F-121», Вашингтон—Брюссель.
На рассвете (по московскому времени)**

Лететь навстречу ночи — это совсем не то, что лететь вдогонку солнцу. Внизу, над Атлантикой, — полный мрак, над головой — россыпь звезд в темном небе, а вокруг —

полнейшая тишина, потому что самолет опережает звук собственных турбин. И Майкл наверняка задремал бы под «Желтую лодку» «Битлов», если бы не это странное задание Президента. Черт возьми, как ему ухитриться остаться тета-тет с Горячевым? И вообще, как ему протащить конверт с письмом Президента через таможенный контроль в Москве, в Шереметьевском аэропорту? Пока он положил этот конверт просто во внутренний карман пиджака — русские таможенники обычно не ощупывают карманы американцев и европейцев. Но Майкл не дипломат, а всего лишь врач, так сказать — обслуживающий персонал, у него нет дипломатического иммунитета, и черт их знает, этих русских таможенников, какое настроение будет у них сегодня! Иногда они устраивают жуткие шмоны в поисках наркотиков и антисоветской, как они говорят, литературы. Кроме того, полную проверку, вплоть до прощупывания карманов, приходится проходить в самой Кремлевской больнице перед входом к Горячеву. Но там, правда, телохранители Горячева ищут одно — оружие...

Интересно, будет ли встречать его в Брюсселе та же красотка? Ох, если бы! Впрочем, если и будет, что это даст? Ведь ему тут же на пересадку, в Москву. Конечно, это не совсем честно — мечтать о брюссельской красотке, когда в Москве у него Полина, русская белоснежка. Но мыслям не прикажешь, и к тому же Полина пропала в последнюю неделю. С тех пор как он прославился и о нем каждый день забубнили по «Голосу Америки», который сейчас уже не глушат, Полина не появилась ни разу. Тактично, конечно, с ее стороны, но сам-то он не может с ней связаться — у нее же нет телефона. Все-таки варварская эта страна Россия — накануне XXI века в столице сверхдержавы у 70 процентов людей еще нет телефона!

Конечно, Майкл знал, что иностранным дипломатам, особенно молодым и холостым, КГБ пытается подсунуть в любовницы своих сотрудниц. А у половины, если не больше западных журналистов смазливые русские секретарши — очевидные гэбэшные стукачки и даже не скрывают этого, смеются — наступил «век доверия». Но его Поля вне подозрений.

По самой простой причине. Это он сделал ее женщиной — ровно через две недели после знакомства. Что ни говорите, но КГБ, при всей его легендарной мощи, не способно подсунуть иностранцу пятнадцатилетнюю девственницу! Майкл сам, как говорят русские, закадрил ее, и произошло это совершенно случайно — никакое КГБ не способно такое подстроить. Полтора года назад кто-то из посольских заболел и отдал Майклу два билета в Концертный зал гостиницы «Советская» за сорок минут до начала там «сэйшн» звезд русского рока. Майкл не был большим любителем рока, тем более что в России последние пару лет преобладало повальное увлечение не столько роком, сколько «heavy metal», и, как все экстремисты, русские доводили это «хэви» до простого грохота молота по серпу (или наоборот). Но тут были обещаны самые знаменитые русские ансамбли — «Аквариум», «Машина времени», «Афганистан», и — самое главное! — во втором отделении должен был петь новый кумир советской молодежи Александр Розенбаум. Четыре года назад, когда Майкл только приехал в Москву, этот Розенбаум был уже знаменит в России, как Майкл Джексон в США. С той только разницей, что пластинки Джексона выходили миллионными тиражами и он стал супермиллионером, а у этого Розенбаума не было тогда еще ни одной пластинки и он работал врачом «скорой помощи», хотя его песни в магнитофонных записях уже гремели по всей стране, даже в квартирах американских дипломатов были эти записи. Впрочем, тогда Майкл еще не знал русского языка и все равно не мог понимать этого Розенбаума. Но теперь...

Шел снег. Майкл подъехал к «Советской» за несколько минут до начала концерта и увидел, что действительно судьба послала ему билеты на нечто выдающееся — вся площадь перед гостиницей была забита машинами, гигантская толпа охотников за лишним билетиком атаковала счастливых обладателей билетов еще за два квартала до входа в зал. Майкл приткнул свой «мерседес» на противоположной стороне Ленинградского проспекта, прямо под знаком «Стоянка запрещена» (он не соблюдал в Москве правила парковки — на его машине был дипломатический номер) и по подземному переходу направился к залу. Уже с первых шагов на Майкла набросились: «У вас нет лишнего билетика? У вас нет лишнего?..» Причем атаковали не только молодые, нет, среди охотников за билетами было и много взрослых, даже пожилых людей...

Но Майкл не спешил избавиться от второго билета. Ему хотелось присмотреть себе какую-нибудь приятную соседку, а там будет видно — «чем черт не шутит», говорят русские.

Но ничего подходящего не попадалось. Точнее — никого, подходящего его вкусу. И он уже решил было продать билет лишь бы кому, когда в стороне от ручейков счастливчиков с розовыми бумажками-билетами в руках он увидел под заснеженной тумбой с афишами концерта этого зеленоглазого ребенка, эту белоснежку с пушистыми заснеженными ресницами. «Стоп, Майкл! Куда ты?! Она еще ребенок!» — говорил он сам себе, идя к ней.

Она стояла одна в снежной пурге, оцепенело и безнадежно глядя в темное пространство, безучастная к толпе, которая в поисках лишнего билета на концерт атаковала всех выходящих из троллейбусов пассажиров. Мимо нее, слепя глаза, проносились по Ленинградскому проспекту такси и частные «Самары». Некоторые из них останавливались, высаживая богатых, в мехах и длиннополых дубленках частников и бизнесменов — новую советскую элиту, узаконенную горячевской перестройкой. Эти, конечно, были с билетами, и на них тут же роем набрасывались страждущие. Но девочка никого не атаковала, не спрашивала лишний билет, а неподвижно стояла, видимо, давно потеряв надежду попасть на концерт. Во всяком случае, снега на ее плечах и шапке было столько, сколько могло набраться, только если она простояла здесь уже не меньше часа. Но больше всего Майкла тронули ее заснеженные реснички...

— Девушка, вы хотите пойти на концерт?

Она перевела на него взгляд своих зеленых глаз с таким выражением недоверия и испуга, с каким, наверно, Золушка посмотрела на Фею, которая предложила ей поехать на бал. Только теперь, вблизи, он разглядел, как она одета.

Чудовищно! Тяжелое темно-зеленое пальто с темным же, из какого-то старого меха воротником висело на ней колоколом, на ногах — черные резиновые боты. Но глаза, но личико юной Ширли Маклейн!

— Вы мне? — почти неслышно спросила она своими губками.

— Да, вам. Держите. — Майкл протянул ей билет, и в тот же миг к ним с разных сторон кинулись люди: «У вас лишний билет? Продайте мне! Вы продаете?» Майкл поспешно взял девочку за руку: — Пошли! Начало через три минуты!

— Сейчас, деньги!.. — Она торопливо открыла свою бордовую сумочку, но Майкл уже тянул ее к канатам, ведущим к входу в зал: — Потом, потом! Пошли! — Ему хотелось побыстрей уйти от все понимающих взглядов этих людей вокруг...

Но и в зале, когда она сдала в гардероб свое ужасное пальто (русские во всех театрах и концертных залах сдают пальто в раздевалки) и они побежали на свои места в шестом ряду, ему показалось, что сейчас он провалится сквозь землю под взглядами разнаряженной московской концертной публики, которая заполнила здесь весь партер. Удивительно, подумал Майкл, рок-музыка, «heavy metal», Александр Розенбаум — это же все молодежные дела, это для 16—18-летних, почти все шестнадцатилетние остались на улице, а в зале, во всяком случае в партере, — сплошная расфранченная московская элита, меха на голых женских плечах, перстни с сапфирами, тяжелые золотые цепи и запахи густой смеси «Шанели» и пота. А она, его «избранница», шлепала за ним сквозь частокол их взглядов в своих чудовищных резиновых ботах, и — она была в школьной форме! Темно-коричневое фланелевое платье с белым сатиновым фартуком и дешевым кружевным воротником! Господи!..

Проклиная себя, Майкл плюхнулся в мягкое кресло в шестом ряду. Прямо перед ним над сценой висел гигантский транспарант «РЕШЕНИЯ ПАРТИИ — В ЖИЗНЬ!». Сзади и по бокам — в бельэтаже и на высокой галерке — были видны лица молодых зрителей, одетых уже попроще — в свитера и куртки. Там, в проходах, расхаживали дюжие дружинники с красными повязками на рукавах и милиционеры. Девочка села рядом с Майклом и опять стала совать ему деньги за билет. «Потом, потом!» — отмахнулся он. Слава Богу, в этот момент на сцену вышел высокий блондин в сером костюме, бодро поздоровался с залом и тут же стал сыпать шутками о перестройке и гласности. Однако уже через полминуты галерка прервала его дикими криками:

— Кончай хохмить!

— Заткнись! Музыку давай!

— Давай рок!

Однако ведущий не сдавался, делал вид, что не слышит выкриков, и только непроизвольно косил глазами в сторону галерки.

— Ну ко-зел! — в сердцах сказала рядом с Майклом его юная соседка.

— Итак, начинаем наш концерт! — словно услышав ее, сказал ведущий. — К сожалению, из-за нелетной погоды группа «Аквариум» застряла в Сочи, а «Машина времени» уехала в Мюнхен.

По залу прошел разочарованный ропот, а соседка Майкла вздохнула с таким глубоким огорчением, что Майкл с удивлением покосился на нее.

— Однако не унывайте! — бодро сказал блондин. — В первом отделении вы услышите пять групп. Открывает программу группа «Колесо века», которая играет так называемый «белый фанк» — музыку, которая возникла в США еще в...

— Ладно, сами знаем! — опять закричала галерка. — Давай «Колесо»!..

Тут у блондина вдруг зафонил микрофон, и он ушел наконец со сцены, крикнув в зал своим голосом, без микрофона:

— Итак, «Колесо века»! Композиция «Ночная атака в противогазах»...

Зал неистово зааплодировал, особенно — на галерке и в бельэтаже, а соседка Майкла вскочила с места и закричала «Ура!».

Майкл даже опешил от такого перепада — еще несколько минут назад, на улице, это была скромная Золушка с тихим голоском и наивно-пугливыми зелеными глазками, и вдруг — такая экзальтация по поводу «белого фанка»!..

Тем временем свет погас, и на темную сцену с жутким шумом и действительно в противогазах выскочили семь низкорослых музыкантов, одетых в эклектично подобранную солдатскую форму разных стран и времен — от американского морского пехотинца с мушкетерской саблей на боку до советского солдата в брюках-галифе и с рыцарским шлемом на голове. И зал, и сцену тут же заполнил свет мятущихся узких цветных прожекторов, дым, похожий на пар от сухого льда, немыслимый рев электрогитар и еще каких-то клавишно-струнно-духовых инструментов, которые изображали вой сирены боевой тревоги, свист падающих снарядов и оглушительные взрывы. От всего этого могли запросто лопнуть барабанные перепонки. При этом музыканты в противогазах все время орали «В атаку! В атаку, е... мать!», лихо подпрыгивали от каждого взрыва почти до потолка, шмякались кто на спину, кто на живот, тут же вскакивали, продолжали рвать струны своих электрогитар, идя в атаку на зрителей, и, как слоны, размахивали хоботами своих противогазов...

Но Майкла поражал не рев электрогитар, не вид этих музыкантов (он видел в Нью-Йорке ансамбли пошумней и поэффектней) и даже не то, что они орут и беснуются под транспарантом о выполнении решений партии. Майкла поразило поведение зала. И партер, и юная галерка сидели без движения, как жюри на музыкальных фестивалях. Майкл вспомнил, как он и его сверстники орали и пели вместе с музыкантами на концертах рок-музыки в Медисон-сквергарден...

Правда, после «Атаки в противогазах» зрители наградили музыкантов аплодисментами, но и вторую группу — «Арктика» — зал слушал с тем же спокойствием верховных судей.

Юная соседка Майкла тоже смотрела на сцену не двигаясь, но лицо ее, как зеркало, отражало ее оценку каждого музыкального пассажа — оно то озарялось удовольствием, наслаждением, радостью, а то искажалось гримаской, словно от зубной боли...

— Что с вами? — спросил он, когда в первый раз увидел это выражение на ее лице. — Вам плохо?

— Ужасно! Вторая гитара все время фальшивит!..

Позже, вспоминая начало своего романа с Полей, Майкл думал, что увлекся ею, что fell in her не тогда, когда на Ленинградском проспекте увидел ее зеленые, в обрамлении заснеженных ресничек глазки, а именно в эти минуты на концерте, когда она так сосредоточенно, словно член профессионального жюри, слушала музыку этой «Арктики».

На Майкла эти русские джазмены не произвели впечатления. Он с трудом досидел первое отделение и в антракте тут же сбежал в буфет, чтобы его юная соседка не стала снова совать ему деньги за билет. Но во втором отделении пел Александр Розенбаум, и это действительно было нечто! Конечно, нужно прожить два года в Москве, переспать с двумя десятками русских девочек, выучить русский язык так, чтобы понимать соль русских анекдотов, — и вот только тогда вам открываются сила и подтекст песен современных русских бардов: Галича, Высоцкого, Розенбаума...

> Метелью белою,
>   сапогами
>   по морде нам —
> Что ты делаешь с нами,
>   Родина, Родина, Родина?!!

Сейчас, в самолете, вспоминая эти строки, Майкл уже не испытывал такого восторга и восхищения. То ли гласность в России выбросила теперь в эфир песни и посмелее, то ли всем там сейчас уже не до песен. Но тогда, полтора года назад, на том концерте Розенбаума, Майкл впервые за все прожитое в Москве время вдруг почувствовал себя подключенным к единому электрическому полю этой страны, этого народа и этого зала. Песни Розенбаума вдруг понесли его душу, как парус, полный морским ветром. Он понимал, понимал, понимал и чувствовал не только подтекст, но и вкус этих песен, и наслаждался этим, как наслаждается уверенный в себе пловец вкусом океанской воды на больших глубинах... И после каждой песни Майкл уже вместе со всем залом (и своей соседкой, конечно) стоя аплодировал, кричал Розенбауму «Браво!» и «Бис!» и спрашивал у соседки:

— Ну как? Правда, здорово?

— Еще бы! — улыбалась она. — У него нет голоса, но музыкальность — шансонье! Классический французский шансонье...

Да, подумал тогда Майкл, как точно она определила: этот Розенбаум — первоклассный шансонье русской политической песни...

Неожиданно посреди не то пятой, не то шестой песни сзади послышались шум, крики, а затем в зал, прорывая милицейские заслоны, хлынула гигантская толпа безбилетных молодых парней и девиц в заснеженных пальто и куртках, в лыжных вязаных шапочках. Они шумно и стремительно заполнили все проходы, а Розенбаум спокойно стоял на сцене с гитарой и терпеливо ждал — на его концертах такие эксцессы были, похоже, не впервой. Конечно, разнаряженная партерная публика возмущенно зашумела, но безбилетники так плотно заполнили проходы и все пространство меж залом и сценой, что милиция не могла даже протиснуться в зал, а не то что удалить нарушителей. На сцену к Розенбауму тут же выскочил кто-то из администрации, яростно зашептал что-то на ухо, но бард отрицательно покачал головой и сказал негромко:

— Я буду петь...

— Ур-р-ра! — ответили, ликуя, интервенты. — Давай, Сашок, жарь... Про Афганистан! Про инвалидов!..

Администратор взял барда под руку и снова что-то яростно зашептал ему на ухо. Зал засвистел, затопал ногами, кто-то запустил в администратора крепким русским матом, обещая оторвать ему определенные части тела. А Розенбаум упрямо стоял у микрофона, жестко расставив ноги и держа гитару на груди, как автомат. Администратор смылся под ликующий рев зала. Розенбаум провел пальцами по струнам гитары, и зал тут же затих, успокаивая сам себя строгими окриками.

Мчатся кони по небу...
И листья медленно кружат,
И осени безумно жаль.
Она старалась как могла,
Всю ночь в садах ковры плела —
Но Ромка этого
                    уже
                        не видит...

И вдруг — прямо посреди песни — микрофон онемел, а в зале вспыхнули высокие хрустальные люстры. И откуда-то сверху прозвучал жесткий голос радиодинамиков:

— В связи с переполнением зала и нарушением правил противопожарной безопасности концерт отменяется! Повторяем: в связи с переполнением...

Господи, что тут началось! Свист, рев, мат, безумие молодой толпы в амфитеатре, на галерке и в проходах партера, кто-то вырвал спинку кресла и колотил ею по сцене, его примеру тут же последовали остальные — рвали бархатные шторы над входными дверьми, ломали стулья и кресла, свистели, орали, топали ногами, огрызком яблока запустили в хрустальную люстру. Зеленоглазая белоснежка рядом с Майклом возмущалась вместе с ними, кричала: «Позор! Негодяи!» — и даже свистнула, сунув в рот два пальца. А богатая партерная публика стала трусливо протискиваться к выходу, и молодые парни из числа безбилетников нагло хватали разнаряженных женщин за задницы. Розенбаум молча смотрел на это со сцены, сузив свои жесткие карие глаза. «Давай, Сашок, пой!» — орали ему из зала. Но он вдруг резко повернулся и ушел за кулисы. Зал взревел еще громче. «Все! — сказала Майклу соседка. — Раз он ушел — он петь не будет!» Майкл стал вслед за ней протискиваться к выходу, пытаясь прикрыть ее от давки и толкотни. Он почему-то чувствовал себя ответственным за ее безопасность, и когда чья-то чужая рука нагло прошлась по ее спине, Майкл тут же взревел по-русски:

— Отъ...!

Но еще нужно было получить пальто в гардеробе, и потому из зала они выбрались на улицу лишь минут через десять, когда милиция и дружинники с красными нарукавными повязками уже подогнали ко всем выходам из зала свои автобусы и запихивали в них почти всех выходящих, уверенно, по одежде отличая нарушителей порядка и хулиганов. Конечно, и здесь были крики, мат, локальные драки, сопротивления арестам, а какой-то милиционер, увидев, верно, плебейское пальто белоснежки, тут же грубо схватил ее за руку. Но Майкл вмешался:

— I'm sorry. She is with me...

Он уже хорошо усвоил, с кем в Москве нужно говорить по-русски, а кому показать, что ты иностранец. Милиционер, хоть и не понял ни слова, тут же отпустил девушку, и они оказались наконец в стороне от давки, шума и почти не помятые. И тут Майкл неожиданно для самого себя предложил этой девочке подвезти ее до дома.

В Москве, если девушка соглашается сесть к вам в машину, значит — она соглашается на все. И в тот момент, когда небрежное «Я имею машину. Хотите, я подброшу вас домой» почти автоматически слетело у Майкла с языка, он тут же и пожалел об этом, но подумал, что сейчас она откажется и ситуация будет исчерпана. Девочка согласилась и, Майкл видел, согласилась без задних мыслей, без подтекста, а просто кивнула ему в знак согласия, сама еще находясь не здесь, на тротуаре Ленинградского проспекта, а среди шума и давки беснующегося концертного зала. Или во власти суровых и горьких песен этого Розенбаума... И только когда они подошли к «мерседесу» Майкла, в ее глазах появилось сомнение.

— Вы... вы правда иностранец? Я думала, вы мусору просто так по-английски сказали, чтобы он отвязался...

— Да, — сказал Майкл жестко, словно мстя ей за то, что сам же ее стеснялся до начала концерта. — Я американец. Это плохо?

— Нет, что вы! — Она снисходительно улыбнулась. — Просто я думала, что вы латыш или эстонец... У вас акцент... — И села в машину.

— Где вы живете? — спросил он.

— В Черемушках. Это далеко. Я, пожалуй, на метро поеду. Только вот... — И она опять полезла в сумочку за деньгами.

— Черемушки — это мне по дороге, — перебил он и тронул машину. — Но умоляю: закройте свою сумку!

Черемушки — построенный еще при Хрущеве рабочий пригород Москвы с облупившимися теперь от старости пятиэтажными домами — были, говоря строго, куда дальше, чем дом на Ленинском проспекте, где жил Майкл, но в той же юго-западной стороне Москвы. По дороге Майкл выяснил, что девочку зовут Поля, что ей пятнадцать с половиной лет, что она учится в музыкальном училище на хоровом отделении, мечтает стать оперной певицей, знает всех американских и европейских звезд кард-рока, а в Москве живет всего третий месяц — папу, офицера связи, перевели сюда из Херсона, небольшого порта на Черном море...

Нужно ли говорить, что сочетание трогательной зеленоглазой юности с совершенно взрослой эрудицией и категоричными суждениями обо всем — музыке, поэзии, политике и даже погоде — увлекли Майкла уже всерьез, глубоко — так, что он сам себе удивлялся. Две недели они встречались почти каждый день, бродили, разговаривая часами, по заснеженной Москве, отогревались в ночной дискотеке гостиничного комплекса Армана Хаммера, дважды сходили в Лужники на концерты новых английских звезд софт-рока, а затем... «Сегодня я буду завтракать у тебя», — бросила ему Полина однажды вечером, явившись на их традиционное место свиданий у метро «Маяковская». И тут же заговорила о чем-то другом, а Майкл... Он даже огорчился — черт возьми, вот и весь роман, а он-то, как говорят русские, тянул резину, бродил, как романтик, по холодной Москве, слушал лялькины лекции о Пастернаке и Высоцком... А она такая же, как все, хоть ей и 15 с половиной лет...

Ночью оказалось, что она девственница. Майкл замер, оторопев, даже приподнялся на руках над ее полудетским телом. «Господи! — пронеслось у него в мозгу. — Что я делаю?! Она же русская, несовершеннолетняя, и!..» «Ты девушка?» — спросил он. «Ну и что? Я люблю тебя...» — сказала она.

С тех пор у Майкла не было других женщин, и он не нуждался в них. Он знал, что Поля — это ЕГО тип, его size, его идеал. Полина и никто больше. Он сделал ее женщиной, он научил ее всему, что доставляло ЕМУ удовольствие, и в этом смысле она даже стала его гордостью, его скрипкой, которую он сам выточил из куска жесткого русского дерева, сам отполировал и обучил откликаться на самое беглое прикосновение его смычка...

И все-таки, когда в Брюсселе, на стоянке частных вертолетов, Майкл снова увидел рядом с новеньким прокатным «BMW» высокую, стриженную коротким бобриком красотку на длинных ногах, он сам поразился, как радостно екнуло у него сердце. А красотка, как и несколько часов назад, опять не сказала Майклу ни слова на их коротком пути со стоянки вертолетов к Брюссельскому аэровокзалу. Но зато на вокзале, в пассажирском отсеке-накопителе, она вдруг сама повисла на Майкле и стала целовать его с такой нежностью, с какой удовлетворенные любовницы целуют мужчин после страстной ночи. Он оторопел, инстинктивно попробовал оглянуться, но она жестко зажала его голову двумя прохладными ладонями и шепнула между поцелуями: «Не оглядывайся! За нами следят! Обними меня!..»

Эти объятия и эти нежнейшие поцелуи продолжались не минуту и не две, а целых шестнадцать минут до посадки в самолет «Брюссель — Москва». И хотя Майкл чудовищно устал от своего челночного полета в Вашингтон и обратно, он почувствовал, что заводится, что его брюки уже неприлично топорщатся в ширинке. «Остынь, Майкл, — шепнула она ему, усмехнувшись. — Ты же ослаб от ночи любви... Стоп! Не оглядывайся! Иди на посадку!»

На вялых ногах он пошел на посадку, так и не узнав, кто же следил за ними в Брюссельском аэропорту — бельгийские журналисты или русские гэбэшники...

10

**Поезд «Сибирский экспресс», вагон-ресторан.
10.50 по местному времени (07.50 по московскому)**

— Дорогие товарищи! — говорил Роман Стриж, держа в
руке свежую «Правду». — Здоровье нашего дорогого Михаила Сергеевича идет на поправку. Надо ожидать, что через
пару дней он выйдет из больницы...

Стриж стоял в глубине вагона-ресторана «Мадонна», на
нем был деловой темный костюм с орденской колодкой —
две полосатые планки боевых орденов «Красной Звезды» и
еще одна — знак ранения. Перед ним, под огромными цветными портретами голоногой певицы, тесно сидели и стояли сто сорок делегатов съезда КПСС, возвращавшихся из
Москвы поездом «Москва — Владивосток». Секретари сибирских обкомов, парторги крупных строек, заводов, нефтепромыслов и алмазных приисков...

— Сегодня на трех страницах «Правды» опубликованы
письма читателей с выражением любви к нашему Генеральному и требованием сурово наказать не только негодяя Батурина, но всех, кто явно или тайно мешает курсу, взятому
партией, — продолжал Стриж.

Поезд шел быстро, за окнами огромным карусельным
колесом прокручивалось зеленое море тайги. На столиках
перед собравшимися позванивали ложечки в пустых чайных стаканах. Мощные динамики в углах ресторана молчали, но на кухне по экрану видеомагнитофона беззвучно
носилась Мадонна с радиомикрофоном в руке. Поглядывая
на нее, панк разделывал свежего поросенка. Из тамбура
слышался нетерпеливый стук в запертую дверь — там несколько пассажиров просились в ресторан...

— Я рад, что в этой подборке есть письма и от трудящихся нашей Сибири, — говорил тем временем Стриж. —
А завтра таких писем должно быть еще больше. Каждый из
нас по приезде домой должен посвятить все свое время
организации заводских митингов и писем в «Правду», чтобы наш дорогой Михаил Сергеевич видел — Сибирь за него!..

Старательные, даже чрезмерно старательные аплодисменты и возгласы «Правильно!», «Верно!» прервали Стрижа. Стоя на крепких, широко расставленных ногах, чтобы не качаться от толчков вагона, Стриж переждал эти возгласы и продолжил:

— Но этого мало, товарищи! Вы прекрасно знаете, как важно для выздоравливающего человека увидеть своими глазами лица людей, которые любят его, верят в него и являются его полными сторонниками! Поэтому труженики нашего Свердловска предлагают: в день выхода товарища Горячева из больницы провести по всем городам Сибири народные демонстрации под девизом: «Крепкого вам здоровья, дорогой Михаил Сергеевич!»... — Стриж поднял руку, предупреждая преждевременные аплодисменты: — Вчера только за один день на эту демонстрацию в нашем городе добровольно записались больше сорока тысяч человек! Кто за то, чтобы провести такую демонстрацию по всей Сибири, прошу поднять руку!

Лес рук разом поднялся в вагоне-ресторане, а одобрительные реплики выразили общий и уже искренний энтузиазм. Даже по лицам было видно, что идея провести такую демонстрацию освобождала многих от ночных страхов. Во всяком случае, это было действие, а не пассивное ожидание. Действие, которое может заставить кремлевского Хозяина сменить гнев на милость...

Стриж удовлетворенно повернулся к делегатке в строгом сером костюме, которая вела стенограмму собрания:

— Принято единогласно...

— То-то ж! — удовлетворенно произнесла на кухне мать панка, готовя на огромном противне уральские шанежки.

— Демонстрацию — это ты хорошо придумал, — с нажимом на букву «о» сказал Стрижу Родион Пехота, секретарь Омского обкома партии — тот самый, с которым Турьяк ночью играл в карты. — Можно сказать, камень с души снимаешь... Нет, правда! — повернулся он на смешки вокруг. — Я человек откровенный. Только одно страшновато: не начнется ли хулиганство против партийных работников?

— Ага, дрожит очко... — с усмешкой прокомментировал на кухне панк, украшая поросенка каким-то соусом и таежными ягодами. Стук в тамбуре усилился, панк с досадой отложил сосницу и вышел в тамбур. За закрытой стеклянной дверью уже набралась довольно большая группа пассажиров, в основном — мужчины с однозначной жаждой в глазах.

— Еще одиннадцати нет! — крикнул им панк. — Закрыто! Партийное собрание! — и ткнул пальцем в табличку, извещавшую о расписании работы вагона-ресторана. Между тем в ресторане продолжалась дискуссия.

— А это зависит от тебя, — ответил Стриж на вопрос Родиона Пехоты о возможности хулиганства во время демонстрации. — Как организуешь... — И вновь обратился ко всем присутствующим: — Теперь второй вопрос. Будем ли мы держать нашу инициативу в тайне от других районов страны или поделимся нашей идеей с товарищами на Украине, в Прибалтике и так далее?

Он обвел взглядом весь вагон-ресторан, явно радуясь разгорающемуся вокруг шуму и спорам делегатов. Черт возьми, подумал он, я все-таки сдвину этот ком, я покачу его, покачу по стране! А там — держись, Стриж! Но уж не промахнись, как тот мудак Батурин!..

— Товарищи! — повысил он голос и, пока все затихли, бросил короткий взгляд на сидевших в разных концах вагона Турьяка и Вагая. Круглое лицо Турьяка побледнело так, что с него слиняли все веснушки. И глаза его, округлившись, выражали огромную работу мысли — он явно не понимал, зачем Стриж затевает эту демонстрацию. Неужели это и есть его идея — перед Горячевым выслужиться? А говорил — драться так драться!..

Вагай тоже сидел напряженно, как заостренный гвоздь. Пристально, словно рефери на ринге, следил за реакцией каждого на речь Стрижа. Даже глаза сузил, словно мысленно фиксировал в памяти каждое лицо и каждую реплику. Рядом с ним раздувал для солидности щеки его гладенький прихлебатель Серафим Круглый... Но, кажется, пока из всех делегатов только один Родион Пехота учуял, чем может обернуться эта демонстрация...

Стриж поднял руку, успокаивая последние споры делегатов:

— Товарищи! Конечно, я понимаю: есть большой соблазн удержать нашу сибирскую инициативу в тайне, чтобы, скажем прямо, утереть нос другим республикам. Это я хорошо понимаю! Но если вы посмотрите на дело со стороны, так сказать, здоровья нашего дорогого товарища Горячева, то сами поймете: всесоюзная, общенародная демонстрация лучше одной сибирской. Иначе как-то однобоко получится и неправильно может быть истолковано: Сибирь вот демонстрирует свою поддержку товарищу Горячеву, а остальные?..

— Ясно! — крикнули из глубины вагона. — Распространить идею!

— Вот и я так считаю. Будем голосовать?

— Да что там голосовать?! Все «за».

— Нет, порядок есть порядок, товарищи! — сказал Стриж, хотя новый стук в тамбуре уже был слышен не только на кухне, но и в ресторане. — Ведь мы же протокол ведем...

Вот это было самое главное — протокол! Наверно, не меньше двадцати стукачей-доносчиков из числа присутствующих здесь сегодня же телеграфируют в ЦК об этом собрании. Именно из-за этого нельзя скрывать «сибирскую инициативу», а нужно вести протокол и самим послать его в ЦК. А потом будет видно. Если что-то сорвется, пойдет не так, как задумано, или кто-нибудь выдаст тайный умысел всей этой затеи, он, Стриж, к тайному умыслу отношения не имеет, вот протокол: он был инициатором широкой демонстрации всенародной поддержки Горячеву, но и только!

— Тише, товарищи! — сказал он. — Значит, запишем в протокол: собрание партийных руководителей Сибири постановило: призвать все партийные организации страны в день выхода из больницы нашего дорогого Михаила Сергеевича продемонстрировать ему всенародную любовь и поддержку!..

— Все, правящая партия? Закончили? — весело крикнул панк из кухни. — Могу я людей пускать? — И, не ожидая ответа, врубил Мадонну на полную громкость и пошел открывать запертую дверь ресторана.

В вагон тут же хлынула толпа пассажиров. Они окружили бар-буфет, расхватывая бутылки с пивом. Многие бесцеремонно отталкивали партийцев, которые тоже поспешили к буфету за пивом. Партийцы молча сторонились...

— Да всем хватит, всем! — пыталась осадить толпу мать панка.

Какой-то парень, наваливаясь плечом на впереди стоящих, лез к стойке явно без очереди, локтями пробивая себе путь.

Турьяк остановил его:

— Ты куда прешь?

Грубо оттолкнув Турьяка, парень полез дальше. Турьяк схватил его за плечо своей ручищей.

— Для тебя что, очереди нет?

— Для меня — нет, — злобно рванулся парень. — Я инвалид войны!

— Покажи удостоверение, — сказал кто-то сбоку.

— Да что вы, бляди?! — тут же заорал — сорвался в истерику парень. — За бутылку пива не верите! — И изо всей силы рванул на себе рубашку, крича: — Вот моя инвалидная книжка! Вот! — Под его разорванной рубахой обнажилась грудь, вся в хирургических шрамах, словно развороченная взрывом гранаты или мины. — За бутылку пива — стриптиз?! Ну, кому еще показать? — Парень уродливо брызгал слюной — он явно был психически больным.

Стриж вдруг оказался рядом с этим парнем, тут же обнял его одной рукой, прижал к себе, сказал негромко:

— Да верят тебе, верят. Я тоже «афганец». В Герате живот осколком пропороло. А тебя где угораздило?

— А что они, суки, людям на слово не верят? — плаксиво сказал парень.

— Пойдем со мной, сядем, — сказал ему Стриж и негромко приказал Турьяку: — Принеси нам по пиву...

Крепко обнимая парня, Стриж повел его к какому-то столику, занятому партийцами, те тут же освободили им два места, и Стриж видел, с каким уважением они, да и остальные партийцы, смотрели, как он спокойно, по-отечески управился с этим инвалидом...

11

Москва.
07.40 по московскому времени

Проходя таможню в аэропорту «Шереметьево», Майкл ужасно мандражировал. Даже руки вспотели. Будь он на месте русских таможенников, он бы такого иностранца задержал и проверил до швов в нижнем белье.

Но его никто не проверял, и уже в 08.20 по московскому времени он прикатил на своем «мерседесе» из аэропорта к дому номер 196 на Ленинском проспекте, мечтая лишь об одном: свалиться в постель и уснуть. Он поднялся лифтом на восьмой этаж, вставил ключ в замочную скважину двери своей квартиры и с удивлением обнаружил, что дверь открыта. Он толкнул ее, вошел в квартиру, и первое, что он увидел, — Полина, которая, по своей обычной манере, голяком сидела на подоконнике и, держа в руках ноты, разучивала какую-то очередную оперную арию.

— Ты? — изумился Майкл. — Как ты сюда попала?

— Ты оставил дверь открытой, — сказала она сухо. — Где ты был? Я жду тебя со вчерашнего вечера.

— Я оставил дверь открытой?! — Майкл попытался вспомнить, запирал ли он дверь квартиры перед поездкой в аэропорт. Но вчера была такая горячка, что черт его знает...

— Да, — говорила меж тем Полина... — Я пришла в девять вечера, звоню — никто не отвечает, толкнула дверь, а она открыта! Ну, думаю, ты выскочил на пару минут за хлебом или еще за чем. Сижу, сижу, а тебя все нет! И уснула. А утром уйти не могу: у меня же нет ключа дверь закрыть. А вдруг воры?..

Майкл обвел взглядом квартиру. Полина, как всегда, навела у него идеальный порядок. То, что перед отлетом в Брюссель он оставил в квартире полный бардак, это он хорошо помнил: он наспех одевался, менял рубашки и галстуки, мучительно думая, в каком костюме и в каком галстуке предстать перед Президентом. И все, что он браковал, он отбрасывал на кровать, на кресло и просто на пол. Кроме того, за последние дни на кухне собралась гора немытой посуды — ему было не до уборки. Еще в 1986 году в ответ на высылку из Вашингтона пятидесяти советских дипломатов-шпионов Советское правительство запретило своим гражданам обслуживать американский дипломатический корпус в Москве, и с тех пор все сотрудники посольства лишились прислуги и постоянно жаловались на трудности ведения домашнего хозяйства в Москве, хотя и выписали из США посудомоечные и стиральные машины, микроволновые печи и даже кухонные роботы. Но Майкла эта проблема не волновала. Он был холостяк и со студенческих пор привык обходиться один в своем нехитром домашнем быту. А кроме того, последние полтора года у него была Полина. Никто не вешал на нее обязанности домработницы, это она сама взяла их на себя, а Майклу было бы достаточно и того, что она была нежной, пикантной и веселой любовницей, прекрасной учительницей русского языка и заводной компаньонкой в походах по ресторанам и концертам. Конечно, за эти полтора года он постепенно сменил ее гардероб. Ничего дорогого, поскольку она не смогла бы объяснить своим родителям, откуда у нее дорогие вещи. Но нижнее белье, туфельки, сапожки, джинсики, пару платьицев — короче, она стала его полудочкой-полулюбовницей, а заодно, по собственной инициативе, и домработницей — приходя к нему, она под песни «Битлов» или под собственные арии мыла пол, пылесосила коврики, перемывала посуду. Все было прекрасно, и лишь одна черта ее характера или, если хотите, привычка раздражала Майкла — каждый раз, наведя порядок в квартире и приняв душ, Полина, совершенно голенькая, усаживалась на подоконник и с высоты восьмого этажа взирала на многолюдный Ленинский проспект. Солнечным ли днем или зимним вечером — не важно. Голая на подоконнике, на виду у всей Москвы — точно так, как она сидела сейчас...

— Где ты был всю ночь? — Она отложила ноты, спрыгнула с подоконника на пол и подошла к Майклу, глядя на него снизу вверх своими требовательными зелеными глазами. Вся ее нагая фигурка выражала сдержанное негодование ревнующей женщины — эти глаза, эти пушисто-колючие ресницы и даже торчащие сосочки ее груди. Майклу стало смешно, и он протянул руку:

— Они сейчас лопнут от гнева...

Но она не дала дотронуться до себя, уклонила тело от его руки и одновременно вытянула к Майклу голову с острым, нюхающим воздух носиком.

— От тебя пахнет «Obsession». Ты стал знаменитым и завел себе другую, да?

— Глупая, никого я себе не завел... — Он потянулся обнять ее, но она опять отстранилась.

— Где же ты был?

Никогда прежде она не задавала ему таких вопросов, но, правда, никогда прежде он и не давал ей повода для этого. Теперь это бешенство ревности в горящих зеленым огнем глазах и в худенькой, с торчащими сосочками фигурке даже возбудило Майкла.

— Я был у нашего посла. Он заболел, и пришлось просидеть возле него всю ночь... — Пытаясь обнять Полину, Майкл плел первое, что приходило в голову.

— А при чем здесь «Obsession»?

— Не знаю. Может быть, мой пиджак висел рядом с плащом его жены...

Но в глазах Полины не было полного доверия даже тогда, когда через несколько минут он уложил ее в постель.

— Ты правда не был с другой женщиной? — спрашивала она, сжимая свои ноги замком.

— Правда...

Он взял ее почти силой — с такой неохотой она разжала ноги. И тут же слезы брызнули из Полиных глаз.

— В чем дело? — остановился он. Никогда до этого он не видел, чтобы она плакала.

— Я умру... — сказала она сквозь слезы. — Ты был с другой женщиной. И если у нее СПИД — я умру...

Майкл был потрясен. Русские называют СПИДом AIDS. Эта девочка, зеленоглазая русская белоснежка, любит его так, что отдается ему, даже полагая, что рискует при этом жизнью?

И как ни устал он за эту длинную, с челночным полетом в Вашингтон и обратно ночь, следующие двадцать минут прошли так бурно и нежно, что он почти забыл о той красотке-брюнетке, с которой еще два часа назад целовался в Брюссельском аэропорту. А спустя двадцать минут он упал на кровать лицом в подушку и заснул мертвецким сном.

Полина лежала возле него еще минуть пять — с открытыми глазами и совершенно неподвижно. Затем встала, вышла на кухню, выпила полстакана воды из крана, надорвала пакетик с парой новеньких резиновых кухонных перчаток и надела их на руки. Но вместо того чтобы мыть посуду, открыла дипломат Майкла, с которым он прилетел из Брюсселя, порылась в бумагах. Однако того, что она искала, здесь не было. Она вернулась в спальню, мельком глянула на спящего Майкла, сунула руки в оба внутренних кармана его пиджака. В одном из карманов был бумажник с американским паспортом Майкла, его автомобильными правами и кредитными карточками. Во втором — белый длинный, плотный, импортный, запечатанный конверт без всякой надписи. Она понюхала конверт — от него не пахло. Похоже, это то, что нужно, но на всякий случай она подняла с пола брюки Майкла и ощупала карманы. В карманах были только деньги — рубли и доллары. Это ее не интересовало, она сунула деньги обратно. Набросив на себя рубашку Майкла, с конвертом в руках она вышла из спальни, тихо открыла входную дверь и протянула конверт женщине и мужчине, которые стояли за этой дверью на лестничной площадке.

— Две минуты... — беззвучно, только губами сказала ей женщина, принимая конверт руками, одетыми в тонкие перчатки. А мужчина тут же наклонился к небольшому чемоданчику, похожему на кейс, в котором профессиональные фотографы носят дорогие фотокамеры.

Полина кивнула и, не интересуясь, что они делают с конвертом, но и не закрыв дверь, отошла к подоконнику, собрала ноты в большую черную папку и стала одеваться уже в свою одежду — трусики, джинсы, босоножки. У нее было совершенно бесстрастное лицо, словно у робота или манекена...

12

«Сибирский экспресс».
12.30 по местному времени
(09.30 по московскому времени)

По коридорам всех вагонов радио по-прежнему разносило громкий пульсирующий голос Мадонны. Казалось, даже колеса поезда стучат в такт этой песне. У двери купе Стрижа дежурил Серафим Круглый, а Стриж, Вагай и Турьяк сидели в купе. Но хотя дверь была закрыта, полностью от Мадонны она не изолировала.

— Никакой принудиловки, только добровольцы! — объяснял Вагай Турьяку. — И со сбором денег на плакаты, на оркестры и так далее. Нам нужны списки всех, кто за Горячева. Когда они выйдут на демонстрацию, на улицах будут частные грузовики с выпивкой. И там их будут угощать водкой. За здоровье Горячева, ну и... на обком и КГБ науськивать. Наши люди, как ты понимаешь. И они же для затравки начнут окна бить в райкомах партии и десятку милиционеров рожи расквасят. И публика их спьяну поддержит, конечно, охотники райкомы да милицию громить у нас всегда найдутся! И «Память», конечно, тут же ввяжется — бить жидов и частников. Вот тут-то мы армию и вызовем! И по спискам весь горячевский пласт снимем. Как пенку на молоке! Дошло? — Медальное лицо Вагая светилось, словно он воочию видел, что произойдет, когда толпа демонстрантов перепьется дармовой водкой, начнет громить здания райкомов партии и в дело вмешаются армейские части. — Дошло? Армия только счастлива будет нагадить Горячеву — она с ним еще за сокращения не рассчиталась...

Турьяк поглядел на молчащего Стрижа, потом снова на Вагая. Вздохнул и покрутил головой.

— Н-да, круто... Рисково, однако!

— Противника нужно бить его же оружием, — усмехнулся Вагай.

— Ты помнишь, кто это сказал?

— Не знаю. Ленин, наверно.

— Сталин!

— Ну хорошо. Допустим... — сказал Турьяк. — Допустим, вы в Свердловске, а я в Иркутске это организуем. А как в других городах? Нельзя же эту идею вслух на люди вытащить. А сами-то многие и не поймут. Я вот не допер.

— А вот это и будет твоя работа, — сказал Вагай. — Подсказать недогадливым.

— Ну нет!

— Подожди. Подсказать и сказать — это разные вещи. Слушай. Нужно пустить меж секретарей обкомов слух — только такой, шепотом: мол, Свердловск собирается Горячеву настоящую здравицу возгласить, сибирскую — с блинами и бесплатной стопкой водки. А когда этот слух пойдет, каждый секретарь обкома решит нас переплюнуть. И кому нужно, тот сообразит: стопку выставлять на брата или поллитра. Ночь проворочается, а к утру дотюхает. Сам! На то и расчет, понял?

— Нет, так не пойдет! — твердо сказал Турьяк Стрижу. — Ты демонстрацию придумал и водку будешь первым раздавать. Этим ты сам себя выдашь...

— Ну, пусть водка будет твоей инициативой, иркутской, — легко и даже с удовольствием согласился Стриж.

— Тоже нет. — Турьяк покачал головой. — Не хочу выставляться! Лучше всего, если, например, Пехота почин положит...

— Пехота? Он же первый трус... — удивился Вагай.

— Потому он и клюнет, — ответил Турьяк. — Он народа боится. Вот я ему и подскажу, что в старое-то время губернаторы при выздоровлении царя народу чарку выставляли. И народ пил и за царя, и за губернатора. Пехота и клюнет. А на него никто не подумает, что он с умыслом. Он такой горячевский — дальше некуда...

— С Пехотой — это хорошая идея... — задумчиво протянул Стриж.

— Зажжем, зажжем пожар! — твердо сказал Вагай.

— Н-да... — произнес Турьяк. — Самим бы не сгореть...

— Всех вчистую подметем! — Вагай сжал кулак. — Одним ударом! Партия должна снова у власти быть! Русская! И спасти страну!

— Затеял ты дело, Роман... Да! — уважительно сказал Турьяк и долгим оценивающим взглядом посмотрел на Стрижа. — А что? Нам такой и нужен в генсеки... Сибирский мужик! А то все — Лигачев, Лигачев! А Лигачев уже стар! Думаешь, сковырнешь Горячева?

— Почему я? — ответил Стриж. — Я не один. Ты, он и с нами — вся партия. Не весь народ еще под Мадонну поет!

Осторожный стук в дверь прервал его. Он усмехнулся:

— Да вот они уже и сами стучатся...

— Кто? — спросил Турьяк.

— А те, с кем Москву будем брать. Открой, Федор.

Вагай откинул дверную защелку. Громкий крик Мадонны ворвался из коридора в купе. В щели возникло лицо Серафима Круглого.

— Тут люди насчет демонстрации. Пускать?

— По одному, — сказал Стриж.

Круглый понятливо кивнул и впустил в купе Гавриила Уланова, секретаря Новосибирского обкома партии.

— А, вы заняты... — сказал 35-летний, с чеховской бородкой Уланов, увидев в купе не только Стрижа, но Турьяка и Вагая.

— Ничего, ничего, заходи, — ответил Стриж.

— Дак я это... Я посоветоваться насчет патриотической демонстрации. — Уланов пропустил слово «патриотической» вскользь, словно в обмолвку. — Но, может, я после?

Стриж сделал знак Турьяку и Вагаю, чтоб вышли.

— А мы уходим, уходим, — поспешно поднялся Вагай.

— Заходи.

Пропустив Уланова на свое место в купе, Турьяк и Вагай вышли. Серафим Круглый старательно и плотно закрыл за ними дверь. В конце коридора Турьяк и Вагай увидели еще целую группу молодых партийных лидеров Сибири.

— Эти тоже к Стрижу? — спросил Вагай у Круглого.

Круглый утвердительно кивнул. На его лице было то выражение достоинства и услужливости, какое бывает у хорошо дрессированных породистых бульдогов.

— Понял?! — Вагай радостно ткнул локтем Турьяка и кивнул на группу, ожидавшую Стрижа: — А ведь пойдет дело, пойдет!

За окном, заглушая Мадонну, прогрохотал встречный поезд.

13

Москва.
13.00 по московскому времени

Только десятый, наверно, звонок выпростал Майкла из сна. Шеф московского бюро «Вашингтон пост» спрашивал, где же сегодняшний бюллетень о здоровье Горячева, ведь уже час дня! Со сна Майкл выдумал себе какую-то простуду, но заверил, что бюллетень будет через два часа. Потом встал, обошел квартиру. Полины не было. На столе лежала записка: «КОГДА ПРОСНЕШЬСЯ, ЗАПРИ ДВЕРЬ. ЦЕЛУЮ. ТВОЯ ПОЛЯ». Одним движением руки Майкл автоматически повернул дверную защелку и только тут вспомнил о письме Президента. Обомлев, бросился в спальню, к своему пиджаку. Но конверт — чистый запечатанный белый конверт с письмом Президента — был на месте. Майкл облегченно перевел дух. Кажется, он тоже поддался всеобщей истерии по поводу сверхмогущества КГБ. Но подозревать Полю просто мерзко, особенно после ее слез по поводу AIDS...

Через сорок минут Майкл был в Кремлевской больнице на тихой, закрытой для общественного транспорта улице Грановского в самом центре Москвы, между улицами Горького и Калининским проспектом. Эта новая десятиэтажная больница, ближайшая к Кремлю, была по сути лишь одним из филиалов целого комплекса городских, загородных и курортных больниц, объединенных в IV (Кремлевское) Управление Министерства здравоохранения СССР. Однажды в посольстве Майклу показали стенограмму первого, в мае 1987 года, заседания Московского дискуссионного клуба содружества наук. В стенограмме, в выступлении какого-то крупного советского историка, было подчеркнуто несколько строк. Говоря о необходимости отменить баснословные привилегии партийной элиты, он сказал: «В Минздраве СССР 17 управлений, но одно лишь IV Управление забирает 50 процентов средств, отпущенных на здравоохранение народа...» «Больше эта цифра никогда и нигде не упоминалась при всей их гласности», — сказал Майклу сотрудник посольства, занимающийся анализом советской прессы...

— Doctor Dowey, hello! How are you! — Генерал Митрохин, председатель КГБ, чуть не столкнулся с Майклом в парадной двери больницы.

Майкл пожал протянутую ему руку. Это была крепкая и дружеская рука.

— Спасибо, — ответил Майкл по-русски Митрохину. — Как поживаете?

Первый раз они встретились 8 августа, когда Майкла привезли спасать Горячева. Второй — позавчера, здесь же, в коридоре Кремлевской больницы. И хотя они не сказали друг другу и десяти фраз, генерал Митрохин с первой минуты знакомства улыбается Майклу, как закадычному другу, и у них с самого начала возникла такая игра — генерал говорит по-английски, а Майкл отвечает по-русски.

— You are late today, I think*. — Митрохин взглянул на свои наручные часы фирмы «Конкорд».

— Да, так получилось... — Майкл не нашелся, как объяснить свое опоздание, обычно он бывал у Горячева между 11 и 12 утра.

— O.K.! If you are in hurry — go! I don’t want to hold you...**

---

* Вы опаздываете сегодня.

** Если вы спешите — идите! Не хочу вас задерживать...

— Спасибо. Увидимся!

— О, sure! — Митрохин направился через больничный двор к бюро пропусков и выходу на улицу, и Майкл невольно оглянулся ему вслед.

Лифт поднял Майкла на шестой, «горячевский» этаж. Здесь, при выходе из кабины, была еще одна (после бюро пропусков) проверка документов. Как всегда, один из телохранителей Горячева, извинившись, быстро, но и тщательно прощупал карманы Майкла, провел ладонями у него под мышками и вдоль ног до самого паха. Затем, тоже как обычно, Майкл прошел в ординаторскую. Здесь лечащий врач Горячева доктор Зинаида Талица тут же подала ему «Лечебный журнал М.С. Горячева» с последними записями. Читая их, Майкл видел, что с Горячевым уже все в порядке, ему даже назначили короткие прогулки по больничному коридору. Значит, его вот-вот увезут куда-нибудь на дачу, где эти прогулки будут уже на свежем воздухе. Но как, как же остаться с ним наедине — без этой Талицы, телохранителей, медсестер?!

— Что-нибудь не так? — спросила Талица, заметив, что он читает журнал куда дольше, чем обычно. Зинаиде Талице было лет сорок пять, она была миловидна, хотя и несколько полновата, и приходилась не то племянницей, не то внучкой какому-то русскому академику. Впрочем, в «Кремлевке» все врачи кому-то кем-то приходились, без высоких рекомендаций и поручительства сюда не принимали на работу даже уборщиц.

— Нет. Все в порядке, спасибо... — Майкл поспешил закрыть журнал. — Просто... Я бы хотел... если можно, конечно... осмотреть больного. Насколько я понимаю, вы его скоро выпишете. Надеюсь, не на работу, а сначала — куда-нибудь на дачу, на воздух...

— Да, мы хотим отправить его за город. Если вы не возражаете. — В ее голосе была плохо скрытая насмешка.

— О, я только за! Я как раз хотел это сказать! Но именно поэтому я хотел бы его внимательно осмотреть и послушать легкие...

— При одном условии, — сказала Талица, но тут же поправилась: — То есть, конечно, вы можете осмотреть товарища Горячева без всяких условий. Но... Короче говоря, во время этого осмотра вы постараетесь уговорить его поехать на дачу не на два дня, а как минимум на две недели. Потому что нас он и слушать не хочет — рвется на работу. Так что попробуйте подействовать на Михаила Сергеевича своим американским авторитетом. А чтобы он не думал, что я это подстроила, я даже не буду присутствовать при вашем осмотре...

Что-то кольнуло Майкла на миг, какая-то тень удивления — только что эта встреча с Митрохиным, а теперь доктор Талица (сама!) предлагает ему остаться тет-а-тет с Горячевым! И именно сегодня! Но с другой стороны: если Горячев не доверяет русским врачам, то кто же, как не Майкл, может внушить Горячеву, что ему сейчас действительно нужны отдых и прогулки на чистом воздухе? А был ли Рейган всерьез работоспособен, когда врачи Вашингтонского госпиталя выписали его после ранения в Белый дом, — это и по сей день не очень ясно, некоторые журналисты утверждают обратное...

Талица провела Майкла по светлому и уставленному цветами больничному коридору и открыла дверь в палату Горячева. Горячев полулежал в кровати, читая «Правду» и поглядывая на большой телеэкран на противоположной стене палаты. Пачки газет с его портретами, букеты цветов и груды открыток и писем от «простых советских людей» были в палате повсюду: на тумбочке, на столике, на подоконнике, даже на полу. По телевизору транслировали митинг рабочих, которые, конечно, рассказывали о замечательных результатах горячевских реформ и желали «дорогому Михаилу Сергеевичу» долгих лет жизни и крепкого здоровья. «Убивать надо не Горячева, а всех, кто против него!» — без всяких церемоний заявил с трибуны какой-то рабочий...

Увидев вошедших, Горячев выключил звук телевизора, а Талица сказала:

— Михаил Сергеевич, доктор Доввей хочет осмотреть вас перед выпиской. Вы не возражаете, если я не буду при

этом присутствовать? У меня есть кое-какие дела в ордина-
торской...

Горячев вздохнул с досадой и отложил «Правду» с крупным заголовком «ВПЕРЕД — КУРСОМ ГОРЯЧЕВА!».

— Меня сегодня уже три раза осматривали... — сказал
он.

— Русские врачи! — с упором на слово «русские» сказала Талица. — А господин Доввей представляет передовую
американскую науку.

— Ну и язва вы, Зина! — сказал Горячев, продолжая
заинтересованно поглядывать на большой телеэкран. Там
продолжался рабочий митинг. А когда за Талицей закрылась дверь, усмехнулся Майклу: — Не могут простить, что
моя жена вызвала вас на операцию, никак не могут!

— Они прекрасные врачи, Михаил Сергеевич, — сказал
Майкл, помогая Горячеву снять пижаму. Затем, освободив
его грудь от пластырной наклепки, наклонился к нему и,
делая вид, что рассматривает свежий, но хорошо заживаю-
щий хирургический шов, сказал негромко: — Я привез вам
личное письмо от нашего Президента, сэр.

— Что? — изумленно переспросил Горячев.

— Этой ночью я видел в Вашингтоне нашего Президента и привез вам его письмо. Вот. — И Майкл подал Горячеву запечатанный конверт.

Горячев вскрыл конверт, вытащил плотный, высшего
качества лист бумаги — «бланк» Президента США и стал
читать:

«Не ссылаясь на источники, я осмелюсь поставить
Вас в известность о том, что опубликованная Вами в
«Правде» речь Н. Батурина представляет собой ДЕЙ-
СТВИТЕЛЬНОЕ отражение настроений как минимум 80
процентов руководства Вашей партии, и эти 80 процентов готовы к осуществлению самых радикальных
действий, не исключающих и ту угрозу Вам лично, которая прозвучала в речи Н. Батурина. Я не сомневаюсь
в том, что Вы, как опытный и мудрый политик, не дадите ввести себя в заблуждение той кампании восхвале-

ния Вашей личности, которая ведется сейчас на страницах советской печати, и трезво оцените возможные последствия, логически вытекающие из существования столь широкой оппозиции. Поверьте, многоуважаемый господин Горячев, что, передавая Вам эту информацию, я ни в коей мере не претендую на вмешательство во внутренние дела Вашей партии, но руководствуюсь целиком и полностью интересами двух наших стран и народов, желающих жить в мире и стабильности международных отношений. Я не сомневаюсь, что Вы именно так и расцениваете это письмо — как акт доверия и дружбы.

Позвольте еще раз пожелать Вам самого скорейшего выздоровления...»

По мере чтения лицо и лысина Горячева стали наливаться кровью бешенства, а родимое пятно на черепе стало из бурого черным.

— Ваши космические спутники что, умеют в души заглядывать? — спросил он Майкла с таким гневом в глазах, что Майкл струсил, сказал с испугом:

— Этого я не знаю, сэр...

Но именно неподдельный испуг на лице Майкла и смягчил взрыв Горячева. Он спросил:

— Вы летали в Вашингтон? Этой ночью?

— Да, сэр. Никто не знает об этом и тем более о письме. Это действительно очень конфиденциально...

— Ну, КГБ-то знает! — усмехнулся Горячев, остывая.

— Я не думаю...

— Иначе вас не оставили бы наедине со мной.

— Я обещал доктору Талице уговорить вас поехать на длительный отдых. Вам это действительно нужно...

— Какой же отдых, когда восемьдесят процентов партии мечтает меня убить! — язвительно перебил Горячев.

Майкл понял, что это как раз тот момент, когда можно ввернуть то, что Президент просил передать Горячеву на словах. Знает КГБ об этом письме или не знает, подслушивают сейчас их разговор или нет — пока это не важно. А важно не упустить момент. И Майкл сказал поспешно:

— Главное в вашей ситуации — это не проявить overreaction. Я не знаю, как это по-русски...

— Сверхреакцию, — подсказал Горячев, снова начиная злиться. Сначала американский президент посылает ему письменные нотации, а теперь еще этот мальчишка...

— Спасибо, — сказал Майкл. — Обычно врачи не говорят об этом пациенту. Но ВАМ я скажу. После таких ранений, как ваше, раненые первое время находятся под действием шока, морального потрясения. И проявляют сверхреакцию...

— Я себя чувствую совершенно спокойным, — усмехнулся Горячев.

— Правильно! ВЫ чувствуете. Но ваше ощущение необъективно. Больные очень часто не чувствуют, что у них повышенная температура. И то, что в «Правде» опубликована речь Батурина, — это наверняка ваша overreaction...

— Значит, по-вашему, речь Батурина не нужно было печатать? Интересно! Вы же демократы! А ваш Президент тоже так считает?

— Он не обсуждал это со мной, сэр. Но, по-моему, он имел в виду то, чтобы вы не обращали внимания на эту кампанию... — Майкл показал рукой на телеэкран и на пачки русских газет с портретами Горячева и крупными заголовками: «ВПЕРЕД — КУРСОМ ГОРЯЧЕВА».

— В газетах работают идиоты! — нервно ответил Горячев, уязвленный тем, что даже американцы разобрались: дискуссия, которую он затеял в «Правде», оборачивается потоком стандартного пустословия.

— Вы, конечно, лучше знаете своих журналистов... — улыбнулся Майкл. — Но я думаю, что и это overreaction...

— А вы тоже язва, Майкл, — усмехнулся Горячев.

И только теперь, заметив некоторое смягчение тона Горячева, Майкл решился сказать то, ради чего, собственно, и тянул эту тему overreaction. И сказал, как прыгнул в горячую воду:

— Я не сомневаюсь, вы знаете, что делать с вашей оппозицией. Но я думаю, вам нужен отдых, чтобы не быть с ней overreactiori, сэр...

Горячев уставился на него сквозь спущенные на нос очки, а потом... расхохотался. Он смеялся так громко, освобожденно и весело, что встревоженный телохранитель заглянул в дверь палаты. Но Горячев, придерживая одной рукой свежий хирургический шов на груди, второй рукой отмахнулся от телохранителя, и тот закрыл дверь.

Майкл с недоумением ждал. Черт возьми, чем он так развеселил русского *премьера*? Отсмеявшись, Горячев хлопнул Майкла по колену:

— Замечательно! Империалисты боятся за жизнь коммунистов! Это замечательно! Ну, с такими империалистами еще можно жить! — И вдруг прервал свой смех, стал совершенно серьезным: — Передайте вашему Президенту, что я его понял. Я не расстреляю ни восемьдесят процентов, ни даже восемь процентов коммунистической партии. Но при одном условии: если он сообщит мне, откуда он взял эту цифру.

Майкл вспотел. Переходы Горячева от мягкости и обаятельного смеха к стальному блеску в глазах были стремительны, как у дьявола.

— Сэр, я не есть официальный negotiator. Но я не думаю, это будет работать таким путем... — От волнения Майкл старался выражаться как можно осторожней и поэтому просто дословно переводил себя с английского на русский.

Но Горячев его понял:

— Почему это не сработает? — спросил он пытливо.

Майкл, изображая непосредственность, пожал плечами:

— Well... я знаю, вы не ангел, сэр. Нет ангелов среди политиков. But I want to believe... Я хочу верить, что вы не Сталин и не Гитлер. Вы не можете убить миллионы людей just like that. Или можете?

Теперь, глядя в стальные глаза Горячева, Майкл вовсе не был так уверен в гуманности Горячева, как пытался изобразить своим небрежным тоном полушутки.

Горячев, не отвечая, смотрел ему в глаза. Наконец, после паузы, спросил сухо:

— Ваш Президент просил вас сказать мне еще что-то?

— Нет, сэр...

— Что ж... Если вы закончили осмотр, можете идти. Только передайте вашему Президенту, что в политике нельзя и курицу етти, и целку спасти.

— Что это есть «целку», сэр? — не понял Майкл.

— Ничего, ему переведут. Идите.

Майкл встал, направился к двери, но обернулся.

— Извините, сэр... Уговорил ли я вас поехать из больницы на отдых? — спросил он, холодея от своей смелости.

Горячев мрачно усмехнулся, с издевкой посмотрел Майклу в глаза:

— А что мне еще делать? Ты же не привез мне фамилии, кого расстреливать?

Когда Майкл Доввей вышел из палаты, Горячев устало откинулся на подушку и закрыл глаза. Лицо его сразу обмякло и постарело. Черт возьми, даже американцы сигнализируют, что в партии полно батуринцев. Но 80 процентов?! Откуда они могли взять эту цифру?

ДЕНЬ ПЯТЫЙ
18 АВГУСТА

14

**Москва, Кремлевская больница.
10.20 по московскому времени**

Традиционное, по четвергам, заседание Политбюро подходило к концу. Когда-то точно так же, в больнице, проводил заседания Политбюро больной Юрий Андропов, но происходило это в другом филиале «Кремлевки» — в Кунцево, где находилась бывшая подмосковная дача Сталина. При этом сам Андропов тогда лежал, его ввозили на заседания в кровати...

Теперь на девятом этаже Кремлевской больницы, в большом холле с окнами во всю стену, большим количеством зелени и даже с деревьями в красивых кадках, выздоравливающий Горячев уверенно, хотя и не очень прямо, сидел в кресле — сидячее положение отзывалось болью в груди. Члены Политбюро: Егор Лигачев, маршал Вязов, генерал Митрохин, Борис Кольцов и остальные сидели перед ним за большим столом для заседаний, а за их спинами, среди зелени, расположились заведующие отделами и секторами ЦК КПСС, которые имели отношение ко всем вопросам сегодняшней повестки дня. Уже были обсуждены все текущие внешнеполитические и внутренние дела. Венгрия вышла из Варшавского пакта и объявила себя нейтральной страной, Чехословакия и Польша собираются сделать то же самое. Постановили: повысить цены на газ, поставляемый в эти страны по газопроводу «Сибирь—Европа», и взимать плату за этот газ только в твердой валюте. Япония приступила к созданию индустриальной нейтрально-международной полосы на 39-й параллели, рассчитывая на дешевую рабочую силу из Вьетнама и Китая. Но участвовать в индустриализации советского Дальнего Востока отказывается до возвращения ей Курильских островов. Постановили: с целью оказания давления на Японию предложить Южной Корее несколько выгодных концессий на нашем Дальнем Востоке... В Израиле, в Катании уже несколько лет идут интенсивные секретные разработки парапсихологического оружия, но все попытки КГБ и ГРУ получить хоть малейшую информацию оказались пока безуспешны. Постановили: подсунуть сведения об этих разработках в западные газеты, чтобы западные журналисты бросились в Катанию — авось найдут нового Вануну... Внутри страны: отмена военного положения и возобновление забастовок железнодорожников Кавказа и Прибалтики могут привести к порче миллионов тонн овощей, фруктов и других продуктов, предназначенных для снабжения городов, и вызвать восстания городского населения. Постановили: продлить военное положение еще на две недели и одновременно передать армии весь контроль за работой железных дорог...

Последним вопросом повестки дня было сообщение Бориса Кольцова, секретаря ЦК по идеологии, об инициативе Свердловского обкома партии провести в день выхода Горячева из больницы всенародную демонстрацию под лозунгом «Крепкого вам здоровья, дорогой Михаил Сергеевич». Большинство партийных организаций Сибири уже подхватили эту инициативу, сообщил Кольцов.

— Ну а что вы об этом думаете? — спросил Горячев у Егора Лигачева. Лигачев был давним соперником Горячева в Политбюро и представлял в нем самое правое крыло — партийный аппарат.

Но он сказал:

— Я за эту демонстрацию. Это будет смотр популярности нашего правительства...

— Только выйдут ли люди на демонстрацию? Я имею в виду — добровольно, а не так, как обычно, — лукаво прищурился Горячев.

— Не скромничайте, Михаил Сергеевич! — усмехнулся Лигачев. — Свердловск сообщает, что только за вчера и сегодня на демонстрацию записались 80 тысяч человек. То же самое — в Кемерово, Иркутске, Тюмени. Народ искренне радуется вашему выздоровлению.

То-то же, подумал Горячев. 80 тысяч добровольцев в одном только городе! Молодец этот свердловский секретарь обкома!

Но внешне Горячев не показал радости.

— Понятно... — произнес он задумчиво. — Ну, Стриж, конечно, из чистого подхалимажа это затеял... Но ничего... Мне нравится эта идея. Это покажет силам антиреформы, что народ нас поддерживает, несмотря на все трудности. — И повернулся к генералу Митрохину: — А ты что скажешь?

— Я — за демонстрацию двумя руками, — сказал Митрохин. — Но нужно иметь в виду: когда народ выходит на улицу, могут быть эксцессы. Поэтому мы должны принять меры...

Горячев пытливо посмотрел ему в глаза. Казалось, какая-то мысль одновременно родилась в их умах и пробежала в этом взгляде между ними двумя. Но Горячев тут же отвел глаза от шефа КГБ, сказал присутствующим:

— Хорошо, голосуем? Я выхожу из больницы послезавтра, в субботу. Кто за демонстрацию?

Все члены Политбюро охотно подняли руки. Секретарь записал в протокол: составить резолюцию и сегодня же разослать всем партийным организациям страны. Общее руководство демонстрацией — Кольцов, ответственные за порядок — МВД и КГБ.

— Так, а что с Батуриным? — обратился Горячев к Кольцову.

— Трибунал находится на Гостевой даче, — сказал Кольцов. — Должны вот-вот принять решение.

— Но учтите мою позицию: каторгу, строгий режим — все, кроме смертной казни, — сказал Горячев. — Если за спиной у Батурина все же есть заговорщики, то, пока Батурин жив, они будут сидеть тихо и дрожать, чтобы он не проболтался. Понятно? — Горячев повернулся к Митрохину: — И все-таки каким образом этому мерзавцу удалось пронести пистолет в Кремль? Только не рассказывай, что у нас бардак в армии! Охрана Кремля — это по твоей части.

— Да. Но вы сами запретили обыскивать делегатов. Чтоб на Западе не смеялись...

Это было правдой. Митрохин с самого начала предлагал обыскивать делегатов съезда, но это было бы курам на смех! Делегаты съезда — это же сливки партии, отборные из отборных!

— А что касается армии, то... — Маршал Вязов протянул паузу, ожидая, прервет его Горячев или нет.

— С тех пор как офицерам стали сокращать зарплату, — усмехаясь, сказал за Вязова Митрохин, — даже у меня в КГБ люди смотрят по сторонам — не податься ли в бизнесмены...

Горячев вяло отмахнулся: старая песня. Когда заседание кончилось и члены Политбюро покидали холл, он сказал Митрохину:

— Павел, ты останься.

Все вышли, Горячев и Митрохин остались вдвоем, но в холл тут же заглянула жена Горячева.

— Вы закончили?

— Нет, но ты зайди, — сказал ей Горячев.

Лариса вошла, тронула ладонью лоб мужа, сказала:

— Ты устал, тебе нужно лечь...

— Сейчас... — Горячев вытащил из кармана белый конверт с письмом американского Президента, протянул его Митрохину: — Ты видел это?

— Что это? — спросил Митрохин.

— Посмотри...

Митрохин взял конверт, достал из него письмо, развернул. Горячев пристально вглядывался в его лицо. За всю историю советского правительства еще не было человека, который бы так стремительно взлетел в полные члены Политбюро, как этот Митрохин. Горячев вытащил его из недр КГБ на самый верх, как в свое время он вытащил сюда Вязова, Кольцова и других, но покушение Батурина показало, что даже самое преданное, купленное высокими должностями и званиями окружение ничего не может гарантировать. А с другой стороны, нельзя требовать, чтобы Митрохин или Кольцов влезли в душу каждого делегата съезда. И все же... Не дожидаясь, когда Митрохин прочтет письмо, Горячев резким тоном повторил свой вопрос:

— Я спрашиваю: ты видел это?

Митрохин смотрел в письмо на долю секунды дольше, чем нужно для ответа. Затем поднял на Горячева глаза и сказал:

— Да, Михаил Сергеевич. Конечно, я видел это письмо.

— Значит, вчера ты просто подстроил этому американскому врачу нашу аудиенцию?

— Ну, он так или иначе пробовал бы остаться с вами наедине, — улыбнулся Митрохин. — Я ему просто помог.

— Может, ты и разговор наш слушал?

— Нет! Что вы, Михаил Сергеевич! — старательно возмутился Митрохин.

— Понятно, слушал, — сказал Горячев. — Да я и не поверю, что ты оставил бы меня наедине с американцем! Я бы тебя выгнал с работы в ту же минуту! Ну хорошо. И что ты скажешь? Откуда они взяли эти восемьдесят процентов?

— Вот этого я и вправду не знаю, Михаил Сергеевич, — опять посерьезнел Митрохин.

— А как думаешь: это реальная цифра?

— Вообще-то за идеологию партии отвечает Кольцов...

— Пока я спрашиваю тебя! — жестко прервал Горячев.

— Президент США не станет высасывать цифры из пальца! — вдруг вмешалась Лариса, показывая, что она в курсе всех дел. — Но если у него больше информации о нашей стране, чем у тебя, Паша, то... Ты сам понимаешь...

Митрохин повернулся к ней и улыбнулся с тем бесстрашием, какое может позволить себе только очень преданный слуга:

— То у меня есть два выхода, Лариса Максимовна, — сказал он. — Уступить свой кабинет американскому Президенту или...

— Выяснить, откуда он взял эту цифру, — снова жестко закончил за него Горячев, пресекая фамильярность.

— Я бы предпочел первый вариант. Но вряд ли моя зарплата устроит американского Президента... — горестно вздохнул Митрохин, еще пытаясь выжать у Горячевых улыбку. Но, увидев, что это бесполезно, перестроился на деловой тон: — Извините, это шутка. Но у меня есть одна идея...

— Ну? — сказала Лариса нетерпеливо.

— Видите ли, здесь названа цифра оппозиции — 80,6 процента членов партии. И на сегодня примерно столько же партийных организаций Сибири подхватили свердловскую инициативу...

Он умолк, и несколько мгновений Горячев и Митрохин молча смотрели друг другу в глаза.

— Конечно, это может быть только совпадением, — сказал Митрохин. — Остальные секретари обкомов еще просто не доехали до своих мест...

— Та-а-ак! Выходит, на воре шапка горит? — протянула Лариса. — Значит, что же — отменить демонстрацию?

— Это не все, Михаил Сергеевич, — продолжил Митрохин. — Самые трусливые из них — например, Родион Пехота в Иркутске — собираются угощать народ стопкой водки за ваше здоровье.

— Поэтому ты сказал насчет эксцессов? — прищурился Горячев.

— Совершенно верно.

— А мне нравится эта идея! — вдруг сказала Лариса и деловито прошлась по холлу, ее кегельные, как у молодой, ноги уверенно процокали каблучками по мраморному полу. — Пусть! Пусть кое-где народ даже побьет окна в горкомах партии! Чтобы все батуринцы и лигачевцы увидели: народ за Горячева!

— Ну, насчет окон — это можно организовать! — усмехнулся Митрохин.

Горячев оценивающе посмотрел ему в глаза.

— Да... Я тоже об этом подумал... — сказал Горячев негромко. — Но... — Он вздохнул с явным сожалением. — Нельзя допускать, чтобы народ поднимал руку на партию. Шуметь — пусть шумят перед обкомами и райкомами, это мне нравится. Но руку поднимать...

— Так ведь не на партию, Михаил Сергеевич, — усмехнулся Митрохин. — На оппозицию...

— Вот именно, Миша, — сказала Лариса.

— Но это же по телевизору все будет! — сказал ей Горячев. — Ты понимаешь? На весь мир: советский народ громит партийные комитеты. Нет... — Он покачал головой.

— Жаль... — огорчилась Лариса.

— Ну, из тех мест, где будут небольшие эксцессы, мы можем телепередачи блокировать... — сказал Митрохин.

Горячев снова посмотрел ему в глаза. Затем отвернулся к окну.

— Подумать надо... Подумать... — произнес он после паузы.

— А каким образом ты то письмо раньше Миши прочел? — спросила Лариса у Митрохина, переводя разговор на другую тему. Она хорошо знала, что на мужа нельзя давить, но важно дать ему пищу для размышлений.

— Ну, Лариса Максимовна! Не мог же я пустить американца к Михаилу Сергеевичу, не проверив, что у него в карманах! — сказал Митрохин и прямо посмотрел на нее своими честными светлыми глазами.

15

Москва, Гостевая дача ЦК КПСС.
13.30 по московскому времени

Длинный черный «ЗИЛ» с правительственным флажком на носу стремительно миновал Триумфальную арку и уже через минуту свернул на загородное, Рублевское шоссе. Впереди, на расстоянии трех метров, мчалась милицейская «Волга», на ее крыше ежеминутно взвывала сирена и постоянно вращались цветные огни, освобождая дорогу кремлевскому кортежу. В лимузине сидел Борис Кольцов, за ним на двух черных кремлевских «Волгах» ехали трое заведующих секторами ЦК.

Лицо Кольцова было непроницаемо, хотя никто не мог сейчас его увидеть — шофер и телохранитель сидели впереди, за переборкой, а три цэкиста — сзади, в своих машинах. Вспоминая утреннее заседание Политбюро, Кольцов не мог успокоиться: если Горячев открыто заявил, что он против смертного приговора Батурину, то он уже от этого не отступит и, значит, вся игра Кольцова с Ясногоровым насмарку! Но плевать на Ясногорова, дело не в нем! А в том, что Горячев — при всей его гениальности в закулисных интригах — не тянет в диктаторы. А только ледяной диктатурой можно сегодня остудить кипящий в стране котел. Что же делать? Сорок минут назад секретарь положил Кольцову на стол принятый с Гостевой дачи телекс — приговор Партийного трибунала по делу Батурина.

«Изучив доводы защиты и обвинения, трибунал признал необходимым принять к сведению следующие обстоятельства:

а) традиция политического террора и физического уничтожения своих противников установилась в СССР с момента прихода нашей партии к власти;

б) тот факт, что Н. Батурин родился, воспитывался и сформировался как коммунист в семье и окружении

потомственных коммунистов, создателей вышеназванной традиции, обусловил психологическую установку
Н. Батурина на радикальное (физическое) пресечение
деятельности своих политических противников;

в) отказ Президиума съезда дать Батурину возможность выступить на съезде КПСС на основании того,
что его выступление не было заранее согласовано с
Президиумом (см. документ номер 26 — записку
Н. Батурина в Президиум съезда и резолюцию на нее
члена Президиума тов. Б. Кольцова).

В связи с вышеизложенным трибунал ПОСТАНОВ-
ЛЯЕТ:

1. ОЦЕНИТЬ ПОКУШЕНИЕ КОММУНИСТА Н. БАТУ-
РИНА НА ГЕНЕРАЛЬНОГО СЕКРЕТАРЯ КПСС ТОВ. ГО-
РЯЧЕВА КАК ТРАДИЦИОННЫЙ В ПРОШЛОМ, НО
ПРЕДОСУДИТЕЛЬНЫЙ АКТ ПОЛИТИЧЕСКОЙ БОРЬБЫ
И ПРИЗНАТЬ ВСЕ ФИЗИЧЕСКИЕ МЕРЫ РАСПРАВЫ С
ПОЛИТИЧЕСКИМИ ОППОНЕНТАМИ АМОРАЛЬНЫМИ И
КОМПРОМЕТИРУЮЩИМИ НАШУ ПАРТИЮ;

2. ИСКЛЮЧИТЬ Н. БАТУРИНА ИЗ КПСС;

3. ДЕЛО О НАНЕСЕНИИ ГРАЖДАНИНОМ БАТУРИНЫМ
УЩЕРБА ФИЗИЧЕСКОМУ ЗДОРОВЬЮ ГРАЖДАНИНА М.ГО-
РЯЧЕВА ПЕРЕДАТЬ В ГРАЖДАНСКИЙ СУД ОКТЯБРЬСКОГО
РАЙОНА г. МОСКВЫ, ПО МЕСТУ ЖИТЕЛЬСТВА ПОТЕРПЕВ-
ШЕГО...»

Предупрежденные по радио, охранники Гостевой дачи
распахнули ворота за десять секунд до появления кремлевского кортежа. Лимузин промчался через ворота в глубину
соснового парка и остановился перед огромной двухэтажной дачей, на которой когда-то Брежнев принимал Киссин-
джера. За дачей были большой грибной лес и искусственное
озеро с золотистыми карпами. С берега до середины озера
лежала низкая эстакада-помост, чтобы Брежнев и его пре-
старелые соратники могли рыбачить, не замочив своих по-
дагрических ножек. А карпов в этом озере откармливали
так старательно, что вода буквально кишела и мелкой, и

крупной рыбкой, карпы прыгали над водой, а порой выскакивали прямо в ведра кремлевских рыбаков...

Выйдя из машины у крыльца дачи, Кольцов увидел неподалеку две старенькие «Лады» и две «Самары». Все четыре машины покрыты пылью и, следовательно, не из Кремлевского гаража. Скорее всего — это машины членов Партийного трибунала. Телохранитель распахнул парадную дверь дачи. Кольцов и три цэкиста, следовавшие за ним, пересекли по персидскому ковру большой холл со старинной мебелью и оказались на просторной пыльной веранде, которая нависла над озером. Здесь, в тени этой оформленной в деревенском стиле веранды, сейчас обедали члены трибунала. На большом столе перед ними было вино, обильные закуски, приготовленные тремя поварихами дачи, и, конечно, «коронка» Гостевой дачи — огромное блюдо золотистых карпов, запеченных с шампиньонами в сметане. Выпивая и закусывая, все члены трибунала были оживленны, веселы, и, входя на веранду, Кольцов уловил конец анекдота о чукче, ставшем бизнесменом. Но при неожиданном появлении Кольцова и цэкистов все смолкли.

Кольцов окинул их коротким, но цепким взглядом. Трое женщин и шесть мужчин, всем от 30 до 45, выглядят как одна теплая компания на курорте — рубашки у мужчин распахнуты на груди, у женщин плечи оголены... Конечно, сегодня Кольцов уже знал, кто они и откуда — после разговора с Ясногоровым он затребовал из Оргтдела ЦК их личные дела. Судя по анкетным данным, система жеребьевки на этот раз ввела в состав Партийного трибунала типичных «новогорячевцев» — от молодого школьного учителя из Сибири Марата Ясногорова и космонавта-киргиза Кадыра Омуркулова до подмосковной журналистки Анны Ермоловой и ткачихи-ударницы Шумковой. Во всяком случае, именно по этому принципу их, видимо, утвердил Оргтдел ЦК в горячке первого дня после покушения на Горячева, отсеяв остальных кандидатов постарше. Чтобы именно «новогорячевцы» судили «новогорячевца» Батурина. Но теперь, когда Кольцов уже знал их приговор, он взглянул на них иными глазами. Неужели все они — ясногоровы, «неокоммунисты»? Что ж, бой так бой!..

Не удостоив их всех даже коротким «здрасте», Кольцов швырнул на стол приговор и сказал:

— Что это такое?!

Два листа, на которых был отпечатан Приговор, разлетелись по столу, один из них попал в салатницу. Ясногоров вытащил его оттуда, стер майонез, посмотрел первые строки, затем сказал:

— Это наш приговор. Я знал, что вы придете в бешенство...

— Мне плевать на ваши провидческие способности! — отрезал Кольцов. — Я хочу знать, как принималось это решение? Кто формулировал?

Он прекрасно знал, кто формулировал, но три свидетеля из ЦК должны услышать это своими ушами. Однако члены трибунала молчали.

— Наверно, товарищ Кольцов хочет знать, — сказал наконец Ясногоров своим коллегам, — как мы посмели обвинить его в отказе дать на съезде слово Батурину. Не так ли? — Он повернулся к Кольцову, и в его огромных выпуклых эмалево-синих глазах не было даже тени иронии.

— Всю вину за покушение на Горячева вы практически переложили с Батурина на партию. Больше того — на самого Горячева! «Гласность направляется сверху только на критику оппонентов Горячева»? Кто это все формулировал? — не сбавлял напора Кольцов, глядя сразу на них всех и словно заставляя их объединиться в самозащите.

— Я формулировала, — вдруг сказала невысокая сероглазая женщина лет тридцати с толстой пшеничной косой и с оголенными сарафаном плечами. — Моя фамилия Ермолова. Анна Ермолова. А товарищ Ясногоров как раз пытался смягчить формулировки разными оговорками. Но я...

Анна Ермолова — журналистка из подмосковного города Шатура, тут же вспомнил Кольцов.

— Мы голосовали по каждому параграфу отдельно, — добавила сорокалетняя ткачиха-ударница Шумкова.

Кольцов резким жестом взял листы из рук Ясногорова.

— «Признать смягчающим вину Н. Батурина обстоятельством, — стал читать он вслух, — отказ Президиума съезда дать Батурину возможность выступить...» Вы хотите сказать, что, не дав Батурину слово на съезде, я спровоцировал его стрелять в Горячева, да?

— Н-н-никто не знает... — чуть заикнувшись, сказал худощавый, высокий, в тонких очках инженер-конструктор Дубровский.

— Никто не знает — что? — резко повернулся к нему Кольцов.

— Н-ну... М-может быть, если бы он мог и-и-изложить свою позицию, он не стал бы с-стрелять...

— А может быть, стал! — напористо сказал Кольцов. — Представьте себе: он произносит речь с трибуны съезда — ту речь, которую мы напечатали в «Правде», — а затем, объявив Горячева виновником всего, что происходит в стране, стреляет в него! Прямо с трибуны съезда! И тогда — что? Вы обвинили бы меня в том, что я дал ему слово, — не так ли?

Цэкисты, стоящие за спиной Кольцова, сохраняли каменное выражение на лицах, но смущенные лица членов трибунала показали, что такой логический трюк произвел на них впечатление. Это было хорошим знаком. Можно было продолжать атаку.

— Но это не все! Съезд партии — это не Гайд-парк! Вы знаете, сколько делегатов съезда не получили слова, хотя и записались в прения? Как по-вашему, сколько? Пять? Десять? Пятнадцать?..

Они молчали.

— Больше ста! — победно сказал Кольцов. — По-вашему, все они должны были стрелять в Президиум за то, что им не дали слова? Да? Возьмите этот Приговор и не позорьтесь! — Он протянул листы Анне Ермоловой. — И давайте переделаем его так, как ему положено быть!

— Один не очень удачно сформулированный параграф еще не значит, что нужно переделывать все, — произнес киргиз-космонавт Омуркулов.

— Один?! — снова встрепенулся готовый к бою Кольцов. И опять взял листы из рук Ермоловой, стал читать: «Признать смягчающим вину Батурина тот факт, что он родился и воспитывался в семье потомственных коммунистов...». Значит, семьи потомственных коммунистов производят убийц? — Кольцов иронически наклонил голову и посмотрел на Омуркулова: — А я помню, что когда мы утверждали вас в команду космонавтов, немалую роль сыграло именно то, что вы, как и Батурин, коммунист в четвертом поколении. Но, оказывается, мы ошиблись. Нужно было вас не на космическую орбиту, а в тюрьму отправить. Или в психушку как потенциального убийцу!..

Через десять минут, расхаживая по кабинету-библиотеке на втором этаже дачи и держа в руках листы с «приговором трибунала», Кольцов диктовал:

— Приговор Партийного трибунала ЦК КПСС по делу Николая Батурина. Точка. Абзац...

Анна Ермолова сидела за пишущей машинкой у распахнутого в парк окна, печатала вслед за Кольцовым.

— Первое: признать несостоятельными обвинения, выдвинутые Н. Батуриным в адрес товарища Михаила Сергеевича Горячева. Определить, что падение авторитета партии вызвано в первую очередь теми партийными работниками, которые оказывают сопротивление генеральному курсу партии, направленному на дальнейшую перестройку и экономическое обновление нашей страны. Точка. — Кольцов остановился посреди библиотеки-кабинета и повернулся к членам трибунала, сидящим вдоль стены на диване и в креслах: — Или это все-таки Горячев виноват в том, что батуринцы ни хера не смыслят в технике, и поэтому народ с их мнением не считается? А?

Члены трибунала молчали. Три цэкиста так же молча наблюдали за этим поединком Кольцова с трибуналом.

— Значит, первый параграф принят, — сказал Кольцов и повернулся к Ермоловой: — Второе. Расценить покушение члена КПСС Н. Батурина на Генерального секретаря ЦК КПСС товарища М. С. Горячева как реакционный акт и признать в связи с этим все физические методы расправы с политическими оппонентами аморальными и недозволенными в советской практике. Точка. — Кольцов опять повернулся к членам трибунала: — Здесь я вас почти процитировал.

Члены трибунала сохраняли отчужденность на лицах. Но Кольцов продолжал диктовать:

— Третье. Исключить Н. Батурина из рядов КПСС, отстранить от должности секретаря Волжского горкома партии и выдвинуть против него обвинение по статье 98 Уголовного кодекса — нанесение смертельно опасных ранений при попытке умышленного убийства. Дело Н. Батурина передать в гражданский суд для вынесения приговора. Партийному трибуналу выступить в суде в качестве обвинителя. Все!

И Кольцов обратился к членам трибунала:

— Итак: кто — за? Кто — против?

Ответом снова было всеобщее молчание.

— В таком случае решение трибунала принято. — Кольцов вытащил из пишмашинки лист бумаги и протянул его членам трибунала, начав с Ясногорова: — Прошу подписать!

— Я не думаю, что мы это подпишем, — сказал у него за спиной голос Анны Ермоловой.

Кольцов круто повернулся к ней, набычился.

— Вы выбросили весь наш текст... — объяснила она.

— Да, выбросил! Потому что никто не уполномочил вас судить партию и ее традиции политической борьбы! Вас выбрали Партийным трибуналом по делу Батурина и только! Но вы-то хотите от этого уклониться! «В гражданский суд»? Хорошо, если вы хотите умыть руки, чтобы на партии не было новой крови, — пожалуйста. — Кольцов коротко взглянул на цэкистов. — Я тоже написал: в гражданский суд. Но позиция партии должна быть однозначной. Партия подает в суд на Батурина, и вы, Партийный трибунал, выступите как обвинитель... — Кольцов опять взглянул на цэкистов и пояснил: — Это будет означать демократизацию партийных решений...

— В-видите ли, т-т-товарищ Кольцов, — вдруг негромко перебил его инженер Дубровский, поправив очки на переносице. Не то это заикание было у него от природы, не то — от волнения. — Демократия — это прежде всего р-равенство. А вы ведете себя с нами, как д-дворяне, которые дали свободу с-своим р-рабам. Мол, вы, ЦК, все д-дворяне, а мы внизу — с-слегка освобожденные партийные рабы. И вы диктуете нам то р-решение, к-которое вам нужно. Если это и есть п-партийная демократия, то лично я в такие игры н-не играю. Извините. — Он встал и вышел из кабинета. Просто вышел и все. Без хлопанья дверью, без всяческих аффектаций — спокойно. И следом поднялись все остальные — и киргиз-космонавт Омуркулов, и второй — не то киргиз, не то узбек из Средней Азии — директор хлопкосовхоза Закиров, и даже знатная ткачиха Шумкова.

— Подождите! — сказал Кольцов, глядя больше на цэкистов, чем на уходящих. И когда последний — Ясногоров — закрыл за собой дверь, Кольцов опустошенно сел в кресло, развел руками перед цэкистами: — Я не знаю, что делать... Стрелять их, что ли?

Со двора дачи послышался шум заводимых машин. Кольцов снял телефонную трубку внутренней связи.

— Это Кольцов, — сказал он. — Закрыть ворота и никого не выпускать. Члены трибунала еще не закончили работу.

За окном, в воде озера ослепительно-золотистым карпом плавало августовское солнце, но вдруг в эту мирную картину сада, озера, покоя ворвался рев — три армейских вертолета низко, на бреющем полете пронеслись мимо дачи в сторону Москвы. А потом, когда рев удалился, за спиной Кольцова послышались шаги. Это вернулись члены трибунала — и Дубровский, и Омуркулов, и все остальные. С ироническими улыбками на лицах они расселись по своим местам. «Ты можешь запереть нас на этой даче, но ты не можешь заставить нас подписать то, что мы не хотим подписывать» — было написано на лицах.

Но Кольцов даже не повернулся к ним. Он сидел к ним спиной, словно не слышал их шагов и не видел их вызывающих усмешек. Тень от высокой сосны за окном закрывала лицо Кольцова от прямого света из окна. Он знал, что то, что он скажет сейчас, — это его последний ход. И потому он начал спокойно, издалека.

— На Черном море есть такой город — Одесса. Прекрасный был город... — произнес он негромко и глухо, по-прежнему не поворачиваясь к членам трибунала. — Солнечный вольный курорт, международный порт, колыбель остряков и музыкантов. Но во время войны не то наши, не то немцы потеряли схему городского водопровода и канализации. И вот уже полвека из городских кранов течет вода, смешанная с промышленными отходами и другим человеческим дерьмом. А никто не знает, где копать, чтобы починить прогнившие трубы. И весь город, миллион человек пьют отраву, мочой поят своих детей. Из-за этой грязи у них уже была холера и будет снова. Но даже в Одессе — вольном когда-то городе! — все ждут, когда кто-нибудь — горсовет, горком партии, Горячев или Бог — построит им новый водопровод. — Кольцов вдруг повернулся к членам трибунала: — Вы понимаете? Город уже полвека гниет, дети болеют и умирают, а люди сами ни черта не делают! И даже когда им дали свободу, они поняли это как свободу кричать на митингах: «Горячев, дай! Горячев, построй! Горячев, накорми!» Мыло, сахар, колготки, сигареты, даже воду — все им «дай, Горячев!». Что это значит? Это значит, что нашего народа в полном смысле этого слова — как народ, нация — уже не существует! А есть инвалид, иждивенец, уличный попрошайка! Даже по статистике мы уже стали спившейся нацией с самым высоким в мире количеством дебилов и олигофренов. Потому что генетический фонд нашей нации смыло, убило, уничтожило волнами гражданской войны, эмиграцией интеллигенции, сталинскими репрессиями и коллективизациями. Ваш приговор — это тоже приговор иждивенцев, перекладывающих свою работу на дядю. Но кто же будет работать в этой стране? Работать, а не болтать о демократии! И сколько времени можно заниматься публичным мазохизмом — на глазах всего мира расковыривать и расковыривать старые раны нации? Нам нужно вырвать народ из этой болтовни и ощущения исторической катастрофы, вырвать и повести дальше! Нам нужно строить водопроводы, делать мыло, гвозди, презервативы, еще миллион вещей и в том числе выносить приговоры тем, кто этому мешает. Приговоры, а не исторические эссе! Вы трибунал, а не ПЕН-клуб! Если вы считаете, что Батурин прав и Горячева нужно убить, так и напишите! И подпишитесь! Но если нет, то примите решение сами, а не сваливайте его на других. Это и есть демократия — хоть что-то решать самим! От имени народа и партии! Иначе Россия еще сто лет будет пить дерьмо из водопроводных кранов...

Кольцов замолчал, не поворачиваясь от окна. Он все сказал, что думал, даже больше, чем собирался. Пусть цэкисты донесут о его речи Митрохину или самому Горячеву — плевать! Он, Кольцов, не допустит мягкого приговора Батурину — стране сейчас нужна жесткая рука, и Горячеву, раз уж он выжил, придется надеть ежовые рукавицы на свои холеные ручки. Придется!

Августовский зной звенел за окном высоким цикадным звоном. Над золотистыми бликами озерной воды взлетел небольшой карп и тут же плюхнулся в воду. Члены трибунала, сидя за спиной Кольцова, молчали.

— Послезавтра, в субботу, Горячева выпишут из больницы, — произнес Кольцов, не поворачиваясь. — В стране состоится гигантская демонстрация в честь его выздоровления и против батуринцев. А вы знаете, что это такое, когда народ выходит на улицу ПРОТИВ чего-то? Поэтому я не требую от вас жесткого приговора Батурину сегодня — нам незачем подливать масло в огонь. — Кольцов встал с кресла, и следом за ним поднялась цэковская тройка. — Но сразу после этой демонстрации, в понедельник, прошу всех прибыть в ЦК с окончательным текстом Приговора.

И только в лимузине, устало откинувшись на прохладную кожу заднего сиденья, Кольцов позволил себе расслабиться и мысленно вернул себя на эту дачу, вспоминая, что заставило его вот так выплеснуться, взорваться. Ах да — эта Анна Ермолова, блондинка, пшеничная женщина в сарафане с голыми плечами... Черт возьми, а не пригласить ли их всех в субботу на банкет, который Лариса устраивает в честь выздоровления Горячева? Пусть они встретятся там с Горячевым, пусть попробуют ему сказать, что хотят вообще оправдать Батурина...

16

**Свердловск, «Большой дом».
16.57 по местному времени**

ПРАВИТЕЛЬСТВЕННАЯ ТЕЛЕГРАММА

Срочно, секретно.
Правительственной спецсвязью.

ВСЕМ СЕКРЕТАРЯМ РЕСПУБЛИКАНСКИХ, ОБЛАСТНЫХ, ГОРОДСКИХ, РАЙОННЫХ И СЕЛЬСКИХ КОМИТЕТОВ КПСС, ВСЕМ НАЧАЛЬНИКАМ УПРАВЛЕНИЙ КГБ И МВД СССР

ОБСУДИВ ИНИЦИАТИВУ СВЕРДЛОВСКОГО ОБКОМА ПАРТИИ О ПРОВЕДЕНИИ ВСЕНАРОДНОЙ ДОБРОВОЛЬНОЙ ДЕМОНСТРАЦИИ В ЧЕСТЬ ВЫЗДОРОВЛЕНИЯ ГЕНЕРАЛЬНОГО СЕКРЕТАРЯ ЦК КПСС ТОВАРИЩА МИХАИЛА СЕРГЕЕВИЧА ГОРЯЧЕВА, ПОЛИТБЮРО ЦК КПСС ПОСТАНОВИЛО:

ОДОБРИТЬ ПРОВЕДЕНИЕ ВЫШЕНАЗВАННОЙ ДЕМОНСТРАЦИИ;

ПРОВЕСТИ ЭТУ ДЕМОНСТРАЦИЮ В СУББОТУ, 20 АВГУСТА С.Г.;

НАЧАЛЬНИКАМ МЕСТНЫХ УПРАВЛЕНИЙ МВД И КГБ ПРИНЯТЬ ВСЕ МЕРЫ ДЛЯ ПОДДЕРЖАНИЯ ОБЩЕСТВЕННОГО ПОРЯДКА ВО ВРЕМЯ ДЕМОНСТРАЦИИ.

ПОЛИТБЮРО ЦК КПСС

Отправлено из Канцелярии ЦК КПСС
18 августа в 14.22

В приемной пожилая секретарша Стрижа — сухая, как вобла, и с тронутым оспой лицом — остановила Вагая предупредительным знаком:

— Он занят.

— Я только что звонил по прямому. Он просил зайти, — нетерпеливо сказал Вагай, держа в руке толстую кожаную папку.

Секретарша не без колебания нажала кнопку селектора и пригнулась к микрофону. Конечно, она знала, что Стриж и Вагай — родственники, что их жены — родные сестры, но вот же вышколил, подумал Вагай, даже его не пускает к Стрижу без доклада! И ведь специально взял себе рябую и старую — чтобы не только никто не подумал чего лишнего, но чтобы и самому даже по пьяни не захотелось...

— Роман Борисович, к вам Вагай.

— Впусти, — коротко ответил по селектору какой-то осипший, почти хриплый голос Стрижа. — Но больше никого! И не занимай телефон!

«Что случилось? — тут же похолодел Вагай. — Неужели накрыли?»

— Там... там есть кто? — спросил он у секретарши.

— Нет.

С дурным предчувствием в душе Вагай настороженно шагнул в узкий тамбур, состоящий из сдвоенных и обитых кожей дверей. Этот тамбур отделял приемную от кабинета. Миновав его, Вагай увидел наконец Стрижа. И изумился: Роман Стриж, потный, взъерошенный, сидел за своим столом, целиком покрытым картой СССР. На карте лежала та же «Правительственная телеграмма», которую десять минут назад получил и Вагай. Рядом стояла открытая и початая бутылка армянского коньяка, а прямо перед Стрижом были его наручные часы. Справа, на маленьком подсобном столике, пульт телесвязи, три разноцветных телефона и селектор. Глядя на часы, на бегущую секундную стрелку, Стриж, не поворачиваясь к Вагаю, бросил:

— Садись! Пей.

— Что случилось? — спросил Вагай.

— Еще две минуты... — произнес Стриж, не отрывая напряженного взгляда от секундной стрелки. — Еще минута и пятьдесят секунд, и мы отменим всю операцию! Во всяком случае — в Свердловске...

— Почему?!

— Потому! — по-прежнему глядя на часы, сказал Стриж. — Когда ты получил эту телеграмму, ты первым делом что сделал? Вагай пожал плечами:

— Ничего...

— Неправда. Ты позвонил мне. Правильно?

— Ну...

— Дышло гну! — опять передразнил Стриж. — Почти сорок минут назад по всей стране все секретари обкомов, крайкомов и так далее получили эту телеграмму. Большинство из них — наши, «патриоты», они не могли не понять мою идею. Ну хотя бы половина из них! Хотя бы треть! И, значит, они должны позвонить мне! Для вида — поздравить с решением Политбюро, а на самом деле — через меня узнать, сколько нас. Ведь никто же не попрет в одиночку, а другого пути у них просто нет! А они не звонят, суки! Никто не звонит! Я даю им еще ровно минуту! Если до пяти никто не звонит, мы отменяем в Свердловске всю операцию! Пятьдесят шесть секунд... пятьдесят пять... пятьдесят четыре...

— Подожди! Но ведь вся Сибирь и так с нами. Все, кто ехал в поезде...

— Сибирь — это не Россия! — сказал Стриж. — У Колчака тоже Сибирь была. И что? Москва нам нужна! Ленинград! Киев... Если они не с нами, не хер и начинать! Тридцать восемь секунд... Тридцать семь...

Не отрывая взгляда от часов, Стриж протянул руку в сторону, слепо взял бутылку с коньяком и отпил прямо из горлышка.

— Ты просто сдрейфил, — усмехнулся Вагай.

— А ты думал! — впервые взглянул на него Стриж и кивнул на телеграмму: — «Обсудив инициативу Свердловского обкома»! Это же палка о двух концах! Не удастся Горячева рывком свалить, кто первый пойдет под удар? Ты?

Турьяк? Уланов? Я! — Он ткнул себя пальцем в грудь. — Потому что вы меня все продадите! Но дудки вам! Или вся стая идет, или... Двадцать шесть секунд... Двадцать пять... Итти их мать, вот твои «патриоты»!.. Двадцать две...

Вагай взглянул на свои наручные часы. Было без двадцати секунд пять. Действительно, почему никто не звонит? Стриж прав, все наши должны позвонить ему, чтобы собраться в стаю. Неужели струсили? Все?!

Вагай достал из бара стакан и спросил:

— Что? Даже Турьяк не звонил?

Стриж, продолжая следить за секундной стрелкой, отрицательно покачал головой...

— Семнадцать... шестнадцать... пятнадцать...

Вагай налил себе коньяк в стакан, выпил и, закуривая, встретился взглядом с Горячевым, точнее — с его портретом на стене за спиной Стрижа. Это был старый официальный портрет, на котором ретушер убрал с горячевской лысины бурые родимые пятна. Теперь Горячев сквозь очки смотрел с этого портрета на Вагая своим прямым, излучающим энергию взглядом. И его чистое лицо, и эти очки без оправы, и взгляд — все сейчас разительно контрастировало с сидящим под портретом Стрижом — взъерошенным, потным и красным. Неужели тогда, в 1985-м, когда умирал Черненко, а Горячев готовился отбить у Романова власть в Политбюро, он тоже сидел вот такой потный и считал секунды?

— Восемь... семь... шесть...

«Ну ясно уже, проиграли...» — расслабленно подумал Вагай и небрежным жестом швырнул папку на кожаный диван у стены. Папка соскользнула с дивана, листы рассыпались по полу. Значит, зря он вчера до ночи пил водку с начальником местного армейского гарнизона...

— Четыре... три... две... одна!.. Все! — сказал Стриж и откинулся головой к высокой спинке своего кресла, устало закрыл глаза.

— А как же ему удалось скинуть всю брежневскую артель? — кивнул Вагай на портрет. — Романова, Гришина, Кунаева...

На селекторе зажглась красная точка-глазок, и послышался тихий зуммер — сигнал включения связи. Стриж встрепенулся, но тут же и обмяк, узнав голос своей секретарши.

— Я вам нужна, Роман Борисович?

— Нет. А что? — ответил Стриж.

— Пять часов. Могу я идти домой?

— Да.

— Всего хорошего.

— Угу...

Красный глазок на селекторе погас.

— Потому, что это нужно было нам, молодым! — ответил Стриж на вопрос Вагая. — Мы были согласны на любую гласность, лишь бы выкинуть стариков, которые приросли к этим креслам. Чем мы рисковали? Мы были внизу. А теперь? Теперь трусят товарищи, бздят, говоря по-русски. А я, мудак, карту расстелил — думал отмечать кто из нас! Все, отменяем операцию! Так и сгниет Россия под жидами, никогда тут нельзя ничего путем сделать!..

— Демонстрацию уже не отменишь. — Вагай кивнул на «Правительственную телеграмму». — Но ты все равно в выигрыше. Горячев тебя за эту инициативу наверняка отметит...

— В ЦК заберет? — усмехнулся Стриж. — Шестерить в Кремле в проигравшей команде? — Он опять приложился к бутылке, сделал несколько глотков, утер губы и произнес с горечью: — Такой шанс упустили!.. — Затем кивнул на папку Вагая, упавшую на пол. — Что это?

— Списки добровольцев на демонстрацию, — сказал Вагай и подошел к открытому окну. В лучах заходящего солнца Свердловск стелился до горизонта кварталами домов и фабричными корпусами. Густо дымили заводские трубы «Тяжмаша». Желтоводная Исеть все так же медленно сочилась под осыпающимися берегами. А внизу, под обкомом, звенел трамвай и шумела все та же улица Ленина, заполненная частными машинами, магазинчиками и легко, по-летнему одетой публикой. Вагай усмехнулся: — Хочешь знать, сколько на сегодня записалось на демонстрацию? Сто семнадцать тысяч...

— Ну да?! — удивился Стриж. — И кто же у нас самый богатый бизнесмен?

— Самый богатый? Копельман, конечно.

— У него что — фабрика?

— Нет. Раздает домашним хозяйкам швейные машинки, ткани да выкройки от Пьера Кардена. На дом. И они ему шьют. А сколько их — никто не знает. В налоговой ведомости пишет, что сто двадцать. А я думаю — тысяч пять...

— Молодец еврей! Так и надо в этой стране! Вот я к нему и пойду работать! На хер мне этот кабинет! — Рев автомобильных гудков за окном не дал Вагаю ответить. Он перегнулся через высокий подоконник, посмотрел вниз. Там, прямо напротив памятника Свердлову, на перекрестке улиц Ленина и Советской, снова застрял трамвай, набитый и облепленный пассажирами. И та же самая молодая рыжая бабенка высунулась из кабины трамвая, протянула деньги пацану, торговавшему газетами. И пока этот пацан шел с газетами к трамваю, пока давал этой рыжей сдачу (как ее фамилия? Стасова! Ирина Стасова! — тут же вспомнил Вагай), вокруг вопила гудками река частных машин.

— Н-да... — горько усмехнулся подошедший к окну Стриж, словно прочел мысли Вагая. — Была держава, а стала... Пора переквалифицироваться в Копельманы...

Тихий непрерывный зуммер и красная точка сигнальной лампочки под телеэкраном оповестили, что кто-то подключился к линии видеосвязи. Стриж расслабленно подошел к пульту, нажал кнопку. На телеэкране появилось узкоглазое и широкоскулое мужское лицо неопределенного возраста — этому не то киргизу, не то казаху можно было дать и тридцать, и сорок пять.

— Садам алейкум, — сказал он с тонкой усмешкой на губах. — Вы Стриж, да? Раман Барисович?

— Да,.. — с недоумением протянул Стриж.

— Мая фамилия Усумбалиев. Мансур Усумбалиев. Первый секретарь Ташкэнского горкома партии. Час назад я получил тэлэграмму Политбюро о диманстрации и хачу вам сказать — замечательный идэя! замичательный! Одна только есть притэнзия — пачему нам заранее не аказали даверия, не прэдупредили? Так мало врэмини падгатовиться...

Стриж молчал, вглядываясь в лицо Усумбалиева, в его хитровато-веселые глаза.

— Но ничэво! — сказал Усумбалиев. — Я панимаю — вы был Сибирью заняты. Правильно? Сваю Сибирь вы заранне придупридили, падгатовили? Правильно?

— Да... — не очень внятно сказал Стриж.

— Вот это я хотел услишат! — тут же обрадованно воскликнул Усумбалиев. — У миня, канечно, мало было время, час только, но я пачти все гарада наший республики абзванил уже. И таваришши везде паручали мне связаться с вами и ссабшит: мы паддерживаем ваши инициативы ат всей души! Завтра республика кипеть будет: все партийный работник будут записывать дабравольцев на дэмонстраций. Чтобы все арганизованно било, па списку. И милисию мы падгатовим, и армию. Правильно мы панимаем?

Из-за его узбекского акцента множественное число в слове «инициативы» прозвучало в речи Усумбалиева словно очередная оговорка. Даже если в Москве, на Центральном пульте кремлевской видеосвязи кто-то следит за этой беседой, что он может понять? Только то, что демонстрацию в честь выздоровления Горячева подхватили и в Узбекистане...

Вагай видел, как у него на глазах менялся Стриж. Еще минуту назад это был потный, увядший от неудач и на все махнувший рукой мужик. Но по ходу того, как выяснилось зачем, С ЧЕМ позвонил этот узбек, Стриж выпрямлялся, разворачивал плечи, поднимал голову, приобретая осанку, вес, значимость.

— Значит, Ташкент выйдет на демонстрацию. Так? — спросил Стриж у Усумбалиева, глядя в стеклянный глаз видеокамеры — приставки телевизора. И властно махнул рукой Вагаю: — Закрой.

— Не только Ташкент, таварышш Стриж! — оживленно ответил Усумбалиев. — Весь Узбекистан — Фергана, Самарканд, Бухара, Андижан! У нас вся риспублика очэнь любит таварышша Горячева. И много людей дабровольно вийдут на деманстрацию, савершенно дабровольно, тава-

рышш Стриж. Завтра всех будем записывать! А из других
республик вам ишшо не звонили?

— Жду. Сейчас будут звонить... — сказал Стриж уверен-
ным тоном.

— Конечно, будут... Абязательно будут! Я знаю настроений таварышшей в саседних республик. Все паддержат ваши
инициативи! — подхватил Усумбалиев, и Вагай определенно решил, что этот узбек нарочно утрирует свой акцент,
чтобы прикрыть им свои намеки.

— Спасибо, товарищ Усумбалиев, — сказал Стриж.

— Это вам спасибо, таварышш Раман Барисович. Не
буду больше занимать линию. Жилаю удачи!

Лицо Усумбалиева исчезло с экрана, но и Стрижу, и
Вагаю казалось, что этот далекий узбек из Ташкента еще
незримо присутствует в кабинете — с его хитро прищурен-
ными узкими глазами, нарочито форсированным узбекским
акцентом и вроде бы «из других республик вам ишшо не
званили?..».

— Ну узбек! Молодец! — Стриж восхищенно крутанул
головой. — Поднял душу! Первым секретарем Узбекистана
сделаю! И членом Политбюро!

— Он для того и звонил, — усмехнулся Вагай. — Кстати,
я-то раньше него к тебе пришел...

— И почему в наших русских делах нацмены всегда первые?! — воскликнул Стриж. — Пока русский Ваня раскача-
ется, нацмен уже раз — и первый!..

Снова зажглась красная лампочка-глазок на пульте видеосвязи.

— Поехали! По-ехали!.. — сказал Стриж, нажал кнопку
включения связи и вальяжно откинулся в кресле: — Стриж
слушает...

Через полтора часа на карте были заштрихованы почти
все национальные республики и крупнейшие районы
РСФСР, а также Украина, Белоруссия, Молдавия, Прибалтика, Средняя Азия, Кавказ, Сибирь и, наконец, Москва и
Ленинград. В стремлении вернуть власть партийная администрация страны проявила подлинный интернационализм
и редкое единодушие. Первый секретарь Московского горко-

ма партии Алексей Зотов даже сказал Стрижу не без ревности:

— Слушай, к тебе не пробьешься. Все время линия занята...

— А вы бы раньше позвонили, пару часов назад, — ответил ему Стриж на «вы».

И Зотов тотчас понял его, поправился:

— У нас с вами разница во времени, Роман Борисович...

— Ну, я надеюсь, что только в этом...

Теперь, когда восемьдесят процентов парткомов сообщили Стрижу, что они — с ним, Стриж мог позволить себе разговаривать таким тоном даже с секретарем Московского горкома партии. И тот снова понял его, поспешил:

— О да! Только в этом, Роман Борисович. Конечно...

В восемь вечера Стриж и Вагай уже знали определенно: вся партия за них. Заштриховав последнее белое пятно — Мурманск, Стриж налил себе и Вагаю коньяку и с полной рюмкой в руке повернулся к портрету Горячева:

— Ну что, Михаил Сергеевич? Твое здоровье?

Не было ни тени иронии в его голосе и в том жесте, с которым он отправил в рот этот коньяк.

И в этот момент вновь — уже в который раз за этот вечер! — прозвучал тихий зуммер и под телеэкраном зажегся красный глазок. Кто бы это еще, устало подумал Вагай. Вроде все уже отметились?..

Стриж вяло протянул руку к пульту, нажал кнопку, барски сказал в зрачок телекамеры:

— Слушаю...

И осекся.

На экране был Горячев. За ним была видна его палата в Кремлевской больнице.

— Добрый вечер, — сказал он. — Я хочу, Роман Борисович, поблагодарить вас за вашу инициативу. Но, конечно, не по видеосвязи. Почему бы вам не прилететь в Москву? Послезавтра Лариса Максимовна устраивает пикник в честь моего выхода из больницы. Будут только близкие друзья. Я бы хотел видеть и вас среди них...

Вагай видел, каких усилий стоило Стрижу не выдать себя ни интонацией, ни жестом.

— Спасибо, Михаил Сергеевич... Я... Я буду... Спасибо...

— Заодно вместе посмотрим московскую демонстрацию...

— Конечно... Спасибо...

— Всего хорошего.

— Спокойной ночи...

Когда лицо Горячева исчезло с экрана, Стриж рванул вилку телекабеля из розетки, откинулся головой к спинке кресла и выругался громко, как взвыл:

— Ах, твою мать!!!

— В чем дело? — спросил Вагай.

— А ты не понимаешь?! — Стриж открыл глаза. — Он же тянет меня в Москву заложником!

ДЕНЬ ШЕСТОЙ

19 АВГУСТА

17

**Москва, Посольство США.
12.15 по московскому времени**

Несмотря на двойную охрану — советской милицией снаружи и американскими морскими десантниками внутри — никто из охранников посольства не обратил особого внимания на этого сорокалетнего русского Может быть, потому, что последние пару лет поток в США русских эмигрантов, туристов и командированных возрос неимоверно и гигантские очереди — в несколько тысяч человек — выстраивались перед воротами посольства ежедневно, наружная, русская охрана перед воротами даже не проверяла идущих в очереди людей, по сотням пропускала их к высоким решетчатым воротам. А в Бюро пропусков внутренняя, американская охрана только бегло осматривала портфели и сумки — нет ли оружия или взрывчатки. Затем люди шли через двор в здание посольства, точнее — в консульский отдел...

Этот сорокалетний русский был даже без портфеля и одет по-летнему: в легкую рубашку и светлые летние брюки. Он показал милиционерам свой паспорт, четко сказал, что хочет просить Консула найти в США его родственников, попавших туда после второй мировой войны, был пропущен в посольство без задержки. Затем он спокойно, вместе с другими посетителями, занял очередь в приемной Консульского отдела, вышел покурить в коридор и здесь по-английски спросил кого-то из проходивших мимо сотрудников посольства:

— Where is a doctor?
— Do you feel sick?
— Yes, a little...*

Именно на случай оказания срочной помощи посетителям кабинет Доввея располагался неподалеку от входа в посольство.

— Room number six, this way please**. — Сотрудник посольства показал русскому рукой, и тот, поблагодарив, вошел к Доввею.

Майкл Доввей был занят во внутренней комнате с двухлетней дочкой американского морского атташе — девочке нужно было сделать очередную прививку, но при виде шприца она стала биться в руках матери и кричать. Конечно, прививки и уколы — это дело медсестры, но август — месяц отпусков, и Майкл обходился сам. Русский спокойно сидел в приемной, листая «Таймс».

Когда все было закончено и девочка, вытирая слезы, вышла с матерью из кабинета, Майкл повернулся к русскому:

— Yes, what can I do for you?***
— Вы Майкл Доввей? — спросил посетитель по-русски.
— Да. Слушаю вас...

Но русский не сказал больше ни слова. Он подошел к Доввею и прямым оглушительным ударом кулака в челюсть

---

* — Где доктор? — Вы больны? — Кажется, немного...
** Шестая комната, вон там.
*** Чем могу быть полезен?

бросил Майкла в нокаут. Майкл упал, теряя сознание, но русский не обратил на это внимания. Он схватил Майкла за волосы, поднял на ноги, встряхнул и, когда в глазах Майкла появился просвет сознания, врезал ему еще раз с той же сокрушительной силой. И снова поднял, и снова встряхнул, и снова врезал...

Падая в очередной раз, Майкл понял, что его сейчас просто убьют. Хладнокровно и молча. И не столько умом это понял, сколько сознание смертельной угрозы возмутило его молодое и крепкое тело. И это тело само приняло защитные меры, а именно — расслабилось совершенно. Даже тогда, когда русский ударил и в пятый, и в шестой раз — он бил уже словно в тряпку, в мешок с бесчувственной ватой. И лишь перед седьмым ударом тело Майкла вдруг собралось в один мускул и импульсом инстинкта послало колено в пах русскому. Русский охнул и рефлекторно опустил руки книзу. Именно сейчас надо было сильно врубить ему сверху, по голове. Но у Майкла не было сил для настоящего удара. Он не столько ударил, сколько упал сверху на этого русского, и теперь они покатились по полу, сшибая стулья, журнальный столик, кадку с высоким фикусом. Русский пытался вырваться из рук Майкла, а Майкл понимал, что если он выпустит его сейчас, тот убьет его. И, сцепив руки замком, катаясь вместе с этим русским по полу, Майкл как бы отдыхал, набирал силы для драки, а заодно ждал, ну услышит же кто-нибудь шум в его кабинете!

Ни черта подобного! Никто не входил и не вбегал в кабинет! А русский вырвался как раз в тот момент, когда Майкл уже открыл рот, чтобы закричать, позвать на помощь. И теперь уже было не до крика, теперь они дрались на равных, потому что и Майкл озверел от злости. И он был выше этого русака почти на голову, он был моложе, черт возьми!..

Через несколько бесконечно длинных минут, окровавленные, в разорванной одежде, они оба сидели друг против друга в разных углах кабинета. Между ними были опрокинутая мебель, разбросанные папки и бумаги, разбитый компьютер. Оба смотрели друг на друга, как два выдохшихся зверя, и каждый стерег движение своего врага. Но у обоих уже не было сил подняться. Майкл мысленно ощупывал себя — ребра целы. Кажется, отломанной ножкой журнального столика я крепко попал этому русскому по почкам. Если у него разрыв почек, он вряд ли встанет...

— Моя... фамилия... Чистяков... — сказал через одышку русский, кривясь от боли.

— Ну... и что? — тоже через одышку спросил Майкл.

— А ты, сука... даже не знаешь ее фамилию?

— Кого... фамилию?

— Полины... Я отец Полины... Ты, сука, жил с моей дочкой и даже не знал ее фамилии! — Русский хотел подняться, но схватился рукой за поясницу и охнул от боли.

«Так и есть, — подумал Майкл, — я отбил ему почки. Отцу Полины». Но в этот момент русский второй рукой запустил в Майкла той самой ножкой журнального столика, которой минуту назад Майкл врезал ему по спине. Однако силы отца Полины были уже не те — ножка столика даже не долетела до Майкла.

— Нет, я тебя достану! — озверел от своего бессилия русский и пополз к Майклу, закусив губу от боли.

Майкл схватил эту ножку, которую бросил в него отец Поли.

— Не подходите!

Но тот и сам остановился — казалось, он сейчас рухнет на пол, у него был типичный болевой шок. Стоя напротив Майкла на четвереньках, он с бессильной ненавистью смотрел Майклу в глаза.

— Она... она... она отравилась... — произнес он и плашмя рухнул наконец на пол.

— Что? Что вы сказали? — Майкл подполз к русскому, схватил за волосы: — Эй!

Русский был без сознания. Майкл сел рядом, с изумлением оглядел свой разгромленный офис. Черт возьми, всего несколько минут назад была нормальная жизнь, и вдруг — драка, разгром и... Поля отравилась?! Он снова затормошил русского:

— Эй!

Но тот лежал бесчувственный. Майкл взял его руку. Пульс, слава Богу, прощупывался. В заднем кармане брюк четко обозначался квадратный бумажник. Майкл вытащил его, открыл. Советский паспорт с фотографией владельца. Действительно: Чистяков Семен Иванович. Русский. Военнослужащий. Жена — Ольга Антоновна, дети: Полина Семеновна, дочь. Домашний адрес: Москва, улица Гарибальди, 9, кв. 32... Картонный пропуск в больницу номер 7 Черемушкинского района г. Москвы. Офицерская книжка. Майор связи. В/ч 34908, Московский военный округ. Две советские десятки и еще один рубль, желтый и маленький. Майкла всегда удивляла величина советских денег — чуть больше марки, бумагу экономят. Конверт. Москва, Садовая-Самотечная, 2, Посольство США, г-ну Майклу Доввею. Господи, это же мне! И это же Полин почерк — округлые ровные буквы, как у школьницы. Майкл стремительно вытащил листок бумаги из открытого конверта. Школьный, вырванный из тетради в косую линейку листок...

«Мой дорогой, мой дорогой Майкл!

Когда ты получишь это письмо, меня уже не будет в живых. Из всех видов самоубийства я выбрала самый простой, я отравлюсь газом. Говорят, что это не очень уродует лицо. И если ты меня простишь, тебе не будет противно поцеловать меня на прощание.

Дело в том, что я предала тебя. Ты не оставлял свою квартиру открытой в ту ночь. Ее открыли мне сотрудники КГБ. Клянусь тебе перед смертью, что никогда до этого я не имела с ними никакого дела. Но в ту ночь они приехали за мной на квартиру моих родителей, подняли меня с постели и отвезли в КГБ к генералу Митрохину. Остальное ты можешь и сам представить. Им нужно было то письмо, которое ты привез из-за границы. Пока ты спал, я нашла его в кармане твоего пиджака, вынесла им на лестничную площадку, а через две минуты они вернули мне его в таком виде, словно и не открывали. Вот и все. Я не знаю, насколько это важное письмо, но думаю, что важное, если ради него в два

*часа ночи со мной разговаривал сам Председатель КГБ.
Он сказал, что речь идет о безопасности нашей страны, о судьбе России, и я, как русская, обязана это сделать, даже если я люблю тебя больше жизни. Наверное,
он прав, ведь я сделала это!*

*Но я предала тебя! И боюсь, что ради России, ради
моей Родины я могу это сделать еще не раз. Но я не
хочу! Я люблю тебя. Я люблю тебя! Поэтому у меня нет
выхода... Прощай. И, если сможешь, прости свою «белоснежку». Твоя Поля».*

С трудом поднявшись, утирая кровь с рассеченной губы
и брови, Майкл прошел во вторую комнату, открыл шкаф с
лекарствами, взял банку с нашатырным спиртом и вату. Вернулся к отцу Поли, сунул ему под нос вату с нашатырным
спиртом, стал растирать виски. Секунд через тридцать тот
пришел в себя, открыл глаза.

— Она жива? — спросил Майкл, наклонившись к нему.

Русский собрался с силами и вдруг... плюнул Майклу в
лицо. Слюной и кровью. Майкл отпрянул, утер лицо и жестко схватил русского за ворот рубашки, встряхнул:

— Я тебя убью сейчас, свинья! Она жива или нет?

— Мы вас в Афганистане не добили... Но завтра мы вам
покажем кузькину мать! — сказал русский, с ненавистью
глядя ему в глаза. — И вам, и жидам — всем!.. Выкинем из
России... — И опять собрался плюнуть. Но Майкл наотмашь ударил его ладонью по лицу.

— Fuck you!.. Fuck you!.. — В бешенстве он бил русского
головой об пол. — Она жива или нет? Я убью тебя! Жива
или нет!

— Да... Пока — да... — прохрипел русский.

Майкл отпустил его.

— Где она?

— В больнице... — прохрипел русский, пытаясь подняться
на четвереньки.

Только тут Майкл вспомнил о сером картонном пропуске в больницу номер 7, который был в бумажнике русского. Он сунул этот пропуск русскому под нос:

— В этой?

— Пошел ты...

— В этой? — крикнул ему Майкл, хватая за плечо и собираясь швырнуть его снова на пол.

— Да, в этой... Завтра мы с вами всеми расправимся...

Майкл гнал свой открытый «мерседес» в Черемушки, зажав в коленях письмо Полины, и то и дело взглядывал на этот вырванный из тетради лист бумаги — взглядывал с каким-то гулким обмиранием души. Ему казалось, что внутри его тела уже нет сердца, легких, желудка, а есть лишь сплошная обмороженная пустота, и в этой пустоте звучит глубокий Полин голос: «Я люблю тебя. Я люблю тебя! Поэтому у меня нет выхода... Прощай...» Господи! Что за жизнь! Только потому, что какой-то Батурин стрелял в Горячева, вся его, Майкла, жизнь пошла вверх тормашками!

А Поля — из-за какого-то письма!..

Господи, почему? Почему-у-у?!. Да, он заподозрил что-то неладное в то утро, когда вернулся из Вашингтона. Больше того, сам Горячев сказал ему, что КГБ не может не знать об этом письме, и, выйдя от Горячева, Майкл так и сказал американскому послу... Но, Боже мой, Полина, КГБ, газ!

Августовское солнце пекло по-африкански. Поток машин оглушал Садовое кольцо и Комсомольский проспект чудовищным ревом армейских грузовиков и гарью выхлопных газов. Москва и в обычные дни, до покушения на Горячева, выглядела, как оккупированные Израилем арабские территории — такое же количество армейских грузовиков, такие же разбитые дороги, такая же пыль на деревьях и такое же ощущение, что вот-вот откуда-то начнут стрелять. А теперь, после того как в город вошли три танковые и шесть десантных дивизий, а в воздухе постоянным дозором кружили военные вертолеты, Москва превратилась не то в Ольстер, не то в Бейрут.

Но Майкл сейчас не обращал внимания на торчащие на перекрестках танки и военные патрули — он вел машину, как в бреду, но он знал дорогу в Черемушки, он не раз отвозил Полю домой после часу ночи, когда метро уже закрывалось. Бетонные стены пятиэтажных «хрущоб» этого района замазаны по швам черным битумом так, что издали Черемушки кажутся грудой грязных костяшек домино.

Едва свернув с проспекта, Майкл был вынужден сбросить газ. Даже «мерседес» не может выдержать этих разбитых московских мостовых. Стоит съехать с центральной, парадной улицы, как сразу начинается Гарлем семидесятых годов, и русские мальчишки хулиганят у разбитого и хлещущего водой пожарного крана совершенно так же, как их черные сверстники в Гарлеме...

И вот — Черемушкинский рынок. Нужно купить что-нибудь для Поли. Но только быстро, бегом!

Большой (по русским масштабам) Черемушкинский рынок, величиной эдак с Юнион-сквер в Нью-Йорке, но только под крышей, четыре года назад назывался «Черемушкинский колхозный рынок», но потом слово «колхозный» каким-то мистическим образом вдруг исчезло с дуги-вывески над воротами, и одновременно количество продуктов на рынке и цены на них увеличились раз в десять. Теперь рынок лучше всех газетных статей демонстрировал возможности частного предпринимательства — здесь было все. Горы овощей и фруктов, говяжьи и свиные туши висели в мясных рядах, любая рыба — от золотистого карпа до ереванской форели — стыла в ящиках со льдом в рыбных рядах, а в молочных рядах женщины в белых халатах торговали молоком, творогом, сметаной, маслом, медом. И даже былой прошлогодней всеобщей стервозности и возмущения высокими ценами тут уже не было — все как-то само собой осело и устоялось в соответствии с неясным механизмом саморегуляции спроса и предложения. Сверху, из-под крыши, лилась по радио какая-то музыка, а в центре рынка, на прилавке, стоял высокий молодой парень с чистым открытым лицом и, перекрывая своим звонким голосом и шум рынка, и музыку, выкрикивал в мегафон:

— Товарищи! Демонстрация состоится завтра в восемь утра! Только для тех, кто за Горячева! А кто против — может сидеть дома! Но вот товарищ из Казани дал на демонстрацию аж сто рублей! А почему? А потому, что раньше, при Хрущеве и Брежневе, он должен был такую взятку каждый день тут давать, чтобы огурцами своими торговать. А теперь? Теперь он свободный предприниматель! Я считаю: мы все должны показать батуринцам, сколько нас, а Горячеву — нашу поддержку! Записывайтесь на демонстрацию! Жертвуйте деньги на цветы и оркестры — не обеднеете! Сколько вы даете? Как ваша фамилия? Как это — зачем фамилия? Скромник нашелся! Родина должна знать своих героев!..

Майкл быстро купил в цветочном ряду пышный букет огромных белых ромашек и голубых полевых васильков, а во фруктовом — виноград, персики, хурму, мандарины. Рядом с ним покупали фрукты десятки мужчин и женщин — молодых, пожилых, старых. Кто-то торговался с продавцами, кто-то на ходу флиртовал с соседкой, кто-то записывался на завтрашнюю демонстрацию, кто-то придирчиво пробовал на вкус надетый на острый нож маленький красный косячок — дольку астраханского арбуза...

И никто, включая Майкла Доввея, не знал, что это был последний день свободной частной торговли не только на Черемушкинском рынке, но и во всей России. Никто, кроме, конечно, тех парней с открытыми чистыми лицами, которые по всей стране записывали сейчас добровольцев на завтрашнюю демонстрацию...

Глаза Полины вспыхнули испугом, когда Майкл вошел в палату. Она закусила губку, резко отвернулась к окну.

Палата была общая, четырнадцать коек стояли здесь двумя рядами вдоль стен, побеленных в салатовый цвет. Несколько коек были пусты, их обитательницы гуляли в коридоре, но сейчас, с появлением Майкла, они тут же любопытно сгрудились в двери палаты. На остальных койках лежали пожилые и старые женщины, укрытые или, точнее, полуукрытые простынями. Почти все прекратили свои разговоры и воззрились на Майкла. Только рядом с Полей, на койке у окна, спала на боку какая-то женщина, укрывшись простыней с головой. Майкл прошел по проходу, как сквозь строй, подошел к Поле и положил на ее тумбочку плетеную корзинку с фруктами и букет цветов. Затем нагнулся и поцеловал Полину в шею, в щеку и, наконец, почти насильно повернул к себе ее лицо, хотел поцеловать еще раз. Поля вдруг рванулась и, плача, упала лицом в подушку. ·

Майкл присел рядом и, оглядываясь на откровенно наблюдающих за ним женщин, стал гладить Полину по плечам, по голове:

— Ну хватит... хватит...

Она порывисто повернулась к нему:

— Майкл! — И прижалась к нему, и даже сквозь пиджак он ощутил, как напряжена она вся, словно струночка. Он целовал соленые слезки на ее щеках и чувствовал себя всесильным и счастливым.

— Собирайся!

— Куда? — испугалась она.

— Я договорился с главврачом: я тебя забираю. Ты еще немного слаба, но я видел твои анализы. С такими анализами в американском госпитале тебя бы выписали еще вчера. Сейчас тебе нужно много витаминов. Вот они. — Он кивнул на корзину. — Я хочу, чтобы завтра ты была на ногах. Потому что завтра мы идем на банкет...

— Ку-уда?! — изумилась она.

Майкл вытащил из кармана пиджака небольшой плотный конверт, достал из него открытку и протянул ей. Шмыгая носом, она прочла:

УВАЖАЕМЫЙ ГОСПОДИН МАЙКЛ ДОВВЕЙ,
СЕРДЕЧНО БЛАГОДАРЮ ВАС ЗА ВАШУ ЗАБОТУ О ЗДОРОВЬЕ МОЕГО МУЖА. ПРОШУ ПОЧТИТЬ СВОИМ ПРИСУТСТВИЕМ ПИКНИК В ЧЕСТЬ ЕГО ВЫЗДОРОВЛЕНИЯ, КОТОРЫЙ СОСТОИТСЯ 20 АВГУСТА С.Г. НА ТЕПЛОХОДЕ «КУТУЗОВ». ВРЕМЯ ОТПРАВЛЕНИЯ ТЕПЛОХОДА ОТ РЕЧНОГО ВОКЗАЛА «ХИМКИ» — 9.30 УТРА. ОДЕЖДА ДЛЯ ПИКНИКА, БЕЗ ФОРМАЛЬНОСТЕЙ

До встречи, Лариса Горячева.

— Я не поеду, ты что! — испугалась Полина.

— Come down, — улыбнулся он. — На этом пикнике я представлю тебя Горячеву и попрошу дать тебе визу поехать со мной в Европу. Я покажу тебе Францию, Италию, ты же нигде не была!..

— Майкл, — тихо сказала Поля. — Неужели ты меня простил?

18

**Борт самолета «Ту-154»
и подмосковный аэропорт «Быково».
14.20 по московскому времени**

— Уважаемые пассажиры! Наш самолет приближается к столице нашей Родины Москве. «Москва! Как много в этом звуке для сердца русского слилось!» — сказал когда-то Александр Пушкин. И действительно, вот уже больше восьмисот лет Москва является символом единства русского народа...

Стриж снял с головы наушники. Пленку с лекцией о Москве стюардессы крутят по радио во всех самолетах, садящихся в четырех московских аэропортах, и Стриж знал этот текст наизусть, как молитву. Томясь от духоты, он сидел в огромном, как ангар, брюхе «Ту-154», в окружении трехсот пассажиров, от которых за два часа полета в самолете настоялся смешанный запах пота, разномастных духов и одеколонов, сигаретного дыма и алкоголя. Кондиционер работал. Где-то рядом кричал ребенок... А ведь впереди, в носу самолета, есть замечательный, комфортабельный, с широкими креслами салон-люкс для пассажиров первого класса. Но теперь у обкомов партии отняли не только государственные дачи с бесплатным обслуживанием, закрытое спецснабжение и вторые, дополнительные оклады, но и право распределять билеты в авиасалоны первого класса. Теперь все билеты, даже первого класса, поступают в общую продажу, в вокзальные кассы, но пойди достань место в первом классе, когда столько частников расплодилось! «Аэрофлот» принадлежит государству, а государство раньше целиком принадлежало партийному аппарату, и совершенно незачем было менять это, итти его, Горячева, мать! Сам-то, небось, не летает общим классом!

С трудом повернувшись в тесном кресле, Стриж дотянулся до проходившей мимо стюардессы:

— Девушка, принесите попить...

Но она резко отдернула локоть.

— Не хватайтесь! На посадку идем, там напьетесь! — И, ткнув пальцем в табло «НЕ КУРИТЬ! ПРИСТЕГНУТЬ РЕМНИ!», ушла по проходу.

— Вот сука... — произнес Стриж сквозь зубы.

— Да это они нарочно, — сказал ему однорукий старик сосед. И пояснил: — «Аэрофлот» же государственный! А они спят и видят, чтобы он кооперативный стал. Тогда каждая из них свой пай получит, процент. Вот они и саботажничают — доводят «Аэрофлот» до краха. А кабы могли десяток самолетов долбануть, но так, штоб самим уцелеть, я думаю, мы-п седня и до Москвы не долетели-п...

Ну, подумал Стриж, так разве Батурин не прав? Вот в чем главный порок всей горячевской перестройки! В духовном совращении всей нации на коммерческий, западный манер! Стоило разрешить частный сектор, как у людей глаза разгорелись — теперь им мало своих ресторанов, артелей и ферм, им бы «Аэрофлот» в артель превратить! А затем и партию — по боку, шахты и железные дороги снова перейдут в руки каких-нибудь копельманов, нобилей и хаммеров, а те быстро рассуют Россию по своим карманам, превратят ее в колонию, Индию прошлого века...

Небритый сосед-старик с деревянной культей вместо правой руки уловил, видимо, какую-то тень понимания на лице Стрижа и продолжил еще более доверительно:

— Нас восемнадцать мильонов было. Разве не могли мы заставить народ работать как следоват? А?

— Какие восемнадцать миллионов? — не понял Стриж.

— А нас, управляющего аппарата, — сказал старик. — Я кладовщиком работал, и то галстук носил и шляпу. Потому что власть! У нас и армия, ГБ, милиция, мы уже на Афганистан наступили... На хрена мы дозволили этому чертову меченому перестройку затеять? А теперь гляди — покатилась

Россия по жидовской дорожке! Шмакадявка дешевая секретарю обкома воды не подаст! Сжидил страну и ишшо ему ж демонстрации! Как цару!..

От того, что этот косноязычный старик опознал Стрижа и больше того — даже их мысли совпали, Стрижу стало еще неспособней в узком кресле. И он потянулся к иллюминатору, словно интересуясь посадкой. Наклонясь на левое крыло, самолет разворачивался для захода в аэропорту «Быково». Внизу, впереди, открылась Москва — огромный город с приметными шпилями высотных зданий, узкой змейкой Москвы-реки, блещущей под солнцем рябью Химкинского водохранилища и кружащими над всем этим пейзажем мухами военных вертолетов. Что ждет там Стрижа? Конечно, можно было избежать этой поездки — сказаться больным и даже лечь в больницу. Но если все пойдет так, как он, Стриж, задумал, то ему именно и нужно быть завтра в Москве. Иначе тот же Алексей Зотов, секретарь Московского горкома партии, усядется на горячевское место, и пойди потом вышиби его!..

— Слушай! — Сосед-инвалид положил ему на колено свою деревянную руку-культю, навалился плечом и зашептал: — Ты меня не бойсь, не дергайси! Я спросить хочу. Ты письмо вождям читал?

— Какое еще письмо? — грубо сказал Стриж, чтобы отшить старика.

— А вот такое. — Старик вдруг вытащил из кармана потертую тоненькую брошюрку. На ее черной обложке значилось: А.Солженицын, «ПИСЬМО ВОЖДЯМ».

Стриж пристально глянул старику в глаза — та-ак, начинается, подсунули провокатора, значит.

— Гляди, гляди! — Старик стал листать эту брошюру. — Гляди, чего этот Солженицын еще Брежневу-то предлагал! Гласность — раз, идеологию коммунизма китайцам уступить — два. А самим на частную собственность перестроиться, усю власть технарям отдать. Смотри: «Кто не хочет отечеству гласности, тот не хочет очистить его от болезней». Ты понял, кто такой Горячев? Агент Солженицына — вот кто! Из Америки засланный у нас капитализм устроить! —

Старик с победным видом спрятал брошюру в карман, достал из него черную, с золотой каймой коробку папирос «Герцеговина флор», вытащил из коробки коротенькую папироску и побил ее картонным мундштуком по своей правой деревянной руке. В том, как не спеша он это проделал и как коробочку с золотыми буквами «Герцеговина флор» — любимые папиросы Сталина — он положил перед собой на откидной полочке, а затем прикурил и картинно выпустил изо рта облако дыма, — во всем был явный вызов, потому что самолет уже шел на посадку и над каждым креслом горело табло: «НЕ КУРИТЬ! ПРИСТЕГНИТЕ РЕМНИ!»

Стюардесса-сучка тут же выскочила из-за занавески, крича:

— Прекратите курить! Прекратить!..

Но старик демонстративно затянулся и тут же закашлялся:

— Пошла ты!..

— Хулиган! Я тя в милицию сдам! — Стюардесса, стервенея, перегнулась через колени Стрижа, хотела вырвать у старика папиросу. — Жлоб!

Старик, защищаясь, поднял руку, а стюардесса сгоряча дернула его за эту руку, и вдруг... протез руки отделился от культи и оказался в руках стюардессы. Она испуганно замерла с этой оторванной «рукой». Старик насмешливо сказал ей:

— Съела? Отак вы Рассею всю растаскаете, шмакадявки Мишкины! Хозяина на вас нет. — И постучал желтым ногтем по коробке «Герцеговины флор». — Вот был хозяин, вот! А ваш новый — жид и жидам продался!

Как ни странно, но пассажиры общего салона все с большей симпатией слушали старика, и он, расходясь, продолжал громогласно:

— А за что мой внук в Афганистане погиб? Чтобы мы оттуда ушли, как обосранные? И что у нас теперь? Кто больше заработает, у того всего больше, да? Жидовская хвилософия это, вот что! Нам, русским, не подходит! Чтобы вот там в люксе жиды, нехристи и буржуи сидели, — старик мотнул культей в сторону первого салона, — а мы тут? Нет, я хочу, чтоб они тут сидели, как я! У нас равноправие, а не Америка!

Тут самолет стукнулся колесами о посадочную полосу, стюардесса пошатнулась, швырнула его деревянную руку-протез и ушла. Но пытка духотой все продолжалась — даже тогда, когда самолет подрулил к аэровокзалу. Потому что трап все не подавали и не подавали — пять минут, десять, пятнадцать... А когда подали наконец, то только один, и по нему, конечно, сначала пошли пассажиры первого класса — какие-то торгаши, фирмачи и их шлюхи с бриллиантовыми перстнями на руках. «О! Видали! Видали!» — тыкнул в их сторону старик...

Злой и измочаленный Стриж вышел наконец на трап, глубоко вдохнул и стал спускаться по ступенькам. Ничего! 24 октября 1917 года Ленин пробирался в Смольный простым трамваем и загримированный! И никто не знает, чего он наслушался в этом трамвае, вполне возможно, что точно такой же старик, какой-нибудь ветеран первой мировой войны, так же кричал тогда на весь трамвай про гибель России от жидов во Временном правительстве. Но Ленин не ввязался в дискуссию. Сойдя с трамвая, он вошел в Смольный и стал главой нового правительства...

— Роман Борисович, позвольте... — перебил мысли Стрижа высокий квадратноплечий мужчина лет тридцати. Он стоял на асфальте у нижней ступеньки трапа и тянул руку к саквояжу Стрижа. За его спиной блестел на солнце длинный черный кремлевский лимузин. Неужели Горячев прислал машину, подумал Стриж. Но тут его взгляд опустился на номерной знак лимузина, и сердце Стрижа упало, похолодев. «МОБ» — три первые буквы на этом знаке — обозначали, что машина принадлежит не гаражу ЦК, а гаражу КГБ.

Стриж снова посмотрел в глаза этому спортивному мужчине. И обругал себя: кретин! Сам прилетел прямо к ним в лапы! Но почему в таком случае не арестантский «воронок» или обычная гэбэшная черная «Волга», а лимузин?!

Мужчина взял у него портфель-саквояж и пропустил чуть вперед. Шофер лимузина тут же вышел из машины, открыл заднюю дверцу. Стриж нагнулся, чтобы сесть, и — замер.

В глубине лимузина, на широком заднем сиденье сидел сам Павел Митрохин, председатель Комитета государственной безопасности.

Пока шофер выруливал из «Быково» на Рязанское шоссе, генерал Митрохин молчал. Стриж сидел рядом с ним, откинувшись затылком к прохладной коже подголовника, закрыв усталые глаза и почти без мыслей в голове. Дышать... Дышать этим чистым, охлажденным кондиционером воздухом, дышать, чтобы освежить мозги и тело, подготовиться. Воды бы минеральной «Боржоми», но не просить же! Почему он молчит, сволочь горячевская?! На психику давит неизвестностью, чтобы ты сам упал им в руки спелым яблочком. Хрена тебе! Даже глаз не открою...

— Завтра во время демонстрации в честь выздоровления товарища Горячева специальные отряды госбезопасности будут под видом частников бить окна в обкомах, горкомах и райкомах партии практически на всей территории страны... — бесстрастно, без всякой интонации произнес наконец Митрохин.

Стриж молчал. Кто предал, лениво подумал он. Турьяк? Уланов? Или Федька Вагай? Вагай, наверное, — только он знает, каким рейсом Стриж вылетал в Москву...

— Это приказ Горячева, — сказал Митрохин.

Стриж изумленно открыл глаза и медленно повернулся к Митрохину.

Митрохин усмехнулся. Даже усмешка у этого сукиного сына была обаятельной, ничего не скажешь! А генеральский китель сидит на нем, как на киноартисте!

— Я знал, что это вас разбудит, — сказал он. — Как видите, вы с Михал Сергеичем — соавторы небольшого партийного погрома. Только цели у вас разные...

Стриж тут же отвернулся, замкнул лицо маской непроницаемости.

— Он хочет припугнуть вас народным гневом, — продолжал Митрохин. — А вы хотите в ответ на этот народный в кавычках гнев изменить режим и вернуть страну к сталинизму. Правильно я сформулировал? Или «сталинизм» — это слишком резко?

Стриж молчал. Да, он проиграл, но это не значит, что над ним можно издеваться. Однако каков Горячев — приказал громить партию! Решился-таки!

— Роман Борисович, я встретил вас, чтобы обсудить ситуацию, а не произносить монологи в пустоте, — сказал Митрохин. — От меня зависит, в какую сторону повернется завтра вся демонстрация.

Что-о-о??! Ни фига себе! Да ведь этот Павел Митрохин, председатель КГБ СССР, горячевский выкормыш, предлагает ему, Стрижу, сговор! Открыто! При шофере и телохранителе! Впрочем, кто поручится, что это не провокация и не снимается телекамерой, стоящей на пульте видеосвязи? Нет, Митрохин, так просто ты меня не расколешь!

Стриж потянулся к бару-холодильнику, над которым был укреплен пульт видеосвязи. И искоса глянул на Митрохина — не дернется ли, не запретит ли открыть. Но Митрохин сказал спокойно:

— Да, да, пожалуйста! Извините, я вам сразу не предложил... — И сам открыл дверцу бара. — Вам виски или водку?

Стриж взял с нижней полочки бутылку «Боржоми», а из бара — стакан и открывалку. Открыл бутылку, налил себе полный стакан и стал медленно пить, глядя сквозь затемненное окно на мелькающие вдоль шоссе рекламные щиты, посвященные перестройке. На одном из них, наискось через цитату Горячева «ПЕРЕСТРОЙКА ОТВЕЧАЕТ КОРЕННЫМ ИНТЕРЕСАМ СОВЕТСКИХ ЛЮДЕЙ!», было написано свежей краской: «НЕТ, МИША, ТЫ НЕ ПРАВ!» Стриж усмехнулся. Провоцирует его Митрохин или нет, но от Митрохина действительно зависит судьба завтрашней демонстрации. Если он не доложил Горячеву о «заговоре Стрижа», то... Неужели его можно купить, перетащить на свою сторону? Но — чем? Как? Он ведь и так генерал, член Политбюро, председатель КГБ!

Стриж допил воду и, медля с ответом, стал наливать себе второй стакан. Важно точно выбрать первые слова, чтобы не провалиться сквозь тонкий лед...

— Это я подсказал Горячеву пригласить вас в Москву на банкет, — сказал Митрохин.

Так, Митрохин протягивает ему тонкую нитку. Хотя и эта фраза еще не означает, что он не доложил Горячеву о заговоре. Но нужно на что-то решаться... Стриж поставил стакан на телевизор.

— Остановите машину.

— Зачем? — удивился Митрохин.

Стриж повернулся к нему и сказал, глядя прямо в глаза:

— Я хочу подышать воздухом.

Митрохину понадобилось меньше секунды, чтобы понять Стрижа. Он улыбнулся:

— О, здесь нет микрофонов!

Стриж молчал.

— Но пожалуйста! — опять улыбнулся Митрохин и постучал в стекло шоферу: — Стоп! Прижмись к обочине!

Лимузин остановился.

У обочины шоссе, сразу за поросшей бурьяном дождевой канавой, начинался низкий зелено-пыльный подлесок, а дальше шел лес — березы, осины, клены...

Шофер и телохранитель выскочили из передних дверей лимузина, открыли двери Стрижу и Митрохину. Стриж без оглядки, решительно шагнул к лесу. Если он арестован, они не пустят его вот так свободно пойти от машины. А если...

— Останьтесь здесь, — услышал он приказ Митрохина телохранителю и шоферу.

— Но, товарищ генерал!.. — протестующе сказал телохранитель.

— Ничего со мной не будет! Мы сейчас придем... — И Митрохин почти прыжком перемахнул дождевую канаву, поспешил за Стрижом.

Сухие ветки хрустели под ногами Стрижа. Со стороны могло показаться, что они идут наобум, напролом через низкий кустарник-подлесок, но это было не так. Прирожденный таежник, Стриж почти звериным чутьем угадывал ту часть леса, где в чаще должна быть крохотная прогалина, так необходимая для решительного разговора с глазу на глаз.

Митрохин едва поспевал за ним, и это тоже входило в расчет Стрижа — это давало ему какую-то еще неясную фору...

Но, раздвинув рукой очередной куст, Стриж вдруг замер на месте как вкопанный. Спешивший за ним Митрохин чуть не наскочил на него сзади. И тоже остановился. Оба они были так заняты своей интригой, что даже не сразу поняли происходящее перед глазами.

Между тем на лесной прогалине, куда чутьем таежника вышел Стриж, ничего экстраординарного не происходило. Просто здесь два молоденьких армейских офицера — губастый лейтенант и капитан-очкарик — под марш из фильма «Мост через реку Квай» занимались сексом с сорокалетней проституткой. Упершись руками в задний бампер армейского «газика» (музыка лилась из рации этого вездехода), проститутка выставила высокому и по-детски круглолицему лейтенанту свой голенький зад, а лицом склонилась к лежащему под бампером толстенькому капитану. Пробиваясь сквозь листву деревьев, августовское солнце золотило голую фигурку проститутки, а медленно падавший с высоты кленовый лист сделал бы эту картину почти идиллической, если бы на лице губастого лейтенанта не было оттенка дебильства... Стриж и Митрохин смотрели на них завороженно, как два кобеля, случайно наткнувшиеся на сцену чужой случки. Тонкие ноздри Митрохина стали вздрагивать, дыхание Стрижа осипло. Но через минуту, когда ритм работы этой троицы стал учащаться, опережая мелодию американского марша, Стриж опомнился, сказал охрипше и громко:

— Ну хватит! Вон отсюда!

Офицеры, не прерывая своего занятия, оглянулись с досадой, рука лейтенанта даже потянулась к лежащей в траве кобуре. Но уже в следующий миг они разглядели за спиной Стрижа генеральские погоны Митрохина, и ужас отразился на их лицах. Трудно сказать, узнали ли они в Митрохине председателя КГБ или сам вид его генеральско-гэбэшного кителя произвел на них такое впечатление, но лейтенант мгновенно, одним рывком подтянул штаны и бросился на водительское место «газика», а тяжелый капитанчик выка-

тился из-под согнутой в пояснице проститутки и оказался
на подножке «газика» как раз в тот момент, когда этот армейский вездеход, взревев мотором, напропалую рванулся
через кустарник прочь с поляны. Все произошло так быстро, что голая проститутка даже не успела разогнуться и так,
переломленная в пояснице, еще смотрела вслед своим ис-
чезающим клиентам с выражением полного недоумения на
лице. Затем, подхватив с земли платье и трусики, ринулась
за ними, оступаясь на высоких каблуках и крича: «Эй, а
деньги?!! Стой!!!»

Стриж и Митрохин вышли на смятую траву лесной по-
лянки. Стриж нагнулся и поднял забытую лейтенантом кобуру. В кобуре был десятизарядный офицерский пистолет.

— Армия называется! — сказал Стриж. — Раздолбаи!

Митрохин взял у него пистолет, посмотрел тыльную сторону рукоятки. Здесь был хорошо виден двенадцатизнач-
ный номерной знак пистолета.

— Через два часа оба эти офицера будут выброшены из
армии, — сказал Митрохин.

— Да разве в них дело! — с досадой произнес Стриж. —
Мы были СВЕРХдержавой, СВЕРХ! Голодные — да! Ни-
щие — да! Но сильные! А теперь? Страна, как эта б... — кто
с деньгами, тот и дерет! В самолете стакан воды не допро-
сишься! Трап двадцать минут не подавали! И так везде! Работает только то, что у частников! А почему? Да потому, что
весь народ в шахер-махеров превратился!..

Похоже, эта неожиданная сценка с проституткой действительно пробудила в Стриже мужчину и заставила его
пойти ва-банк. Он широким шагом расхаживал по маленькой лесной поляне и каждую фразу бросал Митрохину как
личное обвинение:

— Все, что еще в руках государства, разваливают! Чтобы
им передали в частное пользование и шахты, и банки —
все! Но что тогда от государства останется? А? Чем вы управлять будете? Югославией? Индией? Отвечайте! — Стриж
остановился и в упор посмотрел на Митрохина. Он бросил
еще не все свои карты, но он хотел видеть результат этой
первой «разведки боем».

Однако по внешнему виду Митрохина ничего нельзя было определить. Он тоже приглядывался к Стрижу, оценивал его. Стриж сел на какое-то сваленное дерево, сказал устало:

— Ну хорошо. Арестуйте меня. Арестуйте весь партийный аппарат. И с чем останетесь? Думаете, народ будет вас держать? Или армия? Кто сегодня вообще служит в армии? Половину офицеров вы сократили, одни вот эти остались! А как только вы выдернете из армии арматуру партийного аппарата, она вообще развалится! И вас же уничтожат первыми! У вас нет выбора, Павел. Точнее: он ясен и ребенку. Или вы уничтожаете нас, весь партийный аппарат, и страна превратится в настоящий Ливан, даже хуже, и никакой Горячев не остановит анархию, вас сметут вместе с ним! Или... — Он замолк и пристально взглянул на Митрохина. Теперь, когда он метнул свою главную карту, доигрывание партии зависело не от него.

Митрохин стоял напротив него, молча выдавливая патроны из обоймы «трофейного» пистолета. Казалось, он целиком поглощен этим занятием и, возможно, даже не слушает Стрижа. И только когда он выдавил из обоймы последний патрон, он сказал с улыбкой:

— Поэтому я и встретил вас в аэропорту. Продолжайте.

— Я все сказал.

— Нет. Вы остановились на слове «или». Или страна превращается в настоящий Ливан, или... — Митрохин поднял на Стрижа свои спокойные темные глаза: — Неужели вы думаете, что только вы это понимаете? И что ради спасения страны нужно пойти на жертву ферзя? Но — кем я буду в вашем правительстве?

Но как раз этого Стриж не знал. Митрохин, ставленник Горячева на посту председателя КГБ, УЖЕ был чуть ли не вторым человеком в государстве. Что взамен этого может дать или хотя бы пообещать ему Стриж?

— А кем вы хотите быть? — спросил он.

Митрохин перебросил ногу через поваленное дерево, оседлал его напротив Стрижа и, снова загоняя желтые патроны в стальной рожок обоймы, сказал жестко, категорично:

— Мои условия. Первое: вся ваша сибирская мафия остается дома, на своих местах, никаких продвижений в Москву. Второе: никакие ваши болтуны-идеологи из «Памяти» и «Патриотов России» нам не нужны, мы с вами сами будем идеологами. Кстати, именно поэтому ни вы и никто из ваших «патриотов» не получили приказа голосовать на съезде против Горячева, я этого не допустил. Третье: номинально Горячев останется главой государства... — И, предупреждая протестующий знак Стрижа, Митрохин чуть приподнял руку с пистолетом: — Подождите! Дело не в том, что я ему морально обязан своей карьерой. Это херня. А дело в том, что... Еще пару недель назад, до покушения, ваш план был бы беспроигрышным — на сто процентов! Потому что до покушения к Горячеву относились, как к Хрущеву в конце его «славного десятилетия». Но после покушения... Вы знаете, сколько людей записалось на демонстрацию по всей стране?

Стриж не знал. В Свердловске добровольцев было сто семнадцать тысяч, а сколько их по всей стране...

— Двадцать два миллиона! — сказал Митрохин. — Это невероятно! Мы не можем их всех посадить за одну ночь! И даже за месяц! Да, партийный аппарат за вас, я знаю. «Патриоты России»? Даже американцы уже знают, что восемьдесят процентов партии против Горячева. Но разве партия пойдет воевать с народом? Вот я дам вам пистолет. Вы пойдете стрелять в двадцать миллионов? Нет, вы не будете стрелять даже в евреев. Вы хотите, чтобы это сделали мы, КГБ и армия, ну и «Память». Вы нам списки приготовили, спасибо... — Митрохин насмешливо улыбнулся.

— Двадцать два миллиона — это десять, максимум — пятнадцать процентов взрослого населения, — сказал Стриж, пользуясь паузой. — А остальные, следовательно?..

— Ловко повернуто, хотя и неточно, — усмехнулся Митрохин, но в следующий миг его лицо стало опять серьезным. — Впрочем, потому я вас и встретил. Но имейте в виду: двадцать два миллиона — это тоже не кот чихнул! Так вот, мы можем осуществить все, что вы задумали. Мы устроим битье окон в горкомах партии по всей стране и создадим видимость реальной угрозы существованию советской власти. Но все остальное: аресты всех главарей перестройки и полное восстановление партийной власти в стране — это должно быть сделано самим Горячевым. Точнее — от его имени. Только тогда страна это стерпит и не начнутся гражданская война и анархия. Конечно, мы сменим все Политбюро, чтобы изолировать Горячева, но на пенсию мы отправим его только через год, а то и через два, когда все в стране уляжется и станет на свое место...

— И?.. — спросил Стриж. В рассуждении Митрохина было здравое зерно, так чего ж тут спорить...

— Вы хотите сказать: кто же все-таки будет вместо Горячева? Я или вы?

Стриж молчал. Конечно, весь разговор был именно об этом, остальное — детали.

— Хотите вместе? — спросил Митрохин. — Коллегиально?

Стриж молчал. Этот Митрохин сегодня предал своего «крестного отца», а завтра... Впрочем, до завтра еще нужно дожить. А пока Стриж нужен Митрохину для отмазки от партаппарата, чтобы все, что он задумал, не выглядело банальным гэбэшным путчем. Стриж — это ставленник партии, а рядом с ним может пройти сейчас в дамки сам Митрохин. Чтобы потом, через год-два...

— Решайте! — нетерпеливо сказал Митрохин, сунув в карман «трофейный» пистолет.

Стриж поднял на него глаза:

— Разве у меня есть выбор?

ДЕНЬ СЕДЬМОЙ

20 АВГУСТА

19

**Москва, речной канал имени Москвы.
10.15 утра по московскому времени**

Сопровождаемый десятками празднично украшенных парусных яхт и лодок, огромный речной лайнер «Кутузов» медленно двигался на север по каналу имени Москвы, вдоль берегов, испещренных алыми флагами, плакатами и портретами Горячева.

Восьмиметровые японские телеэкраны, установленные на всех трех палубах «Кутузова», показывали демонстрацию трудящихся в Москве. Люди несли увитые красными лентами портреты Горячева, плакаты с надписями: «Крепкого здоровья!», «Долой батуринцев!», «Живи сто лет!» — и рекламу своих больших и малых бизнесов: «Автосервис» за тебя, Сергеич!» «Автосервис» катил на открытом «КРАЗе» гигантский портрет Горячева, а сквозь музыку эстрадных и духовых оркестров пробивалась восторженная скороговорка телевизионных комментаторов:

— Это шагают победители перестройки! Личная инициатива, высокоэффективный и квалифицированный труд доказали, что при отсутствии вульгарной уравниловки...

Палубы «Кутузова» тоже пестрели разноцветными тентами и шарами, а кроме того, здесь было все, что сопутствует праздничному пикнику на лоне природы: в тени парусиновых тентов стояли столы с легкой закуской и напитками; на эстрадах играли небольшие оркестры; официанты разносили по палубам мороженое и шампанское. Среди танцующих, загорающих, плавающих, играющих в теннис и просто шляющихся без дела гостей, среди этих 45—50—55-летних ученых-экономистов, социологов, крупных журналистов, писателей и технических гениев, которые и были главной опорой Горячева и его экономической революции, — то там, то здесь возникала фигурка хозяйки пикника Ларисы Горячевой. Со стороны могло показаться, что она — в простеньком цветном сарафанчике, с короткой стрижкой под соломенной шляпкой и в босоножках на невысоком каблучке — лишь порхает по палубам, собирая комплименты: «Лариса Максимовна, вы потрясающе выглядите!», «Лариса, вам не дашь больше сорока, клянусь!», «Слушайте, а вы случайно не дочка Ларисы Горячевой?» и так далее... И действительно, трудно было представить, что этой подвижной, с косыми татарскими скулами и круглым свежим личиком женщине почти шестьдесят, что она бабушка и доктор философских наук и что десятков пять, если не больше, присутствующих здесь докторов наук обязаны своей карьерой именно ей и даже называют себя ее учениками...

Лариса шла меж гостей, шутила, делала ответные комплименты и медленно, не спеша прокладывала себе путь с нижней палубы наверх, к капитанскому мостику «Кутузова». И хотя на лице ее постоянно была мягкая полурассеянная улыбка хозяйки, озабоченной хлопотами пикника, ее глаза и острая женская интуиция регистрировали массу интересных деталей. Вот Даша, жена знаменитого писателя Вадима Юртова, бросила быстрый косой взгляд на генерала Митрохина, который не то флиртует, не то просто любезничает с молоденькой русской подружкой американского доктора Майкла Доввея. Хотя Паша Митрохин просил Ларису не приглашать на пикник иностранцев, «чтобы побыть в своем кругу и чтобы люди могли расслабиться и отдохнуть нормально», Лариса не могла не пригласить хотя бы этого доктора! Теперь, как видно, Митрохин пользуется случаем приударить за юной куклой этого Майкла, но — Даша Юртова! Один этот Дашин взгляд сказал Ларисе больше, чем три последних романа ее мужа. Сам Юртов — толстенький, седой, с похотливыми губками бантиком — был почти вдвое старше и ровно на столько же ниже ростом своей голубоглазой и уже слегка переспелой русской красотки Даши и сидел сейчас в шезлонге со стаканом водки, непривычно хмурился и явно пикировался с академиками Аганбегяном и Заславской — авторами «экономической доктрины Горячева».

Трудно сказать, каким образом — в силу ли таланта или благодаря своему еврейскому чутью — этому Вадиму Юртову (Гуревичу) всегда удавалось в своих романах, пьесах и фильмах о Ленине предвосхитить и устами Ленина оправдать очередной крутой поворот политики Кремля.

— Дашенька, что мы сейчас пишем? — спросила Лариса у жены Юртова.

— «Отелло» на еврейский манер, — хмуро сказал вместо жены сам Юртов. — Маленький еврей Отеллович убивает генерала КГБ Ягова за то, что он отверг приставания Дездемоны.

— Однако! — улыбнулась Лариса. — Тут у вас прямо страсти! Может быть, остудить шампанским?

— Ничего! — отмахнулась Даша. — В последнем акте суд приговорит выслать Отелловича в сибирский концлагерь, а Дездемона, хотя и гойка, добровольно поедет за ним.

— Именно в этом ее коварство! — тут же сказал Юртов. В его тоне была какая-то пьяная остервенелость. — Отеллович совершил убийство, чтобы хоть в лагере спастись от жены. А она...

— Да ну вас! — сказала Лариса и, запомнив, что ей нужно вернуться к Юртову, подошла к Зиновию Горному. Удивительно, каким образом среди гостей, список которых она сама составляла, оказалось такое количество евреев и армян! И самое подозрительное, что каждый из них совершенно незаменим — как Аганбегян, как тот же непонятно почему пьяный Юртов или вот этот Горный, который развлекает сейчас большую компанию во главе с Борисом Кольцовым. Сын американских коммунистов-идеалистов, Зиновий Горный родился в Сан-Франциско, но во время маккартизма его родители бежали в СССР и прямо с парохода попали в сибирский лагерь — теперь уже как американские шпионы. В лагере юный Горный не только выучил русский язык, но и прошел среди зеков-уголовников хорошую школу на выживаемость. Поэтому в 57-м, когда семью Горных выпустили из лагеря и даже реабилитировали, он тут же вступил в партию, окончил университет и пристроился диктором на Московском международном радио, в отделе вещания на США. Там работала маленькая теплая компания преферансистов, которые официально именовали себя «американистами». Они хорошо знали, что в США их слушают ровным счетом полтора идиота и еще два цензора просматривают их «скрипты» здесь, в Москве, перед выходом в эфир. Поэтому они, не стесняясь, по восемь часов в день гнали в эфир любую муть, бегло переведенную из «Правды», а затем шли в пивной бар Дома журналистов или к кому-нибудь на квартиру, чтобы под голоса своих конкурентов — Би-би-си, «Свободная Европа» и «Голос Америки» — завершить ночь за преферансом. Конечно, то была не жизнь, а сплошное прозябание в одном и том же, годами не сменяемом буклевом пиджаке и пузырящихся на коленях брюках. И вдруг — «гласность», «телемосты», «найтлайн». Международному отделу ЦК, МИД и Центральному телевидению срочно понадобился десяток людей, способных по-английски преподавать Западу новый «имидж» Кремля. На одно из таких шоу Горный попал переводчиком, и тут-то и наступил его звездный час.

Еще бы — натуральный американец в роли советского комментатора! Даже калифорнийский акцент заработал на Горного, он придавал его самым твердокоммунистическим тирадам какой-то особый флер. А главное, в отличие от всех остальных русских, которые во время интервью внутренне принимали борцовскую стойку и каждый вопрос встречали как выпущенную по их Родине ракету, — в отличие от них Зиновий Горный, даже «засаживая сплошное фуфло», вел себя перед телекамерой с американской свободой и скоро стал главным толкачом горячевского десанта на американском телерынке. Ну как же не ввести такого нужного еврея в круг самых приближенных?

— Однажды на моей лекции в Бостоне кто-то из зрителей сказал: «Я поверю в то, что у вас наступила свобода слова, только если Горячев проведет теледиспут с Солженицыным или с Буковским».

— И что вы ответили? — спросила стоящая возле Кольцова маленькая, с высокой грудью пшеничная блондинка с толстой косой, короной уложенной на затылке. Лариса не знала эту блондинку, как не знала и еще пять или шесть человек, стоящих здесь же. Кольцов, на правах члена Политбюро и секретаря ЦК, совершенно беспардонно притащил с собой на пикник целую компанию неизвестных! Впрочем, одного из них, вот этого лупоглазого, Лариса где-то видела...

— Лариса Максимовна, — тут же повернулся к ней Кольцов и сверкнул очками: — Позвольте представить вам Партийный трибунал. Прежде чем принять решение по делу Батурина, они хотят побеседовать с Михаилом Сергеевичем. Я сказал, что только вы можете им это устроить. Это

Марат Ясногоров, председатель трибунала, это Анна Ермолова, это космонавт Кадыр Омуркулов...

«Так вот откуда я знаю этого лупоглазого, — подумала Лариса. — По видеозаписи первого заседания трибунала, которую Миша столько раз смотрел в больнице. А Кольцов, значит, положил глаз на эту Ермолову и, чтобы это не бросалось в глаза, вынужден таскать за собой весь состав трибунала...»

— Что же вы ответили в Бостоне тому зрителю, Зиновий? — спросила Лариса Горного, сделав вид, что пропустила мимо ушей просьбу Кольцова устроить трибуналу аудиенцию с Горячевым.

Горный пожал плечами:

— Вы же знаете, Лариса Максимовна, я человек горячий. Я ему сказал, что мне в принципе плевать, во что он верит в своем Бостоне. Потому что наша жизнь — это не шоу для западных зрителей. А что касается Солженицына или Буковского, то, если им так уж хочется поговорить с Горячевым, они могут приехать в Москву и записаться к нему на прием. Я, сказал я, попрошу секретаршу Горячева «ту сквиз»... как это по-русски?.. вдавить, просунуть их без очереди...

Все засмеялись, кроме Ясногорова. Глядя на Горного своими выпуклыми эмалево-синими глазами, он сказал:

— Но все-таки вы ушли от прямого ответа...

Горный на секунду опустил взгляд, и щель его рта приняла известное теперь уже всему миру саркастическое выражение. В следующее мгновение он поднял глаза, сказал:

— Сразу видно, что вы председатель трибунала. Когда мы с Михаилом Сергеевичем были в Белом доме и я разговаривал с Эдвином Мизом...

Лариса вернулась к Юртову, словно что-то вспомнив. Этот разговор может часами держать внимание публики, но даже если разговор зайдет об африканских львах или о пингвинах Антарктиды, все равно все кончится тем же: «А я ему ответил». Впрочем, такие трепачи как раз и нужны на пикниках, и за эту часть палубы можно быть спокойной. За исключением Юртова... Она взяла Юртова под руку и отвела в сторону.

— Вадим, я никогда не видела вас с водкой. Что случилось? — Теперь она крепко держала Юртова под руку и одновременно раскланялась с проходившим мимо теледиктором Кирилловым.

Юртов снял очки, потер красные веки и вдруг посмотрел на нее своими близорукими глазами, которые она никогда не видела вот так, без очков. От этого они вдруг показались ей маленькими и беспомощными.

— Я хочу в эмиграцию, Лариса...

— Что-о-о?! — Она заставила себя улыбнуться, хотя тон, каким Юртов это сказал, был совершенно нешутливый. И даже в том, что он впервые за все годы их знакомства назвал ее не по имени-отчеству, а просто Ларисой, тоже было что-то тревожное. — Вы что — ревнуете Дашу?

— Если бы!.. — проговорил он с тоской, глядя на гигантский телеэкран. И вдруг повернулся к Горячевой: — Мне страшно, Лариса. Мне кажется... мы провалимся сквозь лед, сквозь стекло... Кто придумал эту м... демонстрацию?

— Вадим, как вы выражаетесь? — разозлилась она.

В конце концов, даже его слава не дает ему права хамить ей, Горячевой!

— Я выражаюсь как писатель, который знает историю. Этот марш победителей перестройки видит сейчас вся страна. Но это не значит, что все счастливы так, как орут эти мудаки-комментаторы! Журналисты всегда выдают желаемое за действительное. Как вы думаете, что чувствуют работяги какого-нибудь захолустного завода при виде этой коровы в бриллиантовых клипсах? — Юртов пьяно мотнул бокалом на телеэкран, где как раз в этот момент операторы крупным планом показали какую-то веселую девицу с золотой цепью на шее и сверкающими клипсами. «Корова» несла в руках огромный плакат с рекламой своего «бизнеса» — туристического агентства «Гласность».

— Анечка! — позвала Лариса маленькую пшеничную Ермолову и сказала ей, когда та подошла: — Ничего, что я вас назвала Анечкой? Помогите мне как женщина. Отведите нашего знаменитого писателя Юртова в плавательный бассейн и хорошенько макните. А то он уже стекло от бриллиантов не отличает! С головой макните, ладно?..

Будет хороший фитиль Кольцову, если Юртов закадрит эту пшеничную Ермолову, усмехалась про себя Лариса, проходя по верхней палубе мимо огромного телеэкрана. Здесь, перед экраном, сидели в шезлонгах трое — главный редактор «Правды» Матвей Розов, первый секретарь Московского горкома партии Алексей Зотов и инициатор сегодняшней всенародной демонстрации Роман Стриж. Все трое были в пиджаках и напряженно смотрели демонстрацию трудящихся на Красной площади. Два часа назад в Кремлевской больнице, среди встречавших Горячева друзей и членов правительства, этот свердловский Стриж с букетом цветов, зажатым в тяжелом кулаке, стоял топорно, как пень. Почему-то его большой красный кулак с цветами уже тогда бросился Ларисе в глаза. Сибиряк, провинциал, подумала она там, даже цветы держать не умеет... Теперь кулак Стрижа с крепко зажатым в нем бокалом виски снова обратил на себя внимание Ларисы Горячевой. И вообще в лицах всей троицы — Розова, Зотова и Стрижа — было такое же странное напряжение, как в кулаке Стрижа, сжавшем высокую хрустальную ножку бокала...

«Тоже переживают, чтобы все прошло хорошо...» — с благодарностью подумала Лариса и с этой простой мыслью поднялась по круглой лесенке на капитанский мостик, открыла дверцу ходовой рубки.

Огромная, в ширину всего лайнера, ходовая рубка «Кутузова» сияла чистотой, хромом и латунью навигационных приборов и, казалось, парила над низкими берегами канала имени Москвы. Шум пикника, музыка, пикировка гостей, их игры в теннис, флирт, политика, ревность и остроумие не достигали этой рубки, как, наверно, вся суета нашей будничной жизни не достигнет подножия установленного где-нибудь в космосе Божьего трона... У штурвала стоял рулевой в белоснежной, отлично отутюженной форме. Рядом с ним, на высоком табурете, сидел моложавый, сорокалетний, в парадной форме капитан, а дальше, у противоположной двери, полулежал в кресле Михаил Сергеевич Горячев. Перед ним стоял переносной портативный пульт телесвязи. По небольшому экрану безмолвно, с выключенным звуком, шли колонны московских демонстрантов, а чуть выше этого телеэкрана, за окном ходовой рубки, открывался роскошный вид, зеленые леса Подмосковья, высокое солнечное небо и голубая гладь канала, по которому, не отставая от «Кутузова», двигались несколько праздничных парусных яхт...

Но Горячев, казалось, не видел ни демонстрации в честь его выздоровления, ни красот Подмосковья — с закрытыми глазами он лежал, откинувшись к спинке кресла. Какое-то неясное, но занозливое не то покалывание, не то потягивание в левой стороне груди, как при слабом неврозе, томило его все это утро, и странные видения вставали перед ним из серо-голубой воды. Первый официальный визит в настороженный, почти враждебный Лондон, и Маргарет Тэтчер, «железная леди», которая сразу же признала его, Горячева, силу и незаурядность... Конфуз в Рейкьявике и — победа в Вашингтоне при подписании первого соглашения о разоружении с Рональдом Рейганом... Глухое сопротивление страны его экономическим реформам, злые анекдоты, алкогольные бунты и — первые успехи гласности... Оппозиция партократии, вывод войск из Афганистана, появление в снах Ивана Грозного и Сталина — они оба грозили ему кулаками, и — шквал оваций, цветов, восторгов в Западной Германии, в США, в ООН... Русские либералы называют его реформы куцыми, молодежь считает его тормозом прогресса, партия стреляет в него рукой Батурина, но — вот оно наконец: миллионы людей идут по улицам, добровольно несут его портреты и сами, своими руками написали: «Долой батуринцев!», «Мы за тебя, Сергеич!».

То, чего он добивался столько лет — массовой популярности в России, — случилось!.. Войдя в ходовую рубку, Лариса улыбнулась вскочившему со стула капитану и спросила его одними губами:

— Спит?

Капитан кивнул. Чтобы не будить Горячева, он отдавал распоряжения рулевому короткими жестами, ладонью показывая изменение курса. Рулевой отвечал на эти приказы кивком головы и молча перекладывал штурвал. «Кутузов» подходил к последнему шлюзу канала, соединяющему Москву-реку с Волгой. По Волге можно доплыть даже до Каспийского моря, но «Кутузову» не предстоял столь далекий путь... Через четыре часа он пришвартуется к пристани совершенно дивного соснового заповедника на берегу Рыбинского водохранилища, и здесь, в заповеднике, будет накрыт для гостей обед, а позже, вечером, специальный правительственный поезд отвезет их обратно в Москву. А «Кутузов» останется у пристани заповедника и на три ближайшие недели станет горячевской дачей. В конце концов, после стольких лет напряженной работы и этого ужасного ранения Миша может позволить себе то, что предшественники позволяли себе ежедневно...

Мягко ступая по ковровому покрытию пола, Лариса подошла к мужу, кивнула дежурившему в трех шагах от него телохранителю и поправила край пледа, упавший с ног Горячева.

— Это ты? — негромко спросил Горячев, не открывая глаз.

— Да. Как ты? — Она положила ладонь на его руку, лежащую на ручке кресла.

— Хорошо, — произнес он, не желая тревожить ее жалобой на свою легкую невралгию и, главное, не желая, чтобы она вызывала врача. Эта докторская суета только нарушила бы то состояние успокоения, которое пришло к нему теперь, на отдыхе.

— Ну, слава Богу... — Она погладила его руку. Пожалуй, никто, кроме нее, не знал в полной мере, чего стоили ему эти годы. К моменту, когда он получил, добился, завоевал власть, алкоголизм уже довел русский народ до генетической катастрофы. А демографический бум мусульманской нации уже поглощал спившуюся Россию и грозил навсегда, Н-А-В-С-Е-Г-Д-А выбросить русских из истории человечества, как были выброшены из нее десятки древнебиблейских народов: филистимляне, ханаане и прочие.

Что могло выдернуть целый народ из этого состояния? Религия? Но даже если бы они вернули России православие, это были бы пьяные молитвы пьяного народа пьяным священникам... Нет, только страсть — единственно не истребимая ни религией, ни марксизмом, страсть к личному, частному обогащению. Но, Боже, как сопротивлялась и продолжает сопротивляться Россия своему врачу, как алкоголичка принудительному лечению...

Выстрел Батурина перевернул все. То, что в Горячева стрелял не какой-нибудь частник, у которого за неуплату налогов закрыли парикмахерскую, и не студент-диссидент, а член партийной элиты, да еще «стрелял от имени всей партии», преобразило публику. «Молчаливое большинство», которое в России называют «серой массой», вдруг осознало, откуда ему грозит главная опасность, и тут же кинулось в другую крайность: теперь они портретами Горячева, как хоругвями, стращают призраки прошлого, стращают партию... Но это ничего, это пусть, думали сейчас и Лариса, и Горячев, маслом кашу не испортишь.

А он — теперь он мог позволить себе отдохнуть. Он мог позволить себе сидеть вот так, расслабившись, дав отдых каждой нервной клетке и каждому мускулу, закрыв глаза и почти физически ощущая, как эта серо-голубая волжская вода медленно, но уже и неотвратимо несет его прямо в Историю, ставит там вровень с Александром Невским, Петром Первым и Владимиром Лениным. То, что Ленин только начал, он, Горячев, развивает и строит.

И лишь на самом краю сознания его интуиция, обостренная годами внутрипартийной борьбы, ощущала какое-то неясное беспокойство, схожее с покалывающей левое плечо невралгией. Если это произошло, если он и вправду стал вождем России — не на цветных страницах, как Сталин, а в душе народа, — то не переиграл ли он, не переборщил ли, одобрив несколько мелких акций, которые должны произойти сегодня кое-где в провинции в ходе демонстрации. Пожалуй, эти акции излишни, ведь при полном виде такой демонстрации и так все ясно...

— Ты не знаешь, почему они все время показывают только Москву? — негромко спросил Горячев у Ларисы и открыл глаза.

Лариса почему-то вспомнила Зотова, Розова и Стрижа, напряженно смотревших московскую демонстрацию на огромном экране внизу, на палубе.

— Позвонить на телевидение? — спросила она.

Горячев не шелохнулся, он размышлял. Митрохин сказал, что блокирует телепередачи из тех нескольких городов, где будут «эксцессы». Но если нет телерепортажей ниоткуда, кроме Москвы, значит... Господи, неужели стоило только задремать и расслабиться на пару часов, как...

Оборвав свои мысли, Горячев протянул руку к портативному пульту связи, набрал на клавиатуре буквы «ТТЦО». Диспетчерский зал телевизионного технического центра в Останкино возник на экране. В зале, просторной комнате, одна стена которой представляла собой главный телепульт с пятью десятками телеэкранов, а вторая стеклянным окном-проемом стыковалась с редакцией «Последних новостей», находилось сейчас человек двести, т.е., наверное, вся смена телевидения — от дежурного режиссера до последнего техника и даже вахтера. Горячев знал многих из них, ведь он часто выступал по телевидению прямо из Останкинской студии, а некоторых редакторов и тележурналистов он сам рекомендовал на работу — они были рабочими лошадьми гласности и перестройки в прессе. Теперь они все тесно сидели на стульях, на столах, на подоконниках, на полу или стояли, прислонившись к стенам, и молча смотрели на пятьдесят включенных экранов главного пульта. На их лицах был ужас, многие плакали. Один из них — знакомый Горячеву дежурный режиссер со странной фамилией Царицын-Польский — медленно повернулся в сторону объектива правительственной телесвязи. На его лице тоже были слезы.

— Что у вас происходит? — спросил Горячев, поскольку малый размер экрана его портативного телевизора не позволял ему разглядеть изображения на тех пятидесяти телеэкранах за головой дежурного режиссера.

Царицын-Польский смотрел в камеру правительственной телесвязи отрешенным взглядом, словно слезы мешали ему различить Горячева.

— Это Горячев! Что у вас происходит? — нагнулась к экрану Лариса.

Только теперь, когда она произнесла его фамилию, все двести человек повернулись к камере правительственной телесвязи и откуда-то из глубины зала прозвучал громкий, с вызовом голос:

— А то вы не знаете?

— Что? — негромко спросил Горячев и почувствовал, как у него холодеет затылок от дурного предчувствия.

— А что в стране происходит? — крикнул кто-то из диспетчерского зала.

— Покажите, — приказал Горячев.

Царицын-Польский шевельнул какими-то рычажками, камера правительственной связи приблизилась к главному телепульту, и теперь Горячевы увидели то, что видели все сотрудники телевидения, набившиеся битком в диспетчерский зал.

В центре, на основном или, как говорят на телевидении, «выходном» экране, все так же весело шла по улице Горького гигантская московская демонстрация — люди пели, несли портреты Горячева и лозунги «Будь здоров, Сергеич!». А на остальных экранах, под которыми светились подписи «Ленинград», «Киев», «Баку», «Ростов», «Казань», «Красноярск» и так далее, — на всех этих экранах в безмолвии отключенного звука происходило то, что когда-то в 1956 году происходило в Будапеште, в 1962-м — в Новочеркасске, в 1968-м — в Праге, в 1980—1981-м — в Польше, а в 1989-м в Пекине: народ громил партийные и советские учреждения, а войска, спецчасти КГБ и милиция громили демонстрантов: поливали их водой из водометов, разгоняли танками, засыпали слезоточивыми гранатами. В Ленинграде... в Свердловске... в Харькове... в Ташкенте... Всюду.

И сочетание этого всесоюзного погрома с радостной и безмятежной московской демонстрацией было ошеломляющим.

— Боже! Боже мой... — прошептала Лариса, глядя, как в Минске мощная струя воды армейского водомета тащит по мостовой грудного ребенка. — Миша! Останови это! Останови!..

Но он еще продолжал смотреть на экран — на людей, разбегающихся от слезоточивого газа...

На милиционеров и гэбэшников, заталкивающих арестованных в «черные вороны»...

На собственный портрет, по которому прокатил гусеницей танк в Волгограде...

На пьяных армян, громящих окна ЦК КП Армении в Ереване...

На активистов «Памяти» с красными нарукавными повязками дружинников, бегущих с дубинками в руках за каким-то студентом...

Царицын-Польский напрямую подключил к телепульту Горячева каналы связи с Минском, Киевом, Харьковом, Архангельском, Мурманском — везде было то же самое...

— Почему же... вы показали... только Москву? — превозмогая острое сжатие сердца, спросил наконец Горячев.

— Мне приказали... — ответил Царицын-Польский.

— Кто?

— Из КГБ...

Горячев медленно повернулся к телохранителю, произнес беззвучно враз пересохшими губами:

— Митрохина.

— Слушаюсь. — Телохранитель снял с пояса небольшой радиопередатчик. Там, где был сейчас Митрохин, заработал биппер. Телохранитель сказал в микрофон: — Товарищ генерал, вас Михаил Сергеевич. Срочно в ходовую рубку...

Горячев, не шевелясь, продолжал смотреть на экран.

Три часа назад он был самым популярным человеком в стране и даже во всем мире. Люди привозили ему цветы, слали письма, открытки и телеграммы. Собирали деньги на демонстрацию и миллионами вышли на улицы праздновать его выздоровление. Свершилось то, ради чего он жил, взбирался к власти и рисковал ею все эти годы. И теперь, пользуясь этой массой популярности, он мог бы превратить Россию в рай, в самое процветающее государство.

Но все эти возможности крошились сейчас под гусеницами танков, смывались водометами, тонули в слезоточивых газах и в народной крови. И это он сам — сам! — спровоцировал себе Ходынку! Он оказался ниже, мельче собственного величия. Но — сам ли?

Господи, отпусти мое сердце, отпусти, дай мне пошевелиться...

Павел Митрохин появился в ходовой рубке, стройный и подтянутый, как Пол Ньюман на голливудском банкете.

— Слушаю, Михаил Сергеевич.

— Что это такое? — Горячев почти беззвучно указал на экран телевизора.

Митрохин шагнул ближе, взглянул.

— Ах это! Ну, вы же знаете! Мы же с вами говорили: могут быть небольшие эксцессы, даже... желательные. А получилось — русские люди напились и пошли громить! Пришлось бросить войска... Ну, и чтоб это не вышло на Запад, я приказал... — И он небрежным жестом, словно тут не о чем говорить, выключил видеосвязь с телецентром.

Забыв о боли в груди, на одном бешенстве Горячев резко встал с кресла, глядя Митрохину прямо в глаза. И была такая однозначность в том, как, вставая, он поднял руку, что Митрохин выпрямился, ожидая пощечины. Лицо его окаменело, а глаза... Таких глаз у Митрохина Лариса не видела никогда.

— Миша!.. — успела крикнуть она.

— Не смейте, Миша... — спокойно и холодно-уничтожающе сказал Митрохин. — Вы арестованы.

Словно ржавый, зазубренный нож повернулся в сердце, но столько огня и бешенства было внутри Горячева, что он и это пересилил, сказал двум своим телохранителям:

— Арестуйте мерзавца!

Однако те индифферентно отвернулись к иллюминаторам.

— Капитан, Вязова ко мне, — тихо приказал Горячев, но увидел, что и капитан, и рулевой тоже, как телохранители, делают вид, что ничего не слышат.

— Бесполезно, Михаил Сергеевич, — усмехнулся Митрохин... — Этот корабль подчиняется только мне. И он уже не вернется в Москву.

— Лариса! — негромко сказал Горячев.

Лариса, все поняв, уже и сама тихо спиной отходила к двери рулевой рубки. «Вязова! Вязова!» — стучало у нее в голове, но каким-то шестым чувством она знала, что и это — поздно, что Пашка Митрохин предусмотрел все, включая маршала Вязова. И ей вдруг отчетливо вспомнился пьяный Юртов с его тоскливым предчувствием «мы проваливаемся сквозь лед!»...

В этот момент за спиной Горячева возникла высокая фигура митрохинского телохранителя.

— Не спешите, Лариса Максимовна... — сказал он негромко.

И вдруг Горячев согнулся и, дернув рукой к сердцу, тяжело осел вбок — мимо кресла, на ковровый пол. Лариса кинулась к нему.

— Врача! Быстрей! — крикнула она.

Но капитан судна и телохранитель уже и сами вызывали врача — телохранитель по радиопередатчику, а капитан — по судовой радиосети.

— Миша! Миша... — судорожно и боязливо Лариса трогала серое лицо мужа и истерически крикнула застывшему рядом Митрохину: — Сволочь! Сволочь!

Через минуту у лежащего на полу тела разом склонились личный врач Горячева Зинаида Талица и американский доктор Майкл Доввей. Разорвав на Горячеве рубашку, Талица слушала его сердце, Доввей считал вслух.

— Heart attack*? — полуспросил Майкл у Талицы.

Та утвердительно кивнула, и вдруг Майкл увидел темную точку от укола на левой руке Горячева, в локтевом сгибе.

— Разве ему были прописаны какие-то уколы? — удивленно спросил он у Талицы.

— Не ваше дело! — покраснела она и посмотрела на Митрохина.

---

* Сердечный приступ, инфаркт.

Тот кивком головы показал горячевскому телохранителю на Майкла.

— Что вы ему ввели? — крикнул ей Майкл. Он уже все понял: даже небольшая доза медленно действующего эрготермина (slow acting ergotermin) внутривенно вызывает при стрессе сердечный спазм. А большая...

— Они убили его, они убили его! — закричала Лариса, пытаясь вырваться из жестких рук митрохинского телохранителя. — Они сделали ему укол еще утром, в больнице!

— Да не ори ты, кикимора! — зло сказала ей Талица. И с явным удовольствием посмотрела, как митрохинский телохранитель сунул в рот Ларисе скомканный носовой платок, а второй телохранитель, горячевский, крепко стиснул локти Майкла Доввея. Митрохин повернулся к капитану «Кутузова», приказал:

— Полный вперед, в Углич.

И какая-то тень усмешки отразилась на его лице — Углич знаменит в русской истории тем, что здесь в XVI веке русские бояре убили царевича Дмитрия, сына Ивана Грозного...

ДЕНЬ ВОСЬМОЙ И ПОСЛЕДУЮЩИЕ

20

Из сообщений иностранных журналистов, аккредитованных в Москве:

ПАРТИЯ ВОЗВРАЩАЕТСЯ К ВЛАСТИ

20 августа толпы прогорячевских демонстрантов громили партийные учреждения почти во всех крупных городах и населенных пунктах СССР. Но партия продемонстрировала народу, что ее связь с армией, КГБ и милицией осталась неразрывной. Объединенные силы КГБ, армии и милиции разогнали демонстрантов с помощью танков, водометов и слезоточивых газов и в ночь на 21 августа произвели массо-

вые аресты активистов демонстрации... количество арестов исчисляется сотнями тысяч...

Несколько московских осведомителей сообщают, что в Угличе был задержан теплоход «Кутузов» с гостями кремлевского банкета в честь выздоровления Горячева и все участники банкета арестованы.

Местонахождение и физическое состояние самого Михаила Горячева неизвестны. Сегодня в «Правде» опубликовано «Правительственное сообщение», обвиняющее Запад в инспирировании беспорядков во время демонстрации. Заявление подписано не Горячевым, а анонимным Политбюро. Многие эксперты считают, что эра горячевского правления закончилась, и за кремлевской стеной идет ожесточенная борьба за власть.

В страхе перед волной репрессий типа 1937 года москвичи отказываются вступать в разговоры с иностранцами... Огромные очереди в государственные и некоторые еще открытые кооперативные магазины... Население раскупает буквально все: муку, масло, крупы и другие продукты... На улицах Москвы и Ленинграда появились группы «русских патриотов», которые при полном невмешательстве милиции громят частные кафе, парикмахерские и другие кооперативные предприятия, выкрикивают антисемитские призывы и шовинистические лозунги...

По всеобщему мнению, в ближайшее время будут официально закрыты все частные и кооперативные предприятия... и партия восстановит свой полный контроль над обществом. Прогнозируют, что вслед за этим будут аннулированы западные концессии в СССР и национализированы все предприятия со смешанным западно-советским капиталом... Никто не знает, будет ли новое советское правительство платить долги, выполнять контракты и выплачивать проценты по займам горячевского правительства...

Из телеграмм UPI, AP, Reiter и других телеграфных агентств

ЛОНДОН (22 августа, утренний выпуск). Хотя еще нет никаких официальных сообщений о смещении Горячева и образовании нового правительства в СССР, на всех биржах мира катастрофически падает курс валют тех стран, которые крупными займами и концессиями способствовали горячевской политике модернизации советской экономики. Стоимость американского доллара упала на 17 процентов, западногерманской марки — на 21, французского франка — на 24,7, японской иены — на 31 процент.

ВАШИНГТОН (22 августа, дневной выпуск). Согласно непоименованным источникам, Центр Космической Разведки Пентагона сообщил, что вчера и сегодня наблюдается резкий рост активности китайской армии вдоль советской границы в Сибири. Высказываются уверенные предположения о том, что, в случае дальнейшей дестабилизации внутреннего положения в СССР, Китай может осуществить свои давние планы по захвату бывших китайских территорий в восточной части советской Сибири...

Часть II

(16 месяцев спустя)
КРАСНЫЙ ЯНВАРЬ 199... года

ДЕНЬ ПЕРВЫЙ

21 ДЕКАБРЯ

21

Москва.
18.50 по московскому времени

«...Когда семь черных кремлевских лимузинов выезжают с эскортом мотоциклистов из Кремля, кажется, что эта кавалькада ничем не отличается от правительственных выездов времен Брежнева, Андропова или Горячева. Но на самом деле отличие есть: теперь на капоте каждого лимузина два флажка — красный на голубом стержне флажок СССР и ярко-голубой флажок России. Это новшество отражает курс нового советского правительства. Когда-то, еще в 1242 году, под голубыми знаменами дружины русского князя Александра Невского разбили немецких рыцарей, под голубыми же флагами Петр Первый вел свои войска на шведов под Полтавой, и под голубыми знаменами Кутузов гнал Наполеона. Теперь даже голубое древко советского флага символизирует РОССИЙСКУЮ основу, на которой держится в СССР красная власть рабочих и крестьян. Иными словами, именно голубая Россия стала официальной опорой красного государства...»

Сидя за затемненными стеклами третьего по счету лимузина (в первом и втором едет охрана), Роман Борисович Стриж отбросил свежий «Тайм» со своим и Митрохина портретами на обложке и приколотым к журналу русским переводом статьи «Новый облик России». Взглянул в окно. Легкая январская поземка штриховала Москву снежными прочерками. Над метро «Площадь Революции» висели ги-

гантские транспаранты: «Смерть мировому сионизму!» и
«Долой сионистскую блокаду». Вдоль тротуара стояли ожив-
ленные толпы москвичей. Размахивая красными и голубыми флажками, они кричали приветствия правительственному
кортежу. Господи, вздохнул про себя Стриж, сколько еще
предстоит сделать, чтобы красная советская власть действительно, а не символично держалась на российском стержне!
Вот уже больше года западные страны пытаются, как в двадцатые годы, удушить новую патриотическую Россию удав-
кой экономической блокады за то, что новое правительство
выселило всех русских евреев в Сибирь. Это было первой
акцией Стрижа и Митрохина — нужно было срочно остановить вторжение китайцев и одновременно завоевать по-
пулярность в стране. Переселение двух с половиной
миллионов евреев на строительство антикитайских укреп-
лений гениально решило обе эти задачи: китайцы тут же
отказались от планов вторжения в Сибирь — не рискнули
связываться с мировыми жидомасонами, а в стране несколько недель царило ликование: люди занимали новые должности, квартиры, дачи, бесплатно получали машины, мебель,
посуду, одежду. Миллион еврейских квартир, освободив-
шихся для народа в самых крупных городах — Москве, Ленинграде, Киеве, Харькове, — сразу сделали имена Стрижа
и Митрохина популярными...

Лимузины вошли в плавный поворот к Охотному ряду,
и впереди, над белыми колоннами здания Большого театра,
возникла квадрига медных, огненно-красных коней, паря-
щая в лучах прожекторов, а под ним по всему фронтону
театра — яркий неон рекламы: ПРЕМЬЕРА ОПЕРЫ «ВЕС-
НА РОССИИ». И тут же мысли Стрижа были прерваны
ревом гигантской толпы, заполнившей всю площадь перед
театром. При первом же появлении кремлевских лимузинов
эта толпа заорала что-то ликующее, на машины полетели
цветы. Да, эти люди явно ждали не столько спектакля (те, у
кого есть билеты на оперу, уже наверняка в зале), а их —
Стрижа и Митрохина, новое патриотическое правительство
СССР. И даже если это их ликование не вполне стихийно,
а, возможно, организовано самим Митрохиным — все равно приятно, чего душой кривить.

Медленно прокатив сквозь коридор московской патриотической публики, кавалькада машин остановилась под навесным тентом служебного входа в театр. Здесь, коченея от крепкого московского мороза, директор и секретарь парткома театра, авторы и постановщики новой оперы замерли в ожидании высоких гостей. А услужливые рослые телохранители уже открывали дверцы лимузинов...

Когда еще через минуту новые правители России — Борис Романович Стриж и Павел Иванович Митрохин — в сопровождении членов Политбюро появились в театральной правительственной ложе, две тысячи зрителей, сидевших в зале, вскочили с мест, словно поднятые единым порывом. «Ура Патриотическому правительству!», «Да здравствует Россия!», «Слава русской истории!» — кричали сотни голосов в разных концах гигантского зала. И такой напор, такая сила и энергия исходили от зала, что — нет уж, это не организовано и не подстроено, извините! Это было как шторм, как буря, как единый вопль молодой, новой, патриотической России...

Негромко поаплодировав залу, Стриж и Митрохин сели в кресла, но зал не унимался. «Ура русским патриотам Стрижу и Митрохину!», «Слава российским вождям!», «Да здравствует весна России!» — скандировал зал, и пришлось Стрижу и Митрохину снова встать и, подняв руки, успокоить зал, обратить внимание зрителей к сцене, где над оркестровой ямой застыл дирижер. И, казалось, не от взмаха его дирижерской палочки, а от этого небольшого жеста рук Стрижа и Митрохина началась увертюра новой оперы.

Это была хорошая, душевная и какая-то по-русски широкая музыка. Она началась негромкой и непритязательной мелодией не то флейты, не то пастушьей свирели, прозрачной и легкой, как полет утреннего ветра в степи. Затем к этой свирели стали присоединяться другие инструменты, и воображаемая степь стала оживать волнами шевелящегося под ветром ковыля, песней жаворонка в высоком небе, шуршанием орлиного крыла по острой наклонности воздушного потока, плеском чистой воды в ручье... Но вот какая-то рябь беспокойства прошла по музыке ковыльной степи. Чужой, ритмично-конный мотив стал приближаться, заглушая пастушью свирель. Он нарастал уже не музыкой, а грохотом копыт, созвучным барабанному тамтаму, он оглушал степь ржанием лошадей и гортанными криками чужого, нерусского наречия. И уже, кажется, все утонуло в этом чудовищном пиршестве антимелодии, все чистое, ковыльное, свирельное погибло в этой какофонии иноземных инструментов — каких-то щипково-струнных и барабанных, и кровь из пронзенного стрелами орла хлещет в замутненный ручей, а в истоптанную копытами степь падает с высоты перо из крыла навсегда замолкшего жаворонка...

Но вдруг откуда-то издалека, будто даже не из небытия, слышится тихий, непритязательный, простенько-русский, почти частушечный мотив пастушьей свирели. И он близится, близится, близится — озорно-шутовской и трогательный до слез, до озноба души и сердца. И уже не нужна этому мотиву помощь других инструментов, потому что зал, как наэлектризованный, взрывается аплодисментами и подхватывает эту простенькую, частушечную русскую мелодию и поет ее, плача от счастья...

И вот уже исчезло татаро-какофонное наваждение, и снова — весь в утренней росе — колышется под ветром степной ковыль, и снова орел стрижет своими мощными крыльями воздушные потоки, и жаворонок звенит в бездонно-высоком небе...

Медленно, почти неприметно растворяется в воздухе театральный занавес — не поднимается, нет, не уходит к боковым рампам, а с помощью какого-то, черт знает — стереоскопического, что ли, — эффекта, этот тяжелый, парчовый занавес Большого театра вдруг тает в воздухе, открывая ошеломленному залу не сцену, нет, а бесконечное, до горизонта ясное пространство половецких степей с живым, реальным ковылем, с ручьем, со звоном цикад и жаворонком в небе. И чистое, яркое, утреннее солнце стоит над этой исконно русской землей...

Господи, что тут случилось с залом! Люди вскочили, закричали, зарыдали от радости и даже забыли аплодировать, а просто зашлись от единого, в две тысячи голосов крика «У-Р-Р-Р-А-А-А!». Они узнали свою Родину. Нет, извините, это не те слова.

Волшебством музыки и света, звука и объема люди пронеслись на тысячу лет назад, в ковыльную степь своих предков, под небо той, еще первозданной России... Стриж почувствовал, что даже у него увлажнились глаза. И вот в этот момент на сцену вышли они — Пастух и Пастушка. В простеньких древних одеждах, в лаптях. Юный Пастух держал в руках тоненькую, из ивы, свирель.

Я — Россия ковыльная,
Я — Россия степна-а-ая...

Стоило ей, юной Пастушке, красивой, как царевны всех русских сказок, пропеть первые слова арии о русской степи, как весь зал и вся правительственная ложа поняли: этот высокий, чистый, сильный и неповторимый по тембру голос — это голос их Родины, это голос России...

Стриж всем телом подался вперед, к бархатному окладу барьера правительственной ложи, и впился глазами в эту Пастушку — Россию.

Краем глаза он уловил косой взгляд Митрохина, но уже не мог, да и не хотел сдерживать своих чувств — такого чистого русского лица, как у этой Пастушки, таких васильковых глаз, такой атласной кожи, таких ног, такой высокой груди, таких идеальных бедер, такого живота, просвечивающего сквозь пастушью тунику, такой невинности в каждом жесте, шаге и движении юного тела Стриж не только никогда не видел, но и не мог подозревать о земном существовании подобных нимф!.. О, конечно, у него были женщины. В бытность его секретарем Свердловского обкома партии они с Вагаем имели не одну балерину и не одну певичку из Свердловского театра оперетты. Но то, что двигалось сейчас по сцене Большого театра, то, что одним звуком своего голоса входило в душу, в кровь и во все без исключения члены крепкого сорокавосьмилетнего тела Романа Стрижа, — это невозможно было назвать ни балериной, ни певицей, ни актрисой. Просто кощунственно было бы употреблять эти расхожие слова к такому чуду.

Для обозначения этого чуда подходило только одно русское слово — ДИВА.

Эту ДИВУ мы будем иметь, твердо решил Роман Стриж. И от сознания того, что ничто, никакие силы в мире не могут помешать ему осуществить это простое решение, Стрижу стало легко и радостно. Большой театр всегда, все двести с лишним лет своего существования, был практически кремлевским гаремом. Цари выбирали здесь своих фавориток. Сталин за тридцать лет своего царствования перепробовал несколько поколений лучших певиц и балерин, известных всему миру. Калинин специализировался только на несовершеннолетних студентках Училища Большого театра. Берия, Ворошилов, Буденный, Маленков, Поскребышев, Тухачевский — все они в свое время полакомились в этом малиннике. А теперь его, Стрижа, очередь. Законная, царская.

Стриж откинулся назад к спинке стула, открыл отпечатанную на атласной бумаге программку и сразу увидел нужную ему строку: «Пастушка — Полина Чистякова». И имя у нее хорошее, русское. Теперь Стриж уже спокойно, как собственной вещью, стал любоваться этой поющей на сцене дивой. Интересно, откуда она? Сколько ей? Девятнадцать? Двадцать? Неужели она пела в этом театре вчера, месяц назад, а он и не знал о ее существовании?

Стриж не любил оперу. Толстые певцы и певицы, одетые в тяжелые исторические костюмы, поют бесконечно — уснуть можно... Но «Весна России» захватила его. Нет, не только фигурой Полины Чистяковой и не только ее проникающим до паха голосом, но силой и российской напевностью музыки, стремительным движением сюжета через века русской истории. Татарское иго... Нашествие шведов... Смуты поляков... Наполеон... Гитлер... Евреи в черных лапсердаках и в сталинских френчах... Господи, кто только не пытался соблазнить, изнасиловать нашу Русь! Но Россия всех вымела из своих ковыльных степей, и вот она снова поет на весь мир — поет молодым, сильным голосом. Она зовет народ к прежней славе — к славе Петра, Суворова, Кутузова, к Державности!

Я — Россия ковыльная,
Я — Россия степная!..

Господи, каким исполинским звучанием наполнились теперь эти простенькие поначалу слова! Как мощно, какими широкими крыльями звука поднял их оркестр! И как вольно, страстно и могуче парит над этой музыкой глубокий голос юной певицы, голос Родины-матери! И как вдохновенно-ликующе принимает все это зал — кажется, прикажи им эта Пастушка пойти сейчас на новых татар или французов, и они ринутся в бой — с радостью, с песней, с именем Бога и Родины на устах...

Да! Вот что нужно сегодня народу — победа! Не пассивное сопротивление западной экономической блокаде, а короткая победоносная война — вот что нужно стране! Народ душевно угнетен экономикой, разрушенной Горячевым, а у армии после Афганистана вообще синдром трусости. Значит, нужно влить в народную кровь адреналин победы, как сделал это Рейган с американцами, высадив войска в Гренаде. Да, нужно вздрючить народ, объединить, сплотить! И ничто в мире не возбуждает и не пьянит народы так, как кровь поверженного народа-врага. Он, Роман Стриж, встряхнет нацию!

ДЕНЬ ВТОРОЙ

23 ЯНВАРЯ

22

**Город Екатеринбург (бывший Свердловск).
06.00 по местному времени (04.00 по московскому)**

Громкие настенные часы-ходики показывали почти шесть утра. Поглядывая на минутную стрелку, восьмилетняя Наташа торопливо допивала из блюдечка горячий чай — у нее оставались считанные минуты на массу дел! Перво-наперво поставить на чайник тарелку с картофельными оладьями, которые она с вечера приготовила для отца, пусть согреются до его прихода — это раз! Натянуть на ноги вторую пару шерстяных колготок — два. Затем сунуть ноги в валенки, надеть пальто, шарф и шапку-ушанку — три, четыре, пять, шесть. После этого: погасить свет, запереть квартиру... ой, забыла — вытащить из холодильника брикет мороженого китового мяса, чтобы он разморозился до прихода мамы, которая еще с ночи ушла на работу в трамвайный парк...

— Говорит Екатеринбург, уральское время — шесть часов утра. Доброе утро, дорогие товарищи! — старательно-бодрым голосом объявил теледиктор. — Передаем последние известия! Патриотическая опера «Весна России» удостоена Ленинской премии за выдающийся вклад...

Наташа выключила телевизор и, скатившись по темной парадной лестнице, выскочила на улицу, на ходу накручивая шарф на шею. Морозный воздух тут же, на первом вдохе, перехватил дыхание — прямо ноздри слиплись. Дыша ртом, она побежала по черной улице. Отец бы, конечно, сказал: «Закрой рот! Дыши носом!» Он вообще воспитывал ее по-армейски, как мальчишку, то ли потому, что понятия не имел, как играть с ней в куклы, то ли потому, что она родилась всего через год после его возвращения из Афганистана...

Наклонив голову вперед и спрятав подбородок в шарф, девочка побежала по улице, свернула за угол. Темные, заснеженные улицы с высокими слежавшимися сугробами-отвалами вдоль тротуаров, по которым бежала Наташа, были похожи на прифронтовые — ни света уличных фонарей, ни машин. Но в этой пустой темноте, продуваемой леденящей поземкой, слышалось и угадывалось какое-то торопливое движение: людские фигуры выскакивали из подъездов, кутаясь в пальто, куртки или бушлаты, спешили туда же, куда бежала Наташа. На их пути клацали двери других, таких же темных подъездов, новые фигуры присоединялись к уже идущим, нет, почти бегущим людям, и все ревниво следили, чтобы тот, кто вышел из дома позже, не обогнал впереди идущих. Заледенелые тротуары гулко отражали их быстрые шаги, муравьиные цепочки спешащих людей соединялись с такими же цепочками, вывернувшими из соседних улиц и переулков, и вот уже все ускоряют шаг до предела, а потом бегут. Так спешат в бой, на баррикады и в очередь за хлебом.

Выбежав наконец на темный и вьюжный Гагаринский проспект, люди с разбегу натыкаются на огромную черную очередь-гусеницу, вытянувшуюся на шесть кварталов к магазину «ХЛЕБ». «Кто крайний? — слышатся запыхавшиеся голоса. — Я за вами! Какой номер?..»

Но Наташа не стала занимать очередь. Она увидела пузырь скандала впереди, на маленьком пятачке между крыльцом магазина и хлебным фургоном, и с ходу побежала туда. Там, наблюдая за разгрузкой хлебных лотков и крепко держа в руках свои хлебные карточки, стояли под стеной магазина первые три десятка очередников, а рядом с ними затевала драку группа мужиков.

— Дай! Дай я ему врежу по харе!.. — вырвался из рук своих приятелей какой-то хмырь. И то же самое делал его противник, крича:

— Пусти! Я ему будку расквашу!

Оба мужика остервенело отшвыривали своих дружков, а те хватали их снова, пытаясь удержать от мордобоя. Ком драки, мата и мелькающих в воздухе кулаков приближался к первому десятку людей в очереди, и люди уже стали шарахаться в стороны, чтобы их не задели, не смазали кулаком по уху. Еще секунда — и таран драки разрушил бы очередь, смял ее. Но в этот миг между дерущимися возник среднего роста крепыш в потертом кожаном шлеме и серожелтом армейском бушлате. Это был Андрей Стасов — отец Наташки.

— Вали отсюда! — походя замахнулся на него один из дерущихся.

Стасов перехватил этот кулак на лету. Мужик попытался выдернуть руку, но Стасов, при своем среднем росте и не очень внушительной фигуре, обладал не руками, а настоящими клешнями, как и положено бывшему водителю танка, а ныне механику-контролеру танкового цеха «Тяжмаша». И только ощутив на своем запястье стальную хватку стасовской клешни, мужик-горлопан повернул к Стасову свое угристое лицо:

— Чё встряешь? По уху захотел?

Стасов улыбнулся. И Наташка, остановившись в пяти шагах, улыбнулась тоже. Она боготворила своего отца за вот эти его удивительные улыбки в самые, казалось бы, опасные минуты. Ради таких вот минут она и чай не допивает, и кубарем выскакивает из квартиры, только чтобы не пропустить эту мягкую, душевно-дружескую улыбку на лице своего отца именно тогда, когда над ним уже занесен кулак очередного хулигана. Девочка была уверена, что с такой же улыбкой отец может войти в клетку к медведю и через пару минут выйти оттуда в обнимку со зверем.

— Я же сказал: кончай понтярить, — мягко попросил Стасов, все еще держа на отлете руку мужика, и мужик не выдержал этого сочетания задушевной улыбки с мертвой хваткой стасовской клешни — он усмехнулся сначала одними глазами, а потом и ртом, полным стальных зубов.

— В чем дело тут? — Откуда-то из конца очереди подоспел к Стасову здоровяк дядя Петя Обухов, такой же, как отец девочки, «афганец». Никакая сила не могла заставить этих ветеранов войны в Афганистане именовать себя не «афганцами», а «воинами-интернационалистами», как писали о них в газетах. На «Тяжмаше», где работал отец Наташи, этих «афганцев» было больше пятисот, а по всему городу Екатеринбургу (бывшему Свердловску) — не меньше пяти тысяч. Из них сотни две самых проворных сумели на гребне патриотических преобразований выскочить в партийно-управленческие сферы, но вся остальная масса осталась на своих рабочих местах.

— «Афганцы», что ли? — спросил мужик-драчун.

— Ну! — басом ответил ему Петр Обухов. — А ты думал?

Год назад, когда сионисты-империалисты решили задушить Россию экономической блокадой и по всей стране возникли ночные очереди за хлебом, «афганцы» стали добровольными охранниками порядка, их авторитет был куда выше, чем авторитет милиции.

— Ладно, пошли отсюда... — сказал мужик-драчун своей компании, и нарыв драки как-то сразу опал и рассосался, а Андрей Стасов объяснил Обухову:

— Ерунда! Театр хотели устроить...

Только теперь Наташка поняла, что вся эта драка затевалась мужиками лишь для того, чтобы смять очередь, разогнать первые двадцать — тридцать человек и под шумок прорваться к двери магазина.

Увидев дочь, Стасов улыбнулся ей и глянул на наручные часы — было четверть седьмого. Коротким жестом он привлек Наташку к себе, и она обрадованно прижалась головой к его бушлату. Бушлат, конечно, пах соляркой и тавотом, но для девочки это были родные запахи ее отца. Этой танковой смазкой — «тавотом» — отец периодически смазывал дома всю обувь, и обувь действительно носилась долго, а главное, не промокала...

Но долго нежничать с отцом на глазах у хмурых и замерзающих в очереди людей девочка, конечно, не могла. Она взяла левую руку отца, повернула ее ладонью кверху, прочла на ней их сегодняшний номер в очереди — «132» и, вытащив из кармана пальто коротенький химический карандаш, послюнила его и записала этот номер на своей левой ладошке.

— Пойдем, поставлю тебя в очередь, — сказал ей отец.

— Я сама найду, беги домой... — Наташка подышала на холодную руку отца и строго посмотрела на него снизу вверх: — Беги! Смотри, как замерз! Синий весь!

Отец, конечно, не был синим, просто девочке нравилось заботиться о нем, она бы вообще продолжала играть с ним в «маму и сыночка», как играли они, когда ей было два, три, даже пять лет. Но теперь девочке было уже восемь...

Стасов взял дочку за плечо и повел к своему месту в очереди, но Петр Обухов остановил их.

— Беги, действительно. Хоть ты пожрешь, — сказал он Стасову. — А я ее поставлю в очередь. Слыхал? С первого числа опять нормы выработки повышают...

— Да не может быть!

— Люди говорят: сегодня в газетах будет. Как раньше жали, так и теперь жмут — без разницы. Пошли, Наташка. — И Обухов, положив девочке на плечо свою тяжелую руку, повел ее ко второй сотке очереди.

— Дядя Петя, а ты какой сегодня? — спросила Наташа.

— Сорок третий, — сказал на ходу Обухов. — У меня нету дочки, чтобы мне спать до трех!.. — Обухов был грубым верзилой, и Наташа никогда не могла понять, завидовал Обухов ее отцу или осуждал его за то, что тот спит до трех часов утра — на полчаса больше, чем он, Обухов.

Они подошли к четырнадцатому десятку людей в очереди.

— Сюда, — сказал дядя Петя и вставил свою сильную, как топор-колун, руку между какой-то теткой необъятных размеров и худым высоким мужиком в лисьем треухе. И хотя плотность сжатия очереди была такой, что, казалось, уже никакая сила не разомкнет ее даже на сантиметр, рука Обухова все-таки расколола просвет между спиной толстой бабы и грудью мужика в треухе, и девочка острым своим плечиком втиснулась в этот просвет, а Обухов еще и подтолкнул ее маленько. При этом на лице хмыря в лисьем треухе отразилось страдание — наверное, потому, подумала Наташка, что люди, стоящие в очереди, всегда не любят впускать в нее даже законных очередников.

Но девочке было наплевать на этого мужика. В очереди было тепло, особенно за этой толстой мягкозадой бабой. Девочка оглянулась на удаляющегося по улице отца, убедилась, что он спешит домой, и стала наблюдать за разгрузкой хлеба. Шофер хлебного фургона и грузчик были, конечно, без фартуков, а это антигигиенично. Люди будут этот хлеб кушать, а шофер и грузчик лапают хлебные лотки своими руками, прижимают к грязным курткам... Стоп! А это что?

Выйдя из магазина, грузчик и шофер спустились с крыльца и вдруг стали закрывать на замок железные двери хлебного фургона. Рядом две бабы из очереди — «счетчицы», считавшие количество лотков с хлебом, — спросили изумленно:

— В чем дело?

— Все, шабаш, — сказал грузчик.

— Как это «все»? — изумились счетчицы. — Только восемьсот буханок сгрузили! А нам пятнадцать сотен положено!

«Восемьсот буханок! Всего восемьсот буханок!» — полетело по очереди, как ток, заставляя первые сотни людей еще плотней давить на передних и разжигая в последних сотнях ярость и отчаяние.

— Восемьсот буханок! Нам не хватит!

— Сволочи! А где милиция?

— «Афганцы»? Где «афганцы»?!

Эти крики догнали Стасова, когда он уже свернул за угол. Взглянув на часы, Стасов заколебался. В спину сильно дул ветер со снегом, толкал домой. Там его ждал чай и теплые картофельные оладьи. Но если он вернется к новому скандалу в очереди, прощай завтрак! И не столько завтрака жалко, сколько Наташку: она же вчера пекла эти оладьи, старалась.

Но шум на Гагаринском проспекте разгорался, выхлестывался в соседние улицы и переулки. Нет, это явно не какой-то мелкий скандал с хулиганами, это орет вся очередь, все полторы тысячи человек. Сквозь гул и крики доносились до Стасова и отдельные возгласы:

— Накладную проверить! Не отпускайте фургон! Держите их! «Афганцев» зовите! «Афганцев»!..

— Восемьсот буханок сгрузили, а остальные «налево» хотят пустить!..

Стасов вздохнул и пошел назад. То, что он увидел, когда вернулся на Гагаринский проспект, было посерьезней его недавней стычки с мужиками, затевающими драку. Вся очередь изломалась, вспучилась, гудела женскими и мужскими голосами. Вперед, к хлебному фургону, набежало не меньше трехсот самых решительных и нервных, они окружили фургон, выволокли из кабины шофера и грузчика и требовали, чтобы те немедленно открыли кузов и показали, что выгрузили действительно весь хлеб. А кто-то из самых нервных уже бежал сюда с ломиком, чтобы просто взломать замок на двери фургона.

Бросив беглый взгляд на дочку и убедившись, что она стоит в стороне от скандала, Стасов решительно вклинился в толпу, окружившую фургон.

— Минутку! Минутку, товарищи! — говорил он на ходу, и было в его голосе нечто особо спокойно-властное, из-за чего люди расступались, узнавали его и говорили другим: «Андрея пустите! «Афганца» пропустите, пусть разберется!» Стасов в считанные секунды оказался возле фургона.

Здесь, в эпицентре скандала, Петр Обухов одной рукой держал за шиворот водителя фургона, а другой оберегал его же от какой-то рассвирепевшей тетки, которая орала:

— Сволочь! На людском горе рыло наел! Хуже жидов! Спекулянты! Я тебе счас!..

Еще два «афганца» прикрывали от разъяренной толпы грузчика. Тот трясущимися не то от алкоголизма, не то от страха руками открывал и все не мог открыть навесной замок на двери фургона.

Стасов подошел к нему, отнял связку ключей. Посмотрел на них и на замок и сказал грузчику:

— Ты же не тем ключом открываешь, голова два уха!

— Да это он нарочно! Сволочь! — закричали в толпе.

— Там нет хлеба, клянусь, — негромко сказал грузчик Стасову.

В толпе услышали, закричали:

— Значит, еще раньше продали хлеб! Сначала «налево» отвезли, а остаток — нам!..

Стасов открыл дверь фургона, заглянул внутрь. Там действительно не было ничего, кроме пустых хлебных лотков. Стасов шагнул к шоферу фургона, которого Петр Обухов по-прежнему держал за ворот:

— Накладную!

Шофер подал Стасову смятую накладную, но в толпе закричали:

— Липовая это накладная! Андрей, ты что, их фокусов не знаешь? Они как раньше воровали, так и нынче!

— Тихо! Сейчас я на хлебозавод позвоню, — сказал толпе Стасов и пошел в магазин.

Толпа выжидательно гудела.

— Да на заводе тоже жулье! Мозги задвинут! Они же все заодно! Что коммунисты, что «патриоты».

— Почему милиции до сих пор нет?!

— А потому и нет! Сговорились!..

Наташа, стоя в очереди, тянула шею вбок, чтобы увидеть отца и вообще все, что там, у магазина, происходит. Она была так поглощена беспокойством, успеет или не успеет отец сбегать до работы домой позавтракать, недоумением — почему все нет милиции и ожиданием — будут или не будут бить грузчика и шофера фургона, что долгое время не придавала значения некоему странному неудобству у себя за спиной, какому-то жесткому предмету, который давил ей в спину меж лопаток и ерзал там. И лишь когда этот предмет стал резко и быстро тереться о ее спину и лопатки, девочка с удивлением повернулась назад, подняла глаза на мужика в лисьем треухе. Тот стоял за ней, странно вздернув к небу свой небритый подбородок, тихо стонал и дергался всем телом, тыча животом вперед, в спину Наташе. «Псих ненормальный...» — подумала девочка, но в этот миг какая-то пожилая женщина вдруг подскочила к этому мужику сзади, рванула его за рукав из очереди и изо всей силы влупила ему кулаком по лицу так, что его лисий треух отлетел в сторону.

— Опять за свое, грельщик хренов! — закричала женщина. — Пшел отсюда, тварь! — И повернулась к очереди: — А вы! Смотрите, как этот кобель о девочку трется, и никто слова не скажет! Скоты!..

Наташа не понимала, что происходит. Почему этот мужик терся о ее спину и стонал? Почему он теперь трусливо уходит прочь, хотя вот-вот начнут давать хлеб, а его очередь во второй сотне? Почему эта женщина кричит на людей, обзывает их «скотами», а люди не отвечают, наоборот, стыдливо отводят глаза?..

Она была слишком мала, чтобы знать, что за ней стоял представитель новой разновидности онанистов — так называемых «грельщиков». Западу неизвестна такая форма публично-сексуального наслаждения, приоритет ее открытия целиком принадлежит Советскому Союзу, где народ за неполных восемьдесят лет советской власти семьдесят лет простоял в очередях за хлебом, мясом, крупами, картошкой, селедкой, водкой, сахаром, бумазеей и так далее. В

этих-то плотных многочасовых очередях и родились «грель-
щики» — мужчины, которые целыми днями переходят из
одной очереди в другую, прижимаются к женским задам и
спинам и совершенно даром вкушают свои удовольствия —
«по потребностям», как и положено при социализме...

— Пошел на согнутых, даже про хлеб забыл, — сказал
кто-то в очереди про уходящего «грельщика».

— Да ему уже и без хлеба хорошо...

— Твое счастье, что тебя Стасов не видел! — крикнула
вдогонку уходящему «грельщику» девочкина защитница и
ушла назад, на свое место в начале третьей сотни. И девочка, гордая тем, что совершенно незнакомые люди знают ее
отца по фамилии, снова вытянула шею, чтобы увидеть, что
происходит у магазина.

Там как раз появился Андрей Стасов. Он вскочил на
капот двигателя хлебного фургона и поднял руку.

— Тихо! — сказал он толпе. — Я только что говорил с
директором хлебозавода. Он сказал, что они отправили сюда
действительно только восемьсот буханок хлеба, а остальные семьсот еще только пекутся и будут через час-полтора.
Так что, кому не хватит хлеба, не расходитесь и не ломайте
очередь, а ждите. Всем ясно? — Он бросил грузчику связку
ключей и кивком головы приказал Петру Обухову отпус-
тить шофера. Шофер встряхнулся, восстанавливая надмен-
ность в выражении своего лица и фигуры, и даже выругался
в спины расходящимся от фургона людям:

— Оглоеды!..

— Ты потише на людей! — тут же угрожающе повернулся к нему Петр Обухов.

Но шофер сделал вид, что не слышит, залез в кабину и
завел мотор, хотя Стасов еще стоял на капоте.

— Давай, давай слазь! — раздраженно крикнул шофер
Стасову, и Стасов послушно, с улыбкой спрыгнул с капота,
посмотрел на наручные часы и побежал к автобусной оста-
новке, куда как раз подкатывал городской автобус.

— Папа! А оладьи?! — громко, со слезами в голосе крикнула ему дочка из очереди.

— Вечером съем, — ответил ей Стасов, запрыгивая в автобус.

Он не знал в эту минуту, что больше не увидит свою дочку живой.

23

37 километров на север от Москвы.
04.30 по московскому времени

В то время как в Екатеринбурге, бывшем Свердловске, приближался час открытия хлебных магазинов, над Москвой еще держалась морозная ночь, поскольку Москва стоит в двух часовых поясах на запад. Однако в 37 километрах на север от Кремля, вокруг правительственной дачи, было почти светло от полной зимней луны. Заснеженный парк серебристо отсвечивал в широкие окна двухэтажного особняка. На втором его этаже, в просторном холле, из стереосистемы «Sharp» негромко звучала напевная ария. «Я — Россия ковыльная, я — Россия степная...» — выводил глубокий и чистый голос юной оперной звезды Полины Чистяковой. Рядом, на широком, во весь пол, текинском ковре, лежала свежая «Правда». В газете на первой странице след яркой губной помады жирной чертой обвел два коротких столбца:

ПОСТАНОВЛЕНИЕ СОВЕТА МИНИСТРОВ СССР

За выдающиеся заслуги в развитии оперного искусства — создание и постановку в Большом театре СССР оперы «Весна России» — присудить А. ТРУБЕЦКОМУ, композитору, В. СМИРНОВУ, постановщику, и П. ЧИСТЯКОВОЙ, солистке, исполнительнице роли России, ЛЕНИНСКУЮ премию.

ПРЕДСЕДАТЕЛЬ
СОВЕТА МИНИСТРОВ СССР
Р.Б. СТРИЖ

УКАЗ ПРЕЗИДИУМА ВЕРХОВНОГО СОВЕТА СССР

За выдающиеся творческие достижения и актерское мастерство в создании образа России в опере «Весна России» присвоить солистке Большого театра СССР ЧИСТЯКОВОЙ ПОЛИНЕ СЕМЕНОВНЕ звание НАРОДНОЙ АРТИСТКИ СССР.

ПРЕДСЕДАТЕЛЬ
ПРЕЗИДИУМА ВЕРХОВНОГО СОВЕТА СССР
П.И. МИТРОХИН

Москва, Кремль, 22 января с.г.

Пламя камина освещало эти правительственные сообщения, а также соседнее — Указ о повышении производительности труда и укреплении рабочей дисциплины. Рядом с газетой на мягком ковре стоял, постанывая и вытянув вверх свой подбородок, Председатель Президиума Верховного Совета СССР, секретарь ЦК КПСС Павел Митрохин. В его ногах стояла на коленках совершенно нагая, с распущенными до пояса золотистыми волосами, новоиспеченная народная артистка СССР, лауреат Ленинской премии, исполнительница роли России в опере «Весна России» Полина Чистякова. Обхватив руками худые ноги Митрохина, она в ритме своей оперной арии совершала тот ритуал, который вряд ли был известен скифам ковыльной Руси, а скорее всего занесен в Россию проклятыми иноземцами...

Сейчас Полина исполняла этот ритуал с не меньшим творческим темпераментом, чем пела на сцене Большого театра. Соединение музыки, чистого и сильного голоса Полины и ее емкой гортани возносило Председателя Президиума Верховного Совета в заоблачные выси эйфории.

Кульминация приближалась в ритме арии «Весна России», которая как раз это время набирала мощь, высоту, силу:

Я — Россия ковыльная,
Я — Россия степна-а-ая...

Наконец, мощно прижав к себе голову ковыльной России, Митрохин с гортанным рыком выгнулся вперед, застыл, а затем ослаб и медленно, кулем, опустился на пол, бессильно вытянулся на ковре.

Тыльной стороной ладони Полина отерла чуть припухшие губы, встала с колен и подошла к окну, за которым открылся заснеженный парк. А перед окном стоял старинный, резной, из царского гарнитура столик на золоченых колесиках. На столике, в ведерке со льдом полулежала початая бутылка французского шампанского, рядом была большая ваза с виноградом и персиками и еще одна глубокая вазочка, доверху полная черной зернистой икрой. Здесь же высились два хрустальных бокала. У этого Митрохина всегда все красиво, как в кино! Потому Полина не стала тратить время на бокалы. Взяв из ведерка бутылку шампанского, она голяком села на подоконник и прямо из горлышка отпила несколько крупных глотков. Ее удивительно стройная эллинская фигура замерла в этот момент на фоне заснеженного парка, как древнегреческая скульптура в аллее ленинградского Летнего сада. Однако единственный зритель, который мог бы оценить эту картину, лежал сейчас на полу с закрытыми глазами и почти бездыханный. И музыка кончилась.

— Ну... — громко произнес Митрохин, не открывая глаз. — Рассказывай...

— Про Стрижа? — спросила Полина.

— Угу...

Прислонившись разгоряченной спиной к прохладному стеклу окна и вытягивая свои скульптурно красивые ноги, Полина сказала:

— А он молчит все время...

Митрохин усмехнулся, закинув руки за голову:

— А ты хочешь, чтобы он тебя развлекал? Ты его должна развлекать, ты! Ты ему тоже так вкусно все делаешь?

— Не знаю...

— Не крути! Отвечай, — жестко сказал Митрохин.

— Я стараюсь... — Полина снова отпила шампанское.

— А когда он тебе квартиру даст?

— Я боюсь просить...

— Ты проси, дура! Если ты у него ничего не будешь просить, он сразу поймет, что тебя подсунули! Не в любовь же ему с тобой играть, твою мать! — Митрохин еще в юности, в школе КГБ, заимствовал из какого-то американского романа манеру разговаривать с женщинами матом и давно убедился, что в России это производит на них замечательный эффект.

— А вы мне не можете квартиру дать? — осторожно спросила Полина. — Не могу же я всю жизнь с родителями в Черемушках...

— Я могу тебе сто квартир дать, дуреха! — уже ласково сказал Митрохин. — Но мне нужно, чтобы он тебе дал. Понимаешь?

— Конечно, понимаю. Вы там будете нас с ним голыми фотографировать.

— А тебя это колышет? — Митрохин испытующе глянул снизу на Полину.

— Нет, просто интересно, — усмехнулась Полина, задумчиво разглядывая простертое на ковре голое тело Митрохина.

— А почему ты про своего американца никогда не спрашиваешь?

— А вы все равно не скажете...

— Ты его еще любишь?

— Не знаю... Нет, наверное... — Полина вдруг вскинула глаза к его лицу, сказала в упор: — Я хочу замуж. За Стрижа.

— Что-о? — Митрохин от изумления даже приподнялся на локте.

— А что — разве секретарь ЦК не может со старой женой развестись?

— Та-ак... — задумчиво протянул Митрохин и снова улегся на ковре. — А вообще-то это было бы гениально. — Он заложил ладони под затылок, стал прикидывать ситуацию: — Но тогда действительно ты у него ничего не проси. Пока не проси. Разыгрывай влюбленную целку. Ты поняла? Что ты делаешь?!

Спрыгнув с подоконника, Полина взяла со столика вазочку с икрой, подошла к Митрохину и теперь стояла над ним с озорно-лукавым огнем в своих зеленых глазах.

— Не дури... — предупредительно произнес Митрохин.

— А вы мне поможете со Стрижом?

— Как?

— Ну, мало ли... КГБ все может... — Шагнув к стереоустановке, Полина нажала несколько кнопок, и в полумраке зимней дачи вновь зазвучал негромкий, тонкий, как прорастающий колос, мотив арии России и самые начальные, почти робкие слова: «Я — Россия ковыльная, я — Россия степная...»

— Ну, говори, что у тебя на уме? — сказал Митрохин вернувшейся к нему Полине.

— А вот что! — Она вдруг быстрым движением опрокинула на его грудь всю вазочку с икрой.

— Что ты делаешь, идиотка?! — вскочил Митрохин.

— Да подождите! — удержала его Полина, нагнулась и в такт музыке стала вылизывать икру, озорно поводя головой из стороны в сторону. При этом в наклонах ее юного тела, в упавших потоках волос, в изгибе белых рук и в абрисе бедер — во всем снова была идеальная, классическая грация.

Митрохин даже головой покачал:

— Ну кошка! Прямо Роден!..

Но в следующую минуту ему уже было не до классического искусства. Под ласкающими движениями народной артистки СССР ослабленный Председатель Президиума ожил, и дух его вознесся вместе с возрастающей мелодией арии из оперы «Весна России».

Но Полина не спешила. Она явно наслаждалась своей властью над главой правительства.

— А у жены Стрижа разве нет любовника? — вдруг спросила она между делом.

— Ах вот ты что хочешь! Чтобы мы ей любовника... — догадался Митрохин и вдруг не выдержал этой пытки блаженством — с диким рыком, неожиданным при его светских манерах, схватил Полину, с силой развернул ее и надломил лицом вниз, а высокими роденовскими бедрами вверх. — Вот тебе! — вошел он в нее, цепко ухватив актрису за талию. — Вот тебе «ковыльная!» Вот тебе «степная!» Пока ты за Стрижа замуж не вышла! Ишь куда замахнулась, кур-

ва! Да мы ей десять любовников подсунем! Я тебя озолочу,
если ты его на себе женишь! Мы его вот так иметь тогда
будем! Жени его на себе! Жени!.. Жени!.. Жени!..

Раскачиваясь в такт его сильным ударам и водя по ковру копной золотых волос, Полина хрипло, счастливо дыша-
ла открытым ртом.

А мелодия «России ковыльной» все набирала высоту и
силу...

24

Екатеринбург.
06.50 по местному времени

В 6.50 очередь наконец увидела двух милиционеров, идущих на дежурство к хлебному магазину. Один из них, Сергей Шаков, был рослый тридцатилетний сержант с круглым
красно-кирпичным лицом и светло-голубыми глазами.
Шапка-ушанка с милицейской кокардой была заломлена
на его голове набок и открывала светло-рыжий чуб. Второй
милиционер, Василий Карюк, толстый пятидесятилетний
старшина, имел неожиданное при его теле-бочонке лицо
язвенника — сухое, остроносое и злоглазое, как у мелкой
собаки. В обязанности этого милицейского наряда входило
выстроить очередь перед открытием магазина и наблюдать
за порядком, но вид Шакова и Карюка вовсе не выражал
сейчас служебного рвения. По тому, как лихо были залом-
лены назад их меховые шапки, по налету испарины на глад-
ко-красном лице молодого Шакова и по мечтательной
замутненности в собачьих глазах пожилого язвенника Карюка, — по всей совокупности этих мелких деталей опыт-
ному взгляду толпы сразу открылось, что милиционеры
опоздали на дежурство не по служебной занятости, а просто приняли только что по двести граммов спирта и вкусно
закусили. И хотя вполне возможно, что милиционеры пили
только чай, но промерзшая за ночь толпа вдруг пришла в
ярость только от одного вида сытости и тепла на лицах ми-

лиционеров. Послышались насмешливый свист, громкие выкрики:

— Явились, мордовороты!

— Небось, кобелили на пару! А народ тут мерзнет!

— Хоть бы газету принесли — про новые нормы узнать!

— А что им народ?! Счас покрутятся пять минут, возьмут по две буханки и опять по бабам! Вот и вся их работа!

— Нет, не вся! Не слыхал, как они в Воронеже наработали? На бабью демонстрацию — с танками да автоматами!

— Это они могут! Такой козел за паек родную мать расстреляет, рука не дрогнет!

— Эй, Шаков, вы мясо-то настоящее жрали? Или как мы — китовое?

— Шаков, мать твою вперекрест! Принес бы «патриотку» — людям согреться!..

В очереди расхохотались — большие двухлитровые бутылки водки с ручкой, наподобие западных, появились сразу после смены правительства, и народ тут же окрестил их «патриотками».

Милиционеры оторопели от такой встречи и принялись рьяно наводить порядок.

— Хватит орать! А ну, первый десяток! Пять шагов от магазина — марш! Марш!

— Второй и третий десяток, построиться по одному!

— Счетчицы? Ну и что, что вы счетчицы?! Все, отсчитались! Идите на свои места. Первый десяток — заходь в магазин за хлебом!..

— Счетчицы пусть стоят! — крикнули из хвоста очереди.

— Пусть считают! Восемьсот человек должны хлеб получить.

— Получат, получат! — сказал Шаков. — Мы разберемся! А вы катитесь на свои места! Тоже мне — народный контроль! У каждого на руке номер написан? Написан? Ну восемьсот номеров и получат хлеб!..

Но толпа прекрасно знала, что ни номера на ладонях ни даже самые бдительные счетчицы не спасут от неизбежной недостачи двадцати, а то и тридцати буханок хлеба. Через полтора часа, когда будут распроданы все восемьсот буха нок, выяснится, что хлеб получили не 800 человек, а 780 или 750! А куда делись остальные буханки — никто не сумеет выяснить. Даже если вызовут ревизора, продавщица предъявит ему ровно восемьсот отрывных хлебных талонов. Притом четыре буханки хлеба унесут без всяких талонов эти два милиционера — таков неписаный закон и оброк. Еще две буханки возьмет уборщица магазина и штук пять — сама продавщица, это тоже в порядке вещей. Но куда денутся еще три десятка буханок? «Очередь получила, — скажет продавщица не моргнув глазом, — вот же талоны!..» Когда первые полсотни людей получили хлеб, нервное напряжение толпы чуть поугасло. Вместе с очередью девочка приближалась к заветной двери магазина и уже достала из внутреннего кармашка пальто желтую, из второсортной бумаги книжечку с отрывными хлебными талонами. Но именно в это время она заметила некую короткую игру взглядов между молодым милиционером Шаковым и смазливой бабенкой, стоящей неподалеку от магазина в числе нескольких зевак. Этих зевак милиционеры постоянно отгоняли подальше от очереди и магазина, но они все равно настырно лезли. Поймав короткую и многозначительную переглядку Шакова с двадцатипятилетней блондинкой в черном тулупе, девочка сразу поняла, к чему этот молчаливый сговор. При первом же удобном случае милиционер протолкнет эту бабенку в магазин без очереди. «Но дудки!» — решила про себя девочка и уже не спускала глаз с этой бабенки. А та как ни в чем не бывало отвернулась от очереди, отошла до угла и стояла там с таким видом, словно не имела никаких преступных намерений. Еще один десяток людей запустили милиционеры в магазин... затем еще один...

— Неужели опять нормы выработки поднимут? — ворчал кто-то в очереди. — Ведь только на октябрьские праздники поднимали! Куда уж дальше? Совсем сталинские порядки стали...

Через два десятка наступала очередь девочки, а эта блондинка в черном тулупе и не думала вроде бы лезть в магазин без очереди, а стояла себе на углу, оттесненная то прохожими, то теми, кто уже купил хлеб и спешил домой.

Девочка даже решила, что она зря заподозрила эту женщину в сговоре с милиционером...

И вдруг, когда очередной, последний перед девочкой десяток людей по команде Шакова двинулся в магазин, эта блондинка быстрой деловой походкой подошла к ним, стала одиннадцатой и со всеми вместе шагнула к двери по ступенькам магазинного крыльца.

— Эй, эта не стояла! — крикнул кто-то из передних.

— Стояла, стояла! Проходи! — сказал Шаков и подтолкнул блондинку вперед вместе с законными очередниками.

И в этот момент решилась судьба девочки. Девочки и... России.

Конечно, ни девочка, ни Россия еще не знали, к какому кровавому рубежу приближает их следующая секунда. И даже в тот момент, когда этот рубеж наступил, никто из присутствующих не ощутил ее ИСТОРИЧЕСКОЙ значимости, а все видели лишь будничную и узкобытовую сторону: то, как восьмилетняя девочка с косичками-рогульками, в темном пальтишке и в шарфе, накрученном на тонкой шее, выскочила вдруг из очереди, как вцепилась она обеими руками в черный тулуп блондинки, закричала: «Нет! Она без очереди! Я видела!..» — и потянула эту бабенку и как в этот же момент сержант милиции Шаков коротким рывком оторвал девочку от тулупа блондинки и резко оттолкнул ее вниз с крыльца магазина.

И то ли в раздражении за свой неудачный маневр со смазливой блондинкой Шаков не рассчитал силу своей руки, то ли потому, что действительно принял недавно двести граммов водки, но толкнул он девочку с несоразмерной ее легкому весу силой, толкнул так, что она, обронив с головы шапку, отлетела с крыльца к стене магазина и с лету стукнулась об эту стену затылком. Страшный этот удар головы о шлакобетон, гулкий, как выстрел в морозном воздухе, был слышен на весь квартал и на несколько мгновений омертвил всю очередь. Еще не хлынула кровь из носа и рта девочки, еще не сползло ее тело на тротуар, покрытый замерзшими плевками и растоптанными окурками, еще не увидели люди бело-серую мозговую массу, выпадающую

сзади из расколотого черепа на цигейковый воротник девочкиного пальто, а уже по одному звуку этого удара все
поняли, что случилось непоправимое. Но не желая поверить в свою догадку, люди, не двигаясь, наблюдали, как
падает, оседает по стене на тротуар тело девочки. Они ждали чуда — что девочка закричит, вскочит, бросится на обид-
чика или заплачет от боли. Этого же чуда ждал милиционер
Шаков, обернувшийся в испуге на гулкий звук удара. Если
бы случилось то чудо, толпа окатила бы Шакова чудовищной матерщиной, смазливую блондинку в черном тулупе
вытолкали бы из магазина, и девочка, поплакав, получила
бы свою буханку хлеба, размазывая слезы, побежала домой
или в школу.

Этот простой, будничный исход инцидента был бы так
естествен, и его так ждали все восемьсот (и больше) человек, стоящих в очереди и наблюдавших за случившимся.
Но чуда не произошло.

Удар девочкиного затылка о шлакобетон стены повис в
морозном воздухе уральского утра, как удар колокола пови-
сает над церковной площадью.

Мертвая девочка без звука осела по стене на серый тротуар. Желтые хлебные талоны выпали из ее рук. И ее лисье
личико свернулось набок с той неестественной расслаблен-
ностью, какая не бывает у живых детей.

Милиционер Шаков растерянно перевел взгляд с девочки
на толпу, словно призывая ее в свидетели своей невинов-
ности.

И толпа перевела взгляд с мертвой девочки на милиционера Шакова.

И Шаков необдуманно, непроизвольно попятился от этого взгляда.

— Убил!!! Ребенка убил! — взвился над толпой высокий
голос той самой женщины, которая не так давно выгнала из
очереди «грельщика». — Сво-о-олочи!!!

Кто-то, стоявший ближе всех к Шакову, вдруг изо всей
силы ударил его сзади по спине, кто-то саданул его по ногам, еще кто-то — по голове, а затем... Что-то случилось с
толпой — дикое, как затмение. Люди — все — словно со-

шли с ума, словно вырвались из упряжки запретов, страха, человеческих норм и человеческой морали. Смятого, опрокинутого на землю сержанта милиции Шакова били сапогами по лицу, по животу, по ребрам, хватали за волосы и головой били по асфальту, разбрызгивая по сторонам его кровь. Одновременно под ударами камней и палок посыпались на мостовую стекла из окон хлебного магазина. Толпа словно выхлестывала из себя всю злость, накопленную в ночных очередях за куском хлеба, и пожару этой злобы было, конечно, мало одного Шакова.

— Второго держи! — крикнул кто-то, увидев, как второй милиционер, Карюк, бежит по Гагаринскому проспекту. И толпа ринулась за Карюком...

НАЧАЛЬНИКУ ЕКАТЕРИНБУРГСКОГО
ГОРОДСКОГО УПРАВЛЕНИЯ МИЛИЦИИ
МВД СССР
Полковнику милиции СУХИНУ О.П.

РАПОРТ

23 января с.г., в 07.30, в очереди у хлебного магазина номер 44 (Гагаринский проспект, 69) начались беспорядки, вызванные попыткой восьмилетней Натальи Стасовой пройти в магазин без очереди. Оказывая сопротивление дежурному сержанту милиции С. Шакову, девочка поскользнулась и упала, что вызвало бешенство толпы, которая стала избивать сержанта Шакова и его напарника по дежурству старшину милиции В. Карюка.

Затем, преследуя старшину В. Карюка, нанося ему побои и выкрикивая оскорбления в адрес милиции и Советской власти, разъяренная толпа общей численностью не менее 500 человек окружила здание 19-го райотдела милиции. Подстрекаемые гражданкой Конюховой В.П. и гражданином Обуховым П.И., хулиганы стали бить камнями окна райотдела милиции и подожгли две милицейские машины «Волга», требуя немедленно выдать им старшину Карюка для самосуда и угрожая в случае отказа поджечь здание райотдела милиции и, по их выражению, «живьем сжечь всю милицию».

Все мои попытки с помощью мегафона призвать хулиганов к порядку вызывали только ожесточение толпы, усиление оскорблений в адрес милиции и Советской власти и новые атаки камнями по окнам райотдела, в результате чего восемь сотрудников милиции (и я в том числе) получили ранения и травмы.

Исчерпав все мирные средства урегулирования инцидента и видя, что озверевшие хулиганы намерены действительно поджечь здание райотдела милиции, я вынужден был приказать применить оружие, причем дал команду стрелять только в воздух.

При первых же выстрелах толпа рассеялась, что позволило нам арестовать зачинщиков беспорядка гражданку Конюхову В.П., 1939 года рождения, табельщицу свердловского завода «Тяжмаш», и гражданина Обухова П.И., токаря того же завода, раненного случайным выстрелом в плечо. Кроме того, при восстановлении порядка на Гагаринском проспекте в районе хлебного магазина номер 44, разбитого и разграбленного хулиганами, пришлось применить водометы. Здесь же, у хлебного магазина, сотрудниками милиции подобран сержант милиции С. Шаков, находившийся в бессознательном состоянии и с многочисленными травмами на теле, а также труп восьмилетней Натальи Стасовой, погибшей во время беспорядков. Сержант Шаков доставлен «скорой помощью» в армейский госпиталь, а труп Н. Стасовой в городской морг при Первой городской больнице. Задержанные зачинщики беспорядков Конюхова и Обухов содержатся в камере предварительного заключения 19-го райотдела милиции, о чем доношу.

23 января с. г.

Капитан милиции В. Беспалов,
начальник 19-го отделения милиции
Гагаринский район

Если оставить в стороне неуклюжие попытки капитана Беспалова выгородить сержанта милиции Шакова и объяснить ранение Петра Обухова «случайным» выстрелом, то даже на основании этого сухого рапорта можно представить, что произошло в Екатеринбурге сразу после гибели восьмилетней Натальи Стасовой. Однако это представление не будет полным, если не уточнить его некоторыми подробностями, записанными со слов очевидцев. Эти очевидцы утверждают, что сотрудники 19-го отделения милиции открыли огонь без всякого предупреждения. После того как толпа разбежалась, трое милиционеров набросились на Петра Обухова, ранили его выстрелом в упор, а остальные укатили на Гагаринский проспект, где водометами разгоняли мирные остатки очереди у хлебного магазина, и с той же жестокостью, с какой толпа избивала сержанта Шакова, избили всех, кто попадался им под руку, — женщин, стариков, старух.

25

**Завод «Уралмаш».
08.20 по местному времени**

Над заводским танкодромом «Тяжмаша» висел плотный рев пяти танковых двигателей. Это Андрей Стасов и еще четверо механиков-контролеров гоняли по заснеженным холмам танкодрома пять новеньких «Т-90» — последнее слово советской военной техники, сверхмощное оружие наземного боя, оснащенное японскими компьютерами поиска цели по тепловому излучению, французскими локаторами обнаружения противника в воздухе, израильской аппаратурой, отклоняющей ракеты противника, американским панорамным экраном всепогодного ориентирования и прочими новинками зарубежной техники, ворованной или купленной через посредников. Советскими в этих танках были только ходовая и боевая части или то, что танкисты в обиходе называют «тягой» и «пушкой».

Снять с конвейера новенький танк и прогнать его по танкодрому, а потом прощупать все его рабочие узлы, болты и склепки и либо с точным указанием дефектов вернуть танк в сборочный цех, либо подписать акт о приемке «тяги» и отогнать танк в цех консервации — в этом и состояла работа Стасова и его четырех коллег. Вот и сейчас пять танков мчались по танкодрому, сдирая гусеницами выпавший за ночь снег, оскальзываясь на ледяных проплешинах, взметая в небо комья смерзшейся земли, взбираясь на почти отвесные склоны и скатываясь с них. Со стороны могло показаться, что водители устроили какой-то адский аттракцион. Но на самом деле каждый контролер почти не видел остальные танки, он лишь краем глаза следил, чтобы случайно не выйти за границу своей зоны, а сам был целиком — и слухом, и зрением — обращен внутрь своего танка, к реву его двигателя, скрипу гусениц, податливости рычагов управления.

Андрей Стасов любил танки так, как сука, родившая в первый раз, любит своих щенков, — он бы мог и вылизывать их, если бы это повышало стойкость брони, мощность двигателя и надежность ходовой части. Сидя на водительском месте и правой ногой вжимая педаль газа до упора в броневой пол, он физически ощущал, как его руки продолжаются рычагами управления, затем стальными кулаками шестерен уходят к коробке передач, к карданному валу и к гусеницам танка. В эти моменты сила танка становилась его силой, а его мускулы — мускулами танка, и когда танк, надрываясь шел на крутой подъем, Стасов всерьез вкладывал мускульную силу своих рук и ног в рычаги и педали управления, веря, что он и впрямь помогает гусеницам, словно жокей, который на скачках пытается передать свою силу скачущей под ним лошади. И как профессиональный спортсмен слышит при перегрузках каждую клетку своего тела, так Стасов, объединяясь с танком, слышал каждый рабочий узел «тяги» танка.

Впрочем, дотошность Стасова при испытаниях танков объяснялась не столько его любовью к технике, сколько его хорошей памятью. Он вживую, даже памятью крови и мышц, помнил, как девять лет назад «тяга», именно «тяга», ходовая часть, вынесла его, горящего, из смертельного кольца моджахедов, стрелявших в упор по его танку, враз обезоруженному, с заклинившей от прямого попадания снаряда башней. Вот то свое второе рождение, то освобождение дыхания, зажатого в предвидении смерти, то расслабление перетянутых страхом мышц и вен, и еще то, как он и остальные члены экипажа танка обнимали, плача, обгорелые гусеницы своего спасителя «Т-81», — все это и по сей день помнит Андрей Стасов. Да, девять лет назад какой-то старательный работяга-контролер «Тяжмаша» обеспечил его, Стасова, «золотым» танком, танком-спасителем, и именно поэтому Андрюха Стасов еще шесть раз — в Пешаварской долине, в Айнаке, в Хазараджате, Кветте, Кундузе и Йаттабаде — живым выходил из смертельных переплетов и имел теперь дочку, жену, друзей — жизнь!

Сегодня уже нет боев в Афганистане, но из-за этих евреев, выселенных в Сибирь, из-за этой экономической блокады мирового сионизма и постоянной бузы в так называемых «братских» странах, «в воздухе пахнет грозой». И теперь он, Стасов, отвечает за тех андрюх, алешек и иванов, которые сядут в принятые им танки, чтобы ходовая часть танка не подвела и тогда, когда уже станут бессильны все эти импортные компьютеры, когда только гусеницы танка смогут спасти ребятам жизнь — в Польше, Венгрии или Израиле... С этим новым танком было все в порядке, кроме одного — при переключении скорости слышался посторонний шорох в коробке передач. Черт его знает, что это значит. Может, сборщик уронил в коробку передач табак или сигарету или еще какую-нибудь мелочь. Но для Стасова именно такие ситуации были самыми неприятными: сейчас Степан Зарудный, дежурный мастер по сборке, начнет кричать, что, мол, «опять ты цепляешься!», «где этот шорох, никакого шороха не слышу!» и тому подобное. Конечно, если нормы сборки танков все повышают и повышают, давя этим на зарплату работяг, то кому же охота из-за какого-то шороха терять два часа — поднимать танк на подъемник и разбирать закрытый многотонной броней передок, чтобы добраться до коробки передач. А потом, разобрав эту коробку, увидеть, что ничего там, может, страшного и нет, пыль попала на диски, само притрется...

Но пыль это или не пыль — сейчас не угадаешь, а вот если заклинит в атаке передачу, этот шорох может стоить жизни всему экипажу танка. И уже заранее настраивая себя не уступать горластому Степану Зарудному, Стасов, сбросив обороты двигателя, вывел танк с танкодрома и покатил к цеху. Сквозь смотровую щель он увидел толпу, человек эдак семьдесят рабочих, сгрудившихся в курилке перед цехом сборки. Опять митингуют! Значит, действительно с 1 февраля им нормы выработки повышают. Но что толку в этих митингах-говорильнях? С тех пор как новое правительство отменило все, что ввел Горячев: семейное предпринимательство, кооперативное фермерство, заводское самоуправление и т. д., людям осталось одно — митинговать по любому поводу. Так нервнобольной, позволив надеть на себя смирительную рубашку, орет и требует, чтобы санитары все же разговаривали с ним на «вы»!..

Странно, почему они вдруг стали расходиться? То стояли митинговали, сварщик Анатолий Гусько, тоже «афганец», инвалид, на всю курилку руками размахивал, а как увидели стасовский танк — боком, боком, кто — в цех, а кто — в теплую курилку...

Недоумевая, не затевают ли ребята чего против них, контролеров, — но, черт возьми, не могут же контролеры выпускать с завода некачественные танки, это не обувь, которую можно оформить вторым или третьим сортом, — Стасов въехал в открытые ворота цеха, заглушил двигатель, выбрался через башенный люк из танка и спрыгнул на цементный пол цеха, снял с головы шлемофон. И как-то странным ему показалось, что никто из работяг на конвейере не повернулся в его сторону, не взглянул даже. Обычно вся бригада бросает работу и ждет, что контролер скажет, много ли дефектов и насколько они серьезны, нельзя ли просто отпаяться от контролера, глоткой взять или всем вместе поднять контролера на смех. Со Стасовым эти номера у них редко проходят, но сейчас именно такой случай — при словах «шорох в коробке передач» полбригады начнет хохотать... Но почему же никто не глядит на него, даже горластый Степан Зарудный стоит на конвейере спиной к Стасову, работает, словно не видит, что рядом с ним танк остановился...

— Эй, мечтатель! — крикнул ему Стасов.

Степан медленно, словно бы вынужденно, повернулся. Это был высокий сорокапятилетний мужик, жилистый, с длинной шеей, крупным кадыком и большими прокуренными зубами. Хотя Зарудный был круглый и стопроцентный русак, над «казбечиной», постоянно прикушенной его крупными зубами, нависал огромный нос, какие рисуют только в газетных карикатурах на израильских сионистов. А над этим «рубильником» сияли совершено неожиданные на таком лице голубые глаза, настолько голубые, что просто смерть бабам. При таких глазах, пепельном чубе, мощной глотке, звании майора в отставке и почти баскетбольном росте Степан Зарудный был еще и мастером своего дела как по сборке танков, так и по части баб, а потому — жутким нахалом, матерщинником и горлохватом. Поэтому назвать его «мечтателем» было все равно, что назвать скунса фиалкой.

Но, как ни странно, никто не отреагировал на шутку Стасова, а горластый Степан, отводя глаза, сказал кротко:

— Слушаю, Андрюша...

— Ты чё это? — изумился Стасов. — Вежливый! Заболел, что ли, от китового мяса? — И он оглянулся, ожидая если не смеха, то хотя бы смешка рабочих на конвейере. Отвратительно-сладкое китовое мясо, которым недавно заменили в рабочих столовых свинину и говядину, стало теперь шутливым оправданием всего — от снижения производительности труда до потери потенции.

Однако и этой шутке никто не улыбнулся, а несколько рабочих, повернувшихся было к Стасову вполоборота, тут же отвели глаза и усердно принялись за свою работу.

— Вот ударники! — усмехнулся Стасов и кивнул Степану на танк. — Шорох в коробке передач.

— Хорошо, Андрюша. Оставь, мы посмотрим...

Даже если бы Степан запустил в него сверху гаечным ключом, Стасов не оторопел бы так, как от этой кротости горластого Степана. Недоверчиво переводя взгляд со Степана на рабочих — да что с ними сегодня? или разыгрывают? — Стасов топтался на месте, не зная, садиться ли ему в следующий танк или еще раз объяснить Степану про шорох в коробке передач...

И в этот момент громкий, надрывающий душу женский крик расколол монотонный рабочий гул цеха.

— Андре-е-ей!!!

Стасов резко повернулся. Это был голос его жены Иры, но так — ТАК?! — она не кричала даже при родах.

— Андре-е-ей!!! — Она бежала к нему из боковой двери цеха, бежала вдоль конвейера, на котором стояли работяги в серых спецовках — мужчины и женщины, и все они смотрели теперь на нее, бросив работу.

— Андрей!..

«Наташа!» — это было первой и единственной мыслью Стасова, пока он смотрел на жену, бегущую к нему в одном платье и в домашних тапочках. Именно потому, что ТАК кричать Ира могла только из-за дочки, ноги у Стасова сразу стали ватными, и он не бросился навстречу Ире, а стоял и — молясь, молясь, чтобы он ошибся! — думал только одно:

«Нет! Нет! Только не Наташка!..»

— Убили! Наташу убили! — Ира рухнула к нему на грудь и забилась в истерике.

— Кто убил? Где? — сухими губами и помертвевшим голосом спросил Стасов, все еще думая, что жена, конечно, преувеличивает.

— Милиция! Убили и забрали в девятнадцатое отделение! И не отдают! Даже не показывают! У-у-у-у!.. — выкрикивала Ирина, рыдая и подвывая.

— Подожди, не вой! — с досадой сказал Стасов жене, чувствуя даже неловкость за такую сцену на глазах у всего цеха. — Что значит «убили»? Ну, забрали в милицию...

— Убили, я тебе говорю!!! — крикнула ему в отчаянии Ирина.

Степан Зарудный спрыгнул с конвейера и сказал негромко:

— Это правда, Андрей. Они ее убили. Гусько, поди сюда! — позвал он парня, который только что на сходке у цеховой курилки что-то взахлеб рассказывал толпе митинговавших рабочих. — Расскажи...

— А чё рассказывать? — удрученно сказал Анатолий Гусько, отбрасывая с лица козырек-«намордник» маски сварщика и переступив со своей живой правой ноги на левую, протезную. — Мент толкнул ее, а она головой о стенку...

Глядя на Гусько, но думая уже о чем-то своем, Стасов негромко спросил у жены:

— Где она?

— Я же говорю: в девятнадцатом. Но они меня не впустили даже!..

Стасов разом отстранил от себя жену, как отодвинул. Одним прыжком запрыгнул на высокую гусеницу танка и в следующее мгновение уже исчез в башне. И, практически без промедления, танк взревел двигателем, задним ходом рванул из цеха, вылетел во двор, резко затормозил одной гусеницей, разворачиваясь на ходу, и, выбросив через выхлопные горловины облака копоти, на предельной скорости помчался к заводской проходной, к ее стальным воротам. Это произошло так быстро, что никто не успел ни крикнуть, ни рвануться следом. Даже вахтер, от безделья игравший у ворот с собакой, не успел среагировать — не только не преградил дорогу танку, но и сам не отпрянул в сторону. Танк, на ходу разворачивая свою пушку назад, пронесся в миллиметре от лица вахтера, собака чудом выскочила из-под гусениц, а танк всем своим сорокатонным весом с ходу саданул в стальные ворота проходной, вышиб их, несколько метров проволок их на себе, но сбросил на крутом повороте и понесся дальше по улицам.

— Эй, куда?! — запоздало заорал вахтер, зачем-то дал из автомата очередь в воздух и побежал в свою будку звонить по телефону и поднимать тревогу. Но Стасов, конечно, не видел всего этого. Его руки вмертвую сжимали рычаги управления, нога выжимала педаль газа на максимум, а глаза видели только дорогу — обледенелую мостовую, шарахающиеся в стороны машины с испуганно орущими водителями, изумленно застывших на тротуаре пешеходов... детей — девочку, замершую на перекрестке... еще одну девочку со школьным ранцем за спиной... и еще одну — с детскими санками и куклой в них...

Да, из десятков проносящихся мимо фигур взгляд Стасова выхватывал в эти минуты только детские, девчоночьи...

Некрашеный, со свернутой назад пушкой и разбитыми фарами, тяжелый танк «Т-90», последнее слово советской техники, мчался по промороженным улицам, ревя двигателем, коптя шлейфом черного газа, бряцая незакрытым люком башни, кроша гусеницами лед и слабый асфальт мостовых, сгибая на поворотах телефонные будки и почтовые ящики, не обращая никакого внимания на светофоры и чудом избегая лобовой встречи с ошалело гудящими встречными машинами. Вот наконец Гагаринский проспект, за ним улица Степана Разина и чуть дальше — Кирпичный проезд, где находится 19-е отделение милиции.

Вымахнув в Кирпичный проезд, Стасов сузил глаза. Двухэтажное побеленное здание райотдела милиции стояло в глубине проезда, за высоким штакетником забора. От милиции навстречу танку катила голубая милицейская «Волга», из ее открытых окон милиционеры палили по танку из пистолетов — им, конечно, уже позвонили по телефону, предупредили. Танк не отвечал на эту стрельбу — он был, конечно, без боезапаса. Просто Стасов, не сбавляя скорости, вел танк навстречу «Волге» — лоб в лоб. Но водитель «Волги» избежал лобового тарана, вильнул в сторону и наверняка проскочил бы мимо, если бы танк не взял влево. Левой гусеницей танк зацепил заднее крыло «Волги», и машина отлетела в сторону и влипла в телеграфный столб.

А танк промчался дальше и остановился, задрав пушку над штакетником забора. За забором, в окнах райотдела милиции, стояли мильтоны и палили по танку из пистолетов. Пули тукали по танковой броне, как орехи, но наушники стасовского шлемофона заглушали звук. Сжав зубы, Стасов дал полный газ. Танк разнес забор, как бумажную препону, и, не сбавляя скорости, ринулся вперед, к зданию райотдела милиции. Стасов уже видел, как в окнах испуганно отшатнулись искаженные страхом лица милиционеров, и вдруг... Танк умолк и замер, как подстреленный влет.

Стасов в недоумении и горячке дернул рычаги управления, и только после этого его глаза увидели стрелку датчика топливных баков. Стрелка лежала на нуле, ниже красной отметки... Стасов вспомнил, что четверть топливного бака — запас, положенный для проверки танка, — он сжег на танкодроме, и еще чудо, что горючки хватило докатить сюда, до Кирпичного проезда. Впрочем, об этом Стасов уже не думал. Увидев, что горючее кончилось, он рывком выбросил себя из открытого люка башни и сразу, в тот же миг, своим былым армейским инстинктом послал тело назад, за танк. Теперь, сняв шлемофон, он хорошо слышал и чувствовал то, что не испытывал уже девять лет: гул пистолетных выстрелов, присвистывающее дзыньканье пуль о стальную броню танка.

Милиционеры беспрерывно палили из окон райотдела милиции по танку, не зная, что эта страшная сорокатонная машина, способная простым тараном обрушить все их здание, уже мертва. Лежа за танком, Стасов в бессилии царапал руками грязный смерзшийся снег. Но что в конце концов ему от них нужно? Дочку! Увидеть дочку! И как можно быстрей! Не вставая, Стасов снял с себя бушлат, свитер и, наконец, белую хлопчатобумажную майку. Мороз был под тридцать градусов, но он не ощущал холода. Поискав по сторонам глазами, он подтянул к себе срубленную стрельбой ветку, привязал к ней свою белую майку, выставил ее на ветке из-за танка.

Две пули тут же пробили майку, но затем стрельба прекратилась. Стасов подождал немного, выставил из-за танка телогрейку и замер в ожидании — будут стрелять или нет?

— Давай, давай! Выходи! — крикнул ему из окна первого этажа начальник райотдела милиции капитан Беспалов. Но на всякий случай капитан держал пистолет на весу, в вытянутых через окно руках.

Подняв в левой руке ветку с белой майкой, Стасов, голый до пояса, вышел из-за танка и впервые увидел их всех — чуть не весь личный состав 19-го райотдела мили-

ции, сорок семь сержантов и офицеров, сорок семь пистолетных стволов, направленных на него изо всех окон этого
белого двухэтажного здания. Разбитые окна, дыры в белой
штукатурке и языки черной копоти, тянувшиеся по стене
от двух милицейских «Волг», сгоревших подле здания, были
результатом утренних событий, неизвестных Стасову.

Недоумевая — что же здесь произошло? — и хрустя бо-
тинками по битому стеклу, Стасов взошел на крыльцо райотдела милиции. Здесь, из соседних с дверью окон, на него
были в упор наставлены штук двадцать пистолетов, и один
из них был пистолетом капитана Беспалова. До дула этого
пистолета было не больше двух метров, а до узких глаз капитана — два с половиной. Лицо капитана было сплошной белой маской, и только глаза были видны на этом лице — серые,
как ножи. Стасов уперся взглядом в эти глаза и сказал:

— Где моя дочь?

— Давай, давай, заходи! — Беспалов показал пистолетом на дверь. — Заходи, поговорим.

— Где моя дочка? — повторил Стасов. Он все еще был
голым до пояса, но по-прежнему не ощущал мороза.

Беспалов не ответил. Он отошел от окна в глубину де-
журной комнаты, подошел к двери и распахнул ее прямо
перед Стасовым.

— Заходи!

Стасов снова посмотрел ему в глаза, отшвырнул в сторону ветку со своей майкой и шагнул в дверь. И в тот момент,
когда его тело пересекло порог, два дюжих милиционера бросились на него с боков. Легко, потому что Стасов не думал
сопротивляться, они заломили ему руки за спину и с профессиональной сноровкой защелкнули на них стальные американские наручники — с самозатягивающимся замком: чем
больше будет барахтаться или вырываться арестованный, тем
туже будут врезаться в его запястья эти замечательные наручники, скопированные тульскими мастерами с американского образца.

Как только прозвучал характерный щелчок замка на-
ручников, капитан Беспалов еще подрагивающими от нерв-

ного возбуждения руками вложил пистолет в кобуру, а Стасов, глядя на него, спросил:

— Ну, где дочка?

— Мудак ты! В морге она, где ж еще! — сказал Беспалов и кивнул милиционерам в сторону КПЗ — камеры предварительного заключения: — Уберите его!

— Подожди, капитан... — начал было Стасов, но никто уже не слушал его. Один из милиционеров грубо толкнул его в спину, второй — тот самый язвеннолицый старшина Карюк, который дежурил утром у хлебного магазина, — заломил Стасову руки вверх так, что Стасов изогнулся вперед от боли, и вдвоем милиционеры повели Стасова в КПЗ. Только теперь, когда Стасов понял, что его сейчас просто швырнут в камеру, он стал кричать и вырываться:

— Стой! Подождите! Дочку! Где дочка, сволочи?..

Старшина Карюк, усмехаясь, открыл стальной засов на двери КПЗ. Сразу за дверью был узкий коридор — с одной стороны кирпичная стена, выкрашенная в бурый цвет, чтобы не отмывать каждый раз пятна крови арестованных, с другой — стальная решетка до потолка. За этой решеткой и были расположены в ряд две камеры предварительного заключения — мужская и женская. Стасова втолкнули в мужскую. Здесь на железной, припаянной к полу скамье, уже сидел Петр Обухов, раненый, с небрежно перевязанным плечом.

— Так я и знал! — пробасил он с досадой, увидев Стасова, и даже в огорчении стукнул правой рукой по скамье. И тут же скривился от боли. — Ой!.. Так я и знал, что ты к ним, как к людям, придешь!..

Не обращая на него внимания, Стасов стал бить ногами решетку и кричать:

— Дочку! Дайте на дочку посмотреть! Скоты!..

Но от резких движений стальной браслет так остро впился в запястья рук, что Стасов охнул от боли и утих.

— Андрюша, это ты? — послышалось из-за стены, из женской камеры.

— Я... — удивленно отозвался Стасов и спросил у Обухова. — А кто там?

— Конюхова я, Вера... — Стасов узнал голос матери Бориса Конюхова, его школьного друга, погибшего в Афганистане весной 1988 года. Тогда впервые в Свердловске похороны солдата, прибывшего из Афганистана в цинковом гробу, были не тайные, как в течение девяти лет до этого, а открытые, с участием матерей всех ребят, погибших в Афганистане. А Стасов был в числе тех пятидесяти «афганцев», которые организовали эти похороны и охраняли их на случай, если милиция вмешается и станет разгонять «посторонних» женщин. Милиция не вмешалась. То было время горячевского «просвета» — гласности, перестройки и начала разговоров о выводе советских войск из Афганистана, и первый секретарь Свердловского обкома партии Роман Стриж быстро сориентировался в «сложной» ситуации: сам, с полным составом обкома партии, примчался на кладбище и сказал над могилой Борьки Конюхова речь о «герое интернационального долга», а назавтра все газеты — местные и московские — расписали эти похороны как новый, в духе гласности и перестройки, почин Свердловского обкома. Затем, при следующих похоронах, Стриж решил разукрасить их еще больше — под торжественную музыку стал вручать матери погибшего солдата его боевые медали. Но женщина вдруг швырнула эти медали ему в лицо и накричала, что и он сам, и вся его свита — партийные ублюдки и убийцы. После этого случая представители власти уже не являлись на похороны «афганцев». Но зато сами похороны стали открытой и действительно гласной традицией — все «афганцы» и все матери, потерявшие сыновей в афганской войне, приходили на кладбище хоронить очередного легшего в гроб солдата...

Теперь тетя Вера, мать Бориса Конюхова, была через стенку от Андрея Стасова, в женской КПЗ.

— А вас-то за что, тетя Вера? — удивленно спросил Стасов.

— Петя, расскажи ему... — попросила из-за стенки Вера Конюхова.

— Ой, Андрюха... — шумно вздохнул Петр Обухов. — Ну что рассказывать? Наталью твою сержант Шаков убил, вся очередь это видела...

26

Екатеринбург.
10.12 по местному времени

Очередной телефонный звонок оторвал капитана Беспалова от составления рапорта «О танковой атаке рабочего «Тяжмаша» Андрея Стасова на 19-й райотдел милиции». Беспалов машинально снял трубку:

— Капитан Беспалов.

То, что он услышал, заставило его вскочить на ноги, багровея от бешенства, заорать в трубку:

— Что-о?! Кто говорит?!

Молодой дежурный по отделению лейтенант Козлов, закрывая разбитое окно антиалкогольным фанерным плакатом «Папа, не пей!», удивленно повернулся к капитану.

— Не важно, кто говорит, — прозвучал в трубке спокойный мужской полос. — А важно одно: мы даем тебе полчаса на то, чтобы привезти на завод Стасова, Обухова, Конюхову и труп девочки. Если...

— Да пошел ты!.. — выматерился в трубку Беспалов и бросил ее на рычаг, распаленно продолжив вслух: — Е... их мать, они мне еще угрожать будут!

Телефон зазвонил снова, капитан резко снял трубку:

— Милиция!

— Полчаса, капитан, — прозвучал в трубке все тот же мужской голос. — Сверим часы. Сейчас 10.12. Все. — В трубке прозвучали гудки отбоя.

— Кто это? — спросил у капитана лейтенант Козлов.

— «Афганцы», наверно. Провоцируют, суки!

— «Афганцы» — это серьезно, — сказал молоденький Козлов и стал гвоздями прибивать фанерный щит к оконной раме.

— Ты думаешь? — заколебался Беспалов, а затем решительно набрал номер телефона, еще до того как ему ответили, раздраженно бросил Козлову: — Да перестань стучать!.. — но тут же изменил интонацию: — Алло! Товарищ полковник, это Беспалов из 19-го. Только что мне позвонил какой-то тип с

«Тяжмаша». Угрожал, что если я через полчаса не привезу на завод арестованных, то...

— То что? — спросил голос на другом конце провода.

— Не знаю, товарищ полковник, я не дослушал. Бросил трубку, чтобы не поддаваться на провокацию.

— Ну и мудак, надо было дослушать, — сказал голос. — Ты уверен, что это с «Тяжмаша» звонили?

— Да, так он сказал...

— Хорошо. «Тяжмашем» ГБ занимается. А тебе я пришлю роту из милицейского училища.

— Спасибо, товарищ полковник.

— Но имей в виду — оружие применять только в крайних случаях!

— Да я и так только в крайних, товарищ полковник! Они мне утром две машины сожгли и окна выбили — куда уж крайней! — обиженно произнес Беспалов.

Гудки отбоя были ему ответом. Он покачал головой.

— Все нервные стали...

Ровно через двадцать минут на двух бронетранспортерах прибыла рота вооруженных мальчишек — восемнадцатилетних курсантов милицейского училища под командованием старшего лейтенанта. Беспалов в ожидании нападения «афганцев» или еще какой-нибудь их провокации приказал курсантам перекрыть оба конца Кирпичного проезда и занять оборону на крышах соседних домов.

В это же время к шести проходным «Тяжмаша» подкатили грузовики, набитые гэбэшниками, а к зданию заводской столовой — два рефрижератора с мясными продуктами. На заводе уже шли митинги, но по русской традиции без всякой организации — не всеобщий заводской митинг, а вспышки говорилен у каждой цеховой курилки. Правда, эти разрозненные толковища отличались и русским же максимализмом:

— Кончай работу, братва! Даешь им Венгрию!

— Надо, как Стасов, — на танки и давить милицию!

— А этого мента Шакова — за яйца повесить!

— А что с новыми нормами? Неужели молчать будем?..

Но пока в разных концах десятикилометровой территории «Тяжмаша» еще только распалялись очаги цеховых митингов, прибывшие на завод гэбэшники уже быстро заняли
все проходные и блокировали склад готовой продукции, где
стояли готовые к отправке 187 танков «Т-90». Одновременно заводские стукачи и члены парткома и профкома активно разносили по всему заводу слух, что во время обеденного
перерыва в столовой будут без талонов продавать рабочим
настоящее, говяжье, а не китовое мясо, а также сосиски и
масло — аж по два кило в одни руки!

— Наша власть! — сказал сквозь зубы Степан Зарудный,
наблюдая за суетой гэбэшников у ворот проходной. — Чуть
что, нас же и под замок и кусок мяса в зубы, чтоб заткнулись!

— Я ж говорил: сразу надо было выступать! Пока они не
очухались. Утром еще! — сказал ему на это молодой сварщик Анатолий Гусько. Он был максималистом, как все ин-
валиды.

— Ладно тебе! «Сразу!» Под пули лезть, как Стасов и
Обухов?

— Если б весь завод пошел, они б и не стреляли!

— Если бы весь завод пошел, они бы из пулеметов стреляли, — сказал Степан. И посмотрел на часы. — Полчаса
кончаются. Ладно, я пошел. Без меня ничего не затевайте.

— Понял, — кивнул Гусько.

Зарудный вытер руки паклей и пошел к начальнику смены Левону Акопяну. Будка Акопяна была под самым потолком цеха, на антресолях. Три стеклянные стенки этой
тесной клетушки фонарем нависали над двумя конвейера-
ми сборки танков — так, чтобы начальнику смены было
видно все, что делается в цехе. Поднявшись по лестнице к
этой «голубятне», Степан сквозь стеклянную стенку увидел
в будке не только Левона Акопяна, но и еще четырех незна-
комых мужчин. Хотя все четверо были разного возраста и в
штатских пальто, в их холодных лицах было что-то одина-
ковое, как в их форменных черных полуботинках. И Зарудный с легкостью угадал: эти из КГБ. Трое из них стояли у
окон, наблюдая сверху за цехом, а четвертый что-то выпы-
тывал у красного и явно закипающего от злости Акопяна.

— Нет, я ничего не слышал! Но люди правильно волнуются! Кто может выполнить эти новые нормы? Мы танки делаем, а не гондоны! — донесся до Зарудного голос Акопяна. Степан понял, что начальник «держит оборону», сатанея от необходимости быть вежливым с этими гэбэшными козлами. «Мы делаем танки, а не гондоны!» — была любимая присказка Акопяна, потому что, по утверждению Акопяна, «если гондон с браком, то хоть человек родится, а если танк с браком, то весь экипаж — к ф...»...

Короче, попадаться сейчас под горячую руку Акопяна было самым последним делом, и при любой другой ситуации Степан Зарудный даже не вошел бы в кабинет, но тут был особый случай. Поэтому Степан выпрямил свою жердерослую фигуру, развернул плечи и, вздымая внутри себя деланное возмущение, саданул рукой в дверь акопянской будки.

— Ну чё, начальник?! — грубо сказал он с порога своим мощным, нахраписто-прокуренным голосом. — Долго я свой танк буду ждать?

— Какой танк? — не понял Акопян, а все четверо гэбэшников повернулись к Степану.

— Как «какой»? Да ты что, Акопян?! Стасов мой танк угнал, а это же моя продукция, е-мое! Он же на мне висит, этот танк хренов! Так что вы давайте — или подписуйте акт о приемке танка, или я должен этот танк забрать на хрен, пока его пацаны на улице до винта не разобрали. Я с завода не уйду, пока мне танк не вернут!

— Так поезжай и забери этот танк сам! — гаркнул взвинченный Акопян.

— Во-первых, я три часа потеряю на трамвае за этим танком ездить — это раз! — не сбавлял напора Зарудный. — Во-вторых, с завода сейчас хрен выйдешь! А в-третьих, я без вас не поеду! Там в танке одной электроники на полмиллиона! Может, что и пропало уже, а мне отвечать?

Только теперь Акопян понял, какой спасительный выход подбрасывает ему Зарудный. Мгновенно погасив радостную вспышку своих больших карих глаз, он тут же выругался, словно в большой досаде:

— Вот е... твою беременную сардину! — И повернулся к гэбэшникам:

— Извините, товарищи. Речь действительно идет о танке, который стоит миллион... — И тут же взял трубку внутризаводского телефона: — Алло, коммутатор! Акопян говорит. Директора завода!..

Через десять минут Акопян и Зарудный в сопровождении начальника заводского отдела технического контроля и трех офицеров КГБ выехали на двух служебных «Волгах» из ворот завода и направились той же дорогой, по которой полтора часа назад промчался Андрей Стасов в танке «Т-90». Сидя рядом с Зарудным на заднем сиденье машины, Акопян сказал ему:

— Вовремя ты про танк вспомнил. Бутылка с меня.

Между тем жена Стасова, Ирина, неизвестно как покинувшая завод, шла по улицам к центру города. Скорее всего и вахтер на заводской проходной, и прибывшие на «Тяжмаш» гэбэшники просто не обратили внимания на эту простоволосую, без пальто и без шапки женщину, приняли ее за чертежницу или лаборантку, налегке выскочившую в соседний магазин за сигаретами. И теперь Ирина — по-прежнему в одном домашнем халате и тапочках на босу ногу — шла по промороженному городу, по обледенелым тротуарам и протоптанным в снежных сугробах пешеходным дорожкам. Люди удивленно оглядывались на нее, провожали ее взглядом из окон трамваев и автобусов и, присмотревшись, замечали не только ее наряд, дикий для такой январской погоды, но и общую странность в ее фигуре, взгляде, походке.

Ирина шла по улицам как робот, как бездушный манекен. Даже на переходах она не останавливалась и не мешкала, а шагала на мостовую, не обращая внимания на красный сигнал светофоров и не поворачивая головы на гудки автомобилей или трамвайные звонки. Ее глаза смотрели вперед, в одну точку, и не видели дороги, а ноги несли ее тело без участия мысли — ровным и механическим шагом. И именно это ее отрешенное движение заставляло людей не только уступать ей дорогу и оглядываться на нее, но и напрягать память — кто это?.. Кажется, я где-то видел эту молодую рыжеволосую женщину...

Кто-то попытался остановить ее — она не слышала. Кто-то в нерешительности увязался за ней — пожилая женщина, потом еще две помоложе...

Миновав незаконченное, а точнее, брошенное строительство на том месте, где раньше был дом купца Ипатьева, в котором большевики расстреляли царя Николая Второго и его семью, Ирина вышла на центральную, имени, конечно, Ленина, улицу. За шестнадцать месяцев, прошедших со дня последней прогорячевской демонстрации, здесь многое изменилось. Исчезли все пиццерии, «Макдоналдс», пирожковые, исчезла яркая голоногая реклама и мальчишки — торговцы газетами, а также — по личному распоряжению нового первого секретаря обкома партии Федора Вагая — исчезла трамвайная линия. Зимой ветер гнал теперь по обледенелым тротуарам и мостовой только какой-то мусор — так выглядит место, откуда позавчера уехал передвижной цирк.

И лишь возле «Универсама», главного городского гастронома, было людно. Правда, внутри гастронома покупателей не было, так как ничего дефицитного не продавали: ни сахара, ни мяса, ни макарон, — а создавать очереди впрок, в расчете на то, что, авось, через пару часов что-нибудь все-таки выбросят на прилавок, — таких очередей милиция теперь не допускает. Поэтому, в ожидании «неожиданного» выброса продуктов, люди — в основном закутанные в тулупы пенсионеры и пенсионерки — либо молча читали на уличном стенде «Правду» с новым указом о повышении производственных норм, либо шаркали валенками по тротуару, ограничивая свой маршрут с восточной стороны гостиницей «Исеть» — нелепым, времен конструктивизма, серпообразным зданием, где иногда в «Пельменной» продают мороженые пельмени, а с западной — стоящей напротив «Большого дома» двухэтажной коробкой «Промтоваров», где тоже могут «выбросить» дефицит — теплые финские или корейские мужские рубашки. Эти-то всезнающие старики и старухи, проводящие в очередях и дни, и бессонные ночи, первыми опознали Ирину Стасову:

— Господи! Дак это ж... Это ж мать той девочки, которую нонче милиция убила!

— Она! Ей-богу, она! Трамвайная вожатая...

— Дак куды ж она раздетая?..

Не слыша их, Ирина миновала пустой лоток «Мороженое» и свернула в магазин «Промтовары». Все той же своей походкой робота она подошла к стеклянной витрине отдела парфюмерии, одним коротким ударом ребра ладони выбила стекло, даже не оцарапавшись при этом, и под изумленным взглядом онемевшей продавщицы взяла с витрины большой флакон одеколона «Цветочный», свинтила пробку и деловито вылила на себя весь одеколон. Затем — второй флакон...

— Эй! Ты что делаешь? — выскочил откуда-то из глубины магазина его директор, но Ирина, не обратив на него никакого внимания, вылила на себя и третий флакон одеколона. Кроме «Цветочного» и еще пудры «Вечерняя», никакой другой парфюмерии в магазине не было, но вряд ли это имело сейчас значение для Ирины Стасовой. Смочив одеколоном и волосы, и свой байковый халат, и даже тапочки, она, насквозь мокрая, вышла из магазина мимо оторопевшего директора и все той же механической походкой перешла через улицу Ленина к зданию обкома партии.

Молчаливая толпа стариков и старух осторожно двигалась за ней на некотором расстоянии.

Площадь перед зданием обкома партии тоже изменилась с позапрошлого лета. Теперь вместо памятника первому советскому президенту Якову Свердлову, который был евреем по национальности, тут стоял стандартный памятник Ленину с каменной рукой, протянутой в небо. А за ним на карнизе «Большого дома» днем и ночью горели огромные неоновые буквы нового лозунга: «РОССИЯ — ПАРТИЯ — НАРОДНОСТЬ!»

Пройдя мимо дворника, старательно посыпавшего тротуар перед обкомом партии желтым песком, Ирина приблизилась к высокой дубовой парадной двери. Справа от двери висела новая мраморно-стеклянная вывеска:

ЕКАТЕРИНБУРГСКИЙ ОБЛАСТНОЙ КОМИТЕТ КПСС

Ирина уже взялась за желтую бронзовую ручку двери, но тут дверь сама отворилась, и прямо перед Ириной вырос плотный и квадратноплечий милиционер в белом овчинном полушубке, в кожаной портупее и с желтой кожаной пистолетной кобурой на поясе.

— Куда? — эдак весело спросил он, загораживая собой всю дверь.

— К первому секретарю, — негромко произнесла Ирина своими белыми губами.

— Еще чего! — Милиционер покосился на остановившуюся в нескольких шагах толпу и сказал больше в расчете на этих зрителей: — Ты куда пришла! Надушилась, как клумба!

Но толпа стариков и старух индифферентно молчала — им было не до шуток, они, в отличие от милиционера, знали причину столь странного поведения Ирины. А Ирина сунула руки в карман своего мокрого байкового халатика, вытащила коробок деревянных спичек, открыла его, достала спичку и занесла ее над коричневым серным ребром коробка.

— Если не пустишь, я себя спалю, — спокойно сказала она милиционеру. — И тебя тоже.

— Ладно дурить! Пошла отсюда! — И жестом, удивительно похожим на тот, каким утром сержант Шаков толкнул восьмилетнюю Наташу, милиционер толкнул Ирину вон из обкомовской двери. Но то ли рука его соскользнула по мокрому от одеколона байковому халату, то ли Ирина в ее состоянии не почувствовала толчка, но она даже не пошевелилась. Чиркнула спичка в ее руках, рука с этой спичкой спокойно приблизилась к халатику, и вдруг весь халатик и вся Ирина вспыхнули голубым, спиртовым огнем.

— Эй! Ты что, б...! Сдурела?! — запоздало крикнул опешивший милиционер, но в тот же миг ему пришлось изумиться еще больше: Ирина мертвой хваткой повисла на нем, прижалась к его белому овчинному полушубку своим горящим телом, отчего сухая овчина его полушубка тут же и вспыхнула.

— Отвали! Отцепись! — истерично закричал милиционер, пытаясь оторвать от себя горящую, как факел, женщину. Но Ирина обхватила его двумя руками с такой силой, на какую способны только мертвецы в их прощальной смертельной конвульсии.

Рывком, как зверь, попавший в капкан, милиционер выпал из обкомовской двери на улицу, рухнул на землю, стал крутиться, орать, дергаться, рваться из этого огненного капкана, но уже не Ирина сжигала его своим огнем, а огонь его мехового полушубка и его ватных штанов превратил их обоих в один огненный факел.

В окнах обкома появились лица партийных работников. Но первым и единственным, кто, придя в себя от секундного шока, бросился на помощь милиционеру, был дворник с ведром песка в руках. Он уже собрался опрокинуть это ведро на два горящих тела, но толпа старух и стариков жестоко отбросила его в сторону.

Они, эти старухи и старики с сухими и серыми, словно выбитыми в бетоне лицами, молча стояли вокруг двух горящих тел, и в их глубоких глазах было удовлетворение.

Женщина, чью дочку убил милиционер, сожгла себя и милиционера.

Завтра эти сорок свидетелей-стариков превратят эту короткую новость в легенду, которую будет рассказывать вся страна.

27

**Москва, Кремль, Грановитая палата.
10.30 по московскому времени**

— ...Ни с Израилем, ни с Японией у нас нет сухопутных границ, — говорил маршал Вязов, делая в слове «Израиль» ударение на втором «и». — Поэтому пограничный конфликт отпадает. Другим предлогом для войны могло бы быть убийство нашего посла или разгром нашего посольства. Но в Израиле у нас нет посольства, а спровоцировать японцев напасть на наше посольство в Токио — задача довольно трудная...

— Дело не в трудности! — пренебрежительно перебил новый председатель КГБ Алексей Зотов, бывший первый секретарь Московского горкома партии. — За деньги на Западе можно организовать все, вплоть до нападения на наших космонавтов в космосе...

Зотов умолк, он всего лишь подал реплику во время речи Вязова. А члены Политбюро смотрели теперь на него ожидающе, и Зотов продолжил почти нехотя:

— Я думаю, если мы всерьез нуждаемся в этих войнах, то нужно провести не одну акцию, а серию антисоветских акций как в Токио, так и в Израиле. Чтобы народ ясно увидел: войну провоцируют жиды и японцы. А потом — как последняя капля, которая переполнит чашу терпения, — разразится какой-нибудь вооруженный инцидент...

— С чего вы начнете? С каких акций? — спросил у Зотова Стриж. Вопрос о войне с Израилем или Японией он считал для себя решенным, но ему не понравилась эта словно бы вскользь оброненная Зотовым фраза «если мы всерьез нуждаемся в этих войнах». Она означала, что шеф КГБ оставляет за собой право на собственное мнение, которое, как обычно, совпадает с еще не высказанным мнением другого главы правительства, Павла Митрохина.

Зотов отпил чай из стакана в старинном подстаканнике и задумчиво глянул в окно, за которым стояли заснеженные ели кремлевского сквера. Вот уже год, как заседания Политбюро проходят в Грановитой палате, построенной еще в конце XV века при Иване Третьем. Огромный, около 500 квадратных метров, зал целиком декорирован старинной живописью, его сводчатые потолки и порталы — в каменной резьбе, а массивные квадратные колонны, поддерживающие потолок, украшены золотой лепниной и двуглавым орлом — символом российской державности. Начиная с пятнадцатого века в этой палате проходили приемы иностранных послов и праздничные торжества, государственные совещания и важнейшие царские дворцовые церемонии. В 1552 году здесь три дня пировал Иван Грозный, отмечая захват Казани. В 1653 году здесь, на Земском соборе, было принято решение о присоединении Украины к России, а в 1709 году Петр Первый праздновал в этой палате победу русского оружия над шведами в битве под Полтавой. Но после Октябрьской революции эта традиция была прервана, заседания Политбюро проходили в ЦК на Старой площади, и только Стриж и Митрохин возродили былой русский ритуал. Теперь древняя палата с ее старорусскими фресками и духом русских царей, витавшим под сводчатыми потолками, символизировала преемственность истинно русских традиций в управлении страной.

— Ситуация в мире сама подсказывает, с чего начать, — произнес Зотов. — Израиль хотел организовать нам экономическую блокаду, но эта блокада разваливается. Японцы хотели под шумок отхватить себе назад наши острова, но у них ничего не вышло. Будет вполне естественно, если израильские экстремисты начнут теперь нападать на наших дипломатов и на наши посольства в Европе и в США, а японские — в Токио. После каждого такого эпизода мы будем публиковать ноты протеста, и одновременно наша пресса и ряд газет на Западе начнут кампанию с призывом обуздать сионистов. Нужно раскалить антиизраильские и антияпонские настроения и у нашего населения, и за рубежом. Это не очень трудно — и тех, и других в мире любят почти одинаково. Но даже когда эти настроения приблизятся к критической точке, мы будем провозглашать сдержанность. Сдержанность до той минуты, пока какая-нибудь акция жидов или японцев уже как бы не оставит нам выбора...

— Сколько времени вам нужно на подготовку этих акций? — спросил Стриж. При всем том, что этот хитрец Зотов вроде бы не сторонник задуманных Стрижом блицвойн, нельзя не отметить его делового подхода к поставленной задаче.

Зотов пожал плечами и в очередной раз посмотрел на Митрохина.

— Павел Иванович лучше меня знает, что все зависит от бюджета. Если мы хотим, чтобы все было чисто, то нападения на наших дипломатов должны быть проведены действительно израильтянами и японцами. А им нужно платить валютой...

— Платить жидам, чтобы они нападали на наши посольства?! — воскликнул маршал Вязов.

Лицо Зотова посерело и превратилось в сухую маску. Он терпеть не мог министра обороны Вязова, единственного из горячевцев, оставленного Стрижом и Митрохиным в Новом Патриотическом правительстве. Конечно, они оставили Вязова вовсе не потому, что во время августовского переворота Вязов легко переметнулся на их сторону. Просто, когда во главе армии стоит старик, больше трясущийся за сохранение должности, чем за все остальное, невозможен никакой альянс между армией и КГБ, а значит, невозможны и никакие посягательства двух этих сил на реальную власть в Кремле. И именно то, что Зотов и Вязов ненавидели друг друга, как раз больше всего устраивало Стрижа и Митрохина.

— Речь идет, Дмитрий Матвеевич, не просто о нападениях евреев на наши посольства, — мягко сказал Вязову Митрохин. — Насколько я понимаю Алексея Федоровича, речь идет о ЗВЕРСКИХ нападениях. — И он взглянул на Зотова: — Да?

— Ну-у-у... конкретный характер акций еще нуждается в разработке... — уклончиво протянул Зотов, так и не поняв по реплике Митрохина, какую же позицию он занимает по отношению к идее Стрижа о разгроме Израиля и Японии.

Стриж тоже в упор посмотрел на Митрохина. В конце концов, именно от Митрохина зависит окончательное решение. И как это Митрохин всегда умеет оставить за собой последнее слово! Казалось бы, все идеи и вся инициатива Стрижа, но каждый раз получается так, что решающее слово — за Митрохиным...

Между тем Митрохин, убедившись, что все члены Политбюро смотрят теперь на него, сказал не спеша, с раздумчивыми, почти актерскими паузами:

— Я думаю, что в обычных условиях... ну, то есть при условиях внутренней стабильности в стране... на разработку этих акций Комитету понадобилось бы... ну, скажем... от шести до десяти месяцев. И конечно, не меньше двухсот миллионов долларов...

Бешенство отразилось на лице Стрижа — Митрохин явно торпедировал его предложение. «При условии внутренней стабильности!» В условиях стабильности на хер нужны эти войны!..

— Но! — повысил голос Митрохин. — Мы находимся в необычных условиях. Народ никак не хочет вернуться к былой дисциплине. Тысячи каких-то кликуш и пророков заполняют поезда, рынки, вокзалы и предсказывают черт-те что — Страшный Суд и Конец Света в двухтысячном году... — Митрохин встал и не спеша, воистину державным шагом прошелся по Грановитой палате: — В Воронеже, Полтаве, Хабаровске, Херсоне, Мурманске какие-то бабьи бунты, стычки «афганцев» с милицией. Час назад мне позвонили из вашего Свердловска, Роман Борисович. Из Екатеринбурга по-новому. Вы, наверное, еще и не знаете, что там рабочие атаковали сегодня управление милиции, сожгли милицейские машины, ранили с десяток милиционеров. Это, конечно, мелкий инцидент, но и он показателен. Народ дошел до какой-то черты, за которой он может стать неуправляемым, если его раздражение не направить вовремя в новое русло...

«Опять подковырка, — подумал Стриж. — «Ваш Свердловск!» Выходит, я оставил там очаг диссидентства и народной смуты!»

— Я полагаю... — Митрохин остановился на фоне иконописной настенной фрески так, что золотой нимб святого оказался точно над его, Павла Митрохина, головой. — Я полагаю, что в сегодняшних экстремальных условиях у нас нет не только десяти месяцев для подготовки к войне, но даже и пяти! Войну надо бы начать вчера, сегодня, максимум завтра. Помимо морального фактора победы, нам позарез нужна израильская и японская техника. Поэтому я предлагаю: к следующему четвергу КГБ подготовить план операций, которые обеспечат нам возможность начать войну с Израилем не позже, чем в марте. Второе: Генштаб разрабатывает несколько моделей военных акций, которые до марта должны быть полностью отработаны на армейских учениях и в штабных играх. В марте мы должны быть в Тель-Авиве, в апреле — в Токио. У кого есть возражения? — И Митрохин своими спокойными глазами обвел лица членов Политбюро и остановил свой пытливый взгляд на Стриже.

Стриж усмехнулся. Из этой речи он понял значительно больше, чем многие из присутствующих. Может быть, только Зотов понял столько же. Например, что именно себя видит Митрохин во главе победоносных военных действий...

— Я не думаю, что кто-нибудь против захвата в марте и Тель-Авива, и Токио, — сказал Стриж, пытаясь хотя бы этой иронией взять реванш за то, что Митрохин уже присвоил себе его, Стрижа, идею. — Но осилим ли мы войну на два фронта? Я-то имел в виду, чтобы наши военные просчитали альтернативу — Израиль или Япония?

— Хорошо, пусть они просчитают. А решать будем мы, в следующий четверг, — сказал Митрохин. Он не сомневался в том, что и Вязов, и тем более Зотов принесут то, что нужно ему, Митрохину. — Что у вас сегодня еще?

И снова Стриж внутренне возмутился этим Митрохиным. Как будто он не знает, что у них сегодня на повестке! Как будто не он лично эту повестку утверждал и подписывал вместе со Стрижом! Но нет, ему обязательно нужно, чтобы Стриж, словно секретарь, прочел вслух следующий вопрос повестки!

— Следующий вопрос: голодовка Горячева, — сдержанно сказал Стриж. И не отказал себе в удовольствии поддеть Митрохина: — Нужно что-то решать, иначе ваш протеже действительно дуба даст. Сегодня двадцать седьмой день его голодовки...

— Упрямый дурак! — в сердцах сказал Митрохин.

Действительно, никто не мог представить, что упрятанный и изолированный от мира на прекрасной даче Горячев уподобится диссидентам и объявит голодовку с требованием дать ему газеты и радиоприемник. — Тоже мне Сахаров нашелся!

— А почему бы не дать ему радио и газеты? — пожал плечами Зотов. — Ведь он думает, что весь мир каждый день кричит: «Где Горячев? Что с Горячевым?» Как когда-то о Сахарове. Так пусть послушает...

Митрохин вопросительно взглянул на Стрижа. И в этом вопросе, в этой очевидной для всех нерешительности Митрохина был сегодняшний реванш Стрижа. Потому что это

Митрохин 16 месяцев назад спас Горячева и, по образцу западных стран, выдумал ему должность формального главы государства — Президента СССР. Конечно, на первых порах это помогло быстрей стабилизировать положение внутри страны и — до выселения евреев — сохранить связи с США, ФРГ, Канадой и другими западными странами, но в то же время приходилось постоянно давать публичные объяснения изоляции Горячева — мол, после инфаркта врачи не разрешают Горячеву работать больше часа в день, мол, он на лечении, на отдыхе — короче, чуть не Ленин в Горках!

— А может, ему уже пора в отставку? — спросил маршал Вязов.

Стриж и Митрохин улыбнулись разом, так очевидна была трусость министра обороны: если представить, что завтра Горячев каким-то чудом окажется вдруг в Кремле хотя бы на час, то первым он вздернет, конечно, Митрохина, но уже вторым — именно Вязова...

— Нет, — сказал Зотов. — С отставкой Горячева я бы теперь не спешил. Пока мы называем его Президентом страны, никто не ждет от нас военных действий. А отставку Горячева тут же расценят как знак ужесточения нашей политики, а нам это ни к чему. Уж если мы собираемся воевать, элемент неожиданности крайне важен.

Хотя это был хорошо обоснованный аргумент, Стриж и Митрохин продолжали улыбаться. Им было ясно, что Зотов рад истерзать Вязова страхами.

И эти улыбки взаимопонимания примирили их на сегодняшний день.

28

Екатеринбург, обком партии.
14.00 по местному времени (12.00 по московскому)

— Что там у тебя происходит? — спросил Стриж, хмуро глядя на Вагая с экрана видеосвязи.

— Через час все будет в порядке, Роман, — поспешно ответил Вагай. После августовского переворота он стал вместо

Стрижа первым секретарем обкома и сидел теперь в бывшем стрижевском кабинете. За его спиной, на стене, висела карта Екатеринбурга (бывшего Свердловска), на ней были видны красные кружочки, флажки и отметки карандашом.

— Докладывай, — приказал Стриж.

— Ну, имеют место разрозненные вспышки и драки с милицией, — неохотно начал Вагай. — Но мы с этим справимся...

Здесь же, в бывшем кабинете Стрижа, находилась сейчас вся новая команда Вагая — второй секретарь Серафим Круглый, начальник городской милиции полковник Сухин и начальник городского управления КГБ майор Шарапов.

— Точнее? Что происходит?! — Даже на телеэкране было видно, что Стриж сейчас взорвется от злости. А между тем у Вагая были все основания считать Стрижа своим должником — выше, в Москву, Стриж Вагая не брал, чтобы, как он говорил, избежать обвинений в кумовстве и коррупции. Вот вам благодарность за преданность и за всю августовскую операцию!

— Да ничего страшного не происходит! — ответил Вагай как можно спокойнее. — Утром действительно были сложности: какая-то девочка погибла в очереди за хлебом, и народ озверел. Напали на милицию, на «Тяжмаше» — митинг. А мать девочки пришла сюда и сожгла себя и милиционера, который не пустил ее в обком. Но сейчас все приходит в норму.

— Каким образом? — жестко спросил Стриж.

— На «Тяжмаше» мы продаем рабочим мясо — по два кило в одни руки. Ну, и чем слушать болтунов на митингах, люди ринулись за мясом. Так что на данный момент в городе имеют место только отдельные хулиганские инциденты...

— Например? — уже чуть спокойней спросил Стриж.

— Например, полчаса назад мальчишки бросили в милицейскую машину бутылку с горючей жидкостью. Вот здесь. — Вагай показал на карте красный кружок. — А здесь час назад бабы разбили витрины продовольственного магазина. Вот и все.

— Какие меры принимаешь?

— Вся милиция и ГБ подняты по тревоге. По городу ходят усиленные патрули с собаками. Ночью думаем взять всех, кто болтал на «Тяжмаше» о забастовке.

— Сухин, ты уверен, что справитесь без армии?

— Безусловно, справимся, Роман Борисович! — откликнулся начальник милиции Сухин.

— Шарапов, а ты меня слышишь? — спросил Стриж и скосил глаза в сторону от экрана — туда, где стоял начальник городского ГБ майор Шарапов.

— Слышу, Роман Борисович! Конечно, справимся! — громко сказал Шарапов, и объектив телекамеры вместе с телеэкраном медленно повернулись на звук его голоса.

— Слушай внимательно, — сказал Стриж Шарапову. — «Тяжмаш» — это завод оборонного значения. Все евреи, которые на нем работали, были, конечно, сионистами и имели своих агентов среди русских рабочих. Сионистов мы выслали на китайскую границу, но их русские агенты остались. И не исключено, что они каким-то образом поддерживают связь со своими хозяевами и по их приказу подбивают народ на забастовку. Ты меня понял?

— Так точно! — стоя по стойке «смирно», отрапортовал майор Шарапов.

— Ну хорошо. Работайте. Только имейте в виду: сегодня вы с вашими беспорядками уже фигурировали на Политбюро. Надеюсь, не надо объяснять, что это значит. Тем не менее мы вам пока доверяем. Но завтра лично мне доложите о ситуации. И еще. Круглый, это тебя касается...

— Слушаю, Роман Борисович, — сказал второй секретарь обкома Серафим Круглый — в его ведении была теперь вся идеология области.

— Как только Шарапов нащупает на «Тяжмаше» этих сионистских агентов, нужно развернуть по этому поводу кампанию в местной прессе. Ясно?

— Безусловно, Роман Борисович...

Стриж отключился, его изображение пропало с экрана. Скрипнула дверь, Вагай резко повернулся к вошедшей без стука молоденькой секретарше пышных форм:

— В чем дело?

— Из Пролетарского района полковнику Сухину звонят, — сказала секретарша.

— Ну и что? Селектора нет?

— Да ну его, селектор! — вяло сказала секретарша, проведя своим томным, с поволокой взглядом по стройным офицерским фигурам Сухина и Шарапова.

— Иди, иди, телка! — недовольно кивнул ей на выход Вагай, а Сухин взял телефонную трубку:

— Сухин слушает... Где?.. Ну и что вы ждете?.. Сейчас выезжаю!..

— В чем дело? — спросил Вагай.

— На Рогожной улице бабы грабят продмаг, — сказал Сухин. — Милицейскую собаку зарубили топором. Разрешите мне их лично успокоить, Федор Ильич.

— Успокоить мы должны весь город, — задумчиво произнес Вагай. — Но первым делом нужно найти агентов сионизма. Слыхали, что Стриж сказал? Мы уже фигурировали на Политбюро! Но если мы найдем агентов сионизма... Поэтому так, Сухин: всех баб, которые грабят магазин, передашь в КГБ. Не может быть, чтобы никто из них в прошлом не спал с каким-нибудь жидом. Ты меня понял, Шарапов? Человек десять—пятнадцать должны сознаться...

— У меня они все сознаются. Даже целки! — усмехнулся Шарапов.

Карательные отряды милиции и КГБ, водометы и «черные вороны» с воем сирен носились по городу, спеша ко все новым и новым вспышкам народного недовольства. Но хотя полковник Сухин лично принимал участие в «успокоении» города, успокоения не наступало. Даже простая операция по аресту женщин, поднявших скандал в продовольственном магазине на Рогожной улице, превратилась в новую кровавую схватку, потому что как раз в это время мимо шла рабочая смена завода «Станкостроитель». «Наших баб бьют!» — крикнул кто-то, и этого было достаточно, чтобы рабочие, выламывая колья из заборов или вооруженные неизвестно откуда взявшимися кастетами, обрезками металлических труб и даже пистолетами, бросились на милицию. После войны в

Афганистане у населения страны появилось полно оружия — ворованного из армии, самодельного, привезенного тайно из Афганистана. Так что в первые же мгновения два милицейских фургона — так называемые «черные вороны» — были перевернуты, и шесть милиционеров пали замертво с разбитыми черепами. В следующую минуту милиция пришла в себя, открыла огонь, толпа, отстреливаясь из пяти пистолетов, стала разбегаться, оставляя на грязном снегу раненых и убитых. А в это время новая вспышка самоуправства уже вывернулась в другом конце города. Там толпа женщин и подростков атаковала хлебопекарный завод...

Есть в людской психике, в психологии села, города и даже целого народа нечто, не поддающееся объяснению простой логикой. Народ, который почти восемь десятилетий покорно терпел куда более кровавые бани сталинских, например, репрессий; люди, у которых за одну ночь могли арестовать и уничтожить всех их близких: отца, мать, сестер и братьев и которые безмолвно поколениями несли в своих душах рабскую покорность любому кнуту, милицейскому погону, партийному чину; мужчины, женщины и дети, которые еще вчера ночью привычно, как по Божьей заповеди, сами записывали себе на ладони номера в очереди за буханкой хлеба, — эти самые люди по совершенно, казалось бы, мелкому поводу, не сравнимому, во всяком случае, с их исторической бедой и опытом их многотерпенья, вдруг перестали быть чувствительны к страху, обезумели.

Правда, в этот вечер город Екатеринбург, бывший Свердловск, еще и сам не знал размеров своего умопомрачения. Так, заболевая лихорадкой, человек в первый день чувствует лишь недомогание, головокружение, озноб, и ни он сам, ни самый лучший доктор не могут предсказать, как будет развиваться болезнь и какой высокой будет назавтра температура. Повышенная раздражительность народа, агрессивность, сыпь публичных скандалов и схваток с милицией, отмеченная кружочками на карте города в кабинете Вагая, говорили, наверно, о том, что больному нужен постельный режим, покой, крепкий сон и усиленное питание. Врач, однако, применял иные средства. Он применял водометы, дубинки и милицейские пистолеты «ТТ»...

— Все подходы к 19-му отделению заняты курсантами милицейского училища, — говорил Степан Зарудный, стоя над газовой плитой и с волчьим аппетитом поедая жареную картошку прямо со сковородки. — Туда не прорваться...

— Мы прорвемся, — убежденно ответил Анатолий Гусько. Гусько и еще два молодых «афганца», все трое в вылинявших и стареньких голубых беретах десантников, сидели в узкой, как пенал, комнате-квартире Зарудного, пили чай из разнокалиберных стаканов. У одного из этих «афганцев» рука была перевязана грязным бинтом, у второго ссадина на лбу была залеплена пластырем...

Квартира у Зарудного была типично холостяцкой — большой продавленный диван, немытая посуда в раковине, три алюминиевые тарелки вместо пепельниц (и все три полны окурков), форточка на морозную улицу открыта настежь. Сквозь эту форточку в квартиру доносился вой милицейских сирен и рев проносящихся мимо милицейских водометов, мотоциклов с колясками и «черных воронов».

Пережидая этот рев, Зарудный молча ел картошку, потом сказал, кивнув на окно:

— Ты видишь, что делается?

— Мы прорвемся, — упрямо повторил Гусько. — Нас сорок человек. А если нужно, мы соберем и пятьсот! «Афганцев» в городе больше пяти тысяч. И люди на все готовы, только спичку поднеси!

Зарудный доел картошку, налил себе из заварного чайника и одновременно закурил папироску «Казбек».

— Допустим, вы прорветесь, — сказал он наконец. — Но сколько человек могут получить пулю?

— Ребята знают, на что идут, — ответил Гусько.

— Нет, это не выход. — Зарудный затянулся папироской.

— Утром у нас речь шла только о Стасове, Обухове и Колосовой. Тогда я сам был за операцию и даже поехал на разведку. Но теперь они уже понахватали сотни людей... Даже если вы отобьете Стасова, что это изменит?

Еще несколько милицейских машин с воем пронеслись за окном.

Зарудный подошел к окну и выглянул на улицу. Сверху, с высоты пятого этажа, на котором находилась его квартира, не было видно ничего, кроме пустой заснеженной улицы, над которой уже сгущались ранние зимние сумерки. Но и Зарудный, и сидящие за его спиной парни знали, что сейчас происходит там, куда помчалась милиция.

— Мы не можем сидеть сложа руки, — начал Гусько.

— Ерунда! — резко повернулся к нему Зарудный. — У них оружие, армия, танки. А у нас? Голыми руками мы против них — ничто! Но есть другая идея...

29

Где-то в Сибири, в лесу, в восточных предгорьях Урала. 17.30 по местному времени

Хотя в камине жарко горели дрова, Горячев теперь постоянно мерз... Лариса подле него в кресле-качалке, молча и быстро вязала в тишине, и нехорошие мысли о близкой смерти мужа лезли ей в голову. Уже восьмой день он не встает с кровати даже для короткой прогулки — у него уже нет сил. И уже пятый день Лариса даже не просит его прекратить эту бессмысленную, самоубийственную голодовку. Ну кто, кто в целом мире знает о том, что он голодает? Когда Сахаров голодал в горьковской ссылке или когда другие диссиденты объявляли голодовки в тюремных камерах, у них всегда был шанс через сокамерников или родственников передать об этом на Запад, заставить мир кричать о них Кремлю. Но здесь, на этой глухо огороженной и тщательно охраняемой даче, — где? под Иркутском? Свердловском? Хабаровском? — у Горячевых не было даже этого шанса.

Руки Ларисы нервно крутили спицы, клубок серой шерсти из распущенной оренбургской шали вращался у ее ног. Лариса вязала шапочку мужу, шерстяную шапочку-ермолку для мерзнущей лысины. Только вряд ли это ему поможет. Даже его дыхания уже почти не слышно... 16 месяцев полной изоляции на этой даче — без газет, телефона, радио и телевизора — плюс двадцать семь дней отчаянной голодовки изменили Горячева почти неузнаваемо. Он постарел не на 16 месяцев, а на 16 лет. В этом маленьком, исхудавшем, слабом и совершенно лысом старике, что лежал сейчас на кровати небритый, с открытым, словно проваленным ртом и укрытый тремя одеялами и пледом, было невозможно узнать того сильного, энергичного и обаятельного жизнелюба, который совсем недавно не только правил гигантской державой, но и заворожил, покорил весь мир своими проектами реформирования советского тоталитаризма в систему прагматической демократии... Господи, ничего от него не осталось, ничего, кроме упрямства. Но он скорей умрет, чем прекратит голодовку! Собственно, он уже умирает...

А когда он умрет, выпустит ли Митрохин ее из этой лесной могилы? Или сошлет в какую-нибудь сибирскую деревню, чтобы мир так и не узнал о смерти Горячева?

Спицы еще быстрей заходили в руках Ларисы, слезы выступили на глазах. От этой тишины и снега на окнах можно действительно рехнуться. Лишь изредка, пару раз в неделю, откуда-то из-за леса донесется резкий взрев реактивного двигателя, затем взлетит над лесом эскадрилья реактивных истребителей, прочертит небо узкими белыми инверсионными хвостами и — снова тихо, как в мошне. Сутками! Она, Лариса Горячева, хозяйка Кремля и теневого «кухонного» правительства, обречена теперь сгнить в этом лесу, неизвестно где. Даже местонахождение этой дачи невозможно выпытать у безмолвных солдат охраны! Раз в день, рано утром, в воротах дачи появляется военный вездеход. Взвод солдат — в большинстве чучмеки: узбеки или таджики — заступает на суточное дежурство по охране дачи, а начальник караула ставит на крыльцо дачи судки с горячим обедом и ужином. Скорее всего — с кухни соседнего, за лесом, авиаполка. Днем те солдаты, которые свободны от распиловки дров и охраны, либо спят в маленькой караулке у ворот, либо режутся там в нарды, а вечером начальник караула так же молча забирает с крыльца дачи пустые судки из-под еды. Вот и вся рутина этой ссылки — сиди в доме или ходи вокруг него по «малому гипертоническому кругу», как назвал эту прогулку Горячев, когда их только привезли сюда. Тогда, в самом начале этой ссылки, Горячев еще строил планы реванша и твердил Ларисе, что мир не даст Митрохину и Стрижу уничтожить его, Горячева! Что за него, Горячева, как когда-то за Сахарова, борются сейчас все западные лидеры и все прогрессивные силы мира. Что в Нью-Йорке, Лондоне, Бонне, Париже, Амстердаме и так далее гигантские демонстрации с плакатами «Свободу Горячевым!» бушуют под окнами советских посольств, что газеты печатают их портреты, а знаменитые западные писатели, ученые и деятели культуры, которых он так прекрасно принимал в Москве, шлют новому кремлевскому правительству петиции и запросы о судьбе Горячевых.

Но время шло — месяц... второй... пятый... двенадцатый... А 27 дней назад Горячев как взбесился — объявил голодовку, требуя газет и радиоприемника. Но охрана дачи никак на это не реагировала. Как всегда, по утрам на крыльце появлялись судки-кастрюльки с едой. И большая поленница свеженаколотых дров вырастала здесь же к полудню. А вечером начальник караула забирал выставленные на крыльцо судки. Теперь, впрочем, эти судки были почти полными — много ли могла съесть Лариса, когда муж голодал?

Дальний рокот двигателя бронетранспортера отвлек Ларису от ее мыслей. Она взглянула на мужа. Но он ничего не слышал — то ли спал, то ли уже находился в предсмертной прострации, за чертой связи с этим миром. Только в провале его черного рта еще чуть посвистывало медленное, стариковское дыхание, и в такт этому дыханию чуть шевелились серые небритые щеки.

Лариса встала, подошла к окну. За двойными стеклянными рамами был блеклый уходящий день. Стена высоких заснеженных елей и сосен поднималась прямо над двухметровым забором дачи, мутное зимнее небо сыро и дрябло укрывало мир. В такую погоду легко вешаться и стреляться, тоскливо подумала Лариса...

Два солдата в гимнастерках без пояса выскочили из бревенчатой караулки, побежали открывать ворота — их также удивило внеурочное рокотание бронетранспортера, который обычно появлялся только со сменой караула.

Но на этот раз бронетранспортер не остановился в воротах, а, слепо светя фарами при дневном еще свете, подкатил прямо к крыльцу дачи.

Сердце у Ларисы рухнуло, как в скоростном лифте. Вот и все. Вот и все, Господи! Доигрался он со своей голодовкой! Сейчас их вытряхнут из этой дачи, короткая автоматная очередь и...

Молодой сержант с круглым лицом не то узбека, не то таджика деловито выпрыгнул из кабины вездехода, обежал его и откинул брезент кузова. Водитель-ефрейтор и еще четверо сержантов, подбежавших сюда во главе с начальником караула, помогли ему достать из кузова бронетранспортера какие-то ящики и пакеты. Затем гулко, как от удара сапога, хлопнула входная дверь в дом, даже не отряхнув снег с сапог, вошли эти солдаты, неся...

Боже мой, ахнула про себя Лариса. Телевизор! Пачки с газетами! «Правда»! «Известия»! Даже «Вашингтон пост» и лондонский «Таймс»! И радиоприемник «Рига»!

— Миша! Смотри! Ты выиграл!.. Подождите, куда вы?! — ринулась Лариса вслед выходящим солдатам. Как же так? Бросили газеты, поставили телевизор и радиоприемник и пошли? Ну хоть слово-то можно сказать?

Лариса дернула за рукав сержанта-узбека:

— Подождите, товарищ!

Он высвободил свой локоть.

— Ызвыните, — сказал он с узбекским, что ли, акцентом. — Я не ымей права с вамы гавварыть...

— Но как же эти газеты? Радио? Как понимать? Мы теперь будем получать газеты? Даже иностранные?

— Каждый дэнь... — подтвердил сержант. — Ызвыните...

И вышел.

— Миша! Миша! — побежала Лариса к мужу и увидела, что он уже и сам проснулся и даже пытается встать. Но поднять свое тело и эти тяжелые одеяла было ему уже не под силу.

— Нет, нет! — закричала Лариса. — Не вставай! Ты что! Тебе нельзя! Выходить из голодовки нужно медленно, постепенно. Лежи...

Он поморщился с досадой, даже с презрением к этой вечной ее пустой болтовне. И показал своей тонкой пергаментной рукой на радиоприемник, чуть покрутил ею в воздухе — мол, включи же радио, включи!

— Нет! Теперь — суп! Одну ложку чистого супа! Одну ложку!

Он снова поморщился, но она уже знала свою силу: все — и радио, и газеты, и телевизор — он получит только если будет слушаться ее, если правильно и послушно станет восстанавливать свои силы и здоровье! Кажется, и он уже понял этот жесткий ее ультиматум. Он закивал головой и слабо показал пальцами на стоявшие на столе судки с едой — мол, дай, дай уже суп и быстрей включи радио!

Да, он опять выиграл, он всегда выигрывал, Михаил Горячев, он выигрывал всю жизнь! Судьба снова ворожила ему, как всегда ворожит она своим фаворитам. Теперь им каждый день будут приносить свежие газеты, даже «Вашингтон пост» и «Таймс»! И они будут слушать радио — весь мир, даже русские передачи «Голоса Америки», Би-би-си и «Свободы», потому что тут, в лесу, нет, конечно, радиоглушилок...

Но через три часа радость победы стала испаряться. Конечно, они уже просмотрели все газеты и одновременно включили и телевизор, и радиоприемник. Из газет они узнали, что он, Михаил Горячев, оказывается, все еще является формальным главой государства — Президентом СССР. А его отсутствие в Кремле «Правда» объясняла его слабостью после ранения, инфарктом и режимом полного отдыха, предписанного врачами. Так в 1922 году Сталин изолировал Ленина в Горках... Короткая домашняя антенна телевизора «Рубин» брала лишь одну программу — из города Кургана, так они узнали, где находятся географически — в восточных предгорьях Урала. Но главное было не в этом. Лариса поставила радиоприемник «Рига-107» прямо на кровать Горячеву, и он упрямо, вот уже четвертый час, крутил рукоятку настройки и ловил «враждебные голоса» русских и английских западных станций. Но, прослушав и Би-би-си, и «Немецкую волну», и «Свободную Европу», и «Голос Америки», и даже «Радио Канады», они ни разу не услышали того, ради чего Горячев завоевал этот радиоприемник и эти газеты. Нигде в мире не было никаких демонстраций с транспарантами «Свободу Горячевым», никто не писал новому советскому правительству писем протеста по поводу их ссылки и изоляции, и ни один нобелевский лауреат из тех, кто так любил приезжать в Москву на горячевские форумы мира, — ни один из них! — даже не послал Стрижу и Митрохину запрос о судьбе или хотя бы здоровье лауреата Нобелевской премии мира Михаила Горячева!

За прошедшие 16 месяцев мир забыл о Горячеве столь же быстро, как в свое время он забыл о свергнутом русском царе Николае Втором, о сбежавшем с Филиппин Фердинанде Маркосе или об ушедших в отставку Пьере Трюдо и Менахеме Бегине. Мир оставил Горячева в прошлом, на перевернутой странице истории, как он всегда поступает со своими лидерами, сметенными с политической арены.

И именно для того, чтобы они поняли это и не рыпались, именно поэтому Стриж и Митрохин прислали им сюда эти газеты и радио.

ДЕНЬ ТРЕТИЙ

24 ЯНВАРЯ

30

Екатеринбург (бывший Свердловск).
В ночь с четверга на пятницу и утро пятницы

Ночью в Екатеринбурге, возбужденном мятежной лихорадкой, произошли три события, результаты которых имели куда более значительные последствия, чем предполагали их инициаторы.

В то время как сотрудники милиции вламывались в квартиры рабочих и инженеров «Тяжмаша» и вытаскивали из постелей подстрекателей забастовки и тех, кто когда-то «дружил с жидами», — в это же самое время группа неизвестных лиц в чулочных масках бесшумно разоружила и связала охранника городского морга и выкрала из морга трупы восьмилетней Наташи Стасовой и ее сгоревшей матери.

Часом позже, то есть в три часа ночи — именно тогда, когда в подвалах городского КГБ майор Шарапов собственноручно выбивал зубы и барабанные перепонки «агентам сионизма», а другие следователи прижигали сигаретами груди арестованным женщинам или на глазах этих женщин давили сапогами гениталии их мужей, добиваясь признания в связях с Израилем, — именно в это время вторая группа неизвестных — четверо в чулочных масках и темных комбинезонах — спустилась на веревках с крыши семиэтажного жилого дома на улице Ленина к окнам его шестого этажа. Здесь они совершенно бесшумно вырезали оконное стекло квартиры первого секретаря обкома партии Федора Вагая, проникли в эту квартиру и с помощью небольшой дозы парализующего газа, производимого местным «почтовым ящиком номер 437/9», лишили сознания и Федора Вагая, и его жену, спавших в одной постели. Вслед за этим неизвестные спеленали обоих супругов, как грудных детей, в простыни, обвязали ремнями и веревками и стали пристегивать свои жертвы к спинам двух похитителей. С худым и легким телом Федора Вагая это удалось сделать без всяких сложностей. Но со 130-килограммовой женой Вагая у похитителей ничего не вышло. Даже самый крепкий из них не мог протащить эту бабу на своей спине через открытое окно.

Безуспешно провозившись с женой Вагая не меньше двадцати минут, похитители оставили ее на полу, и, захватив лишь одного Вагая, вся группа через то же окно покинула квартиру, поднялась по веревкам на крышу дома и исчезла в ночной морозной тьме. При этом гэбэшная охрана дома, находившаяся внизу, в подъезде, продолжала спокойно смотреть по телевизору хоккейный матч между сборными СССР и Канады, передаваемый по спутнику из Торонто.

И, наконец, третью операцию совершили два железнодорожных обходчика, машинист локомотива и диспетчер станции «Екатеринбург-Грузовая». В то время как усиленные наряды милиции, состоящие теперь из шести милиционеров с двумя служебными собаками, бдительно следили за порядком в хлебных очередях, совершенно безмолвных и даже сравнительно малолюдных в эту ночь, — в это самое время два обходчика станции как раз простукивали на путях колеса вагонов тяжелого армейского грузового состава, отправленного из закрытого города-спутника Исеть (бывшего Свердловска-2). И в оси четырнадцатого вагона они обнаружили неисправность. Чтобы не задерживать 30-вагонный армейский эшелон, направляющийся с грузом боеприпасов и оружия в братскую Сирию, диспетчер станции приказал немедленно отцепить неисправный вагон, загнать его в ремонтное депо и за час-полтора сменить ось на новую. Пришлось машинисту маневрового локомотива перегнать половину состава на другой путь, в самый дальний конец станции, затем оттащить неисправный вагон в депо, а оставшиеся на пути вагоны перевести на запасной путь. Во время этих маневров армейская охрана эшелона частично оказалась в своем служебном, в голове состава, вагоне, а большая часть просто смылась на пассажирский железнодорожный вокзал — там работал ночной буфет и можно было подцепить недорогую проститутку.

Ровно через два часа ремонт неисправного вагона был закончен, еще час ушел у начальника охраны состава на поиски своих солдат, и наконец в 5.49 эшелон в том же составе из тридцати вагонов отправился в путь. Никто из охраны эшелона не обратил внимания на то, что на шести из этих тридцати вагонов их старые номерные знаки были написаны свежей краской, а дорожный ветер очень быстро ликвидировал эту единственную улику подмены шести вагонов с боеприпасами. И ровно через четыре минуты после ухода состава маневровый локомотив уже подогнал эти шесть тяжело груженных вагонов к эшелону с листовой бронированной сталью, прибывшему из Кривого Рога в адрес «Тяжмаша». Сноровистым железнодорожным обходчикам потребовалось всего несколько минут, чтобы подцепить эти шесть вагонов к составу, и уже в 6.01 весь эшелон проследовал на территорию. А армейский эшелон с шестью пустыми вагонами продолжал свой мирный путь в братскую Сирию...

За этими тремя операциями можно было бы проследить одну направляющую руку и один расчет, но проследить оказалось некому: власти, как уже сказано, были заняты поиском агентов сионизма. Впрочем, об исчезновении трупов Наташи и Ирины Стасовых и похищении первого секретаря обкома партии Вагая стало известно уже наутро. Причем труп девочки и останки ее сгоревшей матери нашлись сразу. В коротком и открытом свежеструганном гробу, окруженном цветами, мертвая Наташа Стасова лежала на высокой сварной конструкции прямо за центральной проходной «Тяжмаша», на заводском дворе. Рядом с ее гробиком стоял еще один открытый свежеструганный гроб с останками обгорелой Ирины Стасовой. У подножия этого металлического постамента, в черноте никак не высветляющегося зимнего сибирского утра выстроился почетный караул из полусотни молодых рабочих завода, все в голубых беретах бывших десантников. Ветер парусил над гробами большой кумачовый транспарант с освещенными прожектором строками, набранными жирным шрифтом:

«ОНИ УБИВАЮТ НАШИХ ДЕТЕЙ И ХОТЯТ, ЧТОБЫ МЫ НА НИХ РАБОТАЛИ! БАСТУЙ!»

Одновременно с появлением на «Тяжмаше» этих двух гробов вся гэбэшная охрана завода совершенно непостижимым образом оказалась запертой в караульных помещениях шести заводских проходных, где они грелись ночью, спасаясь от хрустящих уральских морозов. Снаружи окна этих проходных тоже оказались блокированы листовой сталью, а все телефонные линии охраны перерезаны. Поэтому утром, к 8.30, у постамента с гробами девочки и ее матери беспрепятственно собрались даже не одна, а две заводские рабочие смены — ночная, уходящая, и свежая, утренняя, то есть около 30 тысяч человек. Вид убитой девочки и обугленный труп Ирины Стасовой действовали на людей магически. Не было ни колеблющихся, ни истерических демагогов. Митинг, объявивший общезаводскую забастовку и тут же выбравший забастовочный комитет во главе со Степаном Зарудным, проходил так организованно, словно подготовка к нему шла всю ночь. 1740 молодых рабочих, в большинстве своем бывшие «афганцы», составили бригаду самообороны, четко разделенную на шесть батальонов — по числу заводских проходных. В промозглом предутреннем полусвете-полумраке эти «афганцы» во главе с инвалидом-сварщиком Анатолием Гусько тут же вскрыли склад готовой продукции и вывели к каждой из проходных по два десятка танков «Т-90». Даже без боезапаса эти танки выглядели внушительно и говорили о серьезных намерениях бастующих. Еще серьезней был девиз забастовки, тут же отпечатанный бастующими в типографии «Тяжмаша» на первой странице заводской многотиражки «Голос уральца». Девиз гласил:

«МЫ УРАЛЬЦЫ, А НЕ КИТАЙЦЫ!
ТАНКАМИ НАС НЕ ЗАДАВИШЬ!»

Вся остальная страница газеты состояла всего из нескольких строк, набранных жирным шрифтом:

«СКОЛЬКО ЕЩЕ ТРУПОВ НАШИХ ДЕТЕЙ И ЖЕН
НУЖНО, ЧТОБЫ МЫ ПРОСНУЛИСЬ?
ХВАТИТ СТОЯТЬ В ОЧЕРЕДЯХ!
ХВАТИТ ЖРАТЬ КИТОВОЕ МЯСО!
ХВАТИТ ВЫПОЛНЯТЬ ИХ НОРМЫ!
ХВАТИТ ТЕРПЕТЬ! БАСТУЙ ДО ПОБЕДЫ!!!»

Директор завода и секретарь заводского парткома отказались принять делегацию забастовочного комитета и названивали в обком партии и управление КГБ для получения инструкций. Но в обкоме и в КГБ все руководство было в панике из-за мистического исчезновения Федора Вагая. Еще вчера вечером Вагай рапортовал самому Стрижу о том, что порядок в городе практически восстановлен. И вдруг сегодня с утра — ни Вагая, ни трупов погибшей девочки и ее матери, а жена Вагая — родная сестра Романа Борисовича Стрижа! — в бессознательном состоянии!..

Конечно, в квартире Вагая уже трудилась бригада лучших уральских следователей, розыскные собаки и даже профессор криминалистики из Уральского государственного университета. Одновременно «скорая помощь» увезла в больницу жену Вагая — она все еще была без сознания.

Но только к 10.30 утра, когда до бригады следователей, работающих в квартире Вагая, дошло сообщение о появлении трупов Натальи и Ирины Стасовых на «Тяжмаше» и о начавшейся там забастовке, светила уральской криминалистики связали воедино все утренние события и высказали предположение, что и Вагай находится где-нибудь на территории «Тяжмаша» в качестве заложника.

Короче, лишь в 10.45 утра второй секретарь обкома партии Серафим Круглый приказал Сухину, Шарапову и командующему городским военным гарнизоном окружить «Тяжмаш» войсками, полностью изолировав бастующих от внешнего мира. Но время было потеряно: по заданию забастовочного комитета десятки «афганцев» уже давно покинули территорию завода и все тем же мистическим образом, то есть без служебных пропусков, оказались на территориях других уральских заводов.

Таким образом, в 11.10 утра, как раз перед тем, как Серафим Круглый решился наконец набрать на пульте видеосвязи номер кремлевского кабинета Стрижа, ему доложили, что стихийные митинги с призывами присоединиться к забастовке «Тяжмаша» возникли на заводе «Станкостроитель», на Уральском химическом (почтовый ящик номер 437/9), Уральской текстильной фабрике и, самое опасное, в городе-спутнике Исети (бывшем Свердловске-2). Там на трех гигантских заводах производились танковые и ракетные снаряды, пулеметные патроны и тактические ракеты класса «земля — воздух».

Молча выслушав Серафима, Стриж спросил холодно:

— Какого хрена ты раньше не доложил?

— У нас разница во времени два часа, Роман Борисович, — трусливо ответил Круглый. — Я не хотел вас будить...

— Надо было будить! Значит, так. Окружение «Тяжмаша» не снимать, но все остальные силы бросить на Исеть. Открой аварийный НЗ, дай им колбасу, масло, крупы, но одновременно отрежь их от города. Обязательно! И немедленно езжай на «Тяжмаш» к рабочим, начни переговоры...

— Сам?! — испугался Круглый.

— Да, сам! — жестко приказал Стриж. — Обещай им что хочешь, вплоть до рая на земле! Похороны девочки и ее матери назначь на завтра, и сам их возглавишь, как мы когда-то возглавили похороны какого-то солдата, не помню его фамилии. Короче, любой ценой тяни время до завтра. Если тебе удастся под видом похорон вывести их завтра с завода и потащить колонной до Отлетного кладбища, сделаем тебя послом в Италии. Ты хочешь в Италию?

— Еще бы! — невольно усмехнулся Круглый.

— Тогда действуй! Нам нужно 24 часа, чтобы все подготовить. А там я им покажу, как в моем городе бардак устраивать! Как там моя сестра? — За все время разговора Стриж впервые применил по отношению к себе личное местоимение единственного числа. Во всех остальных случаях он говорил о себе «мы».

— Она в больнице, — сказал Круглый и поспешно добавил: — Уже пришла в себя, но врачи на всякий случай делают ей все анализы.

— Значит, Вагай тоже жив. Вряд ли они дали ему большую дозу. Выпусти отца этой убитой девочки, но взамен получи Вагая, все-таки он мой родственник. Но главное не в нем. Главное: снаряды из Исети не должны соединиться с танками «Тяжмаша». Иначе мы у тебя ноги из жопы повырываем!

г. Омск
Штаб Западно-Сибирского
военного округа

КОМАНДУЮЩЕМУ
ЗАПАДНО-СИБИРСКИМ ВОЕННЫМ ОКРУГОМ
ГЕНЕРАЛУ АРМИИ КУТОВСКОМУ Н.Н.

Срочное
Секретно,
Военной радиосвязью.

В Екатеринбурге, бывшем Свердловске, в связи с гибелью несовершеннолетней девочки и самосожжением ее матери бастует «Тяжмаш» и похищен первый секретарь обкома партии тов. Ф. Вагай. Ориентировочное число бастующих, занявших территорию «Тяжмаша», 30 тысяч человек. Одновременно существует угроза присоединения к забастовке еще нескольких местных заводов, а также города-спутника Исеть, выпускающего оборонную продукцию стратегического назначения. Главную опасность представляет то обстоятельство, что в руках бастующих «Тяжмаша» находятся новейшие танки «Т-90», а в руках готовящихся к забастовке рабочих Исети — боеприпасы к этим танкам.

В связи с вышеизложенным приказываем:

— немедленно перебросить в Екатеринбург воинские части в количестве, достаточном для полного окружения бастующих;

— особенно плотное окружение создать вокруг города-спутника Исеть;

— разрешить бастующим «Тяжмаша» провести похороны погибшей девочки и ее матери на Отлетном кладбище в семи километрах от города.

Для руководства мерами по ликвидации беспорядков в Екатеринбург вылетает с чрезвычайными полномочиями член Политбюро ЦК КПСС, председатель КГБ СССР А. Зотов. Вам с войсками надлежит прибыть в его распоряжение сегодня, 24 января, не позднее 14.00.

Роман Стриж,
Председатель Совета
Министров СССР,
Секретарь ЦК КПСС

Павел Митрохин,
Председатель Верховного
Совета СССР,
Секретарь ЦК КПСС

Москва, Кремль, 24 января с.г.

— Дорогие товарищи тяжмашцы! — крикнул в микрофон Серафим Круглый. Он стоял на дощатой трибуне рядом с металлическим постаментом, на котором лежали два гроба. В воздухе, сухом, как стекловата, висела серо-серебристая морозная пыльца. Перед трибуной стояла гигантская толпа бастующих, над их головами, шапками-ушанками и шерстяными косынками висели клубы белого от дыхания пара. А за спиной Круглого стояли только Степан Зарудный и члены забастовочного комитета. Дальше была видна центральная проходная «Тяжмаша» и трехэтажное здание дирекции завода. — Как видите, — кричал в микрофон Круглый, — я приехал к вам один, без охраны! Я приехал, чтобы увидеть все проблемы. Ну и мороз сегодня!.. — Действительно, от дыхания Серафима Круглого даже микрофон тут же покрылся пленкой льда, и Круглый стер его перчаткой. — Но прежде чем выслушать требования, товарищи, я хочу доложить вам, дорогие товарищи, о своей беседе с нашим земляком Первым секретарем ЦК нашей партии и Председателем Совета Министров СССР Романом Борисовичем Стрижом. Эта беседа состоялась всего двадцать минут назад. Вот что велел передать вам наш дорогой Роман Борисович. Он приказал милиции немедленно выпустить незаконно арестованных заводских товарищей Андрея Стасова, Петра Обухова и Веру Конюхову...

— Ур-р-ра!.. — нестройно прокричали несколько голосов. Но остальная масса настороженно молчала, и Круглый продолжил с некоторым разочарованием в голосе:

— Сразу после этого митинга они будут выпущены, доставлены сюда и смогут принять участие в гражданских похоронах этих двух погибших. Эти похороны, если вы не возражаете, можно провести завтра, в организованном порядке на Отлетном кладбище. Все партийное руководство области, и я в том числе, пойдет на эти похороны вместе с вами. Поверьте, что и Роман Борисович, как наш земляк, и я, и все остальные члены обкома партии глубоко возмущены преступными действиями милиционера Сергея Шакова, который явился на дежурство в пьяном состоянии. Принято решение сразу после похорон, прямо здесь, на территории

вашего завода, провести открытый гражданский суд над этим
мерзавцем. Вы сами выберете народных заседателей, которые вместе с судьей вынесут ему приговор... — Круглый подождал, не будет ли аплодисментов, но аплодисментов не
было. Переступив теплыми валенками с ноги на ногу и отряхнув иней с мехового воротника своей дубленки, Круглый
опять закричал в микрофон: — Вот, товарищи, я вкратце
доложил вам о мероприятиях, намеченных нами в соответствии с распоряжением товарища Стрижа. Теперь я хочу знать,
есть ли у вас еще какие-нибудь требования...

— А как с остальными арестованными, которых ночью
забрали?..

— Начальника милиции судить, который в народ стрелял!.. — тут же раздались выкрики. — Нормы выработки
понизить!.. А когда жратва будет?.. Мы на китовом мясе
работать не можем!.. А куда вы Горячева дели?..

— Товарищи! — поднял руку Круглый. — Нельзя все
вопросы решить сразу, на одном митинге. Вы хорошо знаете, что все трудности с продовольствием возникли у нас
из-за мирового сионизма, который с помощью экономической блокады хочет свергнуть советский строй...

— И правильно! — крикнул кто-то из огромной толпы.
Его тут же поддержали другие выкрики: — Давно пора вас
свергнуть!.. Сами жрете, а для народа — трудности!.. Были
жиды, и было мясо, а теперь ни жидов, ни мяса, ни Горячева... Долой его с трибуны! Он нам зубы заговаривает!..

Круглый побледнел, но его рука в теплой кожаной пер-
чатке еще крепче сжала стойку микрофона.

— Товарищи! — крикнул он. — Не нужно нагнетать обстановку! Я хочу вам сказать, что Совет Министров под руководством товарища Стрижа уже подготовил решение о
переводе нашего города в первую категорию снабжения.
Начиная с первого февраля город будет снабжаться так, как
Москва, Ленинград и Киев! Вы не должны забывать, что
товарищ Стриж — наш земляк, он чутко прислушивается к
нашим нуждам. Но и мы должны...

— Вот и давай его сюда! — снова закричали из толпы.

— В Москве тоже жрать нечего!.. Пусть Стриж сюда приедет, мы с ним поговорим за нормы выработки!.. А куда вы Горячева дели?..

Круглый поднял руку:

— Тише, товарищи! Как вы знаете, товарищ Михаил Сергеевич Горячев был и остается Президентом нашей страны. Но у него был инфаркт, и врачи запретили ему работать больше двух часов в день и выступать с речами. Поэтому он осуществляет общее руководство, а все практические вопросы решают товарищи Стриж и Митрохин — в полном соответствии с указаниями товарища Горячева. Я думаю, что сейчас, поскольку мороз все-таки у нас сибирский, вам совсем ни к чему мерзнуть здесь на дворе. Будет правильно, если вы все разойдетесь по цехам и приступите к работе, а мы с товарищами из вашего комитета обсудим ваши требования, а самое главное — организацию завтрашних похорон. Одновременно я хочу дать указание органам городского снабжения, чтобы на завод были немедленно доставлены продукты. Мясо, колбаса, масло, хлебобулочные изделия, и чтобы прямо по цехам была организована их продажа. Не забывайте, что у вас есть семьи, многие волнуются, почему ночная смена не пришла домой с работы, звонят нам в обком, и будет правильно, если вы придете сегодня домой не с пустыми руками. Идемте, товарищи! — повернулся Круглый к Зарудному и остальным членам забастовочного комитета и решительно спустился с трибуны, всем своим видом демонстрируя деловитость и готовность к практическому урегулированию всех вопросов.

Несколько членов комитета двинулись было за Круглым в сторону трехэтажного здания дирекции, но Зарудный остался на трибуне, шагнул к микрофону.

— Ну! Народ! — требовательно крякнул он с косой, вызывающей улыбкой на губах. — Какие даете указания? Вести с ним переговоры или нет?

— Он мягко стелет, да жестко спать!.. Пускай Стриж сюда прилетит!.. Они нам опять колбасой рот заткнут на три дня, а потом что?.. Никаких чтобы повышений норм!.. Всех арестованных выпустить! Баб в первую очередь!.. — закричали из толпы. — Пусть Горячева народу покажут!.. Даешь частную собственность, на хрена нам этот социализм!..

— Вы, я вижу, революцию хотите, — усмехнулся Зарудный.

— Да пора бы уже, сколько можно терпеть?! — ответили в толпе.

— Тут у нас такие новости, братцы, — сменив тон, по-деловому заговорил Зарудный. — Во-первых, наш завод окружен войсками. Так что я не знаю, что будет с теми, кто получит его колбасу и мясо и понесет их с завода домой. Это раз. Второе. На многих заводах идут сейчас митинги, чтобы бастовать вместе с нами...

— Ура!!! — закричала многотысячная толпа.

— Нет, подождите, — сказал в микрофон Зарудный. — Рано кричать «ура!», потому что у нас с городом нет никакой связи — все телефоны они нам отключили и сюда никого не пропускают, держат нас в изоляции. Так что, какие будут мнения? Брать у него колбасу и кончать забастовку похоронами или катить забастовку дальше по всему Уралу?

— Колбасу брать, а забастовку катить!

— Если мы кончим забастовку, они нас завтра по одному и перестреляют! И нормы еще больше поднимут!

— А что будет с очередями за хлебом?!

— Надо у Исети снарядами разжиться! Тогда колбасу мы сами со складов возьмем!

— А кто ж за убитых-то ответит? Они нам Шакова кинут и все?

— А где те, кого ночью арестовали?

Зарудный молча стоял на деревянном настиле, слушал. А со всех сторон неслось:

— Ты, Степан, затеял это дело, ты и решай!

— Нельзя сидеть на заводе! Надо телеграф брать, по-ленински! Надо свою власть в городе устанавливать! А потом по всему Уралу! Иначе будет, как в Польше!

— «Афганцы» должны к солдатам пойти, чтоб те в народ не стреляли!..

— Тихо! — крикнул наконец Зарудный. — Образованные, б!.. Все знаете, как и что надо! А с 17-го года сидели тихо, как мыши! Ладно! Никто чтоб с завода не выходил, а по цехам погреться можно. Я пойду с Круглым разговаривать. Им время нужно, чтобы против нас организоваться, а нам — чтобы знать, поддержит нас Урал или нет.

31

«Тяжмаш»
(продолжение)

— Так! Значит, давайте не будем теперь в «кошки-мышки» играть, — совершенно иным, чем на митинге, тоном сказал Серафим Круглый членам забастовочного комитета. Он сидел в глубоком кожаном кресле директора «Тяжмаша», в просторном и теплом кабинете, под портретами Ленина, Стрижа и Митрохина. По обе его руки сидели директор завода, руководители парткома и профкома, парторги цехов, и все это вернуло Круглому его начальственную уверенность и вальяжность. — Первым делом вы должны освободить товарища Вагая. Только после этого я верну вам Стасова, Обухова и Колесову, прикажу доставить на завод продовольствие и распоряжусь насчет завтрашних похорон. Понятно? Где Вагай?

Все семнадцать членов комитета во главе со Степаном Зарудным удивленно переглянулись, кто-то из них спросил:

— Какой Вагай?

— Не крутите мне яйца! — грубо сказал Круглый. — Первый секретарь обкома похищен сегодня ночью вашими людьми, и скорее всего вашими «афганцами». Это не только уголовное преступление, это диверсия против партии. И если вы будете держать его заложником, сами попадете под суд как террористы. Запомните: партия никогда и никому не позволит себя шантажировать! Поэтому все переговоры возможны только в том случае, если вы немедленно освободите товарища Вагая. Иначе народ не получит сегодня никакого продовольствия!

— По-моему, братцы, это не мы шантажируем, а нас шантажируют, — сказал своим товарищам Степан Зарудный. И встал: — Пошли отсюда.

— Куда вы пойдете? — презрительно усмехнулся Круглый, демонстрируя еще одну, поразительно быструю метаморфозу: еще час назад, в разговоре со Стрижом, это был заискивающе-угодливый слуга, еще пять минут назад, на трибуне, — демократичный и спокойный партийный руководитель, а теперь, в кабинете, мгновенно стал властным и презрительным барином. — Люди ждут продукты. Если вы выйдете отсюда без моего согласия на доставку продуктов, народ вам ноги из жопы повырывает! — Было даже какое-то наслаждение в том тоне, каким Круглый повторил угрозу, которую час назад услышал от Стрижа в свой собственный адрес.

— Лады. Сейчас посмотрим... — согласился Зарудный и вышел из кабинета. Вслед за ним вышли остальные члены забастовочного комитета.

Круглый в недоумении переглянулся со своими партийными коллегами. Затем нервно подошел к окну — из окна директорского кабинета открывался широкий вид на центральную заводскую проходную и на общую ситуацию по обе ее стороны.

Снаружи, за высокой бетонной оградой и закрытыми воротами заводской проходной, стояло плотное вооруженное оцепление: черные меховые полушубки войск КГБ, синие шинели и белые полушубки милиции, желто-зеленые ватные бушлаты солдат дивизии городского военного гарнизона, дула водометов, пулеметов и нескольких легких пушек были направлены на завод. Рядом дымились походные солдатские кухни — войска явно рассчитывали простоять здесь не один час, а если понадобится, и не один день. Между войсками и воротами «Тяжмаша» было пустое пространство, там ветер мел по заснеженной мостовой какие-то клочки бумаги, пустую металлическую банку из-под китового мяса, газету «Правда».

Банка, раскатившись, гулко стукнулась о закрытые стальные ворота центральной проходной, увенчанные высокими, из хромированной стали буквами «ТЯЖМАШ». По обе стороны этого слова были укреплены два огромных ордена Ленина, полученных гигантом советского танко- и тракторостроения в годы второй мировой войны и в период послевоенного восстановления промышленности. А слева к воротам примыкала двухэтажная кирпичная коробка проходной с узкими турникетами для прохода рабочих. На ее фасадной стороне индевел многоцветный барельеф: несколько мускулистых мужских и женских фигур взметнули вверх руки с серпом, молотом и книгой «КПСС», символизируя единство народа и партии на пути к сияющим высотам коммунизма. Но вряд ли этот барельеф отражал нынешнюю ситуацию. Скорее — наоборот, поскольку Круглый увидел, как из боковой двери «караулки» по одному выходят безоружные, с поднятыми руками охранники и, пройдя сквозь беглый обыск «афганцев», бегом выскакивают через турникеты на улицу. Когда последний охранник вышел из «караулки», туда вошли бастующие «голубые береты» и тут же появились обратно, таща на плечах охапки автоматов «Калашников» и ящики с патронами.

— Сволочи, оружие отдали! — проговорил директор «Тяжмаша».

— Несколько автоматов погоды не делают... — сказал Круглый и тут же прервал сам себя: на внутреннем дворе завода, возле металлического постамента с гробами Наташи и Ирины Стасовых, появился Степан Зарудный. Хотя большая часть рабочих, митинговавших здесь недавно, разошлись по цехам, но даже трех-четырех тысяч, которые еще оставались, было достаточно для нового митинга.

Зарудный в два прыжка запрыгнул на верхнюю площадку постамента, постучал пальцем по микрофону, услышал этот стук, усиленный динамиками на всю заводскую территорию, и сказал:

— Товарищи! Спасибо, что еще не все разошлись! А кто уже ушел в цеха, тоже ничего, слушайте по радио. У меня два сообщения. Первое: только что второй секретарь обкома товарищ Круглый сообщил мне, что нами якобы похищен первый секретарь обкома партии товарищ Вагай. И что мы якобы держим товарища Вагая заложником на территории завода...

— Ур-р-ра!.. — радостно откликнулась толпа.

— Тихо! — обнажил в улыбке Зарудный свои желтые зубы. — Второе: я хочу, чтобы вы послушали, как второй секретарь обкома разговаривает с представителями рабочего класса, который, как мы знаем из газет, является хозяином советской страны. Внимание! — Зарудный сунул руку в карман своей брезентовой, на меховой подкладке куртки, вытащил оттуда маленький магнитофон, поднес его к микрофону и включил. И тут же послышался твердый начальственный голос Круглого. — «Так. Значит, давайте не будем теперь в «кошки-мышки» играть. Первым делом вы должны освободить товарища Вагая. Только после этого я верну вам Стасова, Обухова и Конюхову, прикажу доставить на завод продовольствие и распоряжусь насчет завтрашних похорон. Понятно? Где Вагай? — Вслед за этим почти тут же прозвучал голос одного из членов комитета: «Какой Вагай?» — на что голос Круглого резко ответил: — Не крутите мне яйца!»...

Толпа отозвалась хохотом и возмущенным ревом. И одновременно донесся хохот солдат из-за заводского забора.

Зарудный бросил в ту сторону удовлетворенно-насмешливый взгляд, поднял руку и крикнул в микрофон:

— Тихо! Тихо! Насчет яиц — не обращайте внимания! Это просто коммунист Круглый считает, что с рабочими нужно разговаривать по-рабочему, то есть матом. Но это не все. Слушайте дальше. — И он опять включил магнитофон.

Жесткий голос Круглого снова разнесся по всей гигантской территории завода и за забором, где стояли войска:

«Первый секретарь обкома похищен сегодня ночью вашими людьми, и скорее всего вашими «афганцами». Это не только уголовное преступление, это диверсия против партии. И если вы будете держать Вагая заложником, сами попадете под суд как террористы. Запомните, партия никогда и никому не позволит себя шантажировать! Поэтому все переговоры возможны только в том случае, если вы немедленно освободите Вагая. Иначе народ не получит сегодня никакого продовольствия!..»

Толпа рабочих снова возмущенно взревела, но Зарудный опять поднял руку и крикнул в микрофон:

— Тихо! Дослушайте! Мало осталось! — и нажал на кнопку магнитофона.

«По-моему, братцы, это не мы шантажируем, а нас шантажируют, — послышался из магнитофона голос Зарудного и шуршание его брезентовой куртки. — Пошли отсюда. — Куда вы пойдете? — усмехнулся голос Круглого. — Люди ждут продукты. Если вы выйдете отсюда без моего согласия на доставку продуктов, они вам ноги из жопы повырывают!..»

И под новый хохот многотысячной толпы Зарудный выключил магнитофон.

— Все, — сказал он в микрофон. — Вот мы и вышли к вам на растерзание. Говорите, что делать дальше...

— Долой Круглого!.. Сволочь он, курва партийная!.. Кончай с ним разговаривать!.. За колбасу нас хотел купить!.. — закричали в толпе. — Надо его тоже заложником взять!.. Да повесить его за яйца...

Хлопнув дверью, Круглый вышел из директорского кабинета. Через минуту он появился на заводском дворе и, храня на лице надменно-начальственное выражение, стремительно направился к центральной проходной.

Никто его не задерживал, но вслед ему слышались свист и насмешливые выкрики многотысячной толпы.

Еще через двадцать минут в заводской столовой, оккупированной бастующими, Левон Акопян, сидя за одним столом с Зарудным и хлебая, как и Зарудный, жидкие столовские щи, сказал:

— Ты не думаешь, что зря народ так вздрючиваешь?

Зарудный подъел остатки щей в своей тарелке и вскинул на Акопяна свои пронзительно-голубые глаза:

— А их и надо вздрючивать! Все народные восстания могли бы победить, если бы народ не успокоился раньше времени и не расходился по домам спать. Ты Ленина почитай. У него на эту тему целая книга написана, «Государство и революция» называется.

— А ты ее читал? — удивился Акопян.

— Нет, конечно, — усмехнулся Зарудный. — Но мне одна доцентша по марксизму рассказала. Эти марксистки, знаешь, какие терпеливые! Пока ты их жаришь, они тебе всю библиотеку могут рассказать!

— Ну, тогда ты образованный, конечно... — согласился Акопян.

32

**Екатеринбург (продолжение).
15.00 по местному времени**

В три часа дня редакция городской партийной газеты «Уральский рабочий» получила следующее письмо:

«Главному редактору,
срочно

Федор Вагай в наших руках. Если войска, окружившие «Тяжмаш», будут стрелять в народ, мы похороним Вагая рядом с вашими жертвами.

Уральский комитет РСДРП».

Поскольку похитители Вагая называли себя так, как почти сто лет назад Ленин назвал первую группу своих единомышленников — Российская социал-демократическая рабочая партия, то уже не оставалось сомнений в том, что эти похитители — «афганцы». Еще в бытность горячевской гласности именно среди «афганцев» стали популярны движения за возрождение «подлинного ленинизма». Солдаты Советской Армии были в подавляющем своем большинстве выходцами из провинциальных слоев и никаких иных идей по поводу государственного устройства, кроме ленинской теории о диктатуре пролетариата, не знали. Им (как, кстати, и Горячеву, который был близок им по происхождению) казалось, что достаточно установить в стране «подлинный ленинизм» — и Россия тут же расцветет...

В 3.15 письмо захватчиков Вагая было на столе у Серафима Круглого. Но во главе стола уже был не Серафим Круглый, а председатель КГБ СССР Алексей Зотов, прилетевший из Москвы с целой свитой генералов и полковников. Здесь же, в бывшем кабинете Стрижа, потом Вагая, а теперь временно Серафима Круглого, находились сейчас командующий Западно-Сибирским военным округом генерал армии Николай Кутовский, прибывший из Омска со

своим штабом, а также местная гэбэшно-милицейская вер-
хушка — полковник Сухин и майор Шарапов...

— Если это «афганцы», то это серьезно. Они могут убить
Вагая, — сказал генерал Кутовский, кладя письмо на стол.

Но Алексей Зотов коротким пренебрежительным жестом смахнул письмо в сторону.

— План действий утвержден товарищами Стрижом и
Митрохиным, — сказал он. — Атаковать «Тяжмаш» мы не
можем в любых ситуациях, даже ради спасения Вагая, чтобы не повредить линии производства танков. Остается одно:
вытащить рабочих с заводской территории. Поэтому... —
Красным карандашом Зотов провел две прямые черты на
разостланной на столе крупномасштабной карте. Эти линии прошли вдоль Шоссейной дороги, которая тянулась от
центра города до кладбища. — Здесь мы ставим спецвойска
КГБ. Дивизия имени Дзержинского уже на подлете, они
знают свою задачу. За ними ставим вторую линию — мест-
ное КГБ и милицию. А затем — регулярные войска, то есть
армию. Таким образом, мы получаем коридор, по которому
пойдет с «Тяжмаша» похоронная процессия. Когда они по-
дойдут к кладбищу, все руководство забастовкой и вы, товарищ Круглый, будете, конечно, впереди, в голове колонны,
рядом с двумя гробами. Верно? И скорее всего все эти «афганцы» будут там же. Во всяком случае, их главари. Ну и в
тот момент, когда вся эта головка пройдет в ворота кладбища, наши части отрежут ее от процессии и арестуют. Ос-
тальную колонну... — И Зотов сделал короткий однозначный
жест рукой, означающий ликвидацию.

— Всех? — изумился Круглый.

Зотов посмотрел на него сквозь очки. В этой длинной
паузе Круглый не только успел пожалеть о сорвавшемся с
языка вопросе, но и попрощаться с жизнью. Какого черта
он не улизнул с этого совещания, не поехал с транспортом
продуктов затыкать рот митингующим оружейникам Исети?! Испугался повторения инцидента на «Тяжмаше», остался при высоком начальстве, а теперь... Однако после
ледяной паузы Зотов сделал вид, что вопрос Круглого был
вполне кстати. И, как ни в чем не бывало, пояснил, но не

столько Круглому, сколько высшим штабным офицерам генерала Кутовского и гэбэшно-милицейским чинам Екатеринбурга:

— Это будет не акция, а урок! Товарищ Стриж решил дать его всей стране именно здесь, на его родине. Чтобы ни у кого не возникло сомнений, что будет с теми, кто затеет аналогичную забастовку где-нибудь в другом месте. Мы должны раз и навсегда отучить их всех бастовать. Тем более на Урале, где полно военных заводов. У кого есть вопросы? — И, оглядев армейских, милицейских и гэбэшных офицеров, Зотов посмотрел на Круглого: — У вас?

— Нет, нет... — поспешно сказал Круглый. — Все ясно!!

— Насколько я понимаю, — сказал генерал Кутовский, — главарей забастовки мы должны взять живыми для того, чтобы обменять на Вагая?

Зотов перевел на него взгляд своих небольших серых глаз. При этом снова возникла пауза, словно Зотов каждый раз взвешивал про себя, чего стоит его собеседник и стоило ли вообще ему отвечать.

— Руководители забастовки нам нужны живьем для того, — произнес он наконец внятно, как учитель на уроке, — чтобы на показательном процессе они сознались, что организовали эту забастовку по заданию израильской и японской разведок. Менять их мы ни на кого не будем.

— Извините... — сказал Круглый сорвавшимся голосом. — Я... Вы понимаете, от города до кладбища семь километров. Я не уверен, что смогу пройти их пешком. У меня это... извините, но я должен сказать: у меня геморрой...

— Ничего, пройдете! — ответил Зотов. — Вы будете как раз тем козлом, который ведет на убой все стадо. Не бойтесь, этих козлов не убивают.

Но на лице Круглого еще оставалось сомнение. И это начало выводить Зотова из себя.

— Вот что, Круглый? — сказал он жестко. — Запомните: у вас нет выбора. Сейчас вы отправитесь на армейские склады, соберете транспорт продуктов и поедете на «Тяжмаш». И там любой ценой — вы поняли меня? —

любой ценой наладите самые лучшие отношения с их забастовочным комитетом. Имейте в виду: мы будем следить за вами снаружи, у нас есть НП напротив завода.
Можете пить с ними водку, можете обещать им все что
угодно, но завтра в восемь утра вы должны вывести «Тяжмаш» на эти похороны...

— А если они не выйдут? — побледнел Круглый.

Зотов снял очки и впервые посмотрел Круглому в глаза.

— Я же сказал, товарищ Круглый: у вас нет выбора! Если
вы не выведете их на эти похороны, мы вас расстреляем.
Идите! — И когда Круглый вышел из своего собственного
кабинета, Зотов возмущенно повернулся ко всем остальным: — Мерзавец! Как кремлевские пайки получать, так
все первые! А как сделать что-то для партии, так у них геморрой!

33

«Тяжмаш».
16.47 по местному времени

— Сидя в осаде, мы теряем инициативу, — говорил Акопян. — На заводской теплостанции уголь кончится через
шесть часов, а тридцать тысяч человек не могут торчать в
холодных цехах, ничего не делая. Мы должны что-то решать — сейчас, сию минуту. Иначе люди остынут и сами
разойдутся по домам.

Забастовочный комитет — семнадцать человек во главе
со Степаном Зарудным — сидел за длинным столом в пустом конференц-зале управления «Тяжмаша», только Анатолий Гуську стоял у темного окна. Было 16.47, морозные
зимние сумерки уже накрыли город, заседание проходило
при свечах. Перед каждым членом комитета лежал карман-
ный магнитофон.

— Кто хочет высказаться? — спросил Зарудный.

Несколько человек подняли руки, а пожилой слесарь
Дмитрий Говорухин заговорил, не ожидая приглашения...

ИЗ СТЕНОГРАММЫ ЗАСЕДАНИЯ
ЗАБАСТОВОЧНОГО КОМИТЕТА «ТЯЖМАША»

Д. Говорухин (представитель инструментального цеха): *Я не скажу за все 39 тысяч. Я скажу за свой цех. Люди настроены очень зло. Злые люди, обозленные. На китовое мясо, на нормы выработки, на мордобой милиции, на все. Если бы вы нас не сдерживали, мы бы давно вывели танки за ворота и погромили всю милицию, освободили нашу Веру Конюхову и, конечно, Стасова и Обухова. И я пришел сказать от имени своего цеха: на кой черт вы нас сдерживаете? Чего мы ждем?*

(Общий шум, разные выкрики и высказывания.)

С. Зарудный: *Тихо, тихо! Давайте по порядку. Кузякин, моторный цех.*

В. Кузякин: *У нас в цеху всего две тысячи рабочих, но мы делаем моторы. Ну, то есть двигатели. А двигатель, как известно, двигает весь танк...*

(Смех, голоса: «А то мы не знаем?!», «Короче!»)

В. Кузякин: *Знаете, да не знаете! Когда создается мотор, то конструктор хорошо понимает, сколько весу такой мотор может потянуть, на какой скорости и так далее. К чему я это говорю? К тому, что наша забастовка не возникла стихийно. Стихийно она могла возникнуть вчера, когда все цеха митинговали порознь, а никто их в кулак не собрал. То есть, говоря по-нашему, мотора не было у забастовки. А сегодня утром вдруг два гроба у проходной появились, как с неба упали. И сразу вся забастовка как сама собой покатилась, на хорошем моторе. Ну, мы же атеисты, мы знаем, что ни гробы, ни моторы с неба не падают. Значит, этот мотор за ночь появился. И это очень хорошо, что появился, потому что нынче вся забастовка вразнос бы пошла, стихийно. Но теперь я хочу у тебя, Степан, прямо спросить. От всего нашего цеха. Когда вы этой ночью мотор для забастовки собирали, что вы думали? Куда целились? Ведь тут все свои, и мы должны людям правду сказать: куда мы клоним? А то я тебе прямо скажу: у нас в цеху* люди так настроены: если этот мотор не тянет, так мы новый соберем, ей-богу! *(Смех.)* Нет, вы не смейтесь! Я не шуткую. Люди так настроены: хватит слушать, как они нам по телику лапшу на уши вешают! И хватит тебе из себя Леха Валенсу строить, миротворца. Тут Урал, а не Польша! Ты понял?

С. Зарудный: Кто следующий? Давай ты, Теличкина. От столовой.

В. Теличкина *(от столовой)*: Я не от столовой, я от всех женщин. Если вы надумали целый месяц бастовать, как в Америке, так сразу скажу: нам вас кормить нечем! Ни месяц, ни даже неделю. В столовой продуктов вообще на один день осталось, да и то, вы же знаете, мороженое китовое мясо. С такого мяса ни ребенка сделать, ни тем более бастовать...

А. Гусько: А как же в Польше «Солидарность» полгода бастовала?

В. Теличкина: Опять «в Польше»? В Польше у кого денег больше, тот и пан! Там вся страна Валенсе деньги на забастовку собирала. Но если вы надеетесь, что у вас кто-нибудь даст вам хоть рубль на забастовку, то — вот, шиш! На водку у нас последнее отдадут, а на забастовку... Короче, я хочу Степана послушать, как мы бастовать будем? На какие шиши?

(Голоса: «Правильно», «Давай, Зарудный, тебе слово!»)

С. Зарудный: Немножко рано вы из меня речь тащите. Если бы пару минут обождать, пока пять часов стукнет. Но ладно. Я вам пока вот что скажу. Одно дело — готовить забастовку или даже питание, а другое — открыть ворота и сказать людям: «Вот армия, вот милиция, они будут в вас стрелять, а вы идите под пули, не бойтесь!» Может, некоторые храбрые и пойдут, но я на свою душу такой грех не возьму — вести людей на верную смерть. Даже если я вам признаюсь, что мы маленько запаслись боеприпасами и у нас вполне есть шанс прорваться сквозь окружение. Все-таки я офицер запаса и кое-чему нас в академии научили и в Афганистане тоже. Но вот сейчас будет ровно пять часов, а мы

*этого часа весь день ждали. И нам надо точно знать,
что там на других заводах происходит и что в городе
происходит в связи с нашей забастовкой. Но теперь
вот почти ровно пять часов, и я прошу всех подойти к
окну. Сейчас мы получим какую-то информацию и тогда вместе будем решать...*

Зарудный встал со стула и в сопровождении удивлен-
ных членов забастовочного комитета подошел к окну, где
уже давно стоял Анатолий Гусько. Вглядываясь в темноту
за окном, Гусько одновременно посматривал на секундную
стрелку своих наручных часов. Когда часы показали 17.00,
по ту сторону заводского забора, позади кольца милицейского и армейского окружения, в окне одного из темных
домов вдруг вспыхнул ручной электрический фонарь и тут
же зачастил прерывистой серией коротких вспышек.

— Сообщение первое. Точка, — стал медленно читать
эту морзянку Гусько. — Поздравляем с расширением забастовки...

— Ура! — крикнул кто-то.

Но Зарудный тут же прервал:

— Тихо! Кто ведет стенограмму, записывайте! — И приказал: — Прошу всех включить магнитофоны...

СТЕНОГРАММА ЗАСЕДАНИЯ
ЗАБАСТОВОЧНОГО КОМИТЕТА (продолжение)

Сообщения, переданные комитету в 17.00

СООБЩЕНИЕ ПЕРВОЕ:

ПОЗДРАВЛЯЕМ С РАСШИРЕНИЕМ ЗАБАСТОВКИ ТЧК
К 15.00 ЗАБАСТОВКУ ОБЪЯВИЛИ СЛЕДУЮЩИЕ ЗАВО-
ДЫ СТАНКОСТРОИТЕЛЬ ЗПТ ИНСТРУМЕНТАЛИСТ ЗПТ
АВТОМЕХАНИЧЕСКИЙ ЗПТ ЧУЛОЧНАЯ, ТЕКСТИЛЬНАЯ,
ЮВЕЛИРНАЯ ФАБРИКИ И СТАНЦИИ ЕКАТЕРИНБУРГ-
ГРУЗОВАЯ ТЧК

НА СТАНЦИИ ЕКАТЕРИНБУРГ-ГРУЗОВАЯ С УТРА УДА-
ЛОСЬ ТОРМОЗНУТЬ ЕЩЕ ТРИ ВОЕННЫХ ЭШЕЛОНА С
БОЕПРИПАСАМИ ИЗ ИСЕТИ ТЧК

В ИСЕТИ БАСТУЮТ ПАТРОННЫЙ И РАКЕТНЫЙ ЗА-
ВОДЫ ТЧК ОБКОМ ПАРТИИ НАПРАВИЛ В ИСЕТЬ АВТО-
КОЛОННУ С МЯСНЫМИ И МУЧНЫМИ ПРОДУКТАМИ ТЧК

НАМ УДАЛОСЬ УБЕДИТЬ ОРУЖЕЙНИКОВ ОТКАЗАТЬ-
СЯ ОТ ЭТОЙ ПОДАЧКИ ДО УСТАНОВЛЕНИЯ СВЯЗИ С
ЗАБАСТОВОЧНЫМ КОМИТЕТОМ ТЯЖМАША И ОСВО-
БОЖДЕНИЯ СТАСОВА И ВСЕХ ОСТАЛЬНЫХ АРЕСТОВАН-
НЫХ ТЧК

В НАСТОЯЩЕЕ ВРЕМЯ ЕЩЕ ОДНА АВТОКОЛОННА С
ПРОДУКТАМИ ДВИЖЕТСЯ С АРМЕЙСКИХ СКЛАДОВ К
УРАЛМАШУ ТЧК ЖДЕМ ВАШИХ УКАЗАНИЙ ТЧК

СООБЩЕНИЕ ВТОРОЕ:

В 14.00 НА ВОЕННОМ АЭРОДРОМЕ ВЫСАДИЛАСЬ
ДИВИЗИЯ КГБ ЧИСЛЕННОСТЬЮ ПРИМЕРНО 1200 ЧЕ-
ЛОВЕК ТЧК.

СЕЙЧАС ЭТА ДИВИЗИЯ ЗАНИМАЕТ ПОЛОЖЕНИЕ
ВДОЛЬ ВСЕГО ШОССЕ ГОРОД — ОТЛЕТНОЕ ТЧК

ОДНОВРЕМЕННО НА ГРАЖДАНСКОМ АЭРОДРОМЕ
КОЛЬЦОВО ИДЕТ ВЫСАДКА ДВУХ ДЕСАНТНЫХ ДИВИ-
ЗИЙ ЗАПАДНО-СИБИРСКОГО ВОЕННОГО ОКРУГА ТЧК

ОДНА ДИВИЗИЯ ВЫСТУПИЛА В СТОРОНУ ШОССЕ
ГОРОД — ОТЛЕТНОЕ ЗПТ ВТОРАЯ ДВИЖЕТСЯ К ГОРОДУ
ИСЕТИ ТЧК ВОКРУГ ИСЕТИ УЖЕ СКОНЦЕНТРИРОВАНО
ПРИМЕРНО СЕМЬДЕСЯТ ПРОЦЕНТОВ СИЛ ГОРОДСКОЙ
МИЛИЦИИ И ГОРОДСКОГО ВОЕННОГО ГАРНИЗОНА ТЧК
НАБЛЮДАЕМ ТАКЖЕ ПЕРЕБРОСКУ ТАНКОВ ПО ЖЕЛЕЗ-
НОЙ ДОРОГЕ ИЗ ПЕРМИ К ИСЕТИ И ИЗ ЧЕЛЯБИНСКА К
ЕКАТЕРИНБУРГУ ТЧК

ИМЕЕМ РЕАЛЬНУЮ ВОЗМОЖНОСТЬ ЗАДЕРЖАТЬ ЭТИ
СОСТАВЫ ЗПТ ЖДЕМ ВАШИХ УКАЗАНИЙ ТЧК ПРИЕМ...

Зарудный повернулся к Гуарько, сказал негромко:

— Передай, что ответ дадим через час.

Гуарько достал из кармана электрический фонарик и послал в окно короткую серию вспышек.

После этого Зарудный вернулся за стол, сел и нервно
вздрагивающими руками закурил папиросу «Казбек». По-

жалуй, никто из рабочих «Тяжмаша» никогда не видел этого самоуверенного, шумного и наглого мастера в таком взволнованном состоянии.

Из «СТЕНОГРАММЫ ЗАСЕДАНИЯ ЗАБАСТОВОЧНОГО КОМИТЕТА» (продолжение)

С. Зарудный: Садитесь, садитесь! (Ждет, когда все сядут на свои места.) Теперь вы знаете почти все. А про остальное легко догадаться. Конечно, как сказал здесь Кузякин: эти два гроба с Наташей и Ириной Стасовыми не упали с неба. Но мы были бы последними идиотами, если бы притащили на завод эти трупы только для того, чтобы поднять забастовку. За всю историю советской власти еще никто ни разу ничего не добился от нее простой забастовкой. Ни в Новороссийске, ни в Краснодаре, ни в Польше. Но сейчас мы имеем уникальную ситуацию. Утром мы этой ситуации не имели, потому что не знали настроений на других заводах. Ведь у нас в России всегда кто в лес, кто по дрова. Но, кажется, подперло уже и тех, и других. Извините, я говорю невпопад и не по логике, потому что волнуюсь. Короче, так, Гусько, давай карту. (Гусько кладет на стол карту.) Вот наш «Тяжмаш», вот Отлетное кладбище. А вот город Исеть, его на карте нет из-за секретности, но мы его нарисуем — вот так (рисует). Теперь что мы видим? Как докладывает наша разведка, семьдесят процентов городской милиции, ГБ и военного гарнизона брошены вокруг Исети. Это и понятно: там такое количество ракет, что десять Хиросим можно за пять минут устроить. А про танковые снаряды я и не говорю! А остальные войска здесь, вокруг «Тяжмаша», держат нас в блокаде. Чтобы, конечно, не дать нам с исетцами соединиться. Все правильно. Теперь вопрос: если бы власти хотели, как расписывал недавно Круглый, мирно решить с нами все проблемы, стали бы они вызывать сюда танки из Челябинска, дивизию гэбэшников из Москвы и десантников из Омска? И почему они выбрали для похорон самое дальнее кладбище, хотя в городе есть четыре других? И почему, как стемнело, дивизия КГБ занимает позицию вдоль дороги на кладбище? Как бывший майор Советской Армии, я могу вам сказать, на что это похоже. Это похоже на западню. Нас хотят вытащить с завода, увести на кладбище и на этой дороге устроить нам то, что мы устраивали моджахедам в Афганистане. Вот на что это похоже. Но, предположим, мы не полезем в этот котел. Что дальше? Завтра они перегруппируют войска и придумают что-то другое. Потому что, когда у бастующих танки, пусть даже без снарядов, у властей начинает очко дрожать, и они нас войсками задавят. Значит, нам нельзя ждать до завтра. И вот тут я подхожу к самому главному. Посмотрите на карту еще раз. Вы видите, что, строя нам ловушку, они оставили почти весь город без прикрытия. Какие-то небольшие части дежурят, конечно, у «Станкостроителя» и «Инструменталиста», но небольшие. И в этом наш шанс. Сегодня вечером, прямо сейчас, мы можем взять власть в городе, мы можем взять обком, горсовет, телеграф, телевидение, радио — все! Потому что танки, которые стоят сейчас у нас во дворе, имеют полный боекомплект. Это было моим личным секретом до последней минуты, но теперь я могу вам сказать: у нас есть оружие для первого прорыва. А как только мы доберемся до «Грузовой», мы получим еще три эшелона боеприпасов. Это откроет нам путь на Исеть. Конечно, вы можете сказать, что я авантюрист, что все равно нам не одолеть всех этих войск, которые они бросают на нас со всей страны. Но тут есть одна деталь. В Исети, как вы знаете, делают тактические ракеты. И если мы к утру их получим, Стриж и Митрохин остановят все военные операции. Потому что иначе мы просто раздолбаем весь Кремль этими ракетами, даже без ядерных боеголовок...

(Шум, выкрики, споры, высказывания присутствующих.)

С. Зарудный: Тихо! Я такой же рабочий, как вы, а по всей стране таких, как мы, — миллионы. И уже всех подперло. Наверное, так бабы чувствуют себя накануне родов. Только в других городах нет такого шанса, чтобы вот тебе сразу и танки, и снаряды к ним — аж шесть вагонов! А у нас есть. И еще сотни наших «афганцев» с ночи разъехались по Уралу поднимать народ и «афганцев» в других городах. Теперь они, как вы видели, готовы и ждут наших указаний. Вот и все, братцы. Но я думаю, что не вы должны решать о восстании, а народ. Возьмите ваши магнитофоны, идите по своим цехам и дайте людям послушать все, что мы тут говорили. Если народ согласен на восстание, то каждый цех может стать полком. Но все должны будут соблюдать железную дисциплину. Однако об этом говорить еще рано, пусть люди сначала примут решение...

Выходя из конференц-зала вместе с другими членами комитета, Акопян задержался возле нервно курящего Зарудного и сказал:

— На заводе сотня стукачей, не меньше. Весь твой план может рухнуть, если хоть один из них до начала восстания выскочит с завода.

— Я знаю, — ответил Зарудный и посмотрел на Гусько: — Что скажешь?

— Все проходные блокированы «афганцами», это раз. Второе: почти всех стукачей мы знаем, и есть люди, которые за ними смотрят. Но я все-таки пойду дам команду быть повнимательнее... — И, подволакивая протезную ногу, Гусько пошел к выходу.

— А что вы собираетесь делать с Вагаем? — спросил Акопян у Зарудного.

— А хрен его знает! — в сердцах сказал Зарудный. — Кто же знал, что все так обернется? Заранее все не высчитаешь. Да пусть пока сидит в котельной, не до него сейчас...

34

«Тяжмаш» (продолжение)

Гусько с Акопяном вышли, и Зарудный остался один. Загасив папиросу, он подошел к окну и остановился, вглядываясь в темное пространство. Из-за того что власти отключили подачу на завод электричества, все вокруг погрузилось во тьму, и в небе проявилась гигантская россыпь дрожащих зимних звезд. И Зарудному вдруг показалось, что он один на маленькой круглой Земле, которая летит среди этих звезд неизвестно куда — в небытие, в будущее? А вокруг — мрак Вселенной и холодные звезды — черт их знает, есть ли на них жизнь? А если есть, то неужели там тоже — танки, партийные лозунги, кирпичные заборы и солдаты, греющиеся у костров перед заводскими воротами? А за воротами, на заводском дворе, темной неясной массой возвышается стальной настил с двумя гробами. И от всего этого какое-то жуткое ощущение средневековья... Эта девочка, погибшая из-за куска хлеба, эта женщина, поджегшая себя в дверях обкома партии... У Зарудного никогда не было семьи и детей. Бабник, гусар, матерщинник и грубиян — таким знали его рабочие «Тяжмаша», а до этого таким же знали его в танковом полку в Афганистане. И даже те женщины, с которыми сводила Зарудного постель, не видели его другим. И все-таки женщины, дети и собаки чувствуют внутреннюю суть человека. Мат, грубость, водка и гусарство были лишь защитной броней, за которой Зарудный прятал значительно большее — свою почти врожденную вину за все, что его окружает, за все, что его заставляли любить с детства и за что он шесть лет воевал в Афганистане. Он родился в 1947 году в Мордовии, в женском лагере строгого режима. Но не за колючей проволокой, а по другую ее сторону — он был сыном начальника этого лагеря, полковника госбезопасности Зарудного, известного на всю Мордовию своим звериным характером и садизмом при допросах заключенных женщин. 17 тысяч женщин находились в этом лагере — проститутки, воровки, политические «бытовички», — и каждый день там были сотни больных, обессиленных, проштрафившихся женщин, для которых полковник Зарудный придумывал все новые и новые наказания-пытки: карцером-крысятником, голодом, бессонницей, жаждой, вырыванием ногтей, электрошоком и просто мордобоем. Тем женщинам, которых Зарудный насиловал во время этих пыток, он сам, своими руками, отрезал груди, уши... Затем — мертвых или полумертвых —

этих женщин сбрасывали в старую угольную шахту и «списывали» как умерших на работе...

В 1953 году смерть Сталина положила конец развлечениям полковника Зарудного. Но отвыкнуть от них полковник не мог. Ему было тогда сорок два года, и со всей силой здорового мужика он теперь еженощно пытал и насиловал свою жену. Шестилетний мальчик часто просыпался по ночам от жутких криков матери, которой в соседней комнате отец выкручивал грудь... Наконец в середине лета она сбежала от полковника к своим родителям в Кишинев, увезя с собой шестилетнего Степана. Но отец прилетел за ними, избил мать до полусмерти и с помощью молдавского КГБ посадил и жену, и сына в самолет и отвез обратно в Мордовию. И ночные пытки жены продолжались месяц, второй, третий...

Однажды, когда отца не было дома, мальчик показал матери пистолет, который он выкрал из отцовского чемодана, и сказал, что убьет отца. Мать отняла пистолет и избила Степана, крича, что не его собачье дело, почему она кричит по ночам — может, ей нравится, что отец ее мучает. Конечно, Степан не знал тогда, что его мать уже стала алкоголичкой и мазохисткой, но видел, как она целыми днями сонно слоняется теперь по квартире полуголая, с блуждающей улыбкой, постоянно прикладываясь к бутылке и возбуждаясь лишь к вечеру, к приходу отца. Уже в восемь вечера она прогоняла сына в его спальню, надевала на себя зековскую телогрейку и зековские бутцы — «говнодавы», и в этом наряде сама провоцировала отца на новые развлечения...

Однако, когда Степану исполнилось семь лет, у матери еще хватило ума поставить отцу условие: или он отошлет сына в Кишинев к ее родителям, или устроит в Ленинград, в Суворовское училище. Отец выбрал последнее.

В 1956 году, когда Хрущев развенчал «культ личности» Сталина и началась реабилитация миллионов заключенных, полковник Зарудный пустил себе пулю в висок, как еще несколько десятков начальников лагерей сталинского ГУЛАГа. Это было правильное решение: освободившиеся зеки все равно бы их пришили. Десять лет спустя, прилетев в Мордовию на похороны матери, умершей от алкоголизма, 19-летний младший лейтенант Степан Зарудный нашел среди ее вещей скрипку и диплом Кишиневского музыкального училища, а среди папок своего отца — тетрадь с его юношескими стихами. К тому времени Степан уже знал свою генеалогию. Его дед Гавриил Зарудный был до революции земским учителем, и земскими же учителями были его прадед и прапрадед, и все их многочисленные братья, один из которых даже работал с отцом Ленина (Ульянова) в тамбовской гимназии.

Коммунисты сломали наследственную традицию русских просветителей. Мальчик, который в юности писал стихи и женился на молодой провинциальной скрипачке, стал полковником КГБ, садистом и палачом, сгубил свою жену и отдал сына в рекруты, в армию, вырваться из которой Степан смог только после ранения в Афганистане.

И всю свою жизнь Степан терзался ненавистью к коммунистической системе и собственным бессилием. И уходил от этой боли в пьянки, в работу, в баловство с бабами, среди которых ему нередко попадались партийные или комсомольские функционерки. Эти бабы, днем закованные в панцири своей партийной бесполости, ханжеского пуританства или модного теперь русского шовинизма, превращались по ночам в сексуальных фурий с неукротимым темпераментом хорошо, на партийных харчах, откормленных кобылиц. Но даже в постели, крича от наслаждений, они не забывали о своей власти над миром, они упивались своим всесилием и никак не могли понять, почему Зарудный отказывается от всех перспектив блистательной партийной или административной карьеры, которую они могли бы открыть перед ним, даже не прекращая полового акта, одним телефонным звонком.

Зарудный же испытывал некое мстительное удовлетворение от возможности хотя бы по ночам трахать эту ненавистную ему власть, не принимая ее подачек. То, что он оказался в некотором роде главой уральских «афганцев», было почти случайностью, вытекающей лишь из его холостяцкого образа жизни и его рабочей, по сути, должности. Бывшие солдаты-«афганцы» видели в нем своего, не продавшегося властям. Поначалу этот его авторитет у местных парней-«афганцев» просто тешил его самолюбие, но затем он вдруг обнаружил, что в его неожиданном подчинении оказалось несколько сотен солдат, прошедших жесткую школу Афганистана. Даже те из них, которые год назад клюнули было на угар великорусского шовинизма и на лозунги «возрождения России», — даже эти парни очень быстро остыли в ночных очередях за хлебом. И тогда Зарудный впервые задумался о возможностях, которые таила в себе эта не угнетаемая властями солидарность «афганцев» по всей стране. Он подсчитал, что за десять лет войны в Афганистане через армию прошли не меньше трех миллионов солдат. Даже если половина из них ничего там не поняла или скурвилась и ушла в услужение новому «Патриотическому правительству возрождения России», все равно полтора оставшихся миллиона можно даже среди ночи поднять одним кличем «Братцы, «афганцев» бьют!». А полтора миллиона солдат — немалая сила.

И Зарудный стал исподволь присматриваться к уральским «афганцам», сортировать их, отсеивая стукачей, дураков и «патриотов» с мозгами, уже необратимо промытыми коммунистической идеологией. Заодно он осторожно выяснял, кто верховодит «афганцами» в соседних городах и даже за пределами Урала. К своему удивлению, он очень скоро обнаружил, что стукачей и дураков, оболваненных партийной пропагандой, оказалось не так уж много. Ненависть ко всему коммунистическому, которую он так старательно скрывал всю жизнь, это новое поколение, эти 25—30-летние «афганцы» высказывали открыто, не таясь, словно сами лезли на рожон и только искали случая крикнуть на всю страну: «Ну хватит уже! Хва-тит! Пошли крушить все к едреной матери!..»

Но даже среди той гвардии, которую отбирал для себя Зарудный, не было посвященных в его истинные планы. Да неделю назад он и сам не смог бы сформулировать свои цели. Он просто ЖДАЛ. Только ждал не пассивно, а как профессиональный офицер, постоянно проигрывая в уме различные варианты возможного боя. Потому что способ уничтожения коммунистической системы Степан Зарудный признавал только один: силовой, армейский...

И когда Стасов, Обухов и мать погибшего «афганца» Вера Колесова оказались за милицейской решеткой, а Ирина Стасова сожгла себя в дверях обкома партии, что-то толкнуло Зарудного в душу, что-то сказало: «Все! Это ТА ситуация! Это может поднять всех «афганцев». Сейчас или никогда!..»

А остальное — похищение Вагая и шести вагонов с боеприпасами, исчезновение двух сотен самых надежных «афганцев» с территории «Тяжмаша» и их появление на заводах в Исети и в других уральских городах — это все было только началом тех планов, которые он вынашивал по ночам, почти не веря, что когда-нибудь станет осуществлять их. Теперь, стоя у темного окна и ожидая решения бастующих рабочих, Зарудный гадал и пытался понять то, что не суждено знать наперед ни одному человеку, затеявшему мятеж, восстание, переворот, революцию, правильно ли выбран момент.

Там, за кирпичным заводским забором, стоит сейчас кольцо милицейского и гэбэшно-армейского оцепления, но только эта враждебная полоса отделяла теперь Степана Зарудного от всей остальной России. Он не думал об этой полосе, он знал, что прорвать ее не составит труда. Но что ждет его за этой полосой, во тьме России?

35

**Екатеринбург.
17.25 по местному времени**

Длинный обкомовский лимузин «Чайка» катил по черным, без уличных огней улицам, враждебно притихшим в морозном январском вечере. За «Чайкой», ревя дизелями, двигалась колонна тяжелогрузных шестиосных рефрижераторов. Поеживаясь на заднем сиденье лимузина не столько от мороза, сколько от страха, Серафим Круглый нервозно думал о предстоящей встрече с Зарудным и забастовщиками «Тяжмаша». Почему он должен заискивать перед этим быдлом? Расстрелять их надо — прямо на заводе!

Но расстрелять забастовщиков мог только Зотов, а Зотов не хотел атаковать «Тяжмаш», чтобы не повредить цеха по производству танков. Танки, похоже, очень скоро понадобятся Стрижу и Митрохину. Не зря этот Зотов хочет взять живьем главарей забастовки и предъявить их стране как израильских и японских шпионов. Но как же ему, Круглому, явиться на «Тяжмаш» после того, как его там освистали? «У вас нет выбора... Мы вас расстреляем!» — Сволочь этот Зотов, сталинское отродье! А ведь и вправду расстреляют, если...

И вдруг, осененный неожиданной идеей, Круглый резким движением вырвал трубку радиотелефона из клемм:

— 19-й райотдел милиции, капитан Беспалов! — И когда его соединили, сказал Беспалову: — Эти Стасов, Обухов и Колесова еще у тебя?

— Так точно, товарищ Круглый, — ответил Беспалов.

Не в начальственной манере Круглого было обсуждать свои планы с мелким милицейским чином. Он просто приказал:

— Посади их в «воронок». Сейчас я за ними заеду. — И бросил шоферу: — Налево, к Кирпичному проезду! В 19-е отделение!

И у него отлегло от сердца, — кажется, он таки придумал, как ему явиться на «Тяжмаш» и купить этих забастовщиков! Он привезет им арестованных, из-за которых начался весь сыр-бор, — Стасова, Обухова и Колесову. Пусть возьмут их, пусть подавятся, а завтра же утром эти Стасов, Обухов и Колесова наверняка пойдут во главе похоронной колонны, и на кладбище мы их снова арестуем! Да, это замечательная идея, даже московский бульдог Зотов не допер до такого трюка!

Спустя несколько минут черный обкомовский лимузин и колонна из шести грузовиков-рефрижераторов притормозили у Кирпичного проезда. Здесь, как и было приказано, их уже ждал милицейский «черный ворон». Взревев мотором, он присоединился к колонне, стал сразу за лимузином Круглого. При этом Круглому и в голову не пришло хотя бы взглянуть на тех, кого он решил подарить рабочим «Тяжмаша».

Но именно в этой мелочи и заключалась вся хитрая подлость Истории.

Тем временем вокруг «Тяжмаша» текла уже налаженная бивуачная жизнь. Палатки плохо защищали солдат от мороза, и поэтому все, кто мог, прятались в армейские машины: грузовики, «газики», легкие бронетранспортеры — и жгли, жгли горючку для обогрева кабин. Все пространство вокруг кирпичного забора «Тяжмаша» было заполнено гулом моторов и сизым дымом солярки, который не истаивал в морозном воздухе, а висел в нем гигантскими белыми грибами.

Подъезжая к темной полосе этого оцепления завода, Круглый вновь снял телефонную трубку, связался с диспетчером городской электросети и приказал немедленно дать свет «Тяжмашу». Он сделал это только ради собственной безопасности, чтобы не в темноте выступать перед рабочими, но эффект неожиданного возвращения заводу электричества оказался чрезвычайным.

Еще минуту назад во всех цехах завода шли бурные и довольно агрессивные митинги. Темнота гигантских цехов, блики электрических фонариков и свечей, громадные тени, отбрасываемые от выступающих, — все это воспаляло людское воображение, прибавляло решительности немедленно идти и сражаться с силами тьмы, насилия, диктатуры. Яркий электрический свет, неожиданно вспыхнувший повсюду, как-то разом сбил этот пыл, словно осветил людей за каким-то нескромным занятием. Вмиг забыв о своих ораторах и лидерах, тысячи людей ринулись из цехов на заводской двор — неужто мы победили? У-р-р-ра!

Да, у людей, что называется, отпустило. Появившаяся из воздуха, а точнее, из электрического света мистическая надежда на мирный конец конфликта с властями разом освободила их души от потайного сознания смертельного риска всей их затеи — так на фронте даже самый храбрый солдат рад перемирию, а еще больше — миру...

— У-р-р-р-а!

Услышав из-за заводских ворот этот ликующий крик нескольких тысяч глоток, Круглый окончательно приободрил-

ся: настал его звездный час! И, выйдя из машины на свет
ярко вспыхнувших прожекторов у центральной проходной
«Тяжмаша», он живо, молодо подобрался своим полнень-
ким телом, как-то статно развел плечами под своей канад-
ской дубленкой и, не тая победной улыбки, зашагал к
закрытым воротам завода и к стоящим в проходной молодым рабочим-«афганцам».

— Откройте ворота! — властно сказал он вышедшему
ему навстречу Зарудному. — Я хочу говорить с народом.

— Но вы уже выступали утром... — сказал Зарудный, и
Круглый — большой знаток начальственных интонаций —
тут же уловил нотки растерянности в его голосе. Круглый
обрадованно усмехнулся:

— Да, выступал. А теперь выступлю вечером. Я привез
людям продукты, вы возражаете?

— Нет, — хмуро сказал Зарудный. Если появление света, всего-навсего электрического света, ничего больше, вдруг
вызвало у рабочих такую радость, то что же произойдет,
когда Круглый откроет перед ними двери рефрижераторов
и предложит мясо, гречневую крупу, рис, масло?

Но остановить Круглого Зарудный, конечно, не мог. Он
приказал «афганцам» открыть ворота и с предчувствием
поражения молча поплелся за въезжающими на заводскую
территорию рефрижераторами и милицейским «черным во-
роном».

А Круглый тем временем сам, по-хозяйски взошел на
ступеньки все той же импровизированной трибуны, с которой он выступал утром. Рев толпы, неодобрительный, даже
с издевательским свистом, но почему-то без утренней враждебности, огласил заводской двор. Однако Круглый воспринял это зло без испуга. Он поднял руку.

— Тихо! — раздались голоса. — Тихо, братва! Пусть скажет! Он теперь вежливый будет!..

Да, поразительная психика у толпы. Еще три минуты назад, на жарких цеховых митингах, казалось, что вид любой
сытой, как у Круглого, партийной рожи или просто милицейской формы его охраны могут вызвать у рабочих такую ярость,
что они не моргнув глазом разорвут их на части, затопчут и

пойдут-ринутся на ружейный и пулеметный огонь. Но вот тот же Круглый, освистанный еще утром представитель власти, стоит перед ними на трибуне с поднятой рукой, и народ, словно сам желая быть обманутым в очередной, стотысячный раз, затихает и даже требует дать ему слово.

— Дайте послушать! Микрофон включите!..

И кто-то включил микрофон.

— Дорогие товарищи тяжмашцы! — крикнул Круглый, и слова эти разнеслись из динамиков над темным морем голов. — Я приехал к вам снова, чтобы признать свою ошибку. Утром я поступил неправильно. В разговоре с вашим забастовочным комитетом я выбрал не ту линию поведения. И я приехал, чтобы извиниться. — Тут Круглый повернулся к стоящему в глубине трибуны Зарудному: — Извините, товарищ Зарудный...

— Да ладно! Чего там! — громкими криками отозвались первые ряды, тут же легко, по русской манере, прощая «повинную голову».

— Ты по делу говори! По делу! Зачем войска прилетели?

— Товарищи! — возвысил голос Круглый, ликуя, что примирение с рабочим классом произошло так просто. — Товарищи! Некоторое количество войск прибыло в наш город потому, что в городе имеют место бандитизм и хулиганство. Вы сидите здесь, на заводе, и не знаете об этом. Не знаете, что пока вы, лучшая, сознательная часть населения, заняты забастовкой, ваши семьи подвергаются риску быть ограбленными всяким хулиганьем, которое высыпало на улицы. Под видом так называемых «политических протестов» эти хулиганы грабят магазины, квартиры и даже людей на улицах. Поэтому мы вызвали войска. Чтобы на время наших с вами переговоров обеспечить безопасность ваших же семей. Это первое...

Даже по лицам близстоящих к трибуне рабочих и по какому-то новому, особому вниманию всей этой громадной толпы вокруг Круглый вдруг понял, что ему верят, готовы поверить. И нужно срочно воспользоваться этим, нужно говорить, жать, ввинчивать в их сознание все, что ведет к главному. И Круглый продолжил:

— Второе, товарищи! Эти жертвы, — он показал рукой на постамент с гробами Наташи и Ирины Стасовых, — должны быть похоронены! Негоже нам, русским людям, держать умерших вот так, на улице, на морозе, как каким-нибудь диким туземцам. Не по-христиански это, товарищи! Так вот, завтра, когда мы с вами пойдем на похороны, вы тоже увидите войска. Прошу вас понять: это дружественные вам войска. Это войска, которые будут охранять нашу процессию от всех и всяческих провокаций. Потому что мы имеем совершенно точные сведения: сионистские агенты, которые остались среди нас после эвакуации евреев, получили указание любыми средствами сорвать наши с вами мирные переговоры, даже самыми грязными провокациями — сорвать! Но что нам, русским людям, делить? Почему нам, русским людям, не договориться спокойно? И даже если я употребил грубое русское слово, ну и что? Вы, товарищ Зарудный, тоже умеете употреблять некоторые русские слова, мы знаем...

Толпа расхохоталась — любовь Зарудного к «некоторым русским словам» была общеизвестна. И Круглый понял, что еще немного, еще один нажим — и он выиграет этих людей! И уже пьяные горизонты взлета карьеры мелькнули Круглому за этим выигрышем, ведь издали, из-за забора, из темных окон одного из домов, стоящих напротив центральной проходной, за ним сейчас наверняка наблюдают пристальные глаза генерала Зотова. Так пусть же этот Зотов увидит, как он, Серафим Круглый, умеет разговаривать с народом!..

— Тихо, товарищи, — улыбнулся толпе Круглый. — Я хочу вам сказать: если кто-то из вас в разговоре со мной употребит пару слов, которых нет в дипломатическом словаре, я не обижусь, ей-богу! Но! — Круглый поднял палец, и лицо его вновь стало по-государственному серьезным. — Мне кажется, что кому-то выгодно, чтобы наши с вами переговоры не состоялись. Кто-то пытается и будет пытаться сорвать их. И, как я уже сказал, у нас есть сведения, что главные провокации намечены на день похорон. Товарищи! — Круглый повысил голос, вдалбливая толпе: — Чтобы предупредить эти провокации, нас с вами будут во время похорон охранять войска. Я сам лично пойду с вами пешком отсюда до кладбища во главе колонны, сам буду помогать нести гроб. Дорогие друзья! Русские люди! Согласны ли вы, что нельзя, негоже, не по-христиански это — держать гробы вот так под открытым небом?

Разноречивый гул толпы был ему ответом, но он выкрикнул еще громче:

— Согласны ли вы, что нельзя привязывать похороны к темпам наших переговоров с вашим комитетом? Может быть, мы будем вести переговоры несколько дней, может быть, нам понадобятся какие-то юристы, адвокаты, чтобы правильно сформулировать пункты нашего соглашения. Так неужели из-за этого мы будем держать тут покойниц? И вы будете торчать безвыходно на заводе? Зачем? Я предлагаю: мы сейчас, сию минуту начнем переговоры с забастовочным комитетом. Я выслушаю все ваши требования и все, что не в моей компетенции, утром же доложу правительству. И сразу после похорон мы продолжим...

— А как же их хоронить без отца? Андрей Стасов в тюрьме сидит! Наших людей выпусти сначала! — стали кричать из толпы. — А что с убийцами будет, которые в народ стреляли?

— Как я и предлагал утром, показательный суд над убийцей девочки будет проведен нами самими прямо здесь, на заводе, это раз! — уже ликуя от ощущения полного выигрыша, сказал Круглый. — Второе: утром я обещал, что сегодня на завод будут доставлены продукты, чтобы вы не пришли домой с пустыми руками. Дети вас ждут, жены вас ждут, каждая скажет: «Ну, что ты набастовал?» — не так ли. Так вот, товарищи, чтобы вы видели, что я, второй секретарь обкома партии, умею держать свое слово — вот, без всяких к вам ультиматумов прекратить забастовку или еще чтонибудь в этом роде, вот стоят шесть рефрижераторов, это девяносто тонн продуктов. Колбаса, говядина, свинина. Парной телятины, извините, нет. Прошу вас самих создать комиссию по распределению. И, наконец, самое главное. Вот, как вы видите, стоит «черный ворон». Конечно, надо бы использовать для этого случая машину поприличней. «Волгу» там или даже «Чайку», но тогда не было бы сюрприза. Короче, отвечаю на ваш главный вопрос, товарищи! — И четко чеканя каждое слово, Круглый выкрикнул в толпу: — Идя навстречу вашим справедливым требованиям, обком партии решил досрочно выдать вам на поруки задержанных милицией Андрея Стасова, Петра Обухова и Веру Колесову!!!

— У-р-р-р-а!.. — взревела толпа.

А Круглый с театральным жестом повернулся к двум милиционерам, стоявшим у бронированного арестантского фургона:

— Откройте машину!

— У-р-р-р-а! — понеслось над заводом, над всей его десятикилометровой территорией. — У-р-р-р-а-а!..

Люди обнимались, торжествуя свою победу, люди бросали в воздух шапки, а Степан Зарудный с пустым сердцем наблюдал за ними. Нет, никогда этот народ не будет свободен. Он обречен, обречен быть рабом, которого обмануть, купить и уговорить так же легко, как двухлетнего ребенка. Сейчас Круглый выпустит из «черного ворона» Стасова, Обухова и Колесову, и толпа станет на радостях качать их и даже этого «освободителя» Круглого, испытывая к нему чуть ли не слезную благодарность. И все будет вмиг забыто, даже два эти гроба, даже кровавая баня, устроенная милицией на улицах города всего сутки назад...

В этой минуте всеобщего ликования никто сначала не обратил внимания на одного из милиционеров, который вместо того чтобы выполнить приказ Круглого и открыть стальные задние дверцы «черного ворона», вдруг побледнев, побежал к Круглому на трибуну, зашептал ему что-то на ухо. Круглый изменился в лице...

— Да ладно шептать там! Открывай «ворон»-то! — нетерпеливо крикнули в передних рядах.

Прикрыв перчаткой микрофон, Круглый что-то резко сказал милиционеру. Тот бессильно развел руками. Толпа не слышала их разговора, но по тому, как затянулась эта заминка на трибуне, как забегали вдруг глаза Круглого и как его лицо, еще недавно столь самоуверенное, торжествующее, вдруг превратилось в жалко-растерянное, — по всему этому толпа заподозрила что-то неладное. Раздались насмешливые свистки, выкрики. Круглый что-то коротко приказал милиционеру, тот бегом скатился с трибуны, побежал к «черному ворону», вскочил в кабину, а шофер-милиционер тут же завел мотор.

— Товарищи! — крикнул в микрофон Круглый. — Произошла случайная ошибка! В милиции не поняли моего приказания и привезли сюда пустой «черный ворон». Они решили, что машина должна отсюда пойти за арестованными. Но я вам обещаю, что через час...

«Черный ворон» развернулся и подкатил к заводским воротам. Толпа недовольно загудела, насмешливые свистки усилились, но Круглый, казалось ему, уже спасал положение:

— Товарищи, какой-нибудь час ничего не решает! Вы пока будете получать продукты, а мы приступим к переговорам...

Но в этот момент командир заводской самообороны Анатолий Гусько, уже приказавший открыть ворота «черному ворону», вдруг нагнулся на том месте, где стоял раньше этот фургон, и зачерпнул ладонью темное место на снегу, поднес этот снег поближе к глазам. Пятно было не от солярки, и не от машинного масла, пятно было буро-красным, кровавым. И Гусько коротко свистнул охраннику-«афганцу», который открывал перед фургоном тяжелые ворота, и жестом остановил его, а сам, подволакивая ногу, пошел к фургону.

— Открывай! Открывай ворота! — заорал охраннику милиционер, высунувшись из кабины, но в этот момент Гусько уже вплотную подошел к фургону, пристально вглядываясь в алые темные капли, которые медленно стекали из-под задней стальной двери «ворона».

— Не подходи! — крикнул ему милиционер и вдруг выставил из кабины автомат.

Гусько удивленно замер, и в наступившей тишине уже не только он, но и те «афганцы», которые стояли чуть дальше, у проходной, тоже услышали тихие, словно сдавленные стоны внутри «черного ворона».

— Газ!.. Газ!!! — сквозь зубы приказал в кабине фургона милиционер своему напарнику-шоферу.

— Дак заперто же...

— На таран! Газ, твою мать!..

Водитель рванул фургон на таран полуоткрытых ворот, но в тот же миг два финских ножа, пущенных Гусько и еще одним охранником-«афганцем», разом прокололи оба задних колеса «черного ворона». Гулко хлопнув на морозном воздухе пробитыми покрышками, фургон тут же присел на задок.

Поняв, что случилось, милиционеры выскочили из кабины и, наставив на охрану свои автоматы, стали заодно отступать к полуоткрытым воротам.

Они бы ушли, если бы имели дело не с «афганцами». Но когда до ворот им оставалось не больше трех шагов, один из «афганцев» вдруг упал на землю и кубарем, как циркач, покатился к их ногам, чтобы подсечь их отступление. И оба милиционера не выдержали, нажали на курки своих автоматов.

Две автоматные очереди разом оглушили воздух. Пули вырвали клочки окровавленной ваты из бушлата «афганца», но его уже, возможно, мертвое тело все-таки подрубило одного из милиционеров под ноги. А второго срубил выстрел Анатолия Гусько.

Вся эта сцена длилась меньше двух секунд. И толпа, еще не осознав, что происходит, оторопело молчала — безмолвная, словно видит все это не в жизни, а в кино.

А затем, все в той же паузе зрительского столбняка и ужаса, «афганцы» обезоружили шофера-милиционера, подняли убитого товарища и прикладами автоматов сбили замок со стальных дверей «черного ворона».

И в свете ярких прожекторов, освещавших центральную проходную «Тяжмаша», тридцать тысяч рабочих увидели то, что час назад не удосужился посмотреть Серафим Круглый. Они увидели Андрея Стасова, Петра Обухова и Веру Колесову, в кровь избитых в милиции. Все трое, замерзая, полусидели-полувалялись в узких решетчатых кабинках-«стояках» — раненный в плечо Петр Обухов, избитая Вера Колесова и окровавленный, все еще голый до пояса Андрей Стасов. Дикий рев тридцатитысячной толпы огласил «Тяжмаш».

36

Авторское отступление
(глава, для чтения необязательная)

Говорят, что для образования урагана всесильной Природе приходится создавать сугубо определенные условия конфронтации теплого и холодного потоков воздуха на X-высоте, при Z-влажности и при других столь же строго отмеренных атмосферных компонентах. А при отсутствии хотя бы одного из слагаемых, пусть даже малого, самые ужасные предсказания метеорологов оборачиваются обыкновенным дождем, максимум — короткой грозой. И никто не знает, сколько несостоявшихся ураганов революций пронеслось над Россией, обратившихся лишь в локальные мятежи Новочеркасска, Воркуты, Кривого Рога или Воронежа, пронеслось впустую до этого рокового уральского вечера, когда, сводя воедино все компоненты, необходимые для зачатия революционного урагана, Ее Величество История не забыла бросить в этот набор идиота Серафима Круглого, второго секретаря Уральского обкома партии.

Но именно потому, что такая ничтожная и, в общем-то, эпизодическая фигура вдруг сыграла воистину решающую роль на пике исторических событий, автор вынужден остановить поспешный ход этой документальной хроники, дабы выяснить, нет ли за этой случайностью какого-то иного, более глубокого символического знака. Вот результат этого исследования: по мнению многих историков, трагический финал горячевской революции был предопределен и неизбежен по целому ряду причин. Но главная причина — одна. За десятилетия своей власти партия произвела внутри себя уникальный генетический отбор и вывела миллионы «круглых», партийных служак, вывела их как некую новую породу услужливых комнатных собачонок. «Выполнять указания», «проводить в жизнь решения», «наблюдать за исполнением», «строго взыскивать с виновных», «быть неразрывно с линией партии» — это стало для них не формой приспособления к системе, а сутью их бытия, призванием. И на протяжении десятилетий эти партийные шавки наслаждались комфортом и сытой жизнью по рациону спецобслуживания, и, переваривая калорийную пищу, в приятной полудреме, под журчание партийных речей, сидя в кожаных креслах за обитыми кожей дверьми, они мнили себя львами, тиграми и сенбернарами. Но горячевская революция вдруг встряхнула их и сказала: «Если хотите остаться у власти, срочно станьте и в жизни административными волками, тиграми, львами!». Однако результаты селекции необратимы. Путем отбора самых слабых и низкорослых тигрят можно, наверно, вывести даже карликовых тигров, которые по приказу хозяина будут запрыгивать ему в карман. Но уже никто и никогда не обратит этих карликовых собачонок в прежних тигров. Однако попробуйте отнять хотя бы одну сладкую косточку у самой карликовой, ручной, домашней собачонки, и вы сразу поймете, что случилось с горячевской революцией в России, которой к 1988 году управляло 18 миллионов «круглых». Эти партийные и советские шавки сообща загрызли горячевскую революцию и снова улеглись на теплых подушечках, забаррикадировав окна новыми лозунгами о возрождении России. Но разве не таким же точно способом сытые бюрократические шавки довели и царскую Россию до урагана революции 17-го года?

24 января этого рокового для России 199... года, в 15.25 толстенький провинциальный партийный песик Серафим Круглый выполнил свою историческую задачу: довел рабочих «Тяжмаша» до черты, за которой у них уже не было выбора. Госпожа История сделала свой выбор.

37

**Екатеринбург,
продолжение хроники уральского восстания.
18.00 по местному времени**

...Повинуясь приказу Зарудного, «Тяжмаш» погрузился во тьму. Громады цехов и складов, железнодорожные пути, суета людей на вытоптанном снегу заводского двора — все

утонуло в морозной темноте враждебно-настороженного
зимнего вечера. Только из окна заводского управления вдруг
просветила тьму быстрая серия коротких вспышек электрического фонаря.

— Что это? — обеспокоенно спросил генерал Зотов, стоя
у окна в темной квартире на шестом этаже жилого дома
напротив «Тяжмаша».

— Морзянка, — ответил генерал Кутовский. — Но шиф-
рованная. — И повернулся к стоявшим в глубине комнаты
офицерам: — Запишите, быстрей!

Но в этот момент вспышки световой шифрограммы по-
гасли. Зотов, Кутовский и другие офицеры подождали еще
пару минут, но вспышки не возобновились.

— Итак! — сказал Зотов, закрывая окно светонепрони-
цаемой шторой и включая в комнате свет. Яркая люстра
осветила эту временную штаб-квартиру. Здесь, на стене,
висела большая и подробная карта «Тяжмаша», рядом стояли штабные офицеры гэбэшной дивизии имени Дзержинского и командиры двух прибывших из Омска десантных
дивизий. — Обсудим детали. Я полагаю, что ворваться на
завод нужно сразу через все шесть проходных...

— Здесь будет большое сопротивление... — заметил полковник Швырев, командир дивизии КГБ.

— «Афганцы»? У них несколько автоматов и пустые танки, — отмахнулся Зотов. — Или у вас есть другие идеи?

— Если вы разрешите, товарищ генерал, мы можем взорвать заводской забор, например, здесь, здесь и здесь, рядом с
самыми крупными цехами, — показал на карте генерал Кутовский. — И в этом случае мы ворвемся на завод вообще без
сопротивления, окружим основные цеха и с тылу ударим по
этим «афганцам». Оборудование завода не пострадает.

Зотов поглядел Кутовскому и Швыреву в глаза, мысленно взвешивая это предложение.

— А вас неплохо учат в академии... — усмехнулся он, но
в этот миг серия мощных взрывов потрясла стены штаб-
квартиры и яркая люстра с грохотом обрушилась с потолка
на рацию, стоящую на столе. Офицеры бросились к окнам.

Там, за окнами, в разных концах заводской территории,
уже осуществлялась идея генерала Кутовского. Только не

дивизией КГБ и не правительственными войсками, а рабочими «Тяжмаша». Заряды взрывчатки обрушили бетонные стены заводского забора, и в дюжину образовавшихся проломов тут же ринулись танки забастовщиков. Но самым поразительным для Зотова, Кутовского и Швырева было то, что эти танки стреляли! Их пулеметы секли темноту ночи очередями трассирующих пуль, их пушки взрывали зажигательными снарядами милицейские бронетранспортеры, их гусеницы давили солдатские палатки, костры, «газики».

Это был самый настоящий танковый прорыв, организованный по всем правилам воинского искусства. Полтора десятка танковых рот буквально в минуту опрокинули, как ножами, прорезали полусонную, уверенную в безоружности рабочих линию милицейско-армейского оцепления, а затем, выключив фары, исчезли во мраке ночи. Но следом за танками уже катили из проемов простые грузовики, самосвалы, автобусы — весь автомобильный парк «Тяжмаша», семь сотен машин, набитых вооруженными «афганцами» и еще безоружными рабочими. Они тоже почти не задерживались для мелких стычек с опрокинутым противником, милиционерами и солдатами городского военного гарнизона, они оставили это третьей волне — лавинам пеших рабочих, которые хлынули вслед за автомобилями в проломы заводского забора. Эти-то пешие рабочие и разоружали разбегающихся и срывающих с себя погоны милиционеров и солдат, завладевали их оружием и транспортом и тут же на этом транспорте катили дальше — к станции «Екатеринбург-Грузовая», к бастующим соседним заводам и к центру города — к обкому партии, горисполкому, телестанции, банку, электроцентрали... Город пал, оказавшись полностью в руках восставших. Конечно, такой быстрый захват города восставшими рабочими объяснялся в первую очередь тем, что почти вся милиция и армейский гарнизон были сосредоточены вокруг «Тяжмаша», гэбэшные и правительственные войска — вокруг Исети и на загородном шоссе к Отлетному кладбищу. Но, собственно говоря, на том и строил свой расчет Степан Зарудный.

Когда, вырвавшись из «Тяжмаша», полторы сотни танков восставших устремились по боковым улицам за город, знаменитая гэбэшная дивизия имени Дзержинского как раз выбралась из своих позиций вдоль шоссе к Отлетному кладбищу и, согласно приказу Зотова и Кутовского, стала спешно строиться в походную колонну. И вдруг из-за снежных торосов и холмов, которые только что были прекрасным укрытием для гэбэшных войск, появились развернутые во фронтовую атаку танки восставших. В темноте их фары стремительно неслись на толпившихся на шоссе солдат, на их грузовики и бронемашины. Но никто из гэбэшников еще не мог понять, чьи это танки. Свои? Наверно, свои...

И растянутый по шоссе гэбэшный табор был пробит танковой атакой так, как зубья автоматической хлеборезки прорезают в булочной батон хлеба. А еще точнее: то была безжалостная кровавая мясорубка. Прильнув потными лбами к поролоновым упорам приборов ночного видения и сжимая руками рычаги управления танков, водители-«афганцы» озверели от первой же крови, огня, рева двигателей, пороховой гари. Так курильщик после долгого отсутствия курева хмелеет от первой сигареты. Бей гэбэшников! Дави их! Жги, мать их в душу! Огонь!.. Пленных не было.

Через час танковая армада восставших, доукомплектованная захваченными на шоссе бронетранспортерами и боезапасом из трех армейских эшелонов, застрявших на станции «Екатеринбург-Грузовая», ринулись к городу-спутнику Исети, на выручку оружейникам, окруженным правительственными войсками. Еще не остыв от первого боя, еще на прежнем градусе озверения, когда легкая победа, как первая рюмка, требует следующую, «афганцы» до упора выжимали педали газа и надрывали двигатели танков так, что гусеницы, прокручиваясь, взметали в черное небо фонтаны снега и влет проносили бегемотные, сорокатонные туловища танков через рытвины, лощины и канавы пригородных огородов.

— К бою! — кричал в башне головного танка Степан Зарудный, забыв, что из-за отсутствия шлемофонов большая часть его танкистов не имеет с ним радиосвязи. — К бою! — кричал он так, как когда-то кричал в Афганистане...

И хотя здесь, возле Исети, армейские командиры уже успели выстроить две правительственные дивизии в боевой порядок, они лишь в последнюю минуту сообразили, что имеют дело не с толпой озверевших рабочих, а с кадровой танковой дивизией — с танкистами, которые прошли и выжили на горных перевалах Кандагара и в смертельной Пешаварской долине.

— К бою! — зверским голосом орал в своем танке Андрей Стасов. — Даешь Кабул!..

Танковый кулак Зарудного вклинился в расположение кремлевских дивизий и прошел по ним так, как машинка армейского парикмахера проходит по шевелюре новобранца. Но затем... Затем произошло то, чего не ждали ни Зарудный, ни командиры двух правительственных дивизий. В свете огня и трассирующих пуль кто-то из атакующих танкистов вдруг увидел вскочившего на белом снегу десантника. Парень что-то орал и размахивал голубым беретом в безоружных руках. И скорее по его артикуляции, по губам танкисты поняли, что он кричит: «Афганцы»? Не стреляйте! Мы тоже «афганцы»!

Первый танк стал, тормознув обеими гусеницами так, что сами танкисты-тяжмашевцы чуть не пробили головами танковую броню. Откинув стальной люк башни, чумазый заряжающий выскочил на наклонную переднюю броню танка и заорал:

— «Афганцы»? Братцы! Это ж наши! «Афганцы»!..

И прямо с гусеницы рухнул в широко расставленные лапищи десантника.

Через несколько минут братание рабочих-«афганцев» с «афганцами»-солдатами шло по всему снежному полю, которое только что было полем боя.

Но, к сожалению, не этим победным аккордом завершилась первая январская ночь уральской революции.

Автор был бы рад вычеркнуть из истории те страницы, которые далеко не у каждого читателя могут вызвать симпатии к восставшим, однако жанр документальной хроники не позволяет ему погрешить против исторической правды и вынуждает вернуться из города-спутника Исеть в Екатеринбург.

Десятки тысяч людей высыпали на улицы Екатеринбурга в тот вечер, больше похожий на ночь. В захваченном

Управлении городской электросети кто-то включил все рубильники, разом дав свет всем уличным фонарям — такой иллюминации город не видел уже двадцать лет даже на праздники Октябрьской революции. Ведомые шоферами-добровольцами, из одного конца города в другой помчались по разом осветившимся улицам трамваи, троллейбусы, автобусы — совершено бесплатно! Ошалев от легкой победы, люди обнимались, целовали тяжмашевцев, извлекая из подвалов КГБ и милиции избитых арестованных, крушили витрины магазинов, разбивали двери продовольственных складов, партийных столовых и спецраспределителей. Уже через час после захвата рабочими обкома партии и основных правительственных учреждений грабеж магазинов и складов, особенно на окраинах города, стал принимать такие размеры, что весь город непременно бы перепился, если бы запасы водки не были на этих складах и в магазинах столь незначительными. Кое-где трамваи сошли с рельсов, а на улице Ленина троллейбус проломил перила моста над замерзшей рекой и только чудом удержался на мосту. Через несколько минут после того, как взрослые пассажиры, весело матеря пьяного водителя, ушли, ликующие мальчишки раскачали этот троллейбус и все-таки сбросили его с моста. Троллейбус с пушечным грохотом проломил лед реки...

Впрочем, хмельной разгул восставшей публики можно при желании объяснить отсутствием в городе в эти часы почти всех «афганцев» и Степана Зарудного. А что касается повсеместного клича «Вешай милицию и коммунистов!», то он прозвучал еще до того, как была разбита первая витрина водочного магазина. Он прозвучал в тот момент, когда восставшие стали извлекать своих избитых жен и мужей, братьев и сестер из тюремных камер в подвалах КГБ.

— Бей милицию, гэбэ и коммунистов! Вешай их!..

Первой смертельной жертвой толпы стал сержант милиции Сергей Шаков, убийца юной Наташи Стасовой. «Он же на Гагарина, в нашем армейском госпитале лежит!» — крикнула какая-то молоденькая санитарка, и уже через несколько минут этого Шакова, полуголого, в бинтах, в гипсовом корсете, извлекли из госпиталя, привязали на крышу «скорой помощи» и, оглашая воздух сиреной, привезли к «Большому дому». Здесь тут же собралась огромная ликующая толпа.

— Вешай! Вешай его на этом флаге! — весело орали люди, показывая на стальное древко кумачового флага, которое еще развевалось над зданием обкома, и гигантскими буквами «ПАРТИЯ — НАРОД — ДЕРЖАВНОСТЬ!».

— Сжечь его! Сжечь, как Стасова себя сожгла!

— В реку его, в Исеть, под лед!

Сергей Шаков дико закричал, забился на крыше «скорой помощи», кроша гипс своего опоясывающего корсета. Его пожалели — зажав голову, насильно влили в рот полбутылки спирта. А тем временем какие-то пятнадцатилетние пацаны уже взобрались на крышу обкома, перебросили веревку через стальной штырь кумачового флага и сбросили оба конца веревки вниз, толпе. Еще кто-то сделал на одном конце веревки петлю, а второй конец привязал к заднему бамперу «скорой помощи». Петлю тут же и накинули Шакову на шею, и лихой подросток, не старше шестнадцати лет, сел за руль «скорой». А коротко стриженная пятнадцатилетняя девчонка весело перерезала веревки, державшие Шакова на крыше машины, и стукнула ладонью по крыше: «Пошел!».

— Пошел! Пошел! — заорала толпа, расступаясь.

Шестнадцатилетний водитель дернул «скорую», петля сорвала Шакова с крыши машины, шмякнула о промороженный асфальт бывшей площади имени Свердлова, разбила на Шакове гипсовый корсет, и вот уже полуголое тело, поднятое отъезжающей «скорой», как куль цемента на лебедке, взмыло под окна четвертого этажа обкома партии.

Голова Шакова тут же свернулась на сторону, а больничные пижамные штаны отяжелели содержимым желудка из-за расслабления всех мышц в мертвом теле.

— Ура-а! — заорала толпа. — Ура! — И водителю «скорой»: — Стой! Хорош! Стой, мать твою!

Но пьяный пацан-водитель, войдя в раж, перестарался, конечно, не остановил вовремя машины. И труп Шакова сначала взлетел выше неоновой надписи «ПАРТИЯ — НАРОД — ДЕРЖАВНОСТЬ!», затем грохнулся переломленной шеей о стержень кумачового флага, сбил, вырвал его из гнезда, а секунду спустя тяжелое тело Шакова вместе с кумачовым знаменем гулко рухнуло оземь, что еще больше развеселило и возбудило толпу.

— Пусть лежит! А теперь этого козла Беспалова! Капитана Беспалова! — Охмелевшей от первой крови толпе нужны были новые жертвы. — Кто знает, где Беспалов живет?

— Стой, братцы! Вагая везут!..

Действительно, на каком-то грузовичке-«пикапе» рабочие «Тяжмаша» привезли вдруг в центр, к обкому партии, целую пачку бывшего начальства с кляпами во ртах: генерала госбезопасности Алексея Зотова, генерала Кутовского, полковника Швырева, начальника городской милиции полковника Сухина, начальника городского КГБ майора Шарапова, второго секретаря обкома Серафима Круглого и... извлеченного из котельной «Тяжмаша» Федора Вагая, похищенного прошлой ночью четырьмя «афганцами» в чулочных масках.

— Вешать их! Тоже вешать! На столбах! — разгулялась толпа, пьяная от только что совершенного коллективного убийства, горящая ненавистью к сытым, холеным лицам бывшего начальства, к их чистым и теплым мундирам и костюмам. — Попались, курвы! Хватит, нашей крови попили! Вешай их за яйца!

— Да веревки нету!

— Под лед их! В Исеть!

— Да сжечь их на месте Ипатьевского дома, где они царя расстреляли!

— Еще чего! Святое место сквернить! В Исеть их, под лед!..

Быть может, каждый из этих людей, составляющих эту хмельную от крови толпу, в одиночку никогда бы не решился убить человека. Но сейчас, сообща, на виду друг у друга...

— Кузьма, айда в ГэБэ, я там колючку видал в подвале! Вязать их будем!

Тут же из соседнего здания управления КГБ, прямо через разбитое подвальное окно, просунули метровый в диаметре моток колючей проволоки, и даже через рукавицы кровавя себе руки и не чувствуя от хмеля и азарта ни боли, ни жалости, люди стали колючей проволокой парами вязать свои жертвы. Зотов, багровея, мыча заткнутым ртом, с глазами, вылезающими от страха из орбит, закрутился в чьих-то руках, но его тут же и успокоили — жахнули по голове резиновой дубинкой, реквизированной у милиции. Вагай и полковник Швырев вытолкнули языками кляпы изо рта, Вагай закричал что-то матерное, угрожающее, а Швырев успел только крикнуть «Простите...» — обоих отключили такими же крепкими, с размаху ударами. И связанных попарно поволокли к Исети — благо река была на расстоянии всего лишь квартала от «Большого дома». По дороге вдруг дико завизжал Серафим Круглый, каким-то чудом вырвавшийся из рук толпы. Его, конечно, догнали, сбили с ног...

Через пару минут весь мост через Исеть был запружен куражной толпой. Окровавленные, связанные попарно колючей проволокой, как валеты на игральных картах, жертвы под свист и улюлюканье толпы полетели с моста в полынью, пробитую рухнувшим недавно троллейбусом.

— Это вам за царя! Где вы нас начали, там мы вас кончим!

И только после этой символически-исторической расправы темные толпы наспех одетых женщин, хмельных подростков, инвалидов, пожилых рабочих, выпущенных из городской тюрьмы уголовников, бичей и бродяг стали повсеместно бить витрины магазинов и ресторанов и врываться в квартиры партийной, гэбэшной и милицейской элиты.

— А жидам-то опять подфартило! Нету жидов-то! А то бы и их заодно!.. Как это у тя выпить нечего?! Да чтоб в партийной хате водки не было?! Не могет быть, однако!!!

И шумно крошили посуду, резали ковры и перины, опустошали холодильники и выбивали зубы орущим и визжащим женщинам и их трясущимся от страха номенклатурным мужьям и детям.

— Бей милицию и коммунистов!..

Крик, пух, гарь, битое стекло и ликование насилия и пьяной свободы заполонили ночные улицы Екатеринбурга

К полуночи город, захваченный восставшими целым и почти без единого выстрела, стал похож на жертву всадников Чингисхана.

В центре на первых этажах зданий были выбиты все окна и все магазинные витрины. На перекрестках валялись перевернутые трамваи. Снежные сугробы на тротуарах и мостовых были в пятнах замерзшей крови, в пуху, в желтых разводах мочи и в щепах мебели, выброшенной из верхних этажей. На фонарных столбах висели трупы, еще теплые. Бабы под мышками растаскивали по домам в стельку пьяных победителей.

Именно такую картину увидел новый народный освободитель Степан Зарудный, когда на башне головного танка своей победоносной танковой колонны въехал в Екатеринбург (бывший Свердловск). Увидел и тоскливо закачал головой из стороны в сторону:

— Ох, мать твою! Да что ж это за народ!..

38

**Сообщение Уральского радио.
23.50 по местному времени**

ВСЕМ! ВСЕМ! ВСЕМ!
ОБРАЩЕНИЕ ВОССТАВШИХ
УРАЛЬСКИХ РАБОЧИХ КО ВСЕМ ГРАЖДАНАМ
СОВЕТСКОЙ ИМПЕРИИ!

Всем радиостанциям, телестанциям, газетам и телеграфным агентствам

ТОВАРИЩИ ГРАЖДАНЕ СОВЕТСКОЙ ИМПЕРИИ! ТО, О ЧЕМ КАЖДЫЙ ИЗ НАС МЕЧТАЛ И НЕ МОГ ДАЖЕ ВЫСКАЗАТЬСЯ ВСЛУХ, СВЕРШИЛОСЬ!

ВПЕРВЫЕ ЗА ВРЕМЯ СУЩЕСТВОВАНИЯ В НАШЕЙ СТРАНЕ БЕСЧЕЛОВЕЧНОГО КОММУНИСТИЧЕСКОГО РЕЖИМА ВЛАСТЬ КОМПАРТИИ СВЕРГНУТА НА ЗНАЧИТЕЛЬНОЙ ТЕРРИТОРИИ — В ЕКАТЕРИНБУРГЕ И ЕГО ОКРАИНАХ. В НАШИХ РУКАХ РАДИО И ТЕЛЕВИДЕНИЕ, ГАЗЕТЫ, БАНКИ, ВСЕ ПРАВИТЕЛЬСТВЕННЫЕ УЧРЕЖДЕ-

НИЯ УРАЛЬСКОГО КРАЯ, А ТАКЖЕ АРСЕНАЛЫ КРУПНЕЙ-
ШИХ УРАЛЬСКИХ ВОЕННЫХ ЗАВОДОВ! БОЛЬШЕ ТОГО:
НА НАШУ СТОРОНУ ПЕРЕШЛИ СОЛДАТЫ ДВУХ ДЕСАН-
ТНЫХ ДИВИЗИЙ, БРОШЕННЫЕ ВЛАСТЯМИ НА ПОДАВ-
ЛЕНИЕ НАШЕГО ВОССТАНИЯ. МЫ НЕ СКРЫВАЕМ СВОИХ
ПЛАНОВ — МЫ ЗА ПОЛНУЮ И НЕМЕДЛЕННУЮ ЛИКВИ-
ДАЦИЮ ТИРАНИИ КОММУНИСТИЧЕСКОЙ ПАРТИИ НАД
НАШИМ И ВСЕМИ ОСТАЛЬНЫМИ НАРОДАМИ!

ДОЛОЙ КОММУНИСТОВ! ДОЛОЙ МИЛИЦИЮ! ДО-
ЛОЙ КГБ!

РУССКИЕ, УКРАИНЦЫ, БЕЛОРУСЫ! ГРАЖДАНЕ ВСЕХ
НАЦИОНАЛЬНОСТЕЙ, НАСЕЛЯЮЩИЕ НАШУ МНОГОСТРА-
ДАЛЬНУЮ СТРАНУ! ХВАТИТ ТЕРПЕТЬ! ХВАТИТ СТОЯТЬ В
ОЧЕРЕДЯХ ЗА ХЛЕБОМ! ХВАТИТ КОРМИТЬ ПАРТИЙНЫХ
ПАРАЗИТОВ! ДОЛОЙ ВЛАСТЬ КПСС! ТОЛЬКО СИЛОЙ МЫ
МОЖЕМ СБРОСИТЬ ИХ С НАШЕГО ХРЕБТА! ТОЛЬКО СИ-
ЛОЙ ОРУЖИЯ!

БРАТЬЯ! РАБОЧИЕ И КРЕСТЬЯНЕ КАВКАЗСКИХ,
СРЕДНЕАЗИАТСКИХ И ПРИБАЛТИЙСКИХ РЕСПУБЛИК!
МЫ, РУССКИЕ, БОЛЬШЕ НЕ ХОТИМ, ЧТОБЫ ВЫ СЧИТА-
ЛИ НАС СВОИМИ ПОРАБОТИТЕЛЯМИ! БЕРИТЕ ВЛАСТЬ
В СВОИ РУКИ, ГОНИТЕ НАМЕСТНИКОВ КПСС И ОТПУС-
КАЙТЕ ДОМОЙ ПЛЕННЫХ РУССКИХ СОЛДАТ, КАК МЫ
ОТПУСКАЕМ СЕЙЧАС ПО ДОМАМ ВСЕХ СОЛДАТ, ПРИ-
ЗВАННЫХ В АРМИЮ ИЗ ВАШИХ РЕСПУБЛИК!

СОЛДАТЫ И ОФИЦЕРЫ СОВЕТСКОЙ АРМИИ, АВИА-
ЦИИ И ФЛОТА! ВСПОМНИТЕ, ЧТО ВЫ — НАРОДНАЯ АР-
МИЯ, А НЕ НАЕМНЫЕ СЛУГИ КПСС! ПЕРЕХОДИТЕ НА
СТОРОНУ ВОССТАВШЕГО НАРОДА!

СОЛДАТЫ И ОФИЦЕРЫ СОВЕТСКОЙ МИЛИЦИИ И
КОМИТЕТА ГОСУДАРСТВЕННОЙ БЕЗОПАСНОСТИ! ТЕ ИЗ
ВАС, У КОГО ОСТАЛАСЬ ХОТЬ КАПЛЯ СОВЕСТИ, НЕ
СТРЕЛЯЙТЕ В СВОЙ НАРОД, НЕ СТРЕЛЯЙТЕ В СВОИХ
ОТЦОВ, МАТЕРЕЙ, БРАТЬЕВ И СЕСТЕР! ЕЩЕ НЕ ПОЗДНО
ВЕРНУТЬ СЕБЕ ЧЕЛОВЕЧЕСКИЙ ОБЛИК!

ДА ЗДРАВСТВУЕТ ПОЛНАЯ И БЕЗУСЛОВНАЯ СВО-
БОДА ОТ КОММУНИЗМА!

ДА ЗДРАВСТВУЕТ ОБЩЕНАРОДНОЕ ВОССТАНИЕ ВО ВСЕХ ГОРОДАХ, ПОСЕЛКАХ И ДЕРЕВНЯХ СОВЕТСКОЙ ИМПЕРИИ! ТОЛЬКО ВМЕСТЕ, ЕДИНЫМ ВОССТАНИЕМ МЫ МОЖЕМ ОСВОБОДИТЬСЯ ОТ ЭТОЙ ПРОКЛЯТОЙ ВЛАСТИ КПСС!

СОХРАНЯЙТЕ ПОРЯДОК В ОСВОБОЖДЕННЫХ ОТ КОММУНИСТОВ ГОРОДАХ И ПОСЕЛКАХ! БЕРЕГИТЕ СВОЮ СТРАНУ ДЛЯ СЕБЯ ЖЕ!

ВПЕРЕД! НА БОРЬБУ! ЗА НАШУ СВОБОДУ! УРАЛЬСКИЙ КОМИТЕТ НАРОДНОГО ВОССТАНИЯ

«Тяжмаш»
Екатеринбург,
24 января 199... года,
23 часа 45 минут по местному времени

ДЕНЬ ЧЕТВЕРТЫЙ

30 ЯНВАРЯ

39

**Вашингтон, заседание Конгресса.
10.00 по вашингтонскому времени**

— Дорогой господин спикер! Господа конгрессмены! Леди и джентльмены! В первую очередь разрешите мне поблагодарить Вас, господин спикер, за то, что Вы дали мне возможность выступить здесь накануне столь важного голосования...

Президент коротко посмотрел в сторону спикера Конгресса и обратился к залу:

— Господа! Сегодня исторические процессы развиваются так стремительно, как это казалось немыслимым пять лет назад. И это закономерно. Сверхскорости, открытые наукой для атомных реакций и космических полетов, видеосвязь и компьютеры не могли не оказать влияния на общество. Потому правительства, которые не смогут перейти на скорости принятия решений, адекватные времени, рискуют быть отброшены ходом истории в прошлое и привести свои народы к непоправимым историческим поражениям.

Но я пришел сюда не для того, чтобы читать вам лекции. Я просил господина спикера дать мне возможность выступить потому, что сейчас вам предстоит принять решение, которое может иметь значение для всего хода мировой истории.

Я имею в виду позиции по отношению к событиям, происходящим в России.

Всего пять дней назад, в субботу, 25 января, когда мы услышали по радио первое обращение Комитета восставших рабочих Урала, ни один человек в нашей администрации, включая меня самого, не поверил, признаюсь, в возможность успеха этого восстания. Магия тирании нового русского правительства и сила его гигантской армии казались столь велики, что даже после горячевского пятилетия, пошатнувшего основы коммунизма, мир снова смирился с тем, что советская империя — это незыблемая величина. И в связи с этим ни у нас, ни у предыдущих администраций Белого дома нет и не было никаких конкретных доктрин и планов на случай антикоммунистической революции в России.

Между тем на наших с вами глазах происходит именно это историческое событие. Колосс, который простирался от Берингова пролива до Одера, колосс, который покрывал треть обитаемой земной поверхности, колосс, который держал под своей властью 130 наций, — этот колосс уже не шатается, как при Горячеве, он рушится! И оказалось, что стремительность его падения прямо пропорциональна его чудовищным размерам.

Да, господа, Россия не смогла устоять на мирном пути выхода из-под тирании коммунизма, как это случилось в Венгрии и в Польше. Россия, как всегда, снова выбрала самый радикальный путь — путь революции.

Каждый час приносит нам сообщения о массовом дезертирстве из Советской Армии солдат мусульманских национальностей; о цепи антирусских восстаний на Кавказе,
в Прибалтике, в Узбекистане, в Молдавии. И о сыпи восстаний, покрывших все тело самой России. Сейчас, в эту
самую минуту, когда я стою перед вами, бои русского народа с коммунистическим режимом идут на улицах ста тридцати семи крупных русских и украинских городов. А в руках
восставших уральских рабочих уже находится территория,
равная Франции и ФРГ. Посмотрите на карту. Географи-
ческое положение Урала позволило восставшим перекрыть
сибирские газо- и нефтепроводы, а это сразу сократило снабжение правительственной армии горючим почти на 70 процентов. Отрезанной оказалась и бакинская нефть, она в руках
восставших мусульман Азербайджана. Таким образом, правительственные танковая армия и авиация пользуются сейчас лишь уфимской нефтью. А если восстание перекинется
в Уфу, то аварийного запаса горючего хватит Советской
Армии только на четыре дня боевых операций.

Но это не все. Прекращение подачи сибирской нефти и
газа погрузило во тьму не только половину России, но и все
страны бывшего СЭВа — Болгарию, Польшу, Чехословакию,
Восточную Германию. Армии этих стран уже снабжаются топ-
ливом только из аварийного запаса. А отопление жилых домов и заводских цехов полностью прекращено. Но это же
подстегнуло народы Восточной Европы на вооруженную борьбу с режимом, который лишил их семьи элементарного тепла именно сейчас, в январе, — в то время, когда морозы в
Европе достигают минус 38 градусов по Цельсию!

Господа конгрессмены! Я привел лишь один пример —
нефть. Аналогичная ситуация сложилась в снабжении России
и всей советской империи углем, энергией сибирских электростанций, боеприпасами уральских военных заводов. Кроме
того, мы наблюдаем полный хаос на Восточно-Сибирской ма-
гистрали. А это единственная железнодорожная артерия, которая связывает европейскую и азиатскую части России.

Дамы и господа, я не хочу, чтобы у вас создалось впечатление, будто я от своего имени и от имени подчиненных

мне прогнозирующих организаций — таких, как CIA,
National Security Counsil и так далее, — предсказываю без-
зусловную победу восстания и свержение Советского коммунистического правительства в ближайшие дни. В руках у
правительства Стрижа и Митрохина еще находится самое
современное оружие, войска КГБ и милиция. Кроме того,
именно на контролируемых Кремлем территориях расположены хорошо укрепленные зоны, в которых складирова-
но почти 90 процентов продовольствия.

Но я хочу обратить ваше внимание на все аспекты воз-
никшей перед нами исторической ситуации. Восставшие не
просят у нас оружия или нашего военного вмешательства.
Они просят хлеба. Включите радиоприемники, и вы услышите их голоса. Порой даже не нужно знать русского языка, потому что радиостанция восставших обращается к нам
по-английски. Позвольте мне продемонстрировать вам одно
из этих обращений, принятое нашим телесателлитом всего
час назад...

Помощник Президента включил видеомагнитофон, и в
зале Конгресса на супербольшом High Definition экране появилось мужское лицо чудовищной худобы и с огромными,
словно базедовыми, синими глазами. Мужчина заговорил по-
английски тихо, изможденно, с большими паузами, с ярко
выраженным славянским акцентом и типично русскими
ошибками в конструкциях американского синтаксиса:

*Говорит Россия!.. Говорит и показывает первая свободная
русская теле- и радиостанция «Голос Урала». Передаем обращение Комитета народного восстания к правительству и
гражданам Соединенных Штатов Америки... Уважаемые граждане великой Америки! Уважаемое правительство Соединенных Штатов!.. К вам обращается русский народ, восставший
против коммунистической тирании!.. К вам обращаются простые люди, которые выросли над своим страхом и поднялись
на борьбу за то, что вы завоевали уже двести с лишним лет
назад, — свободу, демократию и уважение к личности!.. Мы
не знаем, дойдет ли до вас наше обращение... Но мы будем
передавать его в эфир круглые сутки в надежде, что наш голос будет услышан вами раньше, чем бомбы Кремля разрушат
эту телестанцию...*

Казалось, от самого смысла того, что говорит этот худой большеглазый мужчина, похожий на бритого Достоевского, его голос должен взлететь до патетики. Но вместо этого, вместо выспренности, с которой сказал бы этот текст любой телевизионный диктор, большеглазый скелет говорил усталым, ровным голосом. И именно в этом просвечивала изможденная душа его народа...

Да, нас бомбят... Правительства, которые подвергают бомбежкам свой собственный народ, не имеют права называться правительствами... Правительства, которые силой оружия устанавливают свое правление, не имеют права выжить в истории человечества и перейти с ним в третье тысячелетие...

Мы не просим вас защитить нас от нашего правительства. Но мы хотим показать вам несколько кинокадров нашей борьбы. Смотрите... Это города Урала после бомбежки правительственной авиацией. Вы видите эти руины? Эти замерзшие на улицах трупы? Это трупы наших детей, матерей и жен... Я скажу вам: у нас, восставших, тоже есть ракеты, способные долететь от Урала до Кремля. Но мы не можем применить это оружие, мы понимаем, сколько тысяч невинных москвичей погибнет. Поэтому Уральский штаб восстания проголосовал против ракетной атаки на Кремль. Однако, как вы видите, такие гуманные соображения не свойственны кремлевским лидерам... Смотрите: это город Нижний Тагил. Здесь производилась половина советских танков. Для того чтобы эти танки не попали в руки восставших, как случилось на «Тяжмаше», правительственная авиация превратила город в руины. Смотрите и знайте: это руины наших жилищ... это трупы наших матерей, жен и детей.

А вот те, кто уничтожает нас, вот целая банда сытых партийных деятелей, арестованных в Тюмени, Новосибирске... Да, это виселицы. Восставший народ вздергивает их на виселицы. Мы не скрываем правды. Есть самосуд, и есть виселицы, к сожалению. Но примите во внимание, что именно эта партия за семьдесят лет своего правления уничтожила 60 миллионов людей внутри своей собственной страны. Конечно, когда называешь цифру, это звучит только статистикой. Но у нас в России нет ни одной семьи, в которой не было бы невинно убитых, сосланных в лагеря, прошедших через пытки в КГБ. Посмотрите на меня — я сам только вчера из лагеря. Разве моя мать не казнила бы моего следователя? Он сверлил мне зубы без наркоза, чтобы я подписал, что я израильский шпион... А ведь я тоже был коммунистом... И если вы поймете сердцем, через что прошел русский народ, вы поймете, почему сегодня Россия вешает милиционеров, партийных работников и гэбэшников...

Граждане и правительство великой Америки! В 1956 году венгерский народ первым восстал против коммунистической тирании, но вы упустили тогда историческую возможность помочь венгерской революции.

В 1968-м вы упустили такую же возможность помочь восставшей Чехословакии.

В 1981-м вы упустили эту возможность в Польше. Сегодня к вам обращается восставший русский народ. Братья-американцы! Мы верим, что американский народ велик не только тем, что производит гигантское количество товаров, посылает космонавтов на Луну и создает думающих роботов. На том или ином уровне развития эти достижения, наверно, будут доступны любой нации. Но мы считаем, что величие американского народа заключается в его исторической традиции оказания гуманной помощи всем народам, переживающим стихийные бедствия или исторические катаклизмы.

Русский народ помнит тот американский хлеб, который в двадцатые и тридцатые годы спас миллионы жизней в голодающем Поволжье, на Урале и в Сибири.

Русский народ помнит ленд-лиз и братскую помощь американского народа в войне с фашизмом.

Русский народ помнит Эльбу. Это не правительства братались тогда на Эльбе, это наши с вами отцы братались тогда.

И сейчас мы просим вас: люди Америки, великий народ Соединенных Штатов Америки! Иногда для поддержания уровня цен на мировом рынке вы сбрасываете в море зерно, масло, сыр — тысячи тонн. Но бывают в истории моменты, когда рыночные, торговые отношения между народами должны отступить на задний план перед отношениями человеческими. Дайте нам хлеба — ничего больше! Мы, русские, сумеем прожить на воде и хлебе! Мы сумеем победить и так, без сливочного масла! Но хлеб нам нужен, мы голодаем. Мужчины, женщины, дети... Смотрите... Правительство отрезало нас от всех источников снабжения.

Наши дети, наши старики и женщины ждут от вас проявления истинного американского величия — простой и гуманной помощи ХЛЕБОМ. Помните: История вознаградит вас за это величие, как вознаграждала она вас всегда по завету «рука дающего да не оскудеет...».

Экран погас. Президент продолжил свою речь:

— Дамы и господа! По сути, мне нечего добавить к этому обращению. Нечего — за исключением того, что я присоединяюсь к нему и как ваш Президент, и как простой американец. Мы можем как угодно относиться к политическим событиям в России, но мы не можем игнорировать тот факт, что миллионы людей голодают и замерзают в Сибири. Поэтому я направил вам предложение, по которому вы будете сегодня голосовать. Я предлагаю оказать голодающим народам Урала и Сибири немедленную помощь в размере одного миллиона тонн зерна. Кроме того, я предлагаю выделить им из фонда помощи слаборазвитым странам масло, мясо и другие продукты на сумму в триста миллионов долларов. Это продовольствие может быть доставлено во Владивосток и другие русские порты по мере перехода их в руки тех, кто обратился к нам за помощью.

Я верю, что гуманные американские традиции будут достойно продолжены сегодня, во время вашего голосования. Да благословит вас Бог!

ДЕНЬ ПЯТЫЙ

31 ЯНВАРЯ 199... ГОДА

40

Иерусалим.
17.32 по местному времени

Надрывный и густой, как при военной тревоге, вой сирены катился по вечернему Иерусалиму. При ее первых же звуках пустели улицы города, люди выскакивали из машин и вбегали в подъезды домов, спешно, с лязгающим звуком металлических штор закрывали витрины и двери магазинов, кафе и мелких лавчонок. В центре города, на рынке, последние торговцы торопливо сваливали в тележки остатки непроданных овощей и фруктов и бегом катили их к выходу. Хурма, мандарины и авокадо падали с этих тележек и катились по мокрым булыжникам, но никто из продавцов даже не поворачивался подобрать их. Только кошки сторожили в рыбных рядах непроданную и обреченную на выброс рыбу, да последние покупатели еще пытались что-то купить, совали продавцам деньги, но те грубо отталкивали от себя их руки с деньгами — по рядам уже стремительно шел пейсатый и широкоплечий, как биндюжник, староста рынка и кричал зычно и грозно:

— Шабес! Шабес!

В этот час наступления очередной субботы в верхней части города, в Гило, хозяйка небольшой виллы зажгла субботние свечи и подала на стол праздничное вино и накрытую белой салфеткой халу. Широкое темное платье этой молодой, не старше тридцати лет, худенькой женщины не могло скрыть размера ее живота, характерного для женщин на шестом-седьмом месяце беременности. Два мальчика, девяти и восьми лет, в темных костюмах и белых рубашках с галстуками, вкатили в комнату детскую кроватку со спящим годовалым ребенком, поставили ее в угол и тут же сели за длинный обеденный стол, по обе стороны которого уже чинно сидели еще шесть детей-погодков — четыре мальчика в черных праздничных костюмах и галстуках и две девочки в нарядных синих платьях с белыми кружевными воротничками и в белых же колготочках. Самой младшей из сидевших за столом детей было два с половиной года, но и она сидела тихо и чинно, как взрослая. И лишь рука ее нетерпеливо тянула рюмку навстречу десятилетнему брату, который на правах старшего разливал всем слабое субботнее вино.

Мальчик совершал эту церемонию, храня на лице строгое, ритуально-сосредоточенное выражение. Сначала налили вино отцу, потом матери, севшей от отца по левую руку, затем гостю, сидевшему справа от отца, и дальше — своим братьям и сестрам в порядке старшинства.

Но при всем своем старании выглядеть сосредоточенными на субботней церемонии дети не могли удержаться от острых любопытных взглядов в сторону гостя — впервые в жизни они видели такого рослого японца.

Гость же с любопытством наблюдал за этой субботней церемонией. Он прилетел в Израиль два часа назад, и это был его первый в жизни ужин на израильской земле. Бэрола Леви, хозяина этой виллы и легендарного главу израильской разведки, Джиро Йошида знал давно. Точнее — знал о нем по тем статьям в газетах, которые подробно расписывали биографию Бэрола и часто, наверное, досочиняли ее, приписывая этому рыжебородому крепышу чуть ли не все дерзкие операции МОССАДа за последние годы. Будучи сам в прошлом военным летчиком и даже командиром авиаполка, Йошида теперь с особым интересом и даже с некоторой завистью разглядывал летчика, который в двадцать четыре года с идеальной точностью разбомбил иракский атомный реактор, а в тридцать — организовал похищение из Англии Мордехая Вануну...

— Барух ата адони... — Генерал Бэрол Леви, закрыв глаза, чуть раскачиваясь всем телом на стуле и держа руки у своей рыжей бороды, стал негромко молиться над халой. Дети неслышным шепотом повторяли за ним слова молитвы.

Йошида вежливо прислушивался к гортанным звукам незнакомого ему языка. Неужели этот совершенно немелодичный язык с какими-то сухими, как выжженный песок пустынь, согласными, был когда-то языком его народа, а этот субботний обряд со свечами, вином, молитвой над хлебом и эта традиция многодетства — все это могло стать его бытом, жизнью, судьбой? Йошида мысленно улыбнулся — он вдруг представил себя самого в черном костюме с хасидскими штрипками-кисточками, а свое лицо — в обрамлении длинных пейсов и бороды, как у этого Бэрола. Нет, это невозможно!..

— Амэн! — произнес Бэрол Леви и до дна выпил свой бокал с вином.

— Амэн! — отозвались хором дети, выпили вино из своих маленьких рюмок, и отец стал руками ломать халу и раздавать всем по кусочку.

Чувствуя, как в этой церемониальной тишине дети ревностно наблюдают за ним, Йошида молча следовал ритуалу: выпил вино, откусил сладкий хлеб-халу.

Но как только жена Бэрола стала подавать на стол тарелки с куриным бульоном, в котором плавали хлебные шарики — matzoballs, дети враз заговорили громко, оживленно, перебивая друг друга. Гость решил, что ритуальная часть ужина кончилась. Однако хозяин дома тут же сказал детям строго и негромко:

— Speak English!

Дети враз притихли, пристыженно покосились на гостя, мальчик лет семи заговорил с отцом по-английски.

Через несколько минут Йошида уже понял, что происходит. Загруженный почти круглосуточной работой Бэрол Леви видит своих детей практически лишь раз в наделю, по субботам, и в этот день он целиком принадлежит только им. Но одного дня на девять детей не так уж много, дети набрасываются на отца со своими проблемами, вопросами и делами с первой минуты субботы, соблюдая при этом, видимо, возрастную субординацию и религиозные правила поведения за субботним столом.

— Сегодня мы обсуждали в школе тот текст в Торе, где сказано «люби и уважай», — говорил Бэролу семилетний мальчик с тонким бледным лицом и большими серыми глазами исследователя жизни. — Я не понимаю, зачем нужно было дважды говорить одно и то же. Разве можно любить и не уважать? Разве это не одно и то же?

— А ты подумай, — сказал сыну Бэрол, и все дети замолчали, слушая объяснения отца. — Предположим, у тебя есть раб. Ты не обязан уважать его, но ты должен любить его, потому что он тоже человек. Или, допустим, у тебя есть сосед, с которым ты воюешь. Ты не обязан любить его, но, если это сильный враг, ты уважаешь его как врага...

Через час, когда ужин был окончен и разрешены все спорные вопросы по толкованию Торы и Талмуда, дети стали надевать куртки и плащи, а Бэрол сказал гостю:

— Не хотите ли пойти с нами в синагогу? Просто посмотреть... Но если вы устали с дороги, в вашей комнате все готово... Я забыл вас предупредить, что по субботам в нашем районе машины не ходят, и поэтому вы ночуете у нас. Если не возражаете...

— А в посольстве не будут беспокоиться? Может быть, мне им позвонить?

Бэрол улыбнулся:

— По субботам мы не пользуемся телефоном. Но ваш посол знает наши традиции... Так что? Пойдете с нами в синагогу или отдохнете с дороги? Ведь у вас дома уже глубокая ночь...

Йошида понял, что тот деловой разговор, ради которого он был приглашен в Израиль и пролетел сегодня три тысячи миль, — этот разговор сегодня не состоится. Но тогда зачем эти израильтяне настаивали, чтобы он прилетел именно сегодня? И почему он должен ночевать не в апартаментах японского посольства, а здесь, на окраине чужого города, в какой-то гостевой комнате?

Однако лицо его не выразило ни удивления, ни недовольства. И не потому, что вот уже шестнадцать лет, как он сменил военную летную форму на фрак профессионального дипломата, а потому, что умение отделять свои эмоции и мысли от мимики лица отличало его народ от всех остальных народов мира.

— Пожалуй, я отдохну... — сказал он.

Бэрол тут же проводил его на второй этаж, в гостевую комнату, где уже горел электрический свет. Комната его была огромна, и Йошида тут же понял, что к его пребыванию в ней здесь готовились заботливо и тщательно — на журнальном столике у окна были не только самые последние английские, французские и немецкие газеты и журналы, но и дюжина сегодняшних, самых свежих газет и журналов на его родном японском языке. На кровати лежал аккуратно сложенный легкий ночной японский халат —

«йуката», на коврике гостя ждали удобные деревянные тапочки — «гета». Йошида снова мысленно улыбнулся, при-
миряясь со своей участью израильского пленника.

Пожелав гостю спокойной ночи, Леви ушел, и через минуту Йошида увидел сквозь окно, как Бэрол торопливо шагал
по улице во главе шести старших детей. Такие же группы
многодетных религиозных евреев, одетых с той же празд-
ничностью — все мальчики в темных костюмах, белых рубашках и галстуках, все девочки с бантиками, в белых чулках
и лакированных туфельках — спешили по улице в том же
направлении, что и семья Леви. И почти все на ходу обме-
нивались с Бэролом короткими веселыми приветствиями,
рукопожатиями, шутками.

— Шабат шалом!..

— Шабат шалом! А гут шабэс!.. — доносилось с улицы.

Безусловно, все эти люди хорошо знали, что Бэрол Леви —
генерал и глава их государственной разведки, одной из силь-
нейших разведок в мире. Но в том, как они шутили с ним,
как по-приятельски похлопывали его по плечу или протя-
гивали ему руку, — во всем этом не чувствовалось никакого
не только восхищения, но даже того особого уважения, которое оказывают людям такого ранга в Японии, да и всех
остальных странах. Евреям, которые были старше Бэрола
по возрасту, Леви кланялся первым и первым говорил им:
«А гут шабэс!..»

Проводив взглядом удалявшуюся семью Бэрола, Йошида посмотрел на темный, уже вечерний город, простираю-
щийся под ним на пологих холмах. Центр города был далеко,
за черной полосой незастроенной долины, между старым
городом и его новыми пригородами, и там, в центре, светились блуждающие огоньки автомобильных фар. Но здесь, в
этом религиозном районе, все мостовые были совершенно
пусты, а сотни легковых автомобилей были припаркованы
у тротуаров.

Вздохнув, Йошида взял с постели халат, прошел в ван-
ную, принял душ и вышел в комнату освеженный, уже не в
строгом темном костюме, а в легком халате-«йуката» и в
«гета» на босу ногу. Хотя в Токио сейчас уже действительно

почти три часа ночи, но ведь в Иерусалиме еще ранний вечер, и ложиться спать в такую рань Йошиде показалось немыслимым. Он подошел к телевизору, привычно нажал кнопку, но телевизор не включился. Только теперь гость заметил короткую записку над телевизором: «Sorry, no TV at Saturday».

Оставалось одно — газеты. Йошида сел за журнальный столик, лениво взял ближайшую газету. Всего четыре часа назад, в самолете, он прочел не только сегодняшние газеты, но пачку свежайших телексов Reiter и UPI, а потому никаких новостей в газетах для него уже не могло быть. «ПОРАЖЕНИЕ АМЕРИКАНСКОГО ПРЕЗИДЕНТА», «АМЕРИКАНСКИЙ КОНГРЕСС ОТКАЗЫВАЕТСЯ ВМЕШИВАТЬСЯ В РУССКИЕ ДЕЛА», «КРЕМЛЬ УДОВЛЕТВОРЕН РЕШЕНИЕМ КОНГРЕССА ОТКАЗАТЬ В ПОМОЩИ ВОССТАВШЕМУ УРАЛУ...» Все это Йошида уже знал. Может быть, связаться с посольством по радиотрансмиттеру, который лежит у него в кейсе, и хотя бы сказать им, что с ним все в порядке? В конце концов, он же не еврей и ему не обязательно соблюдать все эти религиозные запреты. Но с другой стороны, если бы в посольстве были обеспокоены его отсутствием, посол сам мог бы связаться с ним по радио. Однако биппер спокойно молчит... Интересно, а что это такое?

Йошида увидел на столике стопку газет на совершенно незнакомом ему языке и только по начертанию заглавия понял, что это русские газеты «Правда». В «Правде», лежавшей сверху, красным карандашом была отчеркнута большая статья, и к ней была прикреплена страница убористого английского текста. «ЯПОНЦЫ — ЖИДЫ ВОСТОКА» — гласил заголовок. Пробежав глазами первые строки, Йошида увлекся чтением. В статье излагалась старая гипотеза о том, что японцы являются затерявшимся тринадцатым коленом еврейского народа, что в древнеяпонском языке и иврите много созвучных и однозначных слов, что на зеркале первого японского императора, которое хранилось взаперти две тысячи лет, недавно была обнаружена гравировка в форме шестиконечной звезды Давида, что на японском острове Ханша жители нескольких селений открыто называют себя евреями и исповедуют иудаизм... Однако гостю были интересны не эти факты (о них в Японии пишут давно и противоречиво), а то, КАК это изложено в советской газете. Гипотеза излагалась как аксиома, как абсолютно доказанный исторический факт. Общепризнанно в мире, утверждала статья, что японцы — это те же евреи с жидовским комплексом презрения ко всем другим народам и стремлением с помощью своих капиталов превратить весь мир в своих рабов. А посему они, японцы, еще страшнее и подлее евреев открытых. Это они вместе с израильскими сионистами организовали бандитские антиправительственные акции на Урале и в Сибири...

Будучи министром иностранных дел Японии, Джиро Йошида знал, конечно, об антияпонской кампании, начатой в советской прессе примерно месяц назад. Он даже сам информировал об этом премьер-министра. Но там, дома, в Токио, это было лишь одно из десятков коротких реферативных сообщений о событиях во всем мире и не казалось таким уж значительным. В СССР всегда какие-нибудь кампании — то антиюгославские, то антикитайские. Но теперь 53-летний Джиро Йошида, бывший военный летчик, бывший командир авиаполка реактивных истребителей, бывший военный атташе Японии во Франции, ФРГ и США, а ныне японский министр иностранных дел, оказался один на один с большой стопкой советских газет — от столичной «Правды» до провинциальных газетенок из городов, названия которых он никогда и не слышал — «Симферопольский рабочий», «Ижевская правда», «Сыктывкарская искра» и т.д., — и каждая из них обрушила на него поток каких-то грязных антияпонских выпадов, намеков, сравнений поведения его предков с ритуальными преступлениями евреев, описанными в фальшивых «Протоколах сионских мудрецов». И во всех газетах каждая антияпонская статья была обведена красным фломастером, и к ней были приколоты листы с английским переводом...

И Йошида понял, почему он оказался сегодня здесь, на окраине Иерусалима, в полном одиночестве, отрезанный даже от своего посольства и своего правительства этими еврейскими субботними запретами пользоваться машиной, телефоном, телевизором. Генерал Бэрол Леви, глава израильской разведки (а может быть, кто-то и повыше его в израильском правительстве?), решил подготовить его к важному разговору именно таким способом — снабдив грудой литературы, которую подобрали ему специально. Но интересно, думал Йошида, засыпая в широкой и жесткой кровати, если у Израиля нет дипломатических отношений с СССР, если правительство Стрижа и Митрохина вообще интернировало всех евреев на Дальний Восток, к китайской границе, как же они добывают свежие советские газеты из стольких русских городов?

Ночью была гроза. Таких оглушительных, таких первозданных гроз Джиро Йошида не слышал ни в Японии, ни в США, ни тем более в Европе. При первых же бешеных раскатах грома Йошида вскочил, уверенный, что началась очередная арабо-израильская война. И в одной пижаме, босиком застыл перед фантастической красотой того, что увидел...

Темно-фиолетовые тучи, укрывающие ночные холмы святого Иерусалима, были освещены непрекращающимися зарничными сполохами. Молнии ежесекундно раскалывали небо до бездонных глубин, и оттуда, из этих мгновенных космических провалов, на город обрушивался грохот разорванной плоти Вселенной, обвалы ливня, бешеные порывы ветра. Казалось, все силы небес ринулись в атаку, чтобы наконец рассчитаться с Иерусалимом за его давнюю вину. Бело-синие молнии метались над слепыми от дождя крышами, сталкивались своими ослепительными пиками, грохоча и рассыпая неоновые сполохи, и снова разбегались, рыская по городу в поисках двухтысячелетних грешников. Ветер обрушивал на стены и окна такие потоки воды, словно пытался пробить ветхие людские жилища и вытащить этих грешников на суд Божий.

Но, привыкший к этим пыткам Небес, Иерусалим спал сном праведника.

И наутро госпожа Природа была с ним тиха, нежна и ласкова, как юный тиран, который испытывает муки совести перед невинной жертвой своих ночных пыток. Чистое, умытое солнце застенчиво поднималось со стороны Иордана и быстрым сухим теплом врачевало ночные раны земли, осушая мокрые мостовые, влажную зелень вечнозеленых кустарников и белые бока каменных домов и вилл. Джиро Йошида медленно шел рядом с Бэролом Леви по узкой тропинке на гребне Гило и восхищался необыкновенной прозрачностью воздуха, создающей эффект первозданности всех этих зеленых холмов вокруг. Отсюда, с холмов Гило, было видно бесконечно далеко — до Вифлеема, и воздух был так чист, что с расстояния нескольких километров можно было легко разглядеть там, в Вифлееме, даже фигурки людей на арабском рынке, осла, тянущего повозку, израильского солдата-часового на площади перед храмом Рождения Христа, — разглядеть столь ясно, словно смотришь в объемный бинокль...

Но вовсе не эти библейски-хрестоматийные пейзажи Вифлеема поразили сейчас Джиро Йошиду. И не прозрачность иерусалимского воздуха. Весной в горах под Хиросимой воздух почти столь же сух и прозрачен и при этом еще напоен тонким запахом хвои и кизиловым дымком дальнего очага... Но здесь, прямо под его ногами, было нечто куда более волнующее, чем библейская красота природы. По крутым склонам холмов Гило тянулись ясные следы виноградных террас как минимум пятитысячелетней давности. Каменные ступени этих террас были стерты временем и ветром, а их вертикальные стенки обрушились и заросли жесткой травой и кустарником. Одинокий старик в широкополой соломенной шляпе возился на верхней террасе: лопатой-тяпкой и садовыми ножницами выстригал сорняки, отвоевывая у вечности маленькую делянку. И вдруг Джиро Йошида явно, зримо увидел, что это его дед Тошио — в соломенной шляпе-«гасе», с острыми садовыми ножницами. Это его дедушка Тошио ловко подрезает виноградные лозы, неожиданно возникшие на этих склонах, и сухими, венозными, коричневыми от загара и табака пальцами вы-

щипывает сорняки, прорастающие меж камней. Это виде-
ние было таким живым, зримым, стереоскопически точным,
что Йошида ощутил даже холод в животе, ведь он никогда
не видел своего деда — дед погиб 6 августа 1945 года в Хиросиме, погиб просто и легко: в тот миг, когда взорвалась
над городом атомная бомба, дед входил со двора в дом, и
балкон обрушился ему на голову. Еще два шага, всего два
шага нужно было сделать деду Тошио, чтобы, может быть,
остаться живым и увидеть своего внука, которого как раз в
это время везли к нему в гости из Осаки...

И вот теперь наконец Джиро Йошида увидел деда, увидел как наяву, и ни на грамм не сомневался, что видит именно своего деда, Тошио. Больше того — он увидел на этих
террасах и своих куда более древних предков. Они так живо
и естественно вписались в этот пейзаж, словно жили здесь
всегда, вечно и лишь вчера перенеслись в другую часть света,
на Японские острова, чтобы там, на таких же пологих холмах, построить точно такие же террасные виноградники —
«дандан-батаке»...

Удивительное ощущение каких-то биологических токов,
соединивших его тело с этой землей, поразило Джиро. Он
хорошо знал это чувство. Он облетел весь мир, он был в
Европе, в США, в Австралии, в Китае, но только тогда,
когда он выходил из самолета в международном аэропорту
Нарита под Токио, он ощущал эти токи, этот биологиче-
ский контакт своего тела с родной землей. Он знал, что далеко не все люди знают это чувство, но большинство
летчиков — знают... То, что он испытывал такое же чувство
здесь, в Израиле, не только поразило его, но еще и освежи-
ло, омолодило, обострило в нем все ощущения — таким
помолодевшим и обновленным выходишь обычно из бассейна с горячей минеральной водой на горном японском
курорте Атами...

— Что вы сказали?.. — спросил он, увидев, что Бэрол
Леви остановился и смотрит на него, словно ожидая ответа
на какой-то вопрос, который Йошида мог не расслышать,
занятый своими мыслями.

— Нет, я еще ничего не сказал... — негромко ответил Бэрол, погладив рукой свою рыжую бороду и спрятав за этим жестом короткую улыбку.

«Нет! — тут же подумал Йошида, глядя на этого рыже-пейсатого израильтянина. — Нет, все-таки мы с ним совершенно разные! Не может быть, чтобы мы были от одних предков...» И в этот момент он услышал прямой, в упор, вопрос:

— Если бы Израиль предпринял попытки спасти два миллиона евреев, которых русские сослали в Уссурийский край, как отнеслось бы к этому правительство Японии?

Это был неяпонский стиль ведения дел, никто в Японии не начинает обсуждение деловых вопросов — да еще такой важности! — вот так, с места в карьер, на утренней прогулке, в «тога» на босу ногу...

Но этот Бэрол стоит перед ним на тропе, смотрит в упор и ждет ответа.

— Гм... Вы всех дипломатов привозите сюда перед началом переговоров?

— Почти всех. Кроме арабов и русских.

— Мне кажется, я теперь понимаю, почему все наши послы в Израиле так склонны к сближению наших стран.

— Не все, — сказал Бэрол. Хотя было совершенно ясно, что господин министр иностранных дел Японии пытается увести разговор в сторону светских шуток и, следовательно, отложить деловой разговор, Бэрол отвечал ему совершенно серьезно. — Но те из ваших дипломатов, на кого эта земля не производит никакого впечатления, почти сразу же уезжают домой.

Йошида понял, что глава израильской разведки практически признается ему в том, что Израиль манипулирует японским дипломатическим корпусом — он находит пути отправить домой тех дипломатов, которые его не устраивают. Скорее всего они делают это не сами, тут же подумал Йошида, а руками тех, кто внутри нашего дипломатического корпуса — и правительства? — занимает произраильские позиции. Больше того, теперь понятно, почему посол Японии в Израиле так просил его прилететь в Израиль именно в пятницу вечером и совсем не возражал, чтобы в нарушение всех правил дипломатического этикета министр иностранных дел Японии ночевал в доме главы израильской разведки!..

Но ведь такое признание не делают случайно. Так неужели врожденная привычка отделять свои эмоции от мимики покинула Джиро, и этот рыжий Бэрол прочел на его лице все, что он ощущал и думал минуту назад?

И все-таки Йошида не почувствовал в своей душе ни гнева, ни даже досады. Он вдруг понял, что и сам не хочет вести с этим Бэролом разговор как дипломат с дипломатом, как японский министр иностранных дел с израильским разведчиком. То, что этот Бэрол запер его вчера одного наедине с кучей русской антисемитско-антияпонской литературы, а утром вывел на библейские холмы, не было, конечно, таким уж хитроумным ходом, который было бы сложно разгадать. Но и разгадав, Джиро отнесся к нему не только спокойно, а даже с некоторой долей признательности — ведь этот Бэрол подарил ему деда Тошио, которого он никогда раньше не видел! Пусть это мираж, эмоция, возникшая от соединения русской антисемитской белиберды, ночной грозы и перископического эффекта этого воздуха — ну и что? А может быть, действительно — два брата встретились наконец после пяти тысяч лет разлуки и должны решить, как помочь двум миллионам своих братьев и сестер, все еще находящихся в тысячелетнем плену?

— Правительство нашей страны считает, что интернирование двух миллионов евреев, предпринятое Стрижом и Митрохиным, является нарушением гуманных норм поведения цивилизованных наций, — сказал Йошида негромко.

Бэрол снова взглянул на него в упор и улыбнулся:

— Слушайте, Джиро. Мы же с вами военные летчики. И я вам сейчас скажу все как своему брату-летчику. Русских больше ста пятидесяти миллионов. Они могут бомбить друг друга, вешать, расстреливать, морить голодом, и им плевать, что их станет на десять или пятнадцать миллионов меньше. И это их личное, внутреннее, русское дело. Американский Конгресс может вести себя, как игрок на скачках — ждать, когда определится победитель, и тогда поставить на верную лошадку. Как в Афганистане. Когда стало ясно, что русские не могут победить в Афганистане, тогда американцы стали снабжать афганских партизан оружием. Для этого ровно миллион афганцев должны были погибнуть под русскими бомбами. Но нас, евреев, меньше, чем русских, и меньше, чем афганцев. Нас во всем мире всего восемь миллионов. Мы не можем допустить новой катастрофы и гибели четвертой части нашей нации. Моя жена рожает Израилю десятого ребенка, и она уже высохла, вы же видели. А родить заново два миллиона!.. Ваш народ пережил ужас Хиросимы, это сродни газовым печам Освенцима, поэтому только вы можете и должны нас понять. Два миллиона наших братьев вымерзают и умирают сейчас в Сибири между советским молотом и китайской наковальней. Пока в России идет гражданская война, они не получают даже того мизерного лагерного питания, которое им давали до уральского восстания. А не сегодня-завтра Китай может решить воспользоваться ситуацией и отхватит себе часть Сибири. При этом они прокатятся по евреям на советско-китайской границе, как асфальтовый каток. Мы не можем этого допустить, мы не можем ждать даже дня, ничего не делая. Поэтому мы сделали черт-то что, чтобы вы прилетели сюда хотя бы на два дня и ЗДЕСЬ услышали, что нам нужно. Нам нужно выбросить в Уссурийский край хлебный десант: 30 тысяч тонн продовольствия. Все, что мы просим у Японии, — разрешения воспользоваться вашими аэродромами.

— Тридцать тысяч тонн? — изумился Йошида. — Но ведь это 100 грузовых самолетов!

— Значит, в принципе вы согласны, — улыбнулся Бэрол. — Вопрос только в количестве самолетов?

— Нет, нет, подождите! Я не сказал, что мы согласны...

— Конечно, вы не сказали. Вы скажете это после разговора с вашим премьер-министром. Но мы тем временем можем начать подготовку...

— Подождите. Я хотел бы все-таки знать детали. Даже если мы вдруг дадим вам возможность воспользоваться нашими аэродромами, как сотня ваших грузовых самолетов может тайно долететь отсюда до Японии, а потом еще совершить рейд на советскую территорию? Ведь они вас уничтожат. Система их ПВО на Дальнем Востоке — лучшая в мире...

— Вы ошибаетесь в нескольких пунктах, Джиро-сан, — мягко сказал Бэрол с такой почтительностью, словно он обращался к старшему брату. — Операция не будет тайной, она будет совершенно открытой. Но русские не смогут сделать ни одного выстрела. Второе: грузовые самолеты не будут израильские. Израильскими будут только летчики и военные самолеты эскорта. А грузовые самолеты будут японскими, мы у вас их арендуем. Что же касается продовольствия, то наши корабли с продовольствием уже подходят сейчас к Осаке. Я думаю, что все остальные детали мы можем обсудить дома, за завтраком...

ДЕНЬ ШЕСТОЙ

4 ФЕВРАЛЯ

41

Москва.
09.29 по московскому времени

«...Угнетенные граждане советской империи!.. То, чего больше всего страшились кремлевские вожди в течение всех десятилетий их правления, свершилось!..»

Минус тридцать по Цельсию в Москве — это хуже, чем минус пятьдесят в Сибири. Воздух, впитав в себя копоть сотен заводов и дымы тысяч кочегарок, наглухо заслоняет солнце серой пеленой и придает городу хмурый, враждебный вид. Тем более если в городе введен комендантский час, опустевшие улицы заполнены лишь армейскими патрулями и милицией, а эфир насыщен войной глушилок с воззваниями радиостанций восставших.

«...Солдаты-мусульмане! Что вы делаете на территории России? Что вы делаете на Украине, в Молдавии, Белоруссии? Бросайте ваши воинские части, арестовывайте поезда и самолеты и спешите домой спасать свои дома, землю, своих родителей! Ведь сейчас у вас на родине КГБ расстреливает и бомбит ваших братьев, сестер и невест только за то, что они не хотят больше власти Кремля.

Солдаты-украинцы, русские, белорусы, молдаване! Что вы делаете в Узбекистане, Киргизии, Армении, Грузии?..»

Наполненный хрипом радиоголосов лимузин голландского посла Бруно Бартелла медленно катил по заледенелому Калашному переулку от особняка голландского посольства в сторону Калининского проспекта. Когда-то, даже вот в такие пронизывающие до костей морозные дни, в этом переулке с раннего утра, еще до открытия посольства, собиралась огромная очередь людей, которые от счастья не чувствовали этих морозов. То были русские евреи, получившие разрешение на эмиграцию. Голландское посольство представляло тогда в СССР интересы государства Израиль, и эмигранты получали здесь израильские визы и денежные пособия. По совершенно необъяснимой логике Кремль, лишая человека советского гражданства, взимал с него 500 рублей, даже с грудного ребенка. В то время 500 рублей были равны трехмесячной зарплате среднего советского инженера, и при семье в четыре человека люди должны были только за освобождение от советского гражданства отдать весь свой годовой доход. Конечно, далеко не все имели такие деньги, и потому из США и Израиля голландскому послу приходили средства на выкуп этих нищих.

Но после высылки всех русских евреев в Уссурийскую тайгу всякая эмиграция прекратилась. Израиль объявил всех этих высланных евреев гражданами государства Израиль и ради их освобождения начал всемирную кампанию за полную экономическую блокаду СССР. Конечно, это была заранее проигранная игра. Даже частичный экономический бойкот, объявленный когда-то Картером Советскому Союзу в связи с советским вторжением в Афганистан, лопнул через три года при самой антикоммунистической админис-

трации в Белом доме — при Рональде Рейгане. Потому что
экономика диктует политику, а не наоборот. Мир бизнеса
не может устоять перед таким гигантским рынком, как
СССР. Стриж и Митрохин знали это так хорошо, как в свое
время Брежнев и Андропов. Знали это и в Израиле. Но что
они могли еще сделать этому гигантскому коммунистическому монстру? Функции голландского посла по представи-
тельству в СССР израильских интересов сошли на нет,
никаких дел с антисемитским режимом Стрижа и Митрохина израильское правительство теперь не вело и вести не
собиралось, обе страны открыто именовали друг друга фа-
шистскими...

И тем не менее сегодня голландский посол ехал в
Кремль по поручению Иерусалима. Он удивился своему
спокойствию. Неужели так же отстраненно-спокойно и
даже радостно чувствовали себя, например, заговорщики,
которые ехали в ставку Гитлера с динамитом в служебном
портфеле?

У Бруно Бартелла не было в портфеле никакого динамита, однако его сегодняшняя миссия была почти такой же
самоубийственно опасной. Но даже сейчас, по дороге в
Кремль, он не спрашивал себя, почему он согласился на
это, почему вчера в Амстердаме сказал израильскому послу
спокойно и по-деловому: «Да, я сделаю это!..»

При выезде на Калининский проспект мостовая была
перегорожена танками, здесь же стоял вооруженный гэбэшный патруль. Шофер голландского посла затормозил в двух
метрах от танка, офицер КГБ в тяжелом овчинном полушубке, в валенках и шапке-ушанке подошел к лимузину.
Бруно Бартелл поспешно выключил радиоприемник. Хотя
на переднем крыле машины был посольский флажок, а на
ветровом стекле был ясно виден дипломатический спецпро-
пуск, офицер бесцеремонно открыл дверцу машины.

— Куда едем?

— В Кремль... — сухо ответил Бруно Бартелл.

— Зачем?

— У меня аудиенция с господами Стрижом и Митрохиным.

Офицер цепкими глазами оглядел кабину, остановил взгляд на умолкшем радиоприемнике, затем захлопнул дверцу и жестом разрешил шоферу проехать в узкое пространство между танками. Миновав этот танковый заслон, лимузин вывернул налево, на Калининский. Проспект был пуст, если, конечно, не считать маячивший впереди очередной танковый эшелон. Хотя в прежние дни от посольства до Кремля можно было даже в часы пик доехать за шесть-семь минут, сегодня Бартелл выехал за сорок минут до аудиенции со Стрижом и Митрохиным. Он знал, что таких заслонов и проверок будет еще четыре и каждая последующая — длительней и придирчивей предыдущей. А при въезде в Кремль и машину, и самого Бартелла вообще обыщут миноискателями, несмотря на весь его дипломатический иммунитет.

Бруно включил радио, покрутил ручку настройки. У него был мощный «Sony», который легко отстраивался от московских глушилок и принимал даже дальние сигналы провинциальных радиостанций. Женский голос заполнил машину:

— *Говорит свободная Пермь! Мы передавали декрет Комитета народного восстания о законной и немедленной демобилизации всех солдат Советской Армии! Солдаты и офицеры! Те, кто еще не решился бросить свои казармы! На основании этого декрета и от имени восставшего русского народа мы гарантируем вам беспрепятственный проезд домой через все зоны, освобожденные нами от власти КПСС! Только сегодня через нашу станцию проследовали в республики Средней Азии девятнадцать эшелонов солдат мусульманских национальностей. Все попытки так называемого «Патриотического правительства» организовать бомбежку железной дороги были парализованы дезертирством солдат служб наземного обслуживания самолетов...*

Хрип глушилки, точно севшей на волну пермской радиостанции, перекрыл голос. Но ведь эти глушилки московские, они покрывают только зону в радиусе 30—50 километров, подумал Бартелл. Конечно, в распоряжении Кремля тысячи таких станций глушения, но даже тогда, когда

Кремль мог себе позволить тратить на эти глушилки энергию целых электростанций, им не удавалось покрыть глушением и пятую часть советской территории, а вся остальная страна почти без помех слушала «Голос Америки», Би-би-си, «Свободу», «Свободную Европу», «Немецкую волну» и даже «Голос Израиля». Но теперь, когда отрезана сибирская нефть, когда энергии не хватает даже на отопление детских садов и школ, ради кого и чего работают эти глушилки?

Черт возьми, еще один танковый заслон, очередная гэбэшная проверка. Это руководители «народного» государства так боятся собственного народа, что, как только уральский бунт вышел за пределы Урала, они покрыли танковыми баррикадами всю Москву. Но сегодня Бартелл не будет ни протестовать, ни выражать своего возмущения по поводу этих проверок.

Когда едешь в Кремль с ТАКОЙ миссией, можно стерпеть даже хамство постовых гэбэшников. Мина, которую Бруно Бартелл везет в Кремль, вся поместилась в жестком запечатанном конверте в левом внутреннем кармане его пиджака. Бартеллу казалось, что этот конверт греет ему сердце. Во всяком случае, заставляет его биться куда сильней, чем обычно. Черт возьми, наверно, так же грели Рауля Валленберга датские паспорта, которые он вез евреям будапештского гетто. По одному из таких паспортов бежала тогда от смерти беременная Сарра Гольдман, мать Бруно. И то, что Бруно и его мать получили жизнь из рук самого Рауля, определило не только выбор Бартеллом его профессии, но даже страну, в которую он потом поехал работать.

Эта страна убила Рауля, а сегодня история посылает этой стране свой счет, и Бруно Бартелл видел особый смысл в том, что именно его выбрала история, чтобы этот счет вручить.

Впрочем, выбирала, конечно, не история, выбирали израильтяне.

Вчера в Амстердаме, пожимая ему на прощание руку, израильский посол сказал: «Мы не сомневались, что вы согласитесь. Если бы Сарра Гольдман могла видеть вас в эту минуту! Но я думаю, что она видит...»

Лимузин проехал мимо огромного здания Военторга. В 1963 году, когда Бруно впервые приехал в Москву, в Пуш-

кинский институт, учить русский язык, больше всего его
поразило то, что по всей России, в каждом городе и поселке у Советской Армии есть свои коммерческие магазины — Военторги. Армия, которая владеет торговой
сетью, равной ста империям американского торгового
концерна «K-MART», — это впечатляло. Сегодня Военторг
был закрыт, на его фронтоне висел огромный приснежен-
ный транспарант «СМЕРТЬ ИЗРАИЛЬСКИМ И ЯПОН-
СКИМ ШПИОНАМ!». Это был новый лозунг. Он появился
в Москве в день восстания уральских рабочих. Бруно тут же
информировал свое правительство о том, что Стриж и Митрохин обостряют антиизраильскую и антияпонскую кампании, чтобы, по всей видимости, подготовить население к
войне. Он, как и Стриж, тоже считал, что отвлечь русский
народ от внутренних проблем может только война. Но не-
ожиданно-стремительное распространение уральского восстания чуть ли не по всей территории России разрушило
планы Стрижа и прогнозы Бруно Бартелла. Армия, которая
владела торговой сетью, равной ста империям «K-MART»,
армия, в которой семь миллионов солдат и которая десяти-
летиями держала в страхе весь мир, — эта самая армия вдруг
оказалась не в состоянии справиться с несколькими тысячами уральских рабочих! Нормальное мышление отказыва-
лось этому верить!

«Дайте мне радиостанцию, и я свергну советскую
власть!» — вспомнил Бруно Бартелл реплику одного еврея-
эмигранта, который когда-то получал из его рук израильскую визу. В каком это было году? В 76-м? Или в 77-м? Лицо
этого эмигранта вдруг всплыло в памяти у Бартелла, и вся
его горячая, темпераментная речь тоже. «Послушайте, господин консул! — говорил этот еврей с неподражаемым еврейским акцентом (Бартелл в то время был не послом, а
консулом). — Послушайте! Вы знаете, на чем держится советская власть? Вы думаете — на КГБ? На милиции? На
этих райкомах-горкомах? Ничего подобного! Она держится
на одной гениальной выдумке товарища Сталина! На ненависти! Да, да, да, поверьте мне, я много об этом думал! Ли-
товцы ненавидят русских, русские не любят армян, армяне —
украинцев и так далее. Поэтому Сталин посылает русских

солдат служить в Узбекистан, узбеков — на Украину, украинцев — в Литву, литовцев — в Киргизию и так далее. И если грузины восстают, украинцы стреляют в них, не задумываясь. А за это, когда восстают где-нибудь украинцы, узбеки стреляют в них даже с удовольствием! Ви понимаете? Это придумано гениально — в каждом уголке страны стоят войска, которые ненавидят местных жителей! Когда я служил в Эстонии, все солдаты в нашем полку мечтали, чтобы эстонцы где-нибудь взбунтовались! Вот тут бы мы их постреляли пачками, ведь за это отпуск дают, десять дней! А теперь послушайте сюда, господин консул! Семь миллионов солдат держат под прицелом эту страну! В каждом городе, в каждом поселке! Как ви думаете, что же можно сделать? Ви мне скажете — ничего! А я вам скажу — можно! Нужно только создать в этой армии хаос! Понимаете — хаос! Чтобы в один день все солдаты поехали домой! Узбеки — из Прибалтики, эстонцы — из Сибири, украинцы — из Средней Азии, грузины — с Украины и так далее! Ви понимаете, что это может быть? А если они еще захватят с собой оружие? Кто их сможет остановить? А? И все! В этом хаосе советская власть не продержится и два дня — это я вам обещаю! Потому что с милицией и с КГБ народ расправится сам. Ви понимаете? Конечно, ви мне скажете — как же распустить армию? Вот, я написал проект. Передайте американскому Президенту: если мне, Ефиму Рабиновичу, дадут радиостанцию, я распущу Советскую Армию, и кончится эта советская власть!..»

Господи, сколько немыслимых, фантастических, безумных проектов свержения советской власти пришлось тогда выслушать Бартеллу от русских евреев-эмигрантов, прошедших через его кабинет в голландском посольстве! За каждую рукопись такого проекта они могли получить «вышку». «Какую же силу ненависти к строю нужно было нести в себе, чтобы так рисковать», — думал тогда Бартелл, недоумевая только по одному поводу: почему все они, до одного, были уверены, что Президент США хочет свергнуть советскую власть и не знает лишь, как это сделать? Ведь Президентом США был в то время даже не антикоммунист Рейган, а Джим Картер! Более нелепого адресата для этих проектов трудно было придумать!

Но неужели один из этих прожектеров — ташкентский врач Ефим Рабинович — оказался прав? «Дайте мне радиостанцию, и я свергну советскую власть!» — Кажется, этот ташкентский Ефим Рабинович был не таким уж безумцем, если только сегодня ночью через одну Пермь проехало девятнадцать эшелонов солдат-мусульман, которые по первому радиопризыву восставших бросили свои казармы, захватили поезда и помчались домой. А сколько таких эшелонов катит в таком случае сейчас по всей России? Но неужели Москва — уже только остров в море восстания, и только на этом острове правительство глушит радио восставших — прячет правду от островитян и от самих себя?..

Лимузин свернул налево, к Кремлю. Здесь, у Троицкой башни Кремля, стоял, конечно, еще один танково-гэбэшный кордон.

— Выйдите из машины, — сказал Бартеллу офицер-охранник.

— Я — голландский посол. У меня встреча с господами Стрижом и Митрохиным...

— Я знаю. Машина и шофер останутся здесь. А вы пройдете пешком. Я провожу.

Бруно Бартелл вышел из лимузина. Офицер обвел его фигуру крохотным японским тестером — опознавателем металла, динамита и отравляющих веществ. И повел Бартелла по Троицкому мосту в Кремль.

42

**Москва, Кремль.
10.00 по московскому времени**

НОТА ПРАВИТЕЛЬСТВА
ГОСУДАРСТВА ИЗРАИЛЬ
ПРАВИТЕЛЬСТВУ СССР

«Правительство государства Израиль имеет честь поставить Советское правительство в известность о том, что бесчеловечные условия содержания двух миллионов русских евреев — граждан государства Израиль — в Уссурийской тайге на территории враждебного им Советского государства принуждают нас принять экстренные и чрезвычайные меры к их спасению...»

Бартелл наблюдал за лицами Стрижа и Митрохина. Вчера он настоял на том, чтобы видеть их обоих, срочно. Как он и полагал, его принимали не в Грановитой палате, а в рабочем кабинете Стрижа в здании Совета Министров СССР на территории Кремля. Оно и понятно: Стрижу и Митрохину сейчас не до дипломатических церемоний. Конечно, в самой обстановке кремлевского кабинета Стрижа не чувствовалось никакой нервозности по поводу восстания на Урале и массового дезертирства из армии. Даже карта СССР с обозначением восставших городов и областей нигде здесь не висит, во всяком случае, на виду. Широкий письменный стол, справа — пульт видеосвязи с тремя экранами для конференций, столик с телефонами высокочастотной связи, рядом — фотография мальчика, сына Стрижа, с огромным игрушечным самолетом в руках. Под потолком — хрустальная люстра, а за окном — приснеженные башни Кремлевской стены и панорама Замоскворечья.

Сев в кресло, Бартелл оглядел этот кабинет так, как солдат оглядывает поле будущего боя. То, что Стриж взял у него израильскую ноту первым, тоже имело сейчас значение. Значит, вопреки калькуляциям западных советологов, предрекавшим быстрое падение Стрижа и утверждение единовластия гэбэшного генерала Митрохина, Стриж является главным в этом дуэте.

Следовательно, с ним предстоит главная схватка. В его крепком лице сибиряка, крупной голове, резко очерченной челюсти и квадратных плечах чувствуется бычья сила, напоминающая портреты Муссолини. Этому человеку не нужно ПРЕТЕНДОВАТЬ на власть, он сам является властью, ее плотью и ее эмоциональным образом. В то время как даже генеральский китель не придает Митрохину впечатления сильной личности, а лишь выдает его СТРЕМЛЕНИЕ казаться сильным и значимым. Однако израильтяне предусмотрели и этот нюанс сосуществования ДВУХ советских лидеров и вложили в конверт два экземпляра своей ноты. Таким образом, Митрохин читал сейчас тот же текст, что и Стриж.

«...Из совершенно достоверных источников нам известно, что в зонах заключения наших граждан в районе советско-китайской границы продовольственные запасы исчерпаны, а их пополнение невозможно из-за идущей на территории Сибири и Урала гражданской войны и прекращения работы Сибирской железной дороги. В условиях зимы эта ситуация ставит два миллиона евреев, заключенных в этой зоне, перед угрозой тотальной гибели в ближайшие дни. По нашим сведениям, уже сейчас там имеет место массовая гибель детей и стариков...»

Бартелл видел, как медленно наливается кровью лицо Стрижа. Он знал наизусть содержание ноты и мысленно читал ее вместе со Стрижом и Митрохиным. Они оба подходили сейчас к самому главному.

«...Поскольку Советское правительство находится в условиях, когда оно бессильно изменить продовольственную ситуацию в зоне интернирования двух миллионов евреев, и поскольку Израиль не может допустить возникновения еще одного Холокоста, правительство Израиля извещает Советское правительство о том, что сегодня нами будет осуществлена авиационная доставка продовольствия и медикаментов в зоны заключения евреев.

ПОНИМАЯ, ЧТО СОВЕТСКОЕ ПРАВИТЕЛЬСТВО МОЖЕТ ПРИНЯТЬ МЕРЫ ПО ВООРУЖЕННОМУ ПРЕСЕЧЕНИЮ ПОЛЕТОВ НАШЕЙ АВИАЦИИ НАД СОВЕТСКОЙ ТЕРРИТОРИЕЙ, ПРАВИТЕЛЬСТВО ИЗРАИЛЯ СООБЩАЕТ:

В СЛУЧАЕ АТАКИ СОВЕТСКОЙ АВИАЦИЕЙ ИЛИ СРЕДСТВАМИ ПРОТИВОВОЗДУШНОЙ ОБОРОНЫ САМОЛЕТОВ, ДОСТАВЛЯЮЩИХ ПРОДУКТЫ И МЕДИКАМЕНТЫ

ЕВРЕЯМ, ГОЛОДАЮЩИМ В ЛАГЕРЯХ УССУРИЙСКОГО КРАЯ, ИЗРАИЛЬСКОЕ ПРАВИТЕЛЬСТВО ОСТАВЛЯЕТ ЗА СОБОЙ ПРАВО НА ОДНОВРЕМЕННОЕ УНИЧТОЖЕНИЕ СТАРШИХ ДЕТЕЙ ВСЕХ РУКОВОДИТЕЛЕЙ СОВЕТСКОГО ГОСУДАРСТВА.

ПРАВИТЕЛЬСТВО ИЗРАИЛЯ ИНФОРМИРУЕТ СОВЕТ-СКОЕ ПРАВИТЕЛЬСТВО О ТОМ, ЧТО ЭТА БИБЛЕЙСКАЯ МЕРА ВЫБРАНА НАМИ СОЗНАТЕЛЬНО В КАЧЕСТВЕ УЖЕ ПРОВЕРЕННОЙ ИСТОРИЕЙ ПЕРВОЙ КАРАТЕЛЬНОЙ АК-ЦИИ. ОДНАКО ЕЮ НЕ ОГРАНИЧИВАЮТСЯ НАШИ ВОЗ-МОЖНОСТИ.

Правительство Израиля просило посла Нидерлан-дов в СССР господина Бруно Бартелла устно изложить правительству СССР подробности проведения авиаци-онной доставки продовольствия в Уссурийский край, а также некоторые детали относительно наших возмож-ностей провести в СССР вышеназванную библейскую акцию».

Стриж отшвырнул ноту, даже не взглянув на подписи под ней. Но у него хватило выдержки изобразить на лице презрительную улыбку.

— Ну! Я вас слушаю! — сказал он Бартеллу.

— Согласно моим инструкциям, я могу дополнить со-держание этой ноты только тогда, когда услышу ваше прин-ципиальное мнение о доставке продуктов в зону... — начал Бартелл, поглядев сразу и на Стрижа, и на Митрохина.

— Наше мнение? — тут же перебил Стриж. — Пожалуй-ста! Никакой доставки не будет! Передайте Израилю, что мы положили с прибором на их угрозы! Так и передайте: с прибором! — И Стриж даже повеселел от ясности своей формулировки.

— Это шантаж, — презрительно добавил Митрохин. — Элементарный шантаж и блеф...

— И вообще! — воскликнул Стриж. — Они что? Хотят войну начать? Против нас? Так пожалуйста.

Действительно, лучшего способа покончить с гражданской войной внутри России, чем нападение на нее Израиля, даже трудно было бы придумать, подумал Бруно Бартелл, но вслух сказал иначе:

— Возможно, это действительно шантаж. Но блеф?.. Он покачал головой. — Обратите внимание на подписи под нотой. Она подписана не только премьер-министром, как это бывает обычно. Она подписана еще и президентом Израиля, министром обороны и начальником израильской разведки. Как бы отрицательно вы к ним ни относились, я не думаю, что эти четыре человека способны к несерьезным заявлениям или, как вы выразились, к блефу. Я вообще не помню, чтобы когда-нибудь их министр обороны или начальник разведки блефовали.

— Послушайте — как вас? — господин Бартелл! — раздраженно произнес Стриж. — Мы атеисты, и мы не верим ни в какие эти жидовско-библейские мифы! Но еще одно я хочу вам сказать совершенно официально: если израильские самолеты действительно приблизятся к нашей границе, Израиль превратится в пепел — весь, целиком! Вы понимаете, о чем я говорю?

— Конечно. Вы говорите о ядерном оружии. Но как раз на этот счет у меня есть дополнительные инструкции от израильского правительства. Меня попросили передать вам, что парапсихологическая связь работает быстрее любой баллистической ракеты. Иными словами, меня просили передать дословно следующее: тот, кто отдаст приказ атаковать Израиль атомным или любым иным оружием, не узнает результата этой атаки. Еще проще, господа: у Израиля УЖЕ есть парапсихологическое оружие, над созданием которого и в вашей стране работают последние тридцать лет. Не знаю, каких результатов добились ваши парапсихологи, но даже в строго научной литературе сейчас уже пишут о том, что смерть всех египетских первенцев, включая первенца фараона, была результатом применения именно парапсихологического оружия. Если вы атеисты, то никакого другого объяснения этому и быть не может, обратитесь к своим ученым. А теперь подумайте, стоит ли рисковать жизнью своих детей и своей собственной ради повторной проверки того, что уже было однажды проверено историей? И ради чего? Ради тех людей, которых вы все равно ненавидите и сослали в Сибирь?..

— Вы что же думаете, они прилетят сюда, будут сбрасывать евреям продукты, а мы будем молчать и делать вид, что мы ничего не видим? — удивленно спросил Митрохин.

— Нет, это невозможно! Бред какой-то! Фараон, Библия, парапсихология! — Стриж включил пульт видеосвязи и набрал на клавиатуре слово «ВЯЗОВ». Однако на центральном экране видеосвязи не возникло ничего — экран был абсолютно белым. Стриж нажал несколько кнопок на пульте, чтобы включить второй боковой экран, но результат был тот же. — Что за черт! — выругался он и с раздражением нажал на кнопку селектора, сказал секретарю: — Вязова, срочно!

— Роман Борисович, — ответил по селектору виновато-растерянный голос секретаря. — У нас неполадки со связью. Я уже послал курьера за специалистами. Сейчас пошлю за Вязовым...

— А телефон? Радио? — нервно спросил Стриж.

— Ничего не работает, Роман Борисович... Вот уже полторы минуты...

Бруно Бартелл взглянул на часы, затем — на Стрижа и Митрохина.

— Все правильно, — сказал он им, получая удовольствие от одного вида их растерянных лиц.

— Что правильно? — спросил Митрохин.

— Через три с половиной минуты израильские самолеты пересекут вашу границу на Дальнем Востоке. В качестве превентивной меры и на случай, если вы не поверите мне на слово, Израиль демонстрирует вам некоторые свои возможности. Первое: ни один ваш спутник не видел взлета израильской авиации, а ваши радары на Дальнем Востоке не видят их и сейчас. Второе: вся связь в Кремле была выключена, как только я перешагнул порог вашего кабинета, и будет включена только через три минуты и лишь для того, чтобы вы отдали приказ не трогать израильские самолеты.

При любом другом приказе ваши дети, как я уже сказал... — И Бартелл невольно взглянул на фотографию сына Стрижа.

— Да я тебя счас убью! — Взбешенный Стриж, забыв о дипломатическом этикете, ринулся к Бартеллу из-за стола, схватил его за лацканы пиджака и рывком поднял из кресла. По его налившимся кровью глазам было видно, что в этот миг он решает лишь одно — выбросить Бруно в окно или размозжить его голову о стену.

Но Митрохин уже перехватил руки Стрижа:

— Роман Борисович, вы что! Это же посол!

— Насрал я на этих послов! — сказал Стриж, отшвыривая тем не менее Бруно Бартелла назад, в кресло. И, бросив взгляд на портрет сына, сказал: — Ни один самолет не может долететь из Израиля до Дальнего Востока за четыре минуты! Нет таких самолетов и даже ракет!

— Вы извините, но это действительно... нереально... — сказал Бартеллу Митрохин.

— Я понимаю... — насмешливо ответил Бартелл. — И тем не менее это так, вы сами убедитесь через две минуты.

Душа Бартелла торжествовала. Даже если бы Стриж и вправду избил его или выбросил в окно, это было бы только доказательством того, что он поверил в реальность исполнения Израилем этих фантастических угроз.

Дверь кабинета широко открылась, вбежал запаренный маршал Вязов, он еще тяжело дышал от бега. Не дав ему и рта открыть, Стриж закричал:

— Что у тебя делается на Дальнем Востоке? Ты знаешь, что у тебя делается на Дальнем Востоке?!

— Нет, Роман Борисович. — Старик Вязов испуганно сглотнул. — Не знаю... Связи нет...

— Жиды! Жиды летят! Понимаешь? Сбить их ракетами ко всем чертям!

— Слушаюсь! — сказал Вязов и повернулся к двери, чтобы бежать исполнять приказание.

Но тут прозвучал холодный голос Митрохина:

— Отставить!

Вязов остановился, его глаза забегали со Стрижа на Митрохина и обратно.

— От-ста-вить! — повторил Митрохин почему-то куда громче, чем нужно было для того, чтобы услышал Вязов. — Пока отставить. — Он подошел к экрану телесвязи, все еще пустому и белому, взял телефонную трубу высокочастотной связи и сказал Бартеллу с натянутой усмешкой на бледном лице: — Сейчас мы все проверим. Когда, вы говорите, израильтяне включат нам связь?

Бартелл посмотрел на свои часы.

— Через тридцать семь секунд, — сказал он.

— Хорошо. Подождем... — сказал Митрохин. И Бартелл понял, что через тридцать семь секунд может решиться судьба не только Израиля, но и всего мира.

Тридцать семь секунд — это ничто, если вы заняты делом.

Тридцать семь секунд — это вечность, если вы ждете.

Стриж стоял у окна, прижавшись лбом к холодному стеклу, и тупо смотрел на заснеженные аллеи Кремля, по которым торопливым строевым шагом шел куда-то взвод кремлевской охраны. Бешенство бессилия еще не остыло в душе Стрижа, но он уже мог с горькой иронией подумать, что все эти охранники, гэбэшники, танки, ракеты, радары, подводные лодки, реактивные истребители — ничто, если у жидов действительно есть парапсихологическое оружие. Куда же деваться от них в таком случае? Неужели — в Жигули, под сорокаметровую «крышу» гранитной плиты над правительственным убежищем от ядерного оружия? Интересно, там, под землей, они могут достать своим парапсихологическим оружием?.. Нет, это чудовищно, это чудовищно — лезть под землю из-за жидов! А как же Полина, певица? Брать ее туда немыслимо! И вообще — не-ет! Ну ее к черту — кротовью жизнь в убежище! И не может быть, чтобы у них уже было парапсихологическое оружие. Ведь у наших же ничего серьезного не получается!.. Но жиды — хрен их знает! От них всего можно ждать: марксизма, теории относительности, квадратных апельсинов, христианства...

Тем временем Вязов тупо стоял в двери. Он еще ничего не понимал и с недоумением смотрел на Бартелла, Стрижа и Митрохина.

Митрохин следил за секундной стрелкой на своих часах. Фирма «Конкорд» никогда не узнает, что по их продукции шел отсчет секундам, которые решали начало ядерной войны. «Если связь не восстановится ровно через тридцать пять... тридцать три... тридцать одну секунду, — думал Митрохин, — значит, это не израильтяне. И тогда...»

Бартелл тоже следил за секундной стрелкой на своих часах. Еще минуту назад он считал, что выиграл битву, но сейчас вся уверенность куда-то испарилась. Мало ли что сказал ему вчера утром посол Израиля! Даже у израильтян может что-то не выйти, сорваться. Что, если через двенадцать... одиннадцать... десять... девять секунд никакая кремлевская связь не восстановится, а в это время какой-нибудь ретивый советский офицер на Дальнем Востоке, увидев в небе армаду израильских самолетов, сам, по своему почину, атакует самолеты ракетами? Ведь после истории с Мартином Рустом любой советский пэвэошник даже родную мать собьет в небе прежде, чем задумается — стрелять или не стрелять...

Взрыв звука в тот момент, когда истаяла последняя секунда отсчета, оглушил их всех: и Митрохина, и Стрижа, и Бартелла, и Вязова. Дико, как с полуноты, зазвенело сразу все: радиосвязь, высокочастотная связь и все шесть телефонов на столике слева от кресла Стрижа. И тут же вспыхнул центральный экран телесвязи, на нем было лицо командующего Дальневосточным военным округом генерала Купцова, который, видимо, уже давно кричал, надрываясь:

— Москва! Москва! В воздухе нарушители границы! Больше ста самолетов летят к нашей границе! Я их вижу сам! Радары не работают! Что делать?

— Я — Митрохин! Спокойно! Я — Митрохин! — сказал в микрофон Митрохин и вдруг не выдержал, крикнул, перебивая крик Купцова: — Заткнись, Купцов! Не паникуй! Дай мне их на экран, посмотреть...

Купцов нервными движениями нажал несколько кнопок на своем пульте видеосвязи, и тотчас на экране у Стрижа возникло мягкое очертание заснеженного Уссурийского хребта, освещенного зимним закатным солнцем. Над этим

хребтом в безоблачном небе стремительно нарастал чудовищной силы гул сотни тяжелых транспортных самолетов и
сверхзвуковых «Фантомов». Первое звено израильских истребителей демонстративно шло впереди — низко, открыто, в лоб, напрямую к советской границе. Их серебристые
крылья с голубыми шестиконечными звездами Давида, казалось, заполняли экран...

— Прикажите стрелять! Товарищ Митрохин, прикажите
стрелять! — снова закричал Купцов. — Плевать на радары!
Мы врежем прямой наводкой!

В этот момент включился левый боковой экран пульта
видеосвязи, на нем возникло лицо дежурного по Центру
космической разведки.

— Товарищ Верховный главнокомандующий! Докладыва-
вает майор Рогов из ЦКР. По данным космической разведки, американская авиация и ракетные части получили приказ
о высшей боевой готовности...

— Мои истребители уже в воздухе! — продолжал кричать генерал Купцов с Дальнего Востока. — Разрешите атаковать! Разрешите ата...

— Где была твоя сраная космическая разведка десять
минут назад? — крикнул Стриж майору Рогову, все еще стоя
у окна. — Откуда взялись эти жиды?

— Они взлетели с японского острова Хоккайдо, — спокойно сказал майор. — Я вам докладывал, но ваша связь не
работала...

— Хоккайдо?! Откуда столько жидовских самолетов в
Хоккайдо? Как они туда попали?

— Этого я не знаю, товарищ Стриж. Спутники их раньше не видели.

— Они над нами! Они над нами! Смотрите! — орал тем
временем генерал Купцов, и центральный экран действительно покрылся корпусом проносящегося вблизи израильского «Фантома». — Я атакую! Я ата...

— Отставить! — рявкнул Митрохин, вытер вспотевшее
лицо и сказал устало, хрипло: — Генерал Купцов, слушайте
и выполняйте. Никакой стрельбы! Это израильтяне везут
хлеб нашим евреям на Дальний Восток. Наше правитель-

ство решило еще раз продемонстрировать миру гуманность русского народа по отношению к нашим гражданам еврейской национальности. Дайте этим самолетам воздушный коридор и свободный проход через границу...

Сильнейший стук хлопнувшей двери сотряс хрустальную люстру, висевшую под потолком кремлевского кабинета. Это взбешенный Стриж вышел, хлопнув дверью. Митрохин выключил видеосвязь, сел в кресло и, бессильно держа голову двумя руками, тупо смотрел на опустевший экран.

Бартелл встал, полагая, что ему уже нечего здесь больше делать. Но в этот момент вернулся Стриж. У него было решительное лицо и деловая уверенность в крепкой фигуре.

— Так! — властно сказал он Бартеллу с порога. — Садитесь! На каких условиях Израиль подпишет с нами Пакт о взаимном неприменении никаких видов оружия — ни существующих, ни тех, которые могут быть изобретены в будущем?

— Я... я затрудняюсь говорить от имени израильского правительства. Но думаю, что если вы освободите два миллиона заключенных евреев...

— Нет. Мы их не освободим, — жестко сказал Стриж. — Но мы можем отдать их Израилю на определенных условиях.

— Я могу сегодня же вылететь в Иерусалим, чтобы передать ваши условия.

— Наши условия следующие, — сказал Стриж. — Израиль гарантирует неприменение парапсихологического и всех прочих видов оружия по отношению к СССР и другим странам советского блока. Это первое. Второе: Израиль употребит все, я повторяю, ВСЕ свои возможности, включая эту проклятую парапсихологию, чтобы удержать правительство Китая от интервенции в Сибирь...

Бартелл сделал изумленное лицо, хотя он уже хорошо понял идею Стрижа. Два миллиона заключенных евреев сооружали антикитайскую линию обороны и при этом еще и сами были некой формой защиты от китайского вторжения. Даже простое физическое уничтожение этих двух миллионов людей могло эадержать китайцев на какое-то время при их рывке в Сибирь. А кроме того, это уничтожение поставило бы Китай на грань войны с Израилем и США. Теперь Стриж решил, что если терять эти два миллиона заложников, то только при условии, что их функции будут выполнены кем-то другим и не менее надежно. И если Китай будет нейтрализован Израилем, Стриж и Митрохин смогут бросить армейские дивизии, привязанные сейчас к китайской границе, на подавление уральского восстания. В 41-м году именно эти сибирские дивизии спасли Москву от захвата немецкими войсками и решили тем самым исход второй мировой войны...

Тем временем Митрохин быстро поднялся с кресла, словно воспарил над ним от идеи Стрижа. И сказал Бартеллу:

— Да, совершенно верно! Израиль сможет получить всех русских евреев в том случае, если мы будем иметь твердые гарантии, что эта история с телефонной связью и прочие парапсихологические и библейские штучки никогда у нас не повторятся, это раз. И Китай на нас не нападет — это два...

— Но как Израиль может гарантировать ту или иную политику Китая? — продолжал разыгрывать изумление Бартелл. Он вовсе не был уверен в том, что новое израильское парапсихологическое оружие способно диктовать волю целым правительствам. Если бы это было так, то на кой черт вся эта операция с продовольственным десантом и его визит в Кремль? Израильтяне могли просто велеть Стрижу, Митрохину и всем прочим антисемитам возлюбить евреев...

— Гарантии пускай предлагает Израиль, — жестко сказал Стриж. — Два миллиона евреев, которых мы можем им отдать, — это реальность. Гарантии о ненападении Китая тоже должны быть реальными, а не просто словами на бумаге. Например, мы не будем возражать, если вместо евреев вдоль китайской границы будут немедленно в качестве гаранта поставлены войска ООН... — Стриж подошел к пульту видеосвязи, набрал короткий код, и центральный экран снова показал ему командный пункт Дальневосточного военного округа. Там несколько высоких офицеров молча сидели за видеомониторами и экранами радаров. В стороне, за столом, перед уже пустой бутылкой водки сидел пьяный генерал Купцов.

— Что у вас происходит? — спросил Стриж.

Полковник лет сорока, начальник штаба Дальневосточного округа, повернулся от своего экрана и сказал без всякой интонации:

— Генерал Купцов отправил вам рапорт о своей отставке.

— Скажи ему, что отставку мы не примем. Еще что?

— Жиды садятся прямо в зоны...

— Покажи.

Полковник нажал несколько кнопок на своем пульте, переключая свою видеосвязь с вертолетом-наблюдателем на кремлевский канал. На экране возникла таежная панорама с круглым горизонтом заснеженной тайги. По всей круговой линии этого горизонта кольцом летали израильские сверхзвуковые «Фантомы», спирали их инверсионных следов образовали над Уссурийским краем даже некое подобие купола. Наверху, в зените этого купола, на высоте пятнадцати километров от земли, медленно кружили два «Авакса». А в центре купола, на земле, в огромных лагерных зонах, обнесенных заборами из колючей проволоки, происходила захватывающая по зрелищности операция. Звено тяжелых грузовых самолетов нырнуло в крутое пике, пронеслось над тысячами изможденных, испуганных, не верящих в реальность происходящего людей в арестантских ватниках и сбросило прямо на снег между бараками несколько огромных снегоукатывающих машин-катков, поставленных на специальные деревянные платформы. Купола огромных парашютов опустили эти платформы на снег, сила инерции протащила их метров двести, а рядом уже приземлялись израильские парашютисты. Отстегнувшись от парашютных ранцев, они стремительно подбежали к деревянным платформам с машинами-катками, мгновенно освободили их от креплений, и еще через несколько секунд эти катки уже строем катили по снегу, готовя посадочную полосу для грузовых самолетов.

Первое звено обутых в лыжи транспортных самолетов тут же зашло на посадку. Рыжебородый командир десантников бежал к столпившимся у бараков людям и что-то

кричал им, властно размахивая руками. Столпившиеся у
бараков люди стали выталкивать из своих рядов детей, а
рыжебородый подхватил на руки сразу трех малышей и побежал с ними к самолету, разгружающему огромные ящики
и мешки. А следом за рыжебородым люди повели, понесли
к самолетам своих большеглазых изможденных детей. Даже
Бартеллу стало ясно, что, разгрузив продовольствие, израильские самолеты воспользуются ситуацией до конца — вывезут столько детей, сколько вместят...

— В израильской ноте о детях не было речи! — возмущенно сказал Стриж.

Бартелл равнодушно пожал плечами. При всем их бешенстве ни Митрохин, ни Стриж уже не прикажут стрелять
по этим самолетам.

— Вы запомнили наши условия? — сказал Бартеллу Митрохин.

Бартелл кивнул и встал. Он понял, что аудиенция окон-
чена. Но он не был уверен, что выиграл эту операцию. Сможет ли Израиль убедить ООН послать свои войска на
советско-китайскую границу и гарантировать Стрижу и
Митрохину сдержанность Китая? А если каким-либо маги-
ческим путем и сможет, то чем обернется выход евреев из
России для миллионов восставших русских? Сорок пять
первоклассных дальневосточных дивизий и пятнадцать тысяч танков, тридцать тысяч единиц артиллерии и тысяча
семьсот самолетов — гигантская, почти двухмиллионная армия освободится от несения службы вдоль китайской границы и окажется в распоряжении Стрижа и Митрохина.
Этими силами Кремль вполне сможет задушить восстание
на Урале и в других районах страны...

Выйдя из кабинета в приемную, Бартелл увидел останo-
вившийся на нем вопросительный взгляд молодого секретаря Стрижа. Было что-то странное в глубине этих глаз,
словно это ревнивые глаза твоего партнера-заговорщика...

Но уже в следующий миг секретарь Стрижа опустил голову к каким-то бумагам на своем столе. И Бартелл вышел
из приемной с крошечной занозой удивления в душе — чего
хотел от него этот молодой секретарь Стрижа?

ДЕНЬ СЕДЬМОЙ
5 ФЕВРАЛЯ

43

**Сибирь, 77 километров к северо-востоку
от железной дороги «Екатеринбург — Тавда —
Урай».
Лагерь общего режима ОР/Щ 421-С.
06.05 по местному времени**

Майкл Доввей лежал на верхних нарах, изумленно вслушиваясь в тишину за деревянными стенами барака. Вот уже три... четыре... вот уже целых пять минут назад должны были прозвучать скрипучие шаги наружной охраны по сухому заполярному снегу, затем — глухие, на весь лагерь, удары рельса и зычный мат старосты барака Коровина: «Подъем, рабы коммунизма! Подъем, мать вашу!..» Но — ни шагов охраны, ни ударов рельса, и Коровин спит рядом с Майклом, никем не разбуженный. А за стенами барака — только посвисты предрассветного тундрового ветра...

Не веря в это немыслимое счастье поспать утром несколько лишних минут, Майкл, завернутый в тонкое суконное одеяло, блаженно закрыл глаза. Вся элита барака: староста, врач, повар, хлеборез и «трепло», то есть барачный трепач Зиновий Горный — спали в центре верхних нар, в самом сухом и теплом месте барака. По обе их стороны лежали еще тридцать пять зеков, прижимаясь друг к другу для сохранения тепла. И такой же глухой, тесный ряд был внизу, на нижних нарах. Если бы 12-часовой рабочий день на лесоповалах и прокладке железных дорог в тайге не выжимал из этих мужчин их последние силы, в этом бараке, в этом лагере (да и во всем ГУЛАГе) царила бы, конечно, педерастия, остановить которую не смогли бы никакие добавки брома в пищу зеков. Даже при нынешнем скудном рационе питания по диете «8Б», половину которого к тому же нагло разворовывала лагерная администрация, предутренние сны зеков были нередко заполнены выламывающей ноги тоской по женскому телу и эротическими снами, вызванными отчасти вечерним, перед отбоем трепом Зиновия Горного. Бывший продавец горячевской гласности на Западе, бывший знаменитый телевизионный комментатор и постоянный гость самых популярных американских политических телешоу, Горный и здесь, в лагере, был на привилегированном положении. Это положение он завоевал себе, пересказывая по вечерам уголовникам, боговавшим в зоне, сногсшибательные сюжеты старых американских бестселлеров — в основном романы Роббинса, Адлера, Кестлера и Коллинз. При этом все сексуальные сцены этих романов Горный помнил просто дословно, а может, еще и досочинял.

Черт возьми, почему нет подъема, неужели сегодня воскресенье, пытался вспомнить сквозь дрёму Майкл, ощущая некоторое шевеление старика Горного за своей спиной, но пытаясь вернуться в свой исчезающий сон. Там, в этом мираже сна, все еще жила, не истаивала двадцатипятилетняя брюссельская красотка, стриженная коротким бобриком, с упругой грудью, тонкой талией, огромными темными глазами, мягкими, теплыми губами и влажно-сладостным языком, которым она...

Ну что он там возится, этот факин Горный!

Господи, как вытягивает, как сладостно вытягивает жилы эта брюссельская красотка своим нежно-старательным языком! Только бы не подъем, только бы она успела закончить эту прекрасную работу! Этот Горный кашляет прямо в ухо, сволочь! С того самого пикника на борту теплохода «Михаил Кутузов», где Горячев праздновал свой выход из больницы, судьба, или, точнее, начальство ГУЛАГа, не разлучает Майкла и Горного. Поначалу, сразу после стриже-митрохинского переворота, всех гостей этого пикника отправили в Казахстан, в лагерь под Джезказганом. Вертухаи называли этот лагерь «элиткой» — сюда действительно свезли чуть не всю прогорячевскую элиту: журналистов, писателей, режиссеров, поэтов и экономистов-реформаторов. Их хотели использовать на вторичной разработке отвалов медных

джезказганских рудников. Но буквально через две недели
начальники всех карьеров стали отказываться от этой «рабочей силы», неспособной держать в руках ни кирку, ни
лопату. А все лагерные медпункты оказались переполнен-
ными больными, получившими травмы из-за неумелого
пользования ломом, отбойными молотками и прочим ин-
струментом. А бараки стали полны людьми с тяжелыми
психическими расстройствами. За первые два месяца в
«элитке» сошли с ума или покончили с собой 309 человек,
в том числе бывший секретарь ЦК по идеологии Борис
Кольцов и бывший знаменитый драматург Вадим Юртов.
Лишь после этого «элитку» расформировали, а «элитных»
зеков разбросали по всем четырнадцати тысячам лагерей
ГУЛАГа. В «здоровых лагерных коллективах» бывшая
горячевская элита быстро рассосалась, приспособилась, за-
няла места технарей, бухгалтеров, фельдшеров, кладовщи-
ков и даже пользовалась некоторым покровительством
среди зеков-уголовников за то, что все-таки «пытались же
они с Горячевым изменить эту сучью советскую систему!».
Но в какой бы лагерь ни переводили Майкла Доввея, за
ним неизменно прибывал и Зиновий Горный. Стучал он
на Майкла, что ли?..

Все-таки брюссельская брюнетка сделала это! Все-таки
она поглотила всю эту изламывающую ноги истому! Давай, милая, давай еще, ну еще немножко! А то сейчас за-
орут «подъем». Даже если там, в Брюссельском аэропорту,
ты была двойной агенткой и продала меня КГБ, я прошу
тебя, я прошу тебя, только, пожалуйста, еще! вот так! вот
так! воо-о-от...

Господи, как теперь хорошо, покойно, мокро... Но почему нет подъема? Теперь они могут кричать «подъем», черт
с ними, все-таки сегодня большой день — они не прервали
эту брюнетку грохотом рельса, как это бывает во время все
более и более редких предрассветных эротических видений.
Удивительно, что за все время заключения Майклу ни разу
не снились женщины, которых он действительно имел в
своей прошлой, долагерной жизни. А снились лишь те, с
кем он не был в постели, но которых заметил, засек, удер-

жал в памяти его молодой мужской интерес. Черт возьми, который час?!

Майкл с трудом расклеил веки. По всему телу разливалась пустота и слабость, даже руку с часами трудно поднести к глазам. Не может быть! 6.28? Двадцать восемь минут назад должен был быть подъем, а никто не шевелится! Но ведь сегодня не воскресенье, вот, на часах — «wen», среда! С ума посходили?

Майкл рывком сел на нарах, очумело глянул по сторонам. Зеки спали. Лишние полчаса сна придали их лицам блаженное выражение, словно каждому из них снилась сейчас та же брюссельская красотка. Даже лысый старик Горный, открыв рот, дышал во сне глубоко и часто. Сквозь высокое зарешеченное окно был виден в черном небе желто-красный диск луны, который зимой во время трехмесячной полярной ночи торчит в небе круглосуточно, не исчезая. Но не этот лунный диск поразил Майкла. А то, что на сторожевой вышке не светит прожектор и не шарит лучом по зоне, слепя глаза. А поскольку прожектор, которым обычно баловались на вышках эти чучмеки-часовые, был выключен, то торчащая над колючкой забора вышка отлично читалась под лунным светом. И эта вышка была... ПУСТА! Майкл зажмурил глаза, открыл их снова, потряс головой — нет, он не чокнулся после этой поллюции, он в своем уме, и все-таки вышка — пуста!

Не отводя глаз от окна, Майкл локтем толкнул Коровина в спину.

— Х-нн-у... — вздохнул тот.

Майкл откинул к лицу Коровина свою руку с часами. Часы были в бараке только у него и у Коровина — у Коровина как у старосты барака, а у Майкла как у врача, чтобы он мог считать пульс у больных. Посмотрев на часы, Коровин проследил за взглядом Майкла, который все так же зачарованно смотрел сквозь окно на продуваемую поземкой пустую сторожевую вышку. Увидев эту пустоту на вышке, Коровин стал медленно, странно-заторможенным движением подниматься — даже без участия рук, одной спиной. Ему было 35, среднего роста, живой, жилистый, нервный,

подвижный, с вызывающе зелеными глазами. Коровин до-
сиживал последний год из своего пятнадцатилетнего срока
за убийство милиционера, и за все пятнадцать лет отсидки
он никогда не видел эту вышку пустой и не слышал, чтобы
охрана проспала подъем. Он сел на нарах, затем каким-то
неслышным кошачьим нырком спрыгнул на пол и, как лунатик, не отводя взгляда от окна, пошел к двери. Откинув
одеяло, Майкл спрыгнул тоже и вместе с Коровиным осторожно вышел из барака.

То, что они увидели, заставило их забыть, что они стоят
босые и полуголые на тридцатиградусном морозе в обжига-
ющем ноги снегу.

Все двенадцать сторожевых вышек были пусты. Лагерные ворота были открыты настежь, в пустой проходной гуляли ветер и снежная пыль. Нигде не было видно ни одного
вертухая, не было слышно ни одной сторожевой собаки.

Испуганно переглянувшись, Коровин и Майкл босиком
рванулись к воротам лагеря, но, не добежав до них шагов
двадцать, притормозили. Боясь подвоха и неожиданной ав-
томатной очереди, оба настороженно двинулись шагом к
зияющему и манящему своей пустотой провалу распахну-
тых лагерных ворот.

Но все было пусто, только на снегу были четко видны
рубчатые следы от колес лагерных грузовиков, которые обычно возят зеков из лагеря в рабочую зону. Теперь и грузовиков нигде не было, только их следы...

Коровин и Майкл осторожно приблизились к воротам...
пересекли заветную запретную черту... вышли из лагеря...

Тихо, пусто. Вдали, в километре, среди бело-синих тунд-
ровых торос, видны два темных кирпичных барака — казармы охраны. Но и в этих казармах — ни огонька, ни звука,
ни шума машин.

Ничего не понимая, Коровин и Майкл вернулись в лагерь и, впервые почувствовав пронизывающий ветер и обжигающий холод снега, побежали в барак-столовую. Только
теперь они обратили внимание на то, что даже над трубой
лагерной кухни нет дыма.

Тем временем изо всех бараков стали выглядывать осторожные, заспанные, недоумевающие лица зеков — и «мужики», и «политики», и «блатные» — уголовники.

Увидев, что Коровин и Майкл бегут из пустых ворот в столовую, зеки побежали туда же, на ходу озираясь на пустые сторожевые вышки...

В столовой, на кухне, огромная кухонная печь была едва теплой, а угли на колосниках были покрыты серым пеплом. Значит, печь перестали топить часа три назад. Но самое главное и самое поразительное, что в котлах было совершенно пусто и так же пусто было в кладовой при кухне — ни хлеба, ни мешков с картошкой, ни крупы-овсянки, ни гороха, ни даже — соли! Ни-че-го! Чисто! Вся лагерная охрана смылась, исчезла ночью из лагеря, прихватив с собой все продукты, даже соль и картошку! Так вот для чего вчера на ужин давали почти двойную порцию каши — чтобы зеки крепче спали на сытый желудок. Но почему бежала охрана? Куда? Неужели где-нибудь рядом случился новый Чернобыль, и охранники смылись, бросив зеков умирать от радиации? Может быть, поэтому вот уже неделю в зоне не было газет — даже «Правды»...

Лишь через час, когда огромная толпа зеков преодолела снежное поле, отделяющее лагерь от опустевших казарм охраны, они нашли в солдатском «Красном уголке» большую старую деревянную тумбу — радиолу «Родина» выпуска 1960 года. И здесь, среди плакатов «Крепи оборону Отчизны!», «Смерть сионистам и их агентам!», «Дадим Родине сибирскую нефть!» и портретов Стрижа, Митрохина, Вязова и Зотова, зеки лагеря ОР/Щ 421-С впервые услышали по радио воззвание восставших Урала.

«...*Граждане советской империи! То, чего больше всего страшились кремлевские вожди в течение всех десятилетий их правления, свершилось! Первый Декрет Комитета народного восстания объявил немедленную демобилизацию всех солдат Советской Армии! Солдаты и офицеры! Охранники лагерей кремлевского ГУЛАГа! Все, кто еще не решился бросить свои казармы! На основании этого Декрета и от имени восставшего русского народа мы гарантируем вам беспрепятствен-*

ный проезд домой через все зоны, освобожденные нами от власти КПСС!..»

Но еще до того, как миновал первый всплеск радости, зеки осознали ужас своего положения. До ближайшего населенного пункта — крохотной станции Мыски на железнодорожной ветке Екатеринбург—Тавда—Урай было семьдесят семь километров. Конечно, на грузовиках охрана лагеря, состоявшая на 90 процентов из узбеков и киргизов, за каких-нибудь пару часов добралась до этой станции. Там они, вооруженные до зубов, наверняка захватили первый же поезд и отправились домой, пожирая зековские продукты или торгуя ими по дороге. А восьмитысячный лагерь, брошенный среди полярной тайги и тундры, остался буквально без ничего, даже без горсти муки.

— Суки! Все вывезли! Чучмеки сраные! Мы ж подохнем тут!..

Оставалось одно — пешком до станции Мыски. И они пошли — почти все восемь тысяч человек. В арестантских ватных телогрейках и гнилухе кирзовых ботинок. Семьдесят семь километров. Через жесткие снежные торосы. По ломкому тундровому насту, ранящему ноги. Сквозь мороз и сухую полярную поземку, секущую лица острым игольчатым снегом. По щербатым следам удравших грузовиков. Гигантская безжалостная колонна, которая не подбирала упавших. Тот, кто упал, отстал или остановился на самых первых километрах, еще имел шанс добрести обратно в лагерь и умереть там хотя бы в тепле, потому что в лагере были дрова и уголь. Но тот, кто продержался дольше и вывалился из колонны, как Зиновий Горный, после десятого километра, — тот уже не имел никаких шансов, кроме как замерзнуть здесь, под этой незаходящей медно-желтой луной.

Хруст тундрового наста под ударами шестнадцати тысяч ботинок...

Пар хриплого дыхания из восьми тысяч глоток... Пар над ватными шапками-ушанками, над головами, закутанными шарфами и тряпками... Ожесточенные, слезящиеся от встречного ветра глаза. Белые обмороженные уши и щеки... Кое-кто сгоряча взял с собой кирку или лом — как оружие. Но через пару километров даже самые крепкие, даже Коровин, избавились и от этого груза...

А после тринадцатого километра колонна стала растягиваться, редеть, терять свою отчаянную волю к движению и оставлять на снегу, на насте десятки, а потом и сотни тел. Но никто даже не оборачивался на звук очередного рухнувшего человека...

Зато тех, кто еще держался и двигался, подхлестывал к этому движению все нарастающий по двум сторонам колонны протяжный и надсадный вой. Это, непостижимым образом чуя обильную добычу, со всей окрестной тундры сбегались сюда волки и полярные песцы. Приседая на зады, они сторожили последние движения выпавших из колонны людей и выли от нетерпения. На этот вой спешили из тундры новые волки и песцы, питающиеся падалью...

Колонна зеков уходила из лагеря к железной дороге, к жизни.

Облизывая их обмерзающие пятки, по следам колонны шла смерть.

Далеко за полночь на железнодорожную станцию Мыски пришло не больше пяти сотен человек. В основном это были молодые уголовники — воры в законе, грабители и убийцы, которые боговали в лагере: не выходили на работу, а заставляли «мужиков» и «политиков» отрабатывать за них их нормы. Теперь именно они, сохранившие здоровье и страсть к жизни, сумели преодолеть последние километры мертвой тундры в надежде найти на станции тепло, еду и хоть какое-то укрытие от обнаглевших волков. Но то, что они увидели здесь, доконало самых стойких. Крохотная станция — семнадцать деревенских домиков на высоком берегу замерзшей речушки и кирпичная будка смотрителя у железнодорожного полотна — была, как табором, окружена несколькими тысячами таких же, как они, зеков, которые пришли сюда из других лагерей, тоже брошенных сбежавшей охраной. Эти первоприбывшие давно ограбили насмерть перепуганных жителей деревушки, давно съели все, что было здесь съестного, давно разорвали на портянки, растащили на одежду все, что хоть как-то могло согреть и укрыть от ветра, и давно сожгли на кострах все дрова, припасенные жителями деревни на зиму. Они вообще сожгли все, что могло гореть, включая заборы, собачьи будки и дощатые кузова лагерных грузовиков, брошенных здесь сбежавшей охраной...

Именно здесь, на станции Мыски, Майкл Доввей понял всю безнадежность ситуации. Дальше этой станции идти было некуда. Рельсы уходили по тундре на юг и на север, но и в ту, и в другую сторону до ближайших станций было больше ста километров. Майкл упал на снег у железнодорожного полотна, рядом в отчаянии валились еще сотни. Кто-то истерически смеялся, сидя на снегу, кто-то молча и безумно ел снег пригоршнями, вращая дикими глазами... Да, получалось, что те, кто остался в лагере или вернулся в него, были умнее — они умрут хотя бы в тепле!

Умирая на Бородинском поле, князь Болконский видел над собой высокое облачное небо, медленное кружение крон высоких деревьев. Умирая на станции Мыски, доктор Майкл Доввей видел над собой только холодный красный диск заполярной луны. Он закрыл глаза. Он знал, что нужно переждать этот пробирающий до сердца холод, нужно обвыкнуться с ним, смириться, и тогда придет последнее тепло ОТХОДА, и в этом тепле и ему, и тем тысячам, что лежат рядом с ним, откроется длинный туннель с сияющим вдали светом.

Майкл Доввей не был религиозным, просто из Библии и из книг типа «Жизнь после жизни» у Майкла давно сложилось довольно четкое представление о переходе в другой мир. И сейчас полуврач-полупокойник с любопытством ждал результатов этого последнего жизненного эксперимента...

Good bye, my love, good bye! Good bye, my Полечка... Как замечательно ты сидела голенькая на подоконнике, с нотами в руках... Как прекрасно ты пела в постели... Как лихо я водил свой спортивный «мерседес» по Москве — одной рукой, как партнершу в вальсе... Как сладостна была эта невесомость полета в «F-121» — совсем как сейчас...

Только странно, почему ни в одной книге, и даже в Библии, не сказано, что это вознесение в другой мир сопровождается гулом и сотрясением, которое все приближается, приближается, приближается...

Майкл слабо, нехотя приоткрыл глаза. А вот и свет, вот этот яркий, ослепительный свет вдали... Свет и грохот — чего? Паровоза?!!...

— Лежать! — вдруг заорал вблизи Коровин. — Лежать, мать вашу, или они перестреляют нас всех! Всем лежать! Поезд и так станет, путь разобран!..

Нет, на том свете не матерятся по-русски. Майкл чуть приподнял голову, окончательно выпрастывая свое сознание из пелены предсмертного забытья.

Состав из двух десятков арестантских вагонов медленно подходил к станции с севера. На паровозе и на крыше вагонов напряженно лежали солдаты, выставив во все стороны дула автоматов и пулеметов. «Чучмеки» — охрана еще более северных лагерей — катили домой, тоже обворовав своих зеков. Мощные фары-прожекторы паровоза освещали перед ними тундру и несколько тысяч безжизненных тел, валявшихся на снегу вдоль железнодорожного полотна. Сверху, из кабины паровоза и с крыш вагонов, это было диким, завораживающим зрелищем — тысячи мертвых тел на фосфоресцирующем снегу тундры и окровавленные пасти песцов и волков, терзающих еще не остывшую человечину...

Потрясенный машинист паровоза лишь в последний момент заметил, что рельсовый путь впереди разобран, и испуганно рванул ручку тормоза.

Заскрипев тормозными колодками, высекая искры стальными колесами и бряцая буферами, поезд резко затормозил — так, что несколько солдат рухнули с крыш вагонов. А остальные спрыгнули сами и, брезгливо перешагивая через замерзшие трупы зеков, матерясь по-русски и по-узбекски, пошли вперед, к разобранным рельсам.

И в этот момент сотни трупов ожили, рванулись к солдатам, холодными руками вцепились им в шеи, в автоматы, в лица — мертвой хваткой. С перепугу, от жути зрелища этих воскресших мертвецов многие солдаты даже не сопротивлялись. Лишь те, кто еще был на крышах вагонов или в самих вагонах, опомнившись, открыли остервенелый огонь. Но было поздно — ожившие полутрупы, равнодушные к смертоносному встречному огню, как саранча, штурмовали вагоны.

44

Вашингтон, Белый дом.
08.45 по вашингтонскому времени

— У них нет никакого парапсихологического оружия, сэр.

— Но они же отключили всю связь в Кремле!

— В кабинете Стрижа, — уточнил адмирал Риктон. — Это стоило им всего три миллиона долларов. Они просто купили секретаря Стрижа.

Президент изумленно посмотрел на Риктона.

— Откуда вы знаете?

— Сэр, после дела Полларда нам пришлось принять контрмеры. Теперь в Израиле у нас есть свои источники информации. Но я не думаю, что вам нужно знать об этом подробнее. Извините, сэр.

— Хорошо. А как они отключили советские радары на Дальнем Востоке?

— Со своего спутника и с «Аваксов». Космической системой «Сабра». Мы ее у них уже купили...

— Значит... значит, вся эта операция была аферой? Блефом?

— Если хотите, можете и так формулировать, сэр.

— А как вы формулируете?

Джон Риктон уклончиво повел головой:

— В свое время Рейган высадил десант в Гренаду и спас двенадцать сотен американских граждан. А израильтяне спасают сейчас два миллиона...

— Сравнили! — перебил Президент. — Гренада и Советский Союз! Этой акцией Израиль ставил нас перед угрозой ядерной атаки!

— Эта угроза есть всегда, сэр. Или вы забыли кубинский кризис? Если бы какая-нибудь русская сволочь сбила вертолет вашего сына или любой другой, я бы в ответ потопил русское судно. И — понеслась!

— Подождите, адмирал... — вдруг сказал Президент. — Вы говорите, что у вас есть в Израиле свои источники информации. Значит, вы знали о том, что они готовят в Москве, а меня не информировали?!

— Нет, сэр, я не знал. — Риктон твердо взглянул Президенту в глаза. — Но если этого простого заявления вам недостаточно, я могу подать в отставку.

В короткой паузе Президент рассматривал Джона Риктона. Адмирал не то чтобы постарел, а словно еще больше усох за последние месяцы, однако амбиции и самолюбие — те же, если не больше.

— Хорошо, я объясню... — явно преодолевая себя, сказал Риктон. — Я получил информацию об этой операции в тот же момент, что и Пентагон. Когда израильские истребители уже взлетели с острова Хоккайдо.

— Это не были израильские истребители, — сухо перебил Президент.

— Совершенно верно, сэр. Переброску своих военных «Фантомов» в Японию израильтяне не смогли бы скрыть. Поэтому они арендовали точно такие же, нашего производства «Фантомы» у японцев и вместо японского полумесяца нарисовали на них свои шестиконечные звезды. Не бог весть какой трюк, но иногда самые простые трюки работают лучше всего.

— Значит, два наших союзника — Япония и Израиль — втайне от нас готовят крупнейшую военную операцию, а вы... вы знали об этом?

— Я уже сказал, сэр. Я узнал об этой операции лишь в момент ее старта. То есть когда уже ничего нельзя было изменить, только ждать и молиться. Но даже в этом ожидании у меня была своя цель. Потому что вся операция израильтян — это своеобразный тест. Ведь весь их расчет был построен на психологии антисемитизма. Обратите внимание: никто, кроме религиозных евреев и антисемитов, не маскирует тему избранности еврейского народа.

Таким образом, антисемиты как бы признают эту избранность, хотя и оспаривают ее. Ведь нельзя же всерьез спорить с тем, чего не существует. Но признание избранности евреев логически означает веру в их союз с Богом и, следовательно, веру в десять казней египетских. Таким образом, антисемиты психически всегда находятся в «ловушке-22», и даже Стриж и Митрохин в эту ловушку попались. Конечно, часто ставить такие ловушки нельзя, но позаимствовать методику можно. Я понимаю, сэр, что если вас не удовлетворят мои объяснения, я должен буду подать в отставку. Хотя бы за то, что, оказывается, мой израильский источник информации, по-видимому, контролируется Бэролом Леви. Но другого у меня нет. Официальную информацию о своей операции генерал Леви прислал нам еще позже. Однако в одном я все-таки этого Леви переиграл. Я знаю, где он сейчас находится.

— Где же?

Адмирал Риктон взглянул на часы.

— Начальник израильской разведки Бэрол Леви находится сейчас в Пекине, на вилле Председателя коммунистической партии Китая.

— Что-о?!

— Сэр, именно поэтому я попросил вас принять меня за пятнадцать минут до вашего утреннего брифинга с администрацией. Я понимаю, что на этом брифинге вы собираетесь обсуждать наши отношения с Израилем и Японией в свете их дальневосточной акции, но мне кажется, что сегодня есть более важная тема. Согласно донесениям моих китайских информаторов, на встрече начальника МОССАДа Бэрола Леви с китайским Председателем присутствуют сейчас начальник генштаба китайской армии и начальник их армейской разведки. Извините, но запомнить их фамилии выше моих возможностей. — Адмирал умолк.

— И? — нетерпеливо спросил Президент.

— Это все, что я могу вам доложить, сэр.

— Но о чем они говорят?

— Сэр, если парапсихологического оружия нет у израильтян, то у нас его нет тем более. Совещание Леви с китайцами началось ровно четыре минуты назад, и, я думаю, они еще вообще ни о чем не говорят, а по китайской традиции просто пьют чай...

Президент встал. Этот старик Риктон положительно начинает его раздражать. До начала брифинга осталось восемь минут — то есть семь минут у Риктона ушло только на то, чтобы подойти к сути. Президент раздраженно подошел к окну кабинета.

— Значит, это и все, что вы мне хотели сказать?

— Я могу доложить вам, сэр, выводы нашего аналитического отдела.

— Выводы я умею делать сам, адмирал, — задумчиво произнес Президент, не поворачиваясь от окна, за которым слякотный февральский дождь смывал снег с лужайки у Белого дома. Президент проиграл голосование в Конгрессе по вопросу помощи русским повстанцам. Это понизило рейтинг его популярности на двадцать семь процентов. Следовательно, он даже не рискнет ставить перед ООН вопрос о замене евреев в Уссурийской зоне на войска ООН для создания буферной зоны между СССР и Китаем. Потому что арабы все равно прокатят это предложение, они не могут позволить увеличить население Израиля на два миллиона человек. Ведь это приведет к увеличению израильской армии на двадцать пять процентов и полному заселению новоприбывшими спорных территорий. Кроме того, Китаю эта буферная зона тоже не нужна. Китаю нужно, чтобы восстание в России или победило, или как минимум привело к затяжной гражданской войне. Тогда, выбрав момент, Китай захватит советский Дальний Восток и часть Сибири. Таким образом, у Израиля и Китая есть разные интересы, но в одной точке — в Уссурийском крае... И Президент повернулся к директору CIA и сказал с нажимом, как вывод: — Если Китай откроет свою границу и впустит русских евреев, то сибирские дивизии Стрижа и Митрохина окажутся лицом к лицу с китайскими войсками и уже никак не могут быть использованы для подавления восстания. — Президент взглянул на часы. — Именно этот узел Бэрол Леви пробует сейчас развязать с китайцами. Не так ли?

Риктон усмехнулся:

— Сэр, у меня в аналитическом отделе есть вакантное место.

— Спасибо, я подумаю об этом тоже, — без улыбки произнес Президент. — Так что? Вы советуете мне позвонить Премьеру Израиля и спросить у него впрямую, что происходит?

— Я этого не советовал, сэр. Наоборот, пока генерал Леви не обсудит вашу идею с китайцами, вряд ли израильский Премьер скажет вам что-то определенное. А о результатах этих переговоров я буду знать одновременно с израильским Премьером...

— Хорошо, тогда дадим им время. — Президент не сдержал улыбки — этот Риктон никогда не упустит шанса похвастать работой своего Агентства. Наверняка речь идет о каком-нибудь новом виде космического радиоперехвата и компьютерного декодирования. — Теперь в двух словах, адмирал: что происходит в России?

— Сэр, если вы мне разрешите, я хочу вас просить...

— Я знаю! — нетерпеливо перебил Президент. — Информация о пребывании Бэрола Леви в Китае строго секретная. Если это просочится в прессу, Стриж и Митрохин просто расстреляют эти два миллиона евреев еще до того, как они улизнут в Китай. Вы это хотели сказать?

— Да, сэр.

— Итак, что сейчас происходит в России?

— Полную сводку я подготовил для брифинга. — Адмирал положил на стол Президента две страницы убористого текста. — А коротко: ситуация выходит из-под контроля не только у Стрижа и Митрохина, но и у руководителей восстания. Мы не знаем, был ли у этих руководителей какой-нибудь план восстания, но если и был, то вряд ли его можно осуществить в России. Если вообще можно осуществлять какие-то планы в ходе революции... — И, заметив нетерпеливый жест Президента, Риктон оборвал свои рассуждения, закончил сухо: — Больше половины демобилизованных или, если хотите, дезертировавших частей Советской Армии превратились просто в банды. Кроме того, в бандитские отряды превращаются целые лагеря освобожденных зеков. Одновременно наблюдаются анархия, разброд и борьба за будущую власть в среде Кавказа и Средней Азии. Они еще не освободились от коммунистов, но уже делят будущий пирог. Похоже, что предстоит новая резня между армянами и азербайджанцами. Поэтому Турция привела свою армию в боевую готовность, и резко возросла активность иранских войск на их северных границах. И Турция, и Иран точат зубы на Баку...

— А что в Москве? В Ленинграде?

— Пока тихо, сэр. Как это ни странно...

В двери возникла секретарша Президента. Как обычно перед утренним брифингом, она произнесла:

— Господин Президент, все в сборе.

— Одну минуту, Катрин.

— Хорошо, сэр. — Секретарша исчезла.

— У вас все, адмирал?

— Почти. Кроме одного. Как вы знаете, у нас в стране бумом ширится стихийный сбор продуктов и денег в пользу русских восставших. Создаются даже отряды добровольцев, которые рвутся в Россию воевать на стороне восстания. Многие обращаются прямо к нам за помощью, чтобы мы способствовали их переброске. И, конечно, у нас есть кое-какие каналы. Но я хотел бы знать ваше мнение, сэр.

Президент устало посмотрел в глаза адмиралу. Что он мог ему ответить? Они оба знали, о чем идет речь. О стопроцентной вероятности повторения дела Оливера Норта в случае, если CIA, вопреки решению Конгресса, даже косвенно начнет помогать русскому восстанию.

— Я не знаю... — сказал Президент. — Я должен все взвесить... И пожалуйста, держите меня в курсе всего, что происходит в Китае. — Он подошел к своему столу, нажал кнопку селектора и сказал: — Господа, прошу на брифинг.

В приемной Овального кабинета члены администрации встали и, уступая друг другу дорогу, направились в открытую секретаршей дверь.

ДЕНЬ ВОСЬМОЙ

6 ФЕВРАЛЯ

45

Москва и весь мир.
19.00 по московскому времени

— Говорит Москва! Внимание! Говорит и показывает
Москва! Работают все радиостанции Советского Союза и
Центральное телевидение! Через несколько минут мы пере-
дадим обращение Секретаря Центрального Комитета КПСС,
Председателя Совета Министров СССР товарища Романа
Борисовича Стрижа к населению Советского Союза! По-
вторяем! Через несколько минут...

Торжественно-строгий, будто церковный, голос звучал
повсюду. Это был голос того самого московского теледик-
тора, который 16 месяцев назад объявил о покушении на
Горячева. Теперь его снова слушал весь мир. В Лондоне,
Бонне, Вашингтоне, Праге и Токио все правительственные
и внеправительственные службы, связанные с Россией, бросали дела и спешили к телевизорам. А в России, на улицах
городов и поселков, оживали раструбы громкоговорителей,
а под ними смолкали скандалы и споры в многотысячных
очередях за хлебом. На заводах затихали станки — люди
слушали Москву прямо в цехах. И в солдатских казармах
прекращались занятия по боевой и политической подго-
товке. И в студенческих общежитиях замирали пьянки. В
Москве, Харькове, Ашхабаде, Норильске, Владивостоке...

— Внимание! Через несколько минут мы передадим обращение Секретаря Центрального Комитета.

А по железнодорожной ветке Урай — Тавда — Екатеринбург на безумной скорости летел поезд, занятый зеками
на станции Мыски. В вагонах орали, играли в карты, наси-
ловали молодых женщин, жрали и пьянствовали дорвавши-
еся до свободы уголовники. Даже в «докторском» вагоне,
где Майкл Доввей пытался лечить раненых и обморожен-

ных, шла пьянка. Да, теперь у этих зеков было все, о чем они мечтали в лагере: жратва, спирт и молодые бабы — студентки медицинского техникума, захваченные во время налета на город Тавда. И еще у них было много оружия и упоение скоростью — в паровозной кабине один зек постоянно держал дуло автомата под ухом машиниста, а два других, раздевшись до лагерных кальсон, с пьяной удалью швыряли лопатами уголь в паровозную топку, готовую и без того вот-вот взорваться от жара...

— Внимание! Работают все радиостанции и Центральное телевидение! — вещал диктор.

В Екатеринбурге, в штабе восстания, Зарудный, Стасов, Обухов, Акопян, Колесова, Ясногоров и еще два десятка человек сгрудились у телевизора.

— Неужели Правительство подаст в отставку? — спросил Ясногоров.

Зазвонил телефон. Зарудный снял трубку, послушал, потемнел лицом. Потом сказал членам штаба:

— Это с вокзала. Еще одна банда из Тавды. В Мысках они взяли восемнадцать заложниц, а теперь требуют уголь, продукты и водку.

Гусько, Стасов, Обухов и Колесова встали, надевая бушлаты и куртки.

— Внимание! — снова сказал московский теледиктор. — Говорит и показывает Москва!

В Москве к служебному входу в Большой театр подкатила черная «Волга». Два человека вышли из машины, офицерской походкой прошли в театр и по коленчатому коридору уверенно достигли кулис. Здесь на сцене Полина Чистякова и вся группа: актеры, режиссеры, гримеры и рабочие сцены, — прервав репетицию новой оперы «Александр Невский», стояли и сидели возле телевизора, который кто-то вынес прямо на сцену.

— Через полминуты мы начнем прямую передачу из кабинета Секретаря ЦК КПСС Романа Борисовича Стрижа... — продолжал теледиктор.

На Арбате, в Бюро иностранных телеграфных агентств, западные корреспонденты садились к телевизорам и пультам международной видеосвязи, надевали на головы губчатые и резиновые наушники, поправляли у рта микрофоны и откашливались — готовились к синхронному переводу.

В Западной Европе, Израиле, Каире, Сингапуре, Токио и Мельбурне бары и кафе с телевизорами заполнялись простой, праздношатающейся публикой и американскими туристами...

— Внимание, включаем камеры, установленные в кабинете Председателя Совета Министров...

И на миллионах телеэкранов появилось наконец лицо Стрижа.

— Дорогие товарищи, — сказал он, спокойно глядя в камеру, — патриотическое правительство Советского Союза поручило мне выступить перед вами и обрисовать ситуацию в стране. Вы все, конечно, знаете, о чем пойдет речь. Неделю назад несколько тысяч уральских рабочих сорвали переговоры с представителями правительства и атаковали армейские части, направляемые нами не против рабочих, а как раз наоборот — для того, чтобы они могли спокойно, без эксцессов провести похороны жертв произвола уральской милиции...

В Большом театре два человека офицерской походкой подошли к Полине Чистяковой и сказали ей негромко: «Пройдемте с нами!»...

— Конечно, вы можете взять мои слова под сомнение, — чуть усмехнулся по телевизору Роман Стриж. — Ведь восставшие захватили несколько радиостанций и в своих воззваниях во всем обвиняют нас. Но спросите их прямо: кто на кого напал — войска на рабочих или рабочие на войска? Спросите их прямо: во время переговоров было ли хоть одно их требование отвергнуто секретарем Екатеринбургского обкома партии товарищем Круглым?

Нет, товарищи, не было! И все это правда, которую они не смогут опровергнуть...

Поезд, захваченный зеками, стоял на станции Екатеринбург, ощетинившись дулами пулеметов и автоматов, торчавших из всех окон и с крыш вагонов. Эти дула делали поезд похожим на мохнатую гусеницу длиннее вокзального перрона — ее хвост терялся во мраке за перроном. Сквозь окно своего восьмого, «докторского», вагона Майкл Доввей видел совершенно темный вокзал, который производил впечатление безлюдного, и слышал голос Коровина, усиленный самодельным, из жести репродуктором:

— Последний раз говорю! Или к нам придет начальник восстания, или взорвем вокзал и пойдем на город! — Коровин сидел на крыше пятого вагона, рядом с ним за турелью пулемета лежал кто-то из зеков. — Считаю до десяти: раз... два... три...

Неожиданно на темном привокзальном перроне появилась женская фигура с железнодорожным фонарем в руке. Это была Колесова. На ней был глухо застегнутый полушубок, валенки и меховая шапка-ушанка. Подняв фонарь, она осветила свое лицо и громко сказала в сторону Коровина:

— Кончай считать! Говори, чего хочешь!

Появление женщины слегка сбило коровинский пыл.

— А ты кто? — спросил он с крыши вагона.

— Моя фамилия Колесова. Я из штаба восстания.

— Я ж сказал: начальника давай! — пришел в себя Коровин. — С бабой мы не будем разговаривать! С бабами у нас другой разговор. Точно, братва?

Залегшие на крышах зеки, держа Колесову на мушках своих автоматов и пулеметов, ответили ему разноголосыми криками одобрения и засвистели-закричали Колосовой:

— Пошла отсюда! Старая жопа! Вали, вали за начальником!

Колесова спокойно переждала эту волну.

— Если вас интересует жратва и водка, то это по моей части, — сказала она. — Я отвечаю за снабжение области. Будем разговаривать или будем свистеть?

— Лады, попробуем, — усмехнулся Коровин. — Нам нужны продукты, спирт и уголь для паровоза. Иначе... Я уже сказал!

— А ты не можешь сюда спуститься? Так и будем орать? — спросила Колесова.

— А может, у вас пулеметы в окнах спрятаны? Нет уж, я тут посижу, у меня глотка луженая. Говори: дашь спирт, жратву и уголь?

— Ну, я же стою под твоими пулеметами, — усмехнулась Колесова. — И ничего, трусы сухие!

Уголовники на крышах соседних вагонов расхохотались — здорово эта баба уела их атамана! И Коровин, видя это, уязвленно вскочил на ноги и прямо с вагона спрыгнул на платформу. А те из зеков, кто лежал на задних и передних вагонах, встали и подались по крышам вперед послушать и посмотреть «спектакль». При этом несколько зеков хотели тоже спрыгнуть на перрон, но Коровин остановил их окриком:

— На место! — И пошел к Колесовой: — Ну?

— Ты мне не нукай, не запряг, — мирно сказала ему Колесова. — Значит, так. Вы взяли в Мысках восемнадцать баб. Продукты и уголь получите в обмен на этих женщин. Спирт не получите совсем. Устраивает?

— Нет, не устраивает! — И Коровин, куражась, приставил ей в бок финский нож. — Теперь у нас девятнадцать баб! — И с вызовом крикнул, обратившись к темным окнам вокзала: — Валяй! Стреляйте! Я ее успею кончить!

За одним из темных окон вокзала, в диспетчерской комнате, Гусько посмотрел на вошедшего Акопяна. Тот кивнул, сказал негромко:

— Все в порядке.

И в этот миг к последнему вагону поезда, брошенному любопытствующими зеками, в полной темноте медленно и почти неслышно приблизилась открытая железнодорожная платформа и вагон с толкающим паровозом. На платформе, дулом к поезду зеков, стоял танк. В танке за турелью станкового пулемета, на месте заряжающего орудие и на других постах находились Стасов, Обухов и еще трое «афганцев».

В смотровые щели им было видно, как платформа вплотную подошла к поезду зеков, мягко ткнулась в тарелки заднего буфера и под напором толкающего паровоза весь поезд зеков тронулся, поплыл вперед.

— Эй! — заорал на своих Коровин. — Куда?!!

— Это твои алкаши на паровозе балуют, — усмехнулась ему Колесова. — Беги останови их, я подожду...

Коровин побежал по перрону вперед к паровозу, на ходу выхватил из кармана пистолет, пальнул в воздух.

— Стой! Стой! Мать вашу! — И приказал снизу зекам, которые лежали, сидели и стояли на крышах: — К паровозу! К паровозу!..

С десяток зеков побежали по крышам вперед, к паровозу. А поезд все набирал скорость, и Коровин, оглянувшись назад, вдруг увидел, что Колесова исчезла с перрона.

— ...Почему же уральские рабочие сорвали переговоры с правительством? — говорил тем временем по телевидению Роман Стриж. — Почему атаковали воинские части и казнили десятки партийных руководителей? И неужели у правительства нет сил, которые могли бы немедленно восстановить порядок?

Тут вместо Стрижа на телеэкранах возникла карта СССР с обозначением места расположения армейских соединений и цифровыми данными их концентрации.

— Сейчас вы видите карту, — сказал Стриж, — которая постоянно фигурирует в американских изданиях, посвященных нашим вооруженным силам. Взгляните на пространство между Волгой и Уралом. Здесь находятся стратегические резервы нашего Верховного главнокомандования. Даже по данным Пентагона, в эти резервы входят 18 парашютно-десантных дивизий, 5000 танков, 4000 единиц артиллерии и так далее. Наверно, и самый малограмотный в военном деле человек понимает, что правительство всегда держит в резерве не самые худшие части, а самые надежные — те, которые не разбегаются при первых же провокационных призывах к дезертирству. Как вы видите, именно эти восемнадцать лучших парашютно-десантных дивизий нависают с северо-запада над Уралом. Даже с помощью половины этих сил мы могли окружить Екатеринбург и прекратить там беспорядки еще пять дней назад...

Карта исчезла с экрана, телекамера вернулась к Стрижу, и он продолжал, глядя прямо в глаза своим зрителям:

— Так почему мы не пошли на это? Ответ прост: пять дней назад мы не знали, кто стоит за восставшими, не знали, в чьих интересах они действуют и ради чего, собственно говоря, идет бой. Мы считали, что имеет место чисто рабочее восстание и мы обязаны урегулировать наш конфликт мирным путем. Однако все наши попытки открыто, по радио и по видеосвязи войти в контакт с руководителями восстания натыкались на еще большую эскалацию их антиправительственных действий. Сегодня мы наконец узнали причину этого. Как вы знаете, два дня назад израильское правительство, при полной поддержке Японии и Китая, предприняло беспрецедентный акт вторжения в наше воздушное пространство на Дальнем Востоке. На что они рассчитывали?

Они рассчитывали на несдержанную ответную реакцию наших пограничных войск, в результате которой они смогли бы легко, под предлогом спасения лиц еврейской национальности, спровоцировать вторжение китайских войск в нашу Сибирь, а японских на наш Дальний Восток именно тогда, когда мы с вами заняты уральским конфликтом. Вот на что был их расчет...

А поезд с растерянными зеками, набрав жуткую скорость, продолжал свой путь. Через застывший в очередях и под репродукторами город... Мимо полутемных домов, в окнах которых слабо мерцали экраны телевизоров с лицом Стрижа на них...

Кто-то заботливо переводил путейные стрелки перед этим поездом, и вот он уже выбрался за черту города, загрохотал по мосту через реку Исеть. В кабине паровоза Коровин орал машинисту:

— Тормози! Тормози, сука!

— Так ведь авария будет, все перевернемся! — объяснил испуганный машинист. — Ну сам подумай, если нас сзади толкают...

— ...Товарищи! — говорил тем временем Стриж. — Теперь стало совершенно ясно, кто стоит во главе уральского так называемого «народного восстания» и почему они с самого начала взяли курс на бескомпромиссную гражданскую войну и первым делом призвали армию к дезертирству. Агенты мирового сионизма, предатели Родины, они хотели распустить нашу армию, чтобы обеспечить успех китайско-японско-израильской агрессии и подготовить новое китайское иго нашей Отчизне.

В вагонах летящего по путям поезда началась паника. Даже пьяные, протрезвев, понимали, что они в ловушке. Майкл Доввей, прижавшись лбом к холодному окну, со смертельной тоской смотрел на проносящуюся мимо во мраке уральскую тайгу. Ну и страна! Глухая, холодная, пьяная, слепая, темная и жестокая...

А Стриж продолжал по всем каналам Всесоюзного телевидения и Московского радио:
— Товарищи! Русские братья и сестры! Я подхожу к самому главному. Люди, которые спланировали и затеяли братоубийственную гражданскую войну в нашей стране, эти люди не оставили своих планов. Несколько часов назад закончилось тайное совещание руководителей разведки генерала Бэрола Леви с лидерами Китая. О чем они договорились? Смотрите... — Тут на всех экранах вместо Стрижа возникли кадры видеосъемки. — Эта видеохроника поступает с наших космических спутников. Поскольку сейчас на Дальнем Востоке ночь, изображение не совсем четкое. Тем не менее хорошо видно, как сейчас, именно в эти минуты, транспортные самолеты Израиля доставляют на китайскую территорию в районе Амура Четвертую израильскую десантную дивизию! Одновременно вся китайская армия поднята по тревоге, шестьдесят дивизий разворачиваются вдоль нашей

границы, а все поезда на железных дорогах Китая вдруг двинулись на север. Что все это означает, товарищи? — Стриж опять появился из экранах. — Это означает, что в ближайшие два часа, то есть еще до захода солнца на Дальнем Востоке, два миллиона лиц еврейской национальности, проживающие на нашей территории вдоль китайской границы, атакуют с севера наши пограничные части, чтобы уйти в Китай. У них есть оружие, много оружия. Оно было в тех самых ящиках с «продовольствием», которое доставили им израильские самолеты два дня назад. Так Израиль воспользовался нашим гуманизмом — вместо продуктов послал сюда автоматы «узи»! Но, конечно, даже с помощью израильских автоматов эти люди не смогут опрокинуть наши пограничные войска. Но и это входит в планы израильско-китайско-японских стратегов. Им, как я уже говорил, важно спровоцировать конфликт — любой вооруженный конфликт в этой зоне. И как только лица еврейской национальности нападут на наших пограничников с севера, израильская дивизия и китайские части под предлогом защиты этих двух миллионов евреев двинутся на нашу территорию с юга, а японские — с востока. Вот, товарищи, что произойдет в ближайшие два часа — интервенция! Интервенция, которую изнутри страны всеми силами поддержат руководители уральских беспорядков, а извне — агрессивные силы Ирана и Турции, которые давно вынашивают планы захвата республик Средней Азии и Кавказа.

Таким образом, товарищи, речь уже не идет о том, будет или не будет у нас в стране советская власть. Речь идет о том, будет или не будет существовать наша Россия! Да, товарищи! Мы должны прямо и честно взглянуть в лицо фактам. Предатели России, агенты мирового сионизма сумели толкнуть некоторую часть нашего населения на антиправительственные выступления. В течение пяти дней мы терпеливо предлагали им мирно урегулировать их претензии. Но теперь время, отпущенное историей на мирное урегулирование, — это время истекло. Перед лицом иностранной интервенции...

Несколько автоматных очередей прорезали ночь — это Коровин и его компания с крыши заднего вагона своего поезда пытались обстрелять паровоз, толкающий их состав. Но пули легко отскакивали от стальной обшивки паровозного бункера. А в ответ на коровинскую стрельбу танк, стоявший на открытой платформе, сначала медленно поднял дуло своего орудия, а затем одной короткой очередью из крупнокалиберного пулемета поджег крышу вагона, на котором залегли коровинцы. И хотя ветер почти сорвал пламя, Коровин понял, что все его автоматы и ручные пулеметы — ничто перед этим танком и силой паровоза, толкающего поезд и несущего его сквозь тайгу.

Сорвав с ног сапоги, Коровин размотал белую портянку и замахал ею в воздухе...

А Стриж объявлял тем временем на всю страну:

— ...Перед лицом поглощения русского Дальнего Востока Японией, Сибири — Китаем, а наших южных республик — Ираном и Турцией, перед лицом реальной опасности прекращения существования русского народа как нации правительство Советского Союза поручило мне сделать следующие заявления.

Первое. Мы самым категорическим образом ставим в известность всех, кто планирует посягнуть на наши священные границы, что любая попытка создания пограничного инцидента и любое нарушение советской границы будут истолкованы нами как начало военной интервенции. И в этом случае мы оставляем за собой право принять все меры для ответного удара как по фронту агрессора, так и по его тылам. Мы готовы встретить эту агрессию...

На телеэкранах возник подземный бункер в Жигулях, в котором под сорокаметровой толщей гранитного пласта расположены Центральный штаб ракетных войск, штаб стратегического резерва Советского Главнокомандования и ядерное бомбоубежище Советского правительства. Впрочем, телекамеры показали зрителям только одно помещение — зал штаба ракетных войск. Здесь перед светящимися экранами компьютеров и радаров сидели молодые офицеры самых различных рангов — от лейтенантов до генералов. Прямая связь с разведывательными спутниками позволяла им почти вплотную видеть развертывание израильских и китайских войск вдоль южного берега пограничной реки Амур. На броне легких танков, которые выкатывались там из люков израильских транспортных самолетов, можно было легко различить голубые шестиконечные звезды...

«До полной боевой готовности атакующих сил противника — сто минут!» — громко доложил какой-то молодой майор на Центральный пост, где в окружении генералов сидел над картой Приамурья Секретарь ЦК КПСС Павел Митрохин. Он был в новеньком маршальском мундире, рядом с ним большие электронные часы уже вели обратный отсчет времени: 100... 99, 55..., 54...99, 53... Одновременно со всех концов зала доносились голоса рапортов: «Американская армия получила приказ «red alert»!»

«Турецкие танковые дивизии заправляются горючим по нормам военного времени!»

«Японская авиация получает боекомплект!»

И здесь же, на экранах контроля готовности советских вооруженных сил:

открывались ракетные шахты в сибирской тайге и звучал рапорт:

— Готовность тактических ракет первого удара — 2 минуты!..

поднимались к небу гигантские туловища ракет, замаскированных на железнодорожных платформах:

— Готовность стратегических ракет первого удара — 2 минуты!..

развертывались к бою целые ракетные батареи:

— Ракетные батареи Дальневосточного военного округа к бою готовы!..

бомбардировщики получали полный боезапас ракет и снарядов:

— Готовность стратегических бомбардировщиков — 1 минута!..

А электронные часы рядом с Митрохиным все продолжали обратный отсчет времени: 97,32...97,31...97,30...

Камера вернулась в кабинет Стрижа, он сказал:

— Дорогие товарищи! Наше правительство отдает себе отчет в серьезности создавшейся ситуации. Еще никогда мир не стоял так близко к началу термоядерной войны, как сейчас. История спрашивает: с кем вы, русские люди? Будем ли мы продолжать братоубийственную гражданскую войну для того, чтобы завтра Россия исчезла со всех карт мира и вместо нее желтые и семитские расы разорвали тело нашей Родины на географические клочки? Или по старой русской традиции мы сплотимся в единый кулак и дадим мощный отпор очередному иностранному вторжению?..

Восемнадцать заложниц на полном ходу поезда переходили из последнего вагона на платформу с танком. Здесь их встречали Стасов и Обухов, считали: «Шесть... Восемь... Десять...» Еще двое «афганцев» вели освобожденных в следующий, ближний к паровозу вагон.

— ...Братья и сестры! — обращался Стриж к стране. — Русские люди! Когда враг на пороге, когда желтые руки уже тянутся через нашу границу к нашим домам и колыбелям наших детей, все наши внутренние распри, разжигаемые вашими врагами и их агентами, должны быть отодвинуты на задний план! Мы должны собраться как одна семья! Поэтому:

Мы, Советское правительство, объявляем в стране военное положение.

Мы объявляем срочную мобилизацию в армию всего мужского населения и полную и безусловную амнистию всем, кто был введен в заблуждение вражескими агентами и принимал участие в антиправительственных действиях. В течение ближайшего часа все мужчины в возрасте от семнадцати до пятидесяти лет должны явиться в свои районные военкоматы и на мобилизационные пункты.

Товарищи! Через девяносто шесть минут может начаться третья мировая война. Родина находится в смертельной опасности! Те, кто даже в этой ситуации не прекратит антиправительственных действий, сами раскроют народу свою антирусскую суть, свою истинную миссию китайско-израильско-японских агентов. Но эти предатели России уже не смогут рассчитывать на нашу пощаду. Суровый меч народного гнева найдет их и покарает!

Друзья мои! Мы можем и должны остановить агрессоров на пороге нашего дома! Да здравствует братское единение всех народов нашей страны! Наше дело — русское, наше дело — правое! Мы спасем нашу Родину!

Когда все восемнадцать заложниц, изнасилованных уголовниками, перешли на платформу, Обухов отцепил эту платформу от последнего вагона поезда зеков, а Стасов скомандовал машинисту своего паровоза: «Все, тормози...»

И почти тут же между платформой и поездом зеков возникла щель, которая все росла и росла, превращаясь в темное морозное пространство разрыва. Наконец паровоз, толкавший поезд, окончательно затормозил, а затем и вообще покатил назад, таща за собой вагон и платформу с танком.

А издали, с крыш поезда, который по инерции еще катил по рельсам через уральскую тайгу, смотрели им вслед зеки-уголовники и доктор Майкл Доввей. Кто-то из уголовников в бешенстве послал в ту сторону несколько автоматных очередей. Но темная глухая тайга окружала их поезд, бессильно теряющий скорость.

46

**Сибирь, дача в лесу.
19.27 по московскому времени**

Телевизор умолк, а они еще долго сидели в тишине. По оконным стеклам скребла и шуршала метельная поземка.

— Неужели это возможно? — наконец спросила жена, нервно продолжив вязанье.

— Что? — не открывая глаз, спросил он.

— Ну, все это — вооруженные евреи, нападение китайцев?

— Возможно... — вяло и скорей уклончиво, чем утвердительно, ответил Горячев. Он сидел в старом кресле, обитом вытертым плюшем, его колени были по-стариковски укрыты пледом, ноги — в валенках, но он все равно мерз на этой чертовой даче.

— А то, что все восставшие — агенты евреев и японцев? Неужели ты и этому веришь?

— Нет, конечно... — не открывая глаз, сказал Горячев.

— Но тогда этот Стриж — просто мерзавец! Он подтасовывает факты!

Лариса глянула на мужа — почему он молчит? Здесь, в ссылке, каждое слово приходится тянуть из него клещами, даже теперь, когда им приносят газеты и они могут смотреть по телевизору Ижевск и по радио слышать весь мир. В тот вечер, когда Миша понял, что он зря голодал, что нигде в мире нет никаких демонстраций с транспарантами «Свободу Горячеву» и никто, ни один нобелевский лауреат не шлет новому кремлевскому правительству протесты по поводу их ссылки и изоляции, — он сломался. Еще сутки он провел у радиоприемника, на что-то надеясь, а затем — не только навсегда выключил радио, но и сам как бы выключился из жизни. И даже не возмущался тем, что свою откровенно шовинистическую политику Стриж и Митрохин проводят, прикрываясь его, Горячева, именем. А как-то враз, в одночасье стал опустившимся стариком, потерявшим все: надежду, силу воли и смысл жизни. Ведь на этой «даче» они лишены и того, что имеют зеки в лагерях и тюрьмах: общения с сокамерниками и пусть принудительной, но съедающей время работы. Замершее над дачей время добивало Горячева, превращало его в ничто, в молчальника.

— Ты слышишь? Я сказала, что этот Стриж — мерзавец! — повторила Лариса, нервно качнувшись в своем плетеном кресле-качалке. Она не могла сидеть и молчать, как муж, часами, днями, неделями. Она — которая была первой леди России, которая распоряжалась министрами и покровительствовала режиссерам, писателям, художникам! Черт возьми, пусть он выдавит из себя хоть пару слов! В конце концов, не он один страдает на этой даче, больше похожей на гробовой склеп в лесу. — Ты слышишь?

— Я слышу, — произнес Горячев, не двигаясь. — Он гений...

— Кто гений? — Лариса изумленно, всем своим маленьким худеньким телом повернулась к мужу и даже перестала вязать. — Стриж — гений?! Этот индюк?

Горячев тихо закивал головой.

— Но почему?

Горячев вздохнул и открыл глаза.

— Потому что он гениально пользуется ситуацией. Любой ситуацией. Даже теперь... Как только китайцы нападут, вся страна объединится вокруг правительства, и народ сам арестует мятежников. А потом он быстро уладит пограничный конфликт...

— А если китайцы не нападут? Ведь он их предупредил, ты же видал!

— Да, это странно — зачем он вылез на экран, если ему нужна война?.. А впрочем... — Горячев вдруг замолк, пораженный еще одной догадкой.

— Впрочем — что? Ты можешь родить хоть несколько слов? — почти с ненавистью сказала Лариса.

Он посмотрел на нее впервые за весь этот вечер. Как странно! Почему именно после ее идиотских вопросов к нему приходят идеи-открытия?

— Что «впрочем»? — теряя терпение, произнесла Лариса.

— Да так... Не важно... — И он опять умолк.

— Почему не важно? Важно! Мне важно услышать хотя бы три слова в день! Ты понимаешь? Мне это важно!

— Не кричи на меня! Ты же слышала, что он сказал: через пару часов евреи попробуют прорваться в Китай и начнется война. Что тут не ясно?

— Но после его предупреждения ни китайцы, ни японцы уже не осмелятся! Да и евреи тоже...

— Ты думаешь? — Горячев усмехнулся. — А что, если не евреи нападут на пограничников, а наоборот? Если пограничники нападут на лагеря и начнут там расстреливать, результат ведь будет тот же, верно? Израильтяне ринутся спасать своих! А войдут за ними китайцы или не войдут — не важно. Удар с китайской стороны будет нанесен, и Стриж и Митрохин тут же ударят по Китаю. И развяжут войну. Потому что только война с Китаем может сейчас вернуть им армию и всех тех, кто перешел на сторону восставших.

— Ты хочешь сказать, что... через час все-таки начнется война с Китаем? — недоверчиво, но уже и со страхом произнесла Лариса.

— Максимум — через два часа, — сказал Горячев. — У Митрохина и Стрижа просто нет иного выхода. У них нет армии, понимаешь?

— А «спецназ»? А резервы? Ты же слышал, что он сказал...

— Он сказал! — начал злиться Горячев. — Если бы этот сукин сын был уверен, что войска резерва будут стрелять в народ, он давно расстрелял бы весь Урал, включая свою мать и сестру! В том-то и дело, что у Стрижа есть армия и нет. Половина разбежалась, а остальные... Где гарантии, что, выйдя из казарм, офицеры и солдаты этого резерва тоже не начнут браться с восставшими? Не забудь, что в армии тысячи офицеров, которые обязаны своей карьерой мне! Мне, а не Стрижу и Митрохину! Это я выгнал из армии всех брежневских старперов, а молодым освободил места! Даже если половина из них — скоты и не помнят этого, то вторая половина — помнит! И они шатаются, они могут пойти с народом против Стрижа! Но если начать войну с Китаем, то все — верные и неверные, преданные и диссиденты — все, все пойдут спасать Россию под руководством Стрижа и Митрохина! А тут как раз такой прекрасный случай — евреи у китайской границы! Вечно эти евреи!..

Лариса смотрела на мужа в изумлении. Такого длинного монолога она не слышала уже больше года. Но, Господи, что он говорит? Война с Китаем! Через час!

— Миша, ты в своем уме? — спросила она тихо.

— Я-то в своем уме... — шмыгнул простуженным носом Горячев, вяло и трудно встал с кресла и прошаркал валенками к камину, подбросил в огонь два последних березовых полена. — А вот Стриж и Митрохин — безумцы! Просрут Россию и миллионы поубивают, лишь бы остаться у власти... — Он подошел к замерзшему окну и громко застучал в покрытое инеем стекло. Обычно на этот стук приходил из караульной сторожки один из узбеков-охранников, спрашивал: «Чыво надо?», и Горячев или Лариса просили солдата внести с улицы дрова.

— Не стучи, их там нет... — сказала Лариса.

— Кого нет? — спросил, недоумевая, Горячев.

— Солдат. Они еще днем сбежали все...

— Куда сбежали?

— Куда! Куда! Куда все солдаты сейчас сбегают — по домам. Они ж не такие умные, как ты! Откуда они могли знать, что будет война с Китаем?

Горячев замер у окна, осмысливая ее слова. Еще несколько минут назад все, что он слышал о восстании на Урале, о дезертирстве солдат из армии и даже вся эта речь Стрижа по телевидению казались ему происходящими где-то в ином пространстве, не имеющем отношения к их нынешней жизни. Он так свыкся со своей изоляцией от мира, что и сам изолировал от себя этот мир. И даже то, что охранники этой дачи такие же солдаты, как и тысячи тех, кто бежит в эти дни из армии, — эта простая мысль не приходила почему-то ему в голову.

— А... почему... ты... мне не сказала?

— Что?

— Что они сбежали...

— А зачем? Ты пойдешь их догонять? — насмешливо сказала Лариса. — Или мы пешком пойдем в Москву?.. Тут она осеклась, потому что Горячева уже не было в комнате: он вдруг бегом выскочил во двор, даже не закрыв за собой дверь. Вечерняя поземка тут же стала задувать в комнату снегом, пламя в камине заметалось, Лариса подошла к двери и замерла на пороге, в изумлении и даже с ужасом наблюдая за стремительной трансформацией мужа. Он, этот лысый старик, еще три дня назад не встававший с кровати от слабости, уже бежал к дому от пустой сторожки охраны, и на глазах у Ларисы буквально в считанные секунды, которые занял у него этот пробег, он из ветхого, шаркающего, согнутого старика превращался в крепкого, прямого мужчину шестидесяти с чем-то лет, с широко развернутыми плечами, выпяченной вперед грудью и ликующим лицом. Лариса не могла поверить своим глазам: он враз сбросил с себя не шестнадцать месяцев, а шестнадцать лет!

А Горячев уже взбежал на крыльцо, подхватил Ларису на руки, убрал со своего пути, вбежал в дом и стал торопливо одеваться — пальто, шапку...

— Куда ты?

— Быстрей! Быстрей! Одевайся!

— Куда!

— Туда! Туда! Не знаю! Мы пойдем по дороге! Мы найдем людей! — говорил он совсем так, как персонажи Чехова в «Вишневом саду» — мистически, как лунатик.

— Ты с ума сошел! Там ночь, метель! — Она заступила ему дорогу. — Я тебя никуда не пущу!

Он снова поднял ее и попробовал переставить в сторону, как переставляют вещь, мешающую пройти. Но Лариса крепкими, привыкшими к вязке руками ухватила его за пальто.

— Идиот! Куда ты пойдешь?! В Москву? Они же убьют тебя!

— Не в Москву, а в Свердловск! Как ты не понимаешь! Сейчас в мире есть только один человек, который может остановить войну с Китаем и спасти Россию! И этот человек — я! Мне только нужно добраться до ближайшего телефона! До аэродрома! Ты понимаешь? Эти охранники, уходя, отрезали в будке телефон! Но именно поэтому сюда в любую минуту могут примчаться гэбэшники! Все! Пусти! Мне некогда! — Он оттолкнул ее так резко, что она упала. Но он даже не подумал поднять ее. Он просто спрыгнул с крыльца и почти побежал прочь — в метель, к открытым воротам, освещенным раскачивающимся фонарем.

...Через десять минут, когда она догнала его на пустой и темной зимней дороге, они услышали в задраенном тучами небе низкий рев вертолета. Мигая сигнальными огнями, вертолет летел в сторону дачи. Горячев резко столкнул Ларису

с лесной дороги под ветки деревьев и сам упал рядом с ней
в сугроб.

— Ты псих! Идиот! Сволочь! — плакала Лариса, лежа в
снегу. — Наполеон поганый!..

Он проводил взглядом удаляющиеся по направлению к
даче огни вертолета, резко поднялся, дернул жену за руку:

— Пошли! Бежим! Тут аэродром рядом! Ты слышишь?!

Действительно, слева, за деревьями, был слышен дальний шум реактивных двигателей. Лариса вскочила и поспе-
шила за мужем не столько в силу преданности ему, сколько
от страха остаться одной в этом глухом лесу. А он, уже не
выходя на дорогу, шагал прямо на шум аэродрома — по
сугробам, через завалы какого-то лесного сушняка. Падал,
вставал и снова шел. Лариса, вспотев, с трудом поспевала
за ним, стараясь ставить свои валенки в глубокие следы
мужа.

Тут у них за спиной снова послышался вертолетный гул.
Теперь вертолет на бреющем полете шел от дачи вдоль лесной дороги, высвечивая эту дорогу мощным прожектором.
Но метель уже замела следы беглецов, а сами беглецы в
глубине леса снова нырнули в сугроб, под широкие ветки
разлапистых сосен. И вертолет ушел дальше в ночь.

Беглецы подождали, пока шум вертолета утихнет, поднялись и, не отряхнув свои пальто, побежали к ревущим
где-то за деревьями реактивным двигателям.

Военный аэродром открылся им сразу, неожиданно, прямо за лесным буреломом.

На заснеженном и освещенном прожекторами поле царила лихорадка боевой тревоги: эскадрильи реактивных истребителей готовились к взлету, машины снабжения и заправки
сгрудились у авиастоянок, снегоочистительные машины кли-
ном шли по взлетным полосам, расчищая их от снега.

Горячев кинулся вперед, но не успел пробежать и трех
шагов, как две темные фигуры бесшумно бросились из ку-
стов на него и Ларису, сбили с ног, опрокинули, и... два
ножа уперлись в их шеи:

— Тихо! Одежду! Раздевайтесь... — И рука грабителя сорвала с Горячева его теплую шапку.

Но это интеллигентное с нерусским акцентом «расдевайтесь» заставило Горячева изумленно взглянуть на его грабителя, и он вдруг вспомнил его.

— Майкл? Американский врач?

Майкл Доввей ошарашенно раскрыл рот:

— Горячев?!!

А Горячев уже стряхнул его с себя, отнял свою шапку и
властно бросил Коровину, который еще держал нож у горла
Ларисы:

— Ты, падло, отпусти жену! — И, отшвырнув обалдевшего от этой встречи Коровина, поднял Ларису: — Пошли!
Некогда!

Коровин сидел на снегу, хлопая своими зелеными глазами, а Горячев вдруг схватил Майкла за шиворот его зековской робы:

— А ты мне нужен! За мной!

— Куда?

— За мной! За мной! — И уже ничего больше не объясняя, Горячев с такой силой потащил Майкла вперед, что
тот, спотыкаясь в глубоком снегу, послушно последовал за
ним — вперед, к аэродрому.

— Миша! Подожди! — крикнула сзади Лариса, не поспевая за мужем.

Он даже не обернулся. Он выскочил с Майклом на взлетную полосу под луч прожектора, и в тот же миг хриплые
динамики пролаяли:

— Посторонние на шестой полосе! Посторонние на полосе!..

И два армейских «газика» охраны с разных концов аэродрома помчались прямо на Горячева и Майкла Доввея, застывших в скрещении лучей прожекторов.

Горячев стоял спокойно и даже поднял руку, когда первый «газик» подлетел к нему. Из открытой машины с матом
выпрыгнул какой-то молоденький лейтенантик:

— Какого хера?!

— Молчать! — властно перебил Горячев и снял с головы
шапку, обнажив свою лысину с известным всему миру багровым родимым пятном: — Я — Горячев!

По отвисшим от изумления челюстям этого лейтенанта и солдата-шофера «газика» Лариса поняла, что они оба приняли Горячева за выходца с того света.

А Горячев, не сказав больше лейтенанту ни слова, втолкнул Майкла и Ларису в «газик», сам стал рядом с водителем и приказал:

— В штаб! К командиру полка! Быстро!

И ехал вдоль строя готовых к взлету реактивных истребителей, стоя в «газике» и не надевая шапку на свою лысину. Словно снова принимая парад подчиненной ему армии...

Изумленный Коровин стоял на опушке леса, а потом, придя в себя, кинулся им вдогонку:

— А меня? Меня забыли!..

47

**Москва, Центральное телевидение.
20.05 по московскому времени**

В Москве, в диспетчерском зале Останкинского телевизионного центра царила та нервная обстановка, которая свойственна ожиданию правительственного сообщения чрезвычайной важности. По всем каналам Центрального телевидения и правительственным радиостанциям передавали «Патриотическую сонату» Бетховена, увертюру к опере «Весна в России» и марш времен второй мировой войны «Вставай, страна огромная, вставай на смертный бой!»

Сотни телевизионщиков, все политические комментаторы, все редакторы военно-патриотического, молодежного, партийного и других отделов, а также все телеоператоры хроникальных съемок были вызваны по списку военной тревоги еще в самом начале выступления Стрижа и теперь сломя голову бегали по телецентру, по его длинным коридорам, покрытым серой ковровой дорожкой, получали в Генеральной дирекции спецпропуска в зону Дальневосточного военного округа, в бухгалтерии — командировочные деньги, а в отделе технического снабжения — ручные кинокамеры, железные банки с пленкой и противогазы. Самые же пронырливые из них каким-то образом вскрыли в подвале телецентра огромный костюмерный склад студии «Телефильм» и выскакивали из него в военном обмундировании: в овчинных армейских полушубках, валенках, шапках-ушанках, в меховых сапогах или в летных меховых комбинезонах.

Сидящий в дирекции центра генерал Селиванов, представитель Политуправления Советской Армии, лично интервьюировал будущих фронтовых телехроникеров. Он, правда, говорил, что никакой войны еще нет, что нельзя сеять панику и что после предупреждения товарища Стрижа агрессоры могут отменить вторжение. Но никто уже не воспринимал его слова всерьез. Люди хорошо понимали, что если их вызвали на ночь глядя, если выдают аппаратуру и пропуска в зону военных действий, а правительство уже укрылось в бункере Генштаба армии, то дело — будет! Да и не нужно было быть большим политиком, чтобы определить, кому и для чего сейчас срочно нужны телерепортажи об узкоглазых китайских, желтых японских и горбоносых израильских солдатах, «вторгшихся через священные русские границы», «убивающих наших жен и детей», «сжигающих напалмом наши сибирские города и села»...

И те, кто уже получил спецпропуска, аппаратуру и инструктаж генерала и был, следовательно, зачислен в первый журналистский десант, старались теперь опередить друг друга в извечной конкуренции хроникеров за первый материал — они непрерывно названивали в Генштаб Советской Армии, командирам подмосковных армейских аэродромов и начальникам авиаотрядов в гражданских аэропортах и «железно» договаривались о том, что их немедленно, прямо сейчас — до журналистского спецрейса — посадят в самолеты, летящие на Дальний Восток.

И то же самое творилось в эти минуты в редакциях «Правды», «Известий», «Комсомольской правды», «Красной звезды», ТАСС и на Центральной студии документальных фильмов.

Вся страна еще только со страхом считала минуты до истечения объявленного Стрижом двухчасового срока, но для военных журналистов война с Китаем уже началась. Они даже с некоторой бравадой тащили на эту войну ящики с пленкой, коньяком, теплой одеждой и уже открыто, не таясь, обнимали и целовали на прощание тех, любовный роман с кем еще вчера скрывали от сослуживцев...

Но вопреки этой браваде, хохмам, затяжным поцелуям и быстрым выпивкам «на посошок» все — и отъезжающие, и остающиеся — каждые три минуты почему-то оказывались на седьмом этаже телецентра, возле редакции «Последних новостей», соединенной стеклянным окном-проемом с центральным диспетчерским залом. Здесь постоянно толпился народ. Люди с тревогой на бледных лицах поглядывали на хмурых и безмолвных сотрудников «Последних новостей», на суетящегося в диспетчерском зале дежурного режиссера Царицына-Польского и на главный пульт управления Центрального телевидения — стену с пятью десятками экранов. Даже то, что на этих экранах все еще шла лишь пленка с увертюрой к опере «Весна России», — даже это заставляло людей мрачнеть, жадно курить, напряженно поглядывать на висящие всюду большие электрические часы, наспех выпивать внизу, в кафетерии, очередную чашку кофе и снова мчаться лифтом наверх, на тот же седьмой этаж.

Однако время шло, а в «Последних новостях» ничего не менялось. В окружении телетайпов ТАСС, UPI, Reiter, AP и т.д. все так же молча и мрачно курили заведующий отделом, шесть редакторов-международников и два самых известных в СССР ведущих, которым гримеры периодически промокали лица, чтобы они могли в любую секунду, схватив с телетайпа текст заявления ТАСС или Советского правительства, нырнуть за дверь соседней студии «А» и известить страну и мир о начале третьей мировой войны.

Сидя у телетайпов, редакторы напряженно следили за выходящими из них текстами. Все телетайпы, кроме одного, тассовского, стремительно, как швейные машины, прошивали перфорированную бумагу черными строками текста, и она длинными языками тянулась на пол из их кареток. UPI, Reiter, AP, телеграфные агентства «AFRICA» и «ArabWorld» выплевывали дюжины новостей о лихорадке во всем мире по поводу предупреждения Стрижа китайцам, японцам и израильтянам, о панике на биржах, о выступлении глав западных правительств, призывающих СССР и Китай к сдержанности, о переполнении людьми атомных бомбоубежищ в Японии, о боевой тревоге во всех ракетных войсках НАТО и СЕАТО, о тотальной мобилизации в Китае, Северной и Южной Корее, Израиле, Вьетнаме, Индии и СССР.

«Все мобилизационные пункты России переполнены!.. Огромные очереди в военные комиссариаты выстроились не только в Москве и Ленинграде, но и в зоне восстания — в Челябинске, Перми, Ижевске, Кургане и даже в Екатеринбурге!..»

Было совершенно непонятно, откуда — разве что из Центра космической разведки НАТО — у UPI эти сведения.

«Таким образом, — вещали советологи Reiter, — расчеты Стрижа подтверждаются: перед лицом китайского вторжения советский народ начал отходить от восстания, и значительная часть мужского населения сразу же устремилась в армию. А сплотить вокруг правительства всех остальных помогут первые же телекадры китайско-израильской интервенции. И напрасно руководители восстания еще твердят по своим радиостанциям о том, что вся эта военная истерия — провокация Патриотического правительства. Русские уже их не слушают...»

Да, страна уже не слушала уральские радиостанции и голоса Зарудного, Стасова, Колесовой и других руководителей восстания. Страна слушала военные марши и «Патриотическую сонату» и с минуты на минуту ждала официального сообщения о начале войны с Китаем. Царицын-Польский смотрел на огромные электрические часы на стене, показывающие время в Москве, на Урале, в Хабаровске и во Владивостоке, видел, что на хабаровском циферблате стрелки приближаются к роковой цифре «4 утра», и все чаще поглядывал за стеклянное окно в комнату редакции «Последних новостей». Но там самый главный — тассовский — телетайп по-прежнему молчал, не выдавая ни строки. И пусто, серо было на экранах правительственной телесвязи.

— К черту! К черту! Чтоб я вас тут не видел больше никого! — Царицын-Польский нервно вытолкнул в коридор очередных зевак, постоянно заглядывающих в зал, захлопнул дверь и даже запер ее, включил табло «НЕ ВХОДИТЬ!!!». «С-с-с-суки!» — выругал он про себя некое высшее начальство, видя, что пленки с увертюрой к «Весне в России» осталось в видеомагнитофоне меньше чем на две минуты. Конечно, суки! Ведь совершенно ясно, что война уже решена и даже скорей всего началась. Так зачем же мучить людей, держать в напряжении, изматывать нервы? И что ставить после увертюры? «Патриотическую»? Или опять «Весну России»? Или марш из «Спартака» Хачатуряна?

Царицын-Польский уже протянул руку к стеллажу с табличкой «ОФИЦИАЛЬНАЯ МУЗЫКА (Патетика)» и взял кассету с пленкой «Спартака», когда за его спиной раздался характерный звук включения пульта видеосвязи. Режиссер замер, не поворачиваясь, его плечи одеревенели, а ноги сразу стали ватными. Итак, началось! Война! Господи, продли последний миг этого еще мирного бытия и сделай чудо! Сделай чудо! Не допусти, чтобы наши бросили на Пекин атомную бомбу! Ведь и у китайцев есть стратегические ракеты с ядерными боеголовками, а у меня дети, трое детей!..

— Товарищ Царицын! Повернитесь наконец к камере! — произнес у него за спиной удивительно знакомый голос — до того знакомый, что Царицын-Польский от изумления не поверил сам себе и решил, что он сходит с ума.

Он стремительно повернулся к пульту видеосвязи в надежде, что этот голос ему просто померещился. И от испуга выронил из рук кассету со «Спартаком».

На одном из шести экранов пульта видеосвязи был Михаил Сергеевич Горячев — лично, сам! За его спиной стоял какой-то небритый молодой мужчина, тоже удивительно знакомый, но кто это, Царицын-Польский не мог сейчас вспомнить. А вот Горячев.

— Слушайте меня внимательно, — сказал с экрана Горячев. И вдруг поморщился: — Да закройте рот! Я же не с того света. Я говорю из штаба Курганской авиационной дивизии. Немедленно выпустите меня на все каналы телевидения!

— Но... но... но это... Мне же нужно разрешение... — пролепетал Царицын-Польский.

— Очнитесь, Царицын! — нетерпеливо перебил Горячев. — Какое разрешение? Я — Президент Советского Союза! Вы понимаете? Я глава правительства. Выполняйте! Выпустите меня на все каналы, немедленно!

— Но! Но я же не могу без... — Царицын-Польский бессильно оглянулся и обнаружил, что он один в зале. «Ну да, — вспомнил он, — я же сам выгнал всех зевак!»

— Идите сюда! — властно приказал с экрана Горячев. — Ближе!

Все еще не веря своим глазам, все еще считая, что он бредит, Царицын-Польский приблизился к пульту видеосвязи и только теперь обратил внимание на то, что Горячев все-таки стал чуть иным — похудел, постарел и полысел окончательно. Но глаза, взгляд, голос — все осталось прежним...

— Слушайте, Царицын, у вас есть дети? — быстро сказал Горячев. — Вы хотите, чтобы китайцы бросили на них атомную бомбу? Только я могу остановить эту войну. Только я! Вы понимаете? Но у меня есть считанные секунды. Садитесь за пульт! Садитесь, я приказываю!

Царицын-Польский скорее механически, чем сознательно, подчинившись магнетизму горячевской воли, сел за огромный пульт управления телевещанием.

— А теперь сразу вспомните лица своих детей и близких, — уже спокойнее диктовал ему Горячев. — Вспомнили? Так вот: сделайте это ради них, ради их спасения, переведите меня сразу на ВСЕ каналы! Сразу! На все! Ну! Молодец!..

Царицын-Польский движениями робота защелкал кнопками и рычажками на пульте, но по мере того как лицо Горячева вдруг стремительно размножилось на пятидесяти телеэкранах главного пульта, душа Царицына проснулась и вдруг возликовала от его собственной смелости.

— Звук! Полный звук! — напомнил ему Горячев. — Спасибо!

— Все! Вы в эфире! — задушевно крикнул ему Царицын-Польский.

— Дорогие товарищи! — громко сказал Горячев, и все те, кто только что куда-то мчался по коридорам телецентра, кто смотрел телевизор дома или на работе, — все изумленно застыли у экранов. — Дорогие товарищи! — повторил Горячев. — Сейчас мое выступление транслируется по всем каналам советского телевидения и через спутники связи — на весь мир. Я прошу всех без исключения советских людей считать, что если моя речь будет прервана или мое лицо исчезнет с экрана, это будет сделано по приказу тех, кто хочет буквально сейчас, через несколько секунд, начать советско-китайский военный конфликт, который немедленно приведет к третьей мировой войне. Товарищи! У меня нет времени объяснять вам, где я был эти долгие шестнадцать месяцев. Позвольте сразу приступить к делу...

Да, это было как шок, как удар паралитического оружия.

Вся страна, еще минуту назад сидевшая у телевизоров в ожидании объявления войны с Китаем, — вся страна встала от изумления, все двести пятьдесят миллионов человек вскочили на ноги, не веря своим глазам. Горячев на экране!

А он продолжал, и его голос вдруг стал таким, каким его еще никогда не слышала публика, но каким его хорошо знали все те его приближенные, кто когда-то говорил, что «у Горячева мягкая улыбка, но стальные зубы».

— Вниманию всех командиров Советской Армии! Вниманию всех солдат, офицеров, генералов и маршалов! Вниманию командующего Дальневосточным военным округом генерала Купцова! — властно и по-военному четко приказывал Горячев. — Я, Михаил Горячев, Президент СССР, от имени всего советского народа приказываю: немедленно остановить все передвижения наших войск, отменить боевую тревогу и вернуть войска в казармы. Все, кто нарушит этот приказ, подлежат безоговорочному увольнению из армии и преданию суду народного трибунала! Генерал Купцов! Соединитесь по видеосвязи с диспетчерским пультом Московского телевидения и доложите народу о выполнении приказа! Я даю вам пятнадцать секунд. В случае вашего невыхода на связь вы уволены из армии и разжалованы! Товарищ дежурный режиссер Центрального телевидения, обеспечьте возможность видеть генерала Купцова, но не убирайте мое лицо с экрана...

Понял! Вас понял! — ликуя, выкрикнул Царицын-Польский, чувствуя себя уже не дежурным диспетчерского зала, а диспетчером Истории. Боковым зрением он видел, как за стеклянным окном-проемом в комнату «Последних новостей» набились десятки изумленных, встревоженных, обрадованных людей. А сквозь эту густую толпу пытались протиснуться вперед озлобленные цензоры Главлита и красный от бешенства генерал Селиванов из Политуправления армии. Тесная стена журналистов словно нарочно не расступалась, не пропускала цензоров и Селиванова...

В этот момент хмурое лицо генерала Купцова, командующего Дальневосточным военным округом, появилось на втором экране пульта видеосвязи, и Царицын-Польский немедленно перебросил это изображение на главный экран, разделив этот экран пополам — на одной половине лицо Горячева, на второй — лицо Купцова.

— Товарищ Горячев, я вам не подчиняюсь, — сухо сказал Купцов. — Я подчиняюсь министру обороны.

— Вы служите народу и подчиняетесь народу, генерал. И маршал Вязов — тоже...

— Это демагогия! Кто пустил вас на телевидение?

— Народ, которому не нужна война с Китаем. Запомните, Купцов: те, кто приказал вам через несколько минут атаковать евреев и китайцев, — преступники.

— С чего вы взяли, что у меня есть такой приказ?

— Я знаю. Ваши войска...

— А может, вы преступник? — насмешливо перебил Купцов. — Как вы можете приказывать вернуть солдат в казармы, когда китайцы и израильтяне должны вот-вот напасть? У меня есть данные воздушной разведки...

От этого откровенно хамского тона, очевидного всему миру, Горячев запнулся, и даже по телевизору было видно, как бурой кровью бешенства налились его лицо и лысина, а родимое пятно стало просто черным. Но он тут же взял себя в руки, сказал спокойно:

— С китайцами мы сейчас поговорим. Товарищ Царицын, сколько у вас каналов видеосвязи?

— Шесть, — отозвался Царицын-Польский, уже с беспокойством поглядывая на приблизившихся к окну-проему цензоров Главлита.

— Замечательно, — сказал Горячев. — Я прошу китайских руководителей срочно выйти на видеосвязь. Товарищ Царицын, назовите им код нашего спутника видеосвязи.

— Но я не имею права... — снова испугался Царицын-Польский.

— Я приказываю: назовите код космической связи, чтобы китайские товарищи могли выйти на связь!

Глухой стук покрыл его слова. Это в комнате «Последних новостей» цензоры Главлита, пробившиеся наконец сквозь толпу, кулаками колотили в небьющееся толстое стекло окна-проема диспетчерского зала. Одновременно раздались сильные удары в дверь.

— Что там за стук? — спросил Горячев.

— Меня сейчас арестуют... — обреченно сказал Царицын-Польский.

— Покажите их. Покажите их народу! — приказал ему Горячев. — Быстрее!

Царицын-Польский спешно включил третий канал видеосвязи и вручную повернул ее объектив к двери, которая в этот момент распахнулась под напором рвущихся в комнату гэбэшников Первого отдела и генерала Селиванова.

Шесть дюжих мужчин с пистолетами в руках ввалились в диспетчерский зал, но тут же и замерли на месте, увидев себя на всех пятидесяти экранах главного пульта. Лишь генерал Селиванов рванулся вперед, к диспетчерскому пульту, но в этот момент прозвучал голос Горячева:

— Генерал Селиванов, отставить! Вас видит вся страна! Если вы тронете хоть одну кнопку на пульте, народ завтра же растерзает вас и ваших детей! Кругом и шагом марш из зала! Товарищ Царицын, закройте за ними дверь. Сейчас мы будем разговаривать с руководителями Китая. Генерал Селиванов, обеспечьте, чтобы нас никто больше не прерывал. Царицын, назовите код нашего спутника, чтобы китайские товарищи могли выйти на видеосвязь.

— Но это же секретно! Я не имею права, Михаил Сергеевич! — взмолился Царицын-Польский.

— Я приказываю!

— Не нужно, товарищ Горячев, — вдруг прозвучал в эфире мягкий голос с явно нерусским акцентом. И одновременно на третьем экране пульта видеосвязи появилось изображение большого служебного кабинета, в котором сидело все китайское правительство: Председатель коммунистической партии Китая, премьер-министр, министр обороны, начальник Генштаба китайской армии, глава китайской разведки и еще несколько человек. Председатель китайской компартии тихо произнес несколько слов, а сидящий рядом молодой переводчик тут же перевел: — Мы давно знаем код вашего спутника видеосвязи, это не такой уж большой секрет. Мы рады, товарищ Горячев, видеть вас живым и здоровым.

— Спасибо, — усмехнулся Горячев. — Я предлагаю начать переговоры прямо сейчас, по видеосвязи. При мне находится английский переводчик господин Майкл Доввей. Я хочу, чтобы с его помощью весь мир понимал, о чем сейчас пойдет речь. Генерал Купцов, имейте в виду: если сейчас у вас в Уссурийском крае прозвучит хоть один выстрел, я отдам вас под трибунал! Переводите же, Майкл!..

Изумление, оторопь и восхищение возникли на лицах всех тех, кто в комнате «Последних новостей» прильнул сейчас к окну-проему в диспетчерский зал...

Ажиотаж журналистского захлеба воцарился в московских бюро иностранных телеграфных агентств, где сидящие перед экранами телевизоров иностранные журналисты стремительно комментировали эту цепь сенсационных событий: возникновение из небытия Михаила Горячева, его необычную дискуссию с генералом Купцовым, воскрешение из мертвых врача американского посольства Майкла Доввея, телевизионные переговоры Горячева с китайским правительством...

Нервное напряжение выбелило лица командования в штабе Курганской авиационной дивизии. Командир дивизии, его заместители и еще с десяток офицеров стояли вокруг пульта видеосвязи, перед которым сидел Горячев, ведя эту еще час назад немыслимую международную телеконференцию. Каждый из офицеров знал, что если Горячев не выиграет эту телевизионную битву, это будет не только его Ватерлоо, но и конец их собственной биографии. Здесь же, нервно ломая пальцы, стояла Лариса Горячева... И не меньшее напряжение царило сейчас по всей стране: в штабе восстания на Урале, где Зарудный, Стасов, Акопян, Гусько, Обухов, Ясногоров и еще десятки руководителей восстания сгрудились вокруг телевизора...

в военкоматах и на призывных пунктах, где миллионы мужчин уже получали армейское обмундирование...

в воинских частях и казармах...

в матросских кубриках и в офицерских кают-компаниях атомных авианосцев и ракетных подводных лодок...

и даже в Жигулях, под сорокаметровой толщей гранитного укрытия Центрального бункера штаба стратегических и тактических ракетных войск. Здесь, в кабинете Председателя Совета Обороны, Митрохин, стоя у пульта видеосвязи, кричал Стрижу: «Мы должны вмешаться! Я выйду на связь с Московским телецентром и скажу ему!...» — «Не смей! — холодно отвечал Стриж. — Он только этого и ждет! Если мы вмешаемся, мы будем играть в его игру!» — «Но тогда его надо прервать, выключить!» — «Не будьте идиотом, Павел! Тот, кто его сейчас прервет, подпишет себе смертный приговор!» — «Но что же делать?!!» — «Думать...» А рядом с ними сидела перед телевизором народная артистка СССР, солистка Большого театра Полина Чистякова. Она смотрела на экран, но видела не Горячева, а Майкла. Смотрела и молча плакала...

— Уважаемые китайские товарищи, — говорил между тем Михаил Горячев под синхронный перевод Майкла Доввея. — Два часа назад товарищ Стриж объявил, что совместно с Японией и Израилем вы готовите интервенцию в Сибирь. Вы разрешили израильским десантникам расположиться вдоль нашей границы, ваша армия приведена в состояние боевой готовности, и порядка шестидесяти дивизий подтянуты к нашей границе. Можете ли вы объяснить эти действия? Извините за прямоту вопроса, но наш разговор видят и слушают два миллиарда людей во всем мире. И эти люди хорошо понимают, что во многом товарищ Стриж прав: если внутри нашей страны сейчас происходит раскол и дестабилизация, то это лучший момент для иностранного вторжения. Но даже в этом случае риск ответного ядерного удара слишком велик. Или вы так не считаете?

Председатель китайской компартии и остальные китайцы выслушали Горячева с совершенно непроницаемыми лицами. Затем Председатель снова коротко сказал что-то по-китайски, а переводчик перевел:

— Товарищ Председатель интересуется, примут ли участие в нашей телевизионной беседе товарищи Стриж и Митрохин?

Горячев улыбнулся:

— Мне кажется, что на этих переговорах дело не в персональном составе советской делегации. Будем считать, что вы разговариваете со всем советским народом. А что касается товарищей Стрижа и Митрохина, то... Я не сомневаюсь, что дежурный режиссер московского телевидения всегда найдет для них свободную линию связи, если они захотят присоединиться к нашему разговору.

— Не будет ли возражать советская сторона, если в нашей беседе примут участие представители государства Израиль? — спросили из Китая.

— Это было бы замечательно, — сказал Горячев. — Товарищ Царицын, сколько свободных каналов телесвязи у вас осталось?

— Три... — ответил Царицын-Польский.

— Нет, — поспешили с китайской стороны. — Для Израиля не нужна отдельная линия. Представители Израиля здесь, у нас... — И при этих словах переводчика в кабинет Председателя китайской компартии вошли двое мужчин в израильской военной форме: министр обороны Израиля генерал Натан Шамран и начальник МОССАДа генерал Бэрол Леви. Оба сели за стол рядом с китайцами, и Председатель что-то сказал им по-китайски. Бэрол Леви кивнул, повернулся к камере и... заговорил по-русски:

— Здравствуйте. Меня зовут Бэрол Леви, я начальник израильской разведки. Поскольку мой папа вывез меня из России не так уж давно — всего тридцать лет назад, то я еще помню русский язык. Позвольте представить вам генерала Натана Шамрана, министра обороны Израиля. Китайская сторона оказала нам честь, предложив начать эту беседу с той информации, которой мы располагаем на сию минуту. Разрешите начать?

Китайцы, которым их переводчик шептал слова перевода, закивали головами. Горячев сказал «пожалуйста», и только генерал Натан Шамран, сидя с замкнуто-холодным лицом, слушал перевод Майкла Доввея.

— Одним из первых результатов вашей политики гласности, — сказал Бэрол Леви, глядя в огромный, почти во всю стену кабинета, японский кристаллический телеэкран, на котором ясно читалось лицо Горячева, — был выплеснувшийся наружу антисемитизм. При этом антисемитизм не столько народный, русский или украинский, сколько антисемитизм среднего слоя партийных руководителей...

— Я думаю, это уже история, — нетерпеливо сказал Горячев.

— Вы правы, — спокойно ответил Бэрол Леви. — Но почти все исторические катастрофы начинаются с еврейских погромов...

— Может, мы обойдемся без лекций? — сухо спросил Горячев скорее у китайцев, чем у Бэрола Леви. Он уже явно терял терпение. Но китайцы молчали с непроницаемыми лицами, а Бэрол Леви лишь усмехнулся:

— Почему? Вы замечательный политик, Михаил Сергеевич, и никогда не упускали возможности выступить перед
международной аудиторией. А сегодня мы имеем возможность кое-что сказать вашему народу и его антисемитским
вождям. Это бывает не так часто. Дело в том, что история
постоянно дает антисемитам жуткие уроки, но они не хотят
учиться. Не будем говорить о Древнем Египте, поговорим
только о нашем веке. Конечно, Гитлеру удалось истребить
почти шесть миллионов евреев, но вспомните, чем он кон-
чил и что случилось с Германией. А к чему привел антисемитизм в Аргентине? В Иране? Вы, господин Горячев, не
обратили внимания на рост антисемитских обществ «Память» и «Патриоты России» и в результате потеряли власть.
Стриж и Митрохин выселили евреев на сибирскую каторгу,
и в результате русский народ имеет гражданскую войну. Пой-
мите же наконец: когда муравей укусит человека, человек
не ищет укусившего его муравья, человек топчет весь муравейник! Я не хочу сказать, что я знаю действия Бога, но я
верю, что мы, евреи, — избранный Богом народ. И Бог рано
или поздно наказывает наших врагов не по одному, а раз-
рушает весь их муравейник! Два часа назад господин Стриж
заявил о том, что он может бросить на Урал восемнадцать
дивизий стратегического резерва. Это неправда. У нас есть
самые точные данные о том, что с первого дня уральского
восстания каждая дивизия, которую кремлевское правительство бросало на подавление восстания, при выходе из
казарм тут же разбегалась или переходила на сторону восставших.

Таким образом, практически в руках у Стрижа и Митрохина нет никакой армии, а есть лишь отдельные батальоны
«спецназа», пограничные войска КГБ и несколько ракетных
соединений...

В Жигулях, в бункере Генштаба стратегических войск,
Роман Стриж, показывая на экран телевизора и багровея от
бешенства, медленно шел на министра обороны маршала
Вязова:

— Откуда он может это знать? Я тебя спрашиваю: откуда жиды могли узнать...

Митрохин встал между ними, сказал Стрижу:

— Подождите, Роман! Сейчас не время! Я предлагаю атаковать Курган и уничтожить Горячева.

— Чем атаковать?! — повернулся к нему Стриж. — Кретин! У него же авиация!

— Можно ракетами, — сказал Вязов. — Тактическими...

— Небольшая Хиросима в Ижевске сразу все успокоит, — объяснил Митрохин.

— Ты забыл про жидовское парапсихологическое оружие. Они же предупреждали... — сказал Стриж с горечью.

Тем временем генерал Бэрол Леви продолжал:

— Вы совершенно своевременно остановили генерала Купцова, господин Горячев. До восстания на Урале Стриж и Митрохин разрабатывали планы короткой войны с Японией и Израилем, но теперь такая «маленькая» война уже не смогла бы вернуть народ под власть Кремля. И поэтому в Кремле родилась идея войны с Китаем. Потому что для русских страшней Китая нет ничего, даже меня в детстве пугали: «Вот придут китайцы!» При этом, по первоначальному плану Стрижа, провокация пограничного конфликта была проста и примитивна...

Бэрол Леви развернул перед телекамерой планшет с подробной картой размещения советских и китайских войск по обе стороны реки Амур и стал показывать пальцем:

— Части советского «спецназа» должны были напасть на китайских пограничников вот здесь и затем отступить, увлекая китайцев далеко в глубь советской территории, вот сюда, в Уссурийский край. Таким образом, два миллиона евреев были обречены на истребление сначала китайской армией, потом — советской...

В бункере Генштаба стратегических войск Роман Стриж медленно и словно бы невзначай потянул на себя ящик письменного стола, где у него лежал пистолет. Их было в кабинете только трое: Стриж, Митрохин и Полина Чистякова. И Митрохин столь же малозначительным внешне жестом потянулся к своему карману. Но в этот миг взгляды Стрижа и Митрохина встретились, они поняли друг друга, и Стриж глухо сказал:

— Этот план знали только двое — ты и я...

Но Митрохин вдруг приложил палец к губам, отрицательно покачал головой и показал Стрижу три пальца. Затем он неслышно встал со стула, на цыпочках, по-кошачьи подкрался к двери кабинета и, достав из кармана кителя пистолет, вдруг резким пинком сапога ударил по двери и выбежал в приемную. Здесь, за своим столом, сидел с телефонной трубкой в руке молодой кремлевский секретарь Стрижа. От неожиданного появления Митрохина и грохота распахнувшейся двери он не успел даже нажать на рычаг телефонного аппарата. Митрохин вырвал у него трубку и крикнул в кабинет Стрижу:

— Роман, скажите что-нибудь, громко!

Но Стриж лишь прибавил звук телевизора, и Митрохин услышал этот звук в телефонной трубке.

— Сволочь! — выкрикнул Митрохин и в упор выстрелил в секретаря Стрижа, а затем повернулся к вбежавшим на звук выстрела офицерам Генштаба. — Уберите израильского шпиона!.. — И вернулся в кабинет Стрижа: — Эта сволочь!.. — произнес он еще в запарке. — У меня было подозрение... — И вдруг его осенило: — Слушайте, Роман! Если он шпион, то никакого парапсихологического оружия у Израиля не было и нет! Мы можем действовать!

— ...А теперь подумайте сами, Михаил Сергеевич, — говорил между тем по телевизору Бэрол Леви. — Когда вашему народу стала угрожать реальная опасность, вы ухитрились даже сбежать из ссылки, чтобы спасти страну и свой народ. Мы тоже не можем допустить гибели евреев, которых русское правительство сослало в Сибирь. Мы попросили китайское правительство разрешить нам разместить вдоль границы наши войска, и мы организовали воздушный десант с продовольствием из Японии. О, конечно, в ящиках с продуктами было и оружие, я не отрицаю. Я сам руководил этим десантом и сам раздавал оружие евреям в ваших концлагерях. А разве вы бросили бы своих людей безоружными?

Таким образом, мы сорвали первый план вашего Патриотического правительства. Остальное, я думаю, понятно. Вы бы не стали кричать на генерала Купцова и требовать, чтобы он вернул своих солдат в казармы, если бы сами не раскусили новый замысел Стрижа и Митрохина. За четыре минуты до вашего появления на телевидении генерал Купцов получил приказ напасть на евреев в Уссурийском крае и устроить там бойню, тотальное истребление. Конечно, мы бы вмешались, а как же иначе? Но именно этого и хотят Стриж и Митрохин — чтобы, спасая русских евреев, наша танковая дивизия перешла вашу границу в Уссурийском крае. Тогда генерал Купцов атакует Китай тактическим оружием, и, пожалуйста, советско-китайская война началась; русский народ объединится для защиты родины под руководством Патриотического правительства. Как видите, эта игра была рассчитана с безукоризненной логикой. Другое дело — успел или не успел бы генерал Купцов отдать приказ о ракетном ударе по Китаю... Так вот, я хочу сказать генералу Купцову: если бы господин Горячев задержал свое появление на телевидении еще на сорок три секунды, то вы, генерал, — Бэрол Леви взглянул на свои наручные часы, — вы уже семь минут назад были бы мертвы. Таким образом, за эти семь минут своей жизни вы уже можете сказать спасибо господину Горячеву. А остальное все еще зависит от вас, генерал. Стоит вам отдать приказ о ракетном пуске — и... вы не успеете узнать, произойдет этот пуск или нет. Но я бы не советовал вам, Купцов, проверять мои слова, — улыбнулся в свою рыжую бороду Бэрол Леви.

— Врешь! На пушку берешь! — почти радостно сказал Митрохин в экран телевизора. И крикнул в глубину бункера: — Вязов! Вязова сюда!

И вдруг Полина Чистякова, неподвижно, со слезами на глазах сидевшая в углу кабинета, вскочила с кресла и рухнула на колени перед Стрижом и Митрохиным.

— Нет!!! Не-е-ет! — закричала она. — Не убивайте! Роман! Павел! Не убивайте их!

— Пошла вон, проб..! — Стриж отбросил ее ногой.

— Уберите эту дуру, — приказал Митрохин своим офицерам.

— Все, я закончил, — сказал Бэрол Леви. — Все политические аспекты этих переговоров уже не по моей части...

— Спасибо, — ответил ему Горячев. — Приказ о нападении советских войск на лиц еврейской национальности, заключенных в Уссурийском крае, я уже отменил. Вы слышите, Купцов? Второе. Этот нарыв — я имею в виду концентрацию лиц еврейской национальности в Уссурийском крае — должен быть ликвидирован чисто мирным путем. Я предлагаю: в обмен на гарантии отмены китайской интервенции мы открываем свою границу, и все евреи, которые захотят, могут уйти через границу в Китай. Оттуда, как я понимаю, их вывезут в государство Израиль...

— Эти гарантии могут быть пустым звуком! — хмуро сказал генерал Купцов.

— Я думаю, что пустым звуком могут быть любые гарантии. Но здесь особый случай, — сказал Горячев и впервые дал Майклу Доввею достаточную паузу для полного перевода его слов. — Мы ведем эти переговоры на глазах всего земного шара. Если кто-то из нас нарушит свои обещания, он дискредитирует себя в глазах не только всего мира, но в первую очередь в глазах своего собственного народа. Поэтому я готов поверить китайским товарищам на слово...

Министр обороны Израиля генерал Натан Шамран вдруг бросил несколько реплик на иврите, и, кажется, именно в этот миг по советскому телевидению впервые в истории прозвучал иврит. Бэрол Леви перевел:

— Господин Натан Шамран считает, что прежде всего мы должны получить гарантии от советской стороны. А именно: советское правительство гарантирует, что впредь не будет искать решение своих внутренних проблем путем начала международного военного конфликта на китайской границе или в любом другом месте. Второе. Скажите, господин Горячев, что будет считаться «добровольным решением», на основе которого любой еврей, заключенный сейчас в Уссурийском крае, сможет перейти в Китай? Свободный выбор этих людей должен быть гарантирован присутствием в лагерях наших наблюдателей...

— Нет, пусть там будет международная комиссия... — быстро и с какой-то явно торгашеской поспешностью вставил Горячев. И было в этой его поспешности вдруг столько характерной еврейской интонации, что стоящие в редакции «Последних новостей» тележурналисты прыснули от смеха, израильтяне Бэрол Леви и Натан Шамран засмеялись, и даже невозмутимые китайцы сначала улыбнулись, а затем и открыто расхохотались.

И вместе с ними хохотал в этот миг у телевизора весь мир — простые работяги Урала, артисты Большого театра в Москве, американский Президент в Белом доме, Зарудный, Гусько, Акопян и Стасов на Урале, советские евреи, стоявшие у радиоприемника в уссурийском концлагере.

И, хохоча вместе со всем миром, вытирая слезы смеха, возбужденные журналисты-телекомментаторы кричали в эфир:

— Он сделал это! Он сделал это! Великий русский президент Михаил Горячев вновь вышел на международную арену и выиграл свое Ватерлоо! Он сам, лично, один, организовал на наших глазах великое телешоу двадцатого века — впервые в мире открытые телевизионные международные переговоры на высшем уровне! Гениально! Но он выиграл это шоу не тогда, когда отдавал приказы генералу Купцову, и не тогда, когда согласился освободить евреев из концлагерей, а когда сказал одну-единственную фразу и заставил хохотать весь мир. Хотя в этой самой фразе нет ничего смешного...

Да, в самой реплике Горячева действительно не было ничего смешного. Скорее она была лишь попыткой отторговать хоть что-то. Но то, что она прозвучала с еврейским акцентом, заставило мир покатиться со смеху, разрядив в этом интернациональном хохоте весь страх и все напряжение последних часов.

Глядя на хохочущих вокруг офицеров авиаполка, Ларису и Майкла Доввея, Горячев сначала растерянно улыбнулся, а затем и сам невольно рассмеялся.

И вдруг что-то случилось на всех телеэкранах мира: лицо и тело Горячева деформировалось чудовищно и страшно — так в кинотеатре иногда «плывет» по экрану изображение из-за того, что лампа проектора расплавила эмульсию кинопленки... Так брошенный в озеро камень уродует отраженные в спокойной воде деревья и облака... Так атомный взрыв молниеносным ожогом оплавляет лицо земли... И белая матовая пыль слепоты воцарилась вдруг на всех телеэкранах.

48

**Жигули,
Ставка Верховного Главнокомандования
Советской Армии.
22.15 по московскому времени**

ВСЕМ ГАЗЕТАМ, РАДИО И ТЕЛЕСТАНЦИЯМ,
ВСЕМ ТЕЛЕГРАФНЫМ АГЕНТСТВАМ

МЕМОРАНДУМ СОВЕТСКОГО ПРАВИТЕЛЬСТВА
НАРОДАМ СССР И ПРАВИТЕЛЬСТВАМ
ИНОСТРАННЫХ ГОСУДАРСТВ

Сегодня, 6 февраля с.г., в 21.00 по московскому времени самовольно, без ведома Президиума Верховного Совета и Советского правительства по советскому телевидению выступил М.С. Горячев. Присвоив себе диктаторские полномочия представлять Советский Союз, М.С. Горячев с настойчивостью маньяка отдавал безумные приказы командованию Советской Армии, а затем вступил в телевизионные переговоры с руководителями Израиля и Китая, во время которых пошел на открытое предательство национальных интересов нашей державы и, в частности, интересов русского народа. Конечной целью этих так называемых «переговоров» являлась выдача Израилю двух миллионов советских граждан — лиц еврейской национальности, открытие наших южных границ для иностранного вторжения и оккупации Китаем всей Сибири, а Японией — советского Дальнего Востока.

По наглости, цинизму и безумию эта акция не знает себе равных в мировой истории.

В связи с этим гуманному долготерпению советского Патриотического правительства наступил законный и естественный конец. Перед лицом чудовищного предательства М.С. Горячевым национальных и государственных интересов Советского Союза нами было принято решение прервать безумного узурпатора власти и остановить этот телевизионный спектакль, наверняка спланированный заранее силами международного сионизма. В 21.56 минут по военной базе под городом Курганом, захваченной М.С. Горячевым и его приспешниками для пиратского выхода в телевизионный эфир, был нанесен удар тремя тактическими ядерными ракетами класса СС-12.

Этим актом Советское правительство продемонстрировало миру свою категорическую решимость противостоять любому предательству государственных интересов СССР, любой иностранной агрессии в любой ее форме, а также переход к решительному восстановлению порядка внутри страны.

В связи с этим все приказы, отданные Советской Армии бывшим узурпатором власти М.С. Горячевым, и все его публичные обещания правительствам Израиля и Китая, сказанные им якобы от имени советского народа, считаются незаконными!

На всей территории СССР вводится военное положение!

Продолжается экстренная мобилизация в Советскую Армию всех лиц мужского пола в возрасте от 17 до 50 лет для защиты Отечества как от иностранных агрессоров, так и от внутренних врагов.

Все антисоветские, антикоммунистические, антипатриотические и антиправительственные выступления объявляются вне закона и будут караться как измена Родине. Правительство предупреждает тех, кто не прекратит антисоветскую борьбу, что восстановление правопорядка на всей территории СССР будет проведено с применением всех имеющихся в распоряжении правительства средств, включая средства, адекватные тем, которые были применены для уничтожения предателя русского народа, агента мирового сионизма М.С. Горячева и его приспешников.

Правительство СССР ставит в известность все иностранные правительства о своей столь же категорической решимости защищать священные границы нашей страны.

**ЦЕНТРАЛЬНЫЙ КОМИТЕТ КПСС
ПРЕЗИДИУМ ВЕРХОВНОГО СОВЕТА СССР
СОВЕТ МИНИСТРОВ СССР**

49

**Вашингтон, Белый дом.
21.00 по вашингтонскому времени**

— My fellow Americans! Леди и джентльмены! Шесть часов назад весь мир был свидетелем самого позорного акта в истории человечества — применения правительством России ядерного оружия против своего собственного народа и косвенным образом — против всего человечества. По данным ЮНЕСКО, мощность атомного заряда, обрушенного Кремлем на город Курган, лишь на 9 процентов меньше мощности бомбы, сброшенной на Хиросиму в августе 1945 года. Сейчас вы увидите видеокадры, снятые нашим спутником...

Президент США прервал свое экстренное обращение к нации. На телеэкранах возникли три желто-пурпурных гриба атомных взрывов, в полной тишине вырастающих рядом с городом Курганом. Освещенный этим желто-оранжевым светом, весь город рушился враз как подкошенный. Сдвинутые тремя ударными волнами, падали кварталы жилых домов, кирпичные здания школ и заводские корпуса. Только купол старинной церкви сохранил свою стальную арматуру — совсем как купол Jenbbako Doam в Хиросиме. А в эпицентре этих атомных взрывов, в шестнадцати километрах от города, ударной и тепловой волной были обращены в прах все ангары и казармы Курганской авиационной дивизии. И все реактивные самолеты, стоящие на взлетных полосах, разлетелись по сторонам ошметками оплавленного металла.

Снег растаял на сотню километров вокруг. В обугленной тайге стали подниматься к небу розовые и багровые языки пожаров...

То, что Президент США не сопровождал эти кадры никакими комментариями, то, что эти взрывы происходили словно в космической тишине, лишь усугубляло их трагический эффект и вызывало ощущение полной беззащитности земли и людей перед иррациональной силой ядерного оружия...

И только когда три атомных гриба рассеялись окончательно, обнажив ослепленную, обугленную, разом иссохшую землю с гигантскими языками пожаров в тайге, — только тогда за экраном вновь возник голос Президента. На фоне того, как телекамеры космического спутника удалялись по орбите все дальше от бывшего Кургана, американский Президент глухо говорил:

— Шесть часов назад в этом городе было около 217 тысяч жителей. Женщины, дети, старики, рабочие... Может быть, они жили беднее нас, но они любили жизнь не меньше... — Лицо Президента вновь появилось на телеэкранах. — Они любили то же небо, они так же, как мы, растили детей и мечтали о счастье. Шесть часов назад их не стало. Ни мужчин, ни женщин, ни детей... — Президент замолк и продолжил только после долгой паузы: — My fellow Americans! Я не могу передать вам глубину моих сожалений по поводу того, что являюсь сегодня вашим Президентом. Я бы очень хотел, чтобы те решения, которые я вынужден был принять в течение последних шести часов, были приняты кем-то другим. Однако вы оказали мне высокую честь быть вашим лидером, и я не имею права уклониться от своих обязанностей в эти трагические часы истории. Поэтому я хочу напомнить вам следующее.

В 1917 году мир уступил коммунистам власть в России. В результате Россия получила ГУЛАГ, а народы Средней Азии, Кавказа и Прибалтики — коммунистическое рабство.

Мир закрыл на это глаза. В результате мы получили раскол Европы, Гитлера и фашизм, а после второй мировой войны в коммунистическое рабство попали народы Болгарии, Чехословакии, Польши, Албании, Румынии, Венгрии, Югославии и половина Германии.

Мир принял и это. В результате мы получили коммунистическую диктатуру в Корее, Вьетнаме, Китае, на Кубе, в Кампучии, Анголе, Эфиопии, Никарагуа и так далее.

Иными словами, всего за семьдесят лет мы почти без борьбы, а иногда и добровольно уступили коммунистам больше половины планеты. И за это получили сначала Чернобыль, а теперь — Курган и ядерный ультиматум Кремля русскому народу и всем народам мира. Так существование коммунистического режима стало наконец смертельной угрозой существованию всего человечества. Сейчас облако радиоактивности движется из Сибири к Северному полюсу. По прогнозам, через три дня оно достигнет Канады. И, как вы знаете из экстренных выпусков газет и телевидения, сейчас происходит паническое бегство канадцев с севера на юг нашего континента. Забиты все автомобильные дороги, переполнена единственная железная дорога, в канадских аэропортах люди захватывают самолеты, применяя оружие. Имеются бесчисленные жертвы...

Друзья мои! Я прошу вас не поддаваться панике. До прихода радиоактивного облака в наши северо-восточные штаты есть еще не меньше ста часов. Кроме того, есть надежда, что при прохождении над Ледовитым океаном уровень этой радиации понизится. Однако уже сейчас ясно, что полностью избежать радиоактивного заражения невозможно. Поэтому мы приступаем к временной эвакуации населения наших северо-восточных штатов на юг, а муниципальные власти начинают запись добровольцев для поддержания порядка, дезактивации зараженных зон и доставки населению воды и продуктов. Помните: понадобятся десятки тысяч добровольцев, и только от нас самих, от нашей организованности зависит скорость дезактивации нашей земли.

My fellow Americans! Совершенно ясно, что люди, которые стреляли атомными боеголовками по своему собственному народу, способны на атомную бомбежку любого непокорного им народа, о чем они сами открыто заявили в своем ядерном меморандуме. Но можем ли мы допустить это? Даже если их следующий атомный удар будет снова обрушен на Урал или на Сибирь, это все равно удар по нашему с вами дому. Поэтому я довожу до вашего сведения, что в ту минуту, когда я начал это обращение к нации, четыре команды наших космонавтов на четырех «Челленджерах» вывели на космические орбиты малую аварийно-экстренную систему SDI. Теперь у нас есть почти полная уверенность в том, что любая ракета с ядерной боеголовкой, запущенная в России или где бы то ни было, будет уничтожена в момент старта. И одновременно я принял решение не ждать ответного хода Кремля, который может закончиться ядерной катастрофой для нас и всего человечества. Сообщаю вам, что четыре часа назад я и лидеры всех стран НАТО приняли решение об аресте засевших в Жигулях ядерных террористов Стрижа, Митрохина, Вязова и остальных членов так называемого Патриотического правительства Советского Союза.

Опираясь на призывы восставшего русского народа и в целях защиты человечества и предупреждения новой ядерной атаки, объединенные силы армии, авиации и флота стран НАТО ведут в настоящий момент массовую высадку десантов в СССР в район Жигулей. Подробности этой операции я не могу сейчас осветить по понятным вам соображениям, но хочу сказать, что мы послали в Россию достаточное количество сил. Они получили задание не оккупировать Россию, а только арестовать кремлевское правительство. От имени стран НАТО — участниц этой международной акции — я заявляю кремлевскому руководству, что их сопротивление воле их собственного народа и вооруженным силам цивилизованных наций мира совершенно бесполезно. Я призываю господ Стрижа, Митрохина и всех остальных членов так называемого Патриотического правительства СССР к немедленной и безоговорочной капитуляции.

My fellow Americans! Если кремлевские лидеры и подвластные им дивизии «спецназа» и КГБ не капитулируют в течение ближайших двадцати минут, я прошу вас молиться за успех нашей операции, за жизнь и победу наших солдат в России! Позвольте мне еще раз призвать вас к спокойствию и организованности. Срочные сообщения правительства о движении радиоактивного облака и об уровне радиации в нем будут передаваться по всем каналам телевидения каждый час. Спасибо за внимание. И да хранит нас Бог!

ЭПИЛОГ

В шестнадцати километрах на северо-запад от бывшего сибирского города Кургана, в самом эпицентре сожженной ядерным ударом тайги, стоит белая мраморная колонна с надписью:

**Михаилу ГОРЯЧЕВУ —
последнему коммунисту,
уничтожившему коммунизм,
от благодарного человечества**

КОНЕЦ

*Октябрь 1986 — февраль 1988,
Нью-Йорк, США — Торонто, Канада*

ИЗБРАННЫЕ МЕСТА ИЗ ДОПРОСОВ ГКЧП

ПРОПУСК № 18

в Здание Верховного суда
Российской Федерации
для присутствия на судебном заседании
Военной коллегии
Фамилия и инициалы: ТОПОЛЬ Э.В.
на 1 декабря 1993 года
Действителен при предъявлении документа,
удостоверяющего личность.

Слава Богу, меня только что восстановили в Союзе кинематографистов и я смог предъявить милиционеру свою красную «корочку» и временное удостоверение газеты «Известия». А свой синий американский паспорт утаил самым нахальным образом и, маскируясь под российского журналиста, проник-таки на этот постылый «процесс века» — судебное заседание по делу ГКЧП. Взбегаю по боковой лестнице на третий этаж, тут еще одна милицейская проверка документов, высокие дубовые двери, за ними зал для заседаний, и вот они — герои моего романа «Завтра в России», сидят как миленькие за барьером на скамьях подсудимых: бывший министр обороны Дмитрий Язов, который в моем романе носит фамилию Вязов, бывший председатель КГБ Крючков (в романе — Митрохин), а за ними Янаев, Павлов, Лукьянов и прочие. Возле каждого — персональный адвокат, напротив — два ряда военных прокуроров, а между ними, в глубине зала, на возвышении — судья. А по эту сторону барьера пять рядов для публики — первый ряд для родственников подсудимых, второй и дальше — для прессы. Но представителей прессы мало, человек восемь, поскольку на фоне только что отшумевшего мятежа Хасбулатова и Руцкого путч 1991 года и вовсе потускнел в глазах широкой публики.

И только ваш покорный слуга, то есть я, пребывает в странном для окружающих возбуждении. Потому как дико все это, ирреально — зимой и летом 1987 года, то есть шесть лет назад, в Торонто, в подвале меблированного дома я сочинял антигорбачевский путч, арест Горбачевых, содержание их в ссылке и обращение к народу так называемого Патриотического правительства, которое бралось править страной, поскольку «Президент болен». Летом 1988 года эта книга была впервые опубликована в «Новом русском слове», потом в Болгарии и в Венгрии, потом главный редактор «Огонька» Виталий Коротич отдал рукопись Горбачеву, и книга пошла гулять по Москве, куски ее появились в журнале «Столица». А потом, когда уже и в Москве, и в Питере продали какие-то издатели-пираты пятьдесят тысяч экземпляров этой книги, все описанное свершилось в августе 1991 года: и изоляция Горбачева, и танки на московских улицах, и речь Янаева, словно цитата из романа.

И вот я сижу совсем рядом с теми, кто воплотил мой роман в жизнь, следуя не только строчке его, но и дате, сижу и хлопаю глазами от изумления: «Господи, неужели вот эти людишки владели Россией? Да что там Россией — империей от Камчатки до Эльбы! Но посмотрите на них сейчас! Это же сморчки какие-то! И не потому, что они замучены в тюремных камерах, нет, лица у них сытые, да и костюмы на них вовсе не арестантские, а нормальные деловые костюмы и даже рубашки с галстуками. И все-таки — как только отняли у них их министерские кресла и имперские кабинеты, так и вернулись они в свое истинное обличье Ноздревых да Головлевых. А всевластный прежде глава КГБ Крючков и вообще жалок — седой и сморщенный старичок. Как гриб подберезовик». И уже двойная ирреальность происходящего терзает меня: и то, что я, автор, попал на суд, где реальные военные прокуроры судят придуманных мною персонажей за вымышленное мною свержение Горбачева, и то, что это свержение осуществили такие будни́чно-реальные пигмеи.

Но — суд идет! Медленно, с многократным повторением одних и тех же вопросов, с возвращением к одним и тем же эпизодам подготовки заговора в каком-то конспиративном особняке, поездки к Горбачеву в Форос делегации путчистов, их возвращения и принятия решения о создании ГКЧП на срочном ночном заседании в Кремле. И словно мне в подарок, в эти дни давал показания именно Крючков — если не самый главный, то один из главных организаторов путча. Стенограмма его допроса досталась мне непросто, поскольку полковник, надзирающий в этом суде за прессой, сказал мне, что официально стенограмму заседания нельзя ни купить, ни получить даже газете «Известия». Поэтому оговариваю: публикуемая ниже стенограмма сделана моей личной стенографисткой, а все несоответствия ее текста со стенограммой официальной (если таковая будет когда-нибудь опубликована) пусть останутся на совести официальных стенографисток.

И последнее замечание. Постепенно избавляясь от авторской эйфории, я стал вслушиваться в ход допроса Крючкова и очень скоро уловил в этом стареньком и седом человечке и прежнюю властность, и прежнюю силу, и даже его новую заносчивость и дерзость по отношению к допрашивающим его прокурорам. Вчитайтесь и вы в этот документ. Он стоит того. Постепенно в ходе допроса вы уловите и цель прокурорских возвратов к одним и тем же вопросам, и манеру подсудимого уходить от прямых ответов, прячась за безличные конструкции фраз, и его умение лавировать, переходящее подчас даже в издевку над обвинением. А затем, чем спокойней и внимательней вчитываться, тем шире откроется вам не только панорама заговора во всех (или почти во всех) его деталях, но и явно лидирующая роль в этом заговоре самого Крючкова — к нему сходились все нити путча, он принимал решения и действовал. Впрочем, не хочу лишать вас удовольствия самостоятельно распутывать этот детективно-дедуктивный клубок.

ЭДУАРД ТОПОЛЬ

ЧАСТЬ 1

СУДЕБНОЕ ЗАСЕДАНИЕ ВЕРХОВНОГО СУДА РОССИЙСКОЙ ФЕДЕРАЦИИ

1.12.93 г. Продолжение допроса Крючкова Владимира Александровича

Судья: Нет трех адвокатов, остальные все на месте. Продолжим... Вопрос: как вы зашли в кабинет Павлова?

Крючков: Я это понимаю так: была ли 16 августа встреча? 16-го встречи не было. Как и договоренности о ней.

Судья: Вы зашли через приемную или служебный вход?

Крючков: Это не существенно. Это не была конспиративная встреча. Нас даже угощали чаем. Как вошел — не помню. Прошло ведь столько времени. Но вышел через приемную. Там было много людей.

Судья указывает лист дела предварительного следствия и признание Крючкова, что 16-го в 16 часов 54 минуты он был у Павлова в кабинете.

Крючков: Я был у Павлова и 16-го. Накануне получил у премьер-министра некоторые поручения. И я пришел обсудить с ним корейские вопросы. Эти вопросы знал и Горбачев. Шенин там оказался случайно. Кажется, пришел после меня. А через какую дверь — не знаю. Он скажет сам. (Смех, оживление в зале.)

Минутное обсуждение между судьями, и слово дают прокуратуре.

Прокурор переходит к выяснению обстоятельств возникновения документа «Обращение к советскому народу».

Крючков: «Обращение» у нас было подготовлено давно, лежало с 1990 года. И с его текстом был знаком Горбачев.

Прокурор: Кто на ранней стадии, до 17 августа, имел отношение к «Обращению»?

Крючков: Никто.

Прокурор: «Обращение к народу» показывали Горбачеву?

Крючков: Этих вариантов было много. Какой вариант показывался Горбачеву, сказать не могу.

Прокурор: Этот текст, что уже здесь озвучивался и лежит передо мной, Горбачеву показывался?

Крючков: Этот нет, так как в нем есть уточнения и поправки.

Прокурор: Да, в нем указано на ГКЧП.

Крючков: Положение в стране было катастрофическим. И развал Союза стал реальным. На это указывало состояние промышленности, сельского хозяйства, жизненного уровня, внешнего положения.

Прокурор: Значит, ваша цель была форсировать свои действия?

Крючков: Не цель, а подумать о мерах, которые могли этот процесс остановить. 15—16-го с публикацией текста Союзного договора стало известно отрицательное отношение к Союзному договору. И Ельцин пустил под откос Отечество. До 20-го (августа) оставалось мало времени. Мы хотели предотвратить развал Союза. Подписание 20-го было бы гибелью Союза. Мы думали, как предотвратить эти трагические события. Эти проблемы обсуждались и в 85-м, и в 89-м годах. А 17—18 августа у нас возник вопрос изменить наш вариант действий.

Прокурор: Этот орган ГКЧП возник спонтанно?

Крючков: Да, и название появилось спонтанно, в 6 часов вечера. Этот орган никого не подменял. Мы рассчитывали, что 21-го соберется российский Верховный Совет. И решит вопросы. Ни один орган не распускался.

Прокурор: На основании приказа номер 1 приостанавливались действия всех Советов.

Крючков: Ну и что? Весь дух этого постановления говорит о сохранении Конституции и ее законов.

Прокурор: Вы видите за собой вину, что именно ее законы вы нарушили?

Крючков: Я и сейчас вижу за собой только одну вину — не принял всех мер, чтобы предотвратить пагубность надвигающихся действий.

Прокурор зачитывает признание Крючкова о своей вине на листе дела 42 том 2-й и л.д. 44—45: «Я признаю частично свою вину в том, что я и ряд других товарищей нарушили конституционные законы. Горбачев был не согласен с введением чрезвычайного положения, а они пошли на неконституционные меры».

Прокурор сразу же: А кто они?

Крючков: Кто они — известно. Они сами о том расскажут. А Горбачев говорил: «Валяйте, действуйте, посмотрим». Эти слова Горбачева известны. Но Горбачев решил остаться в тени, в стороне. И мы пошли на другие — неординарные меры.

Прокуратура поднимает вопрос о группе связистов, которые обеспечили изоляцию Горбачева в Форосе.

Крючков: Я подготовил группу связистов, которая должна была действовать в связи с новой ситуацией. Такое распоряжение Агееву* я давал.

Прокурор: Плеханов** и Генералов*** — когда они были привлечены?

Крючков: С Генераловым у меня не было ни одного разговора. И он не был ни к чему привлечен. С Плехановым я говорил, так как я был старшим по отношению к нему, а его функции заключались в охране тех, кто едет в Форос.

---

* Агеев — командир спецгруппы «Альфа» по борьбе с терроризмом.

** Плеханов — начальник охраны Горбачева и правительства.

*** Генералов — один из замов Плеханова.

Прокурор: Какие указания в отношении группы связистов вы давали Агееву?

Крючков: Я думаю, что вы имеете в виду показания Агеева, которые он давал в состоянии крайнего возбуждения. У него в показаниях много неточностей и искажений.

Прокурор спрашивает о Генералове, какие указания ему давались.

Крючков: Генералову не давал указаний. Он прекрасно знает свою службу. Он не нуждался в особом инструктаже. Как и Плеханов.

Прокурор интересуется законностью отключения телефонов и прослушивания разговоров.

Крючков: Прослушивание телефонов и их отключение в Форосе было незаконно.

Прокурор: В эти дни было отключение и прослушивание связи у Ельцина. Кто дал это распоряжение?

Крючков: В Белом доме, то есть бывшем, масса связей, и отключение пары телефонов не имело значения. Я не имею понятия, в чем там было дело.

Прокурор: О прослушивании вам докладывалось?

Крючков: Нет.

Прокурор: Магнитофонные записи о прослушивании разговоров уничтожены. Вы знаете об этом?

Крючков: Нет. Не знаю.

Прокурор зачитывает материал из дела том 3, л.д. 48 — «Подготовить меры для задержания Ельцина, если он не примет условий о встрече».

Крючков: Такого плана не было. Заданий не давалось никаких, как только поняли, что встречи с ним не будет.

Прокурор: Вопрос об аресте Ельцина обсуждался?

Крючков: Нет, не обсуждался. А поездки Ельцина на дачу, его встречи с высокими лицами — это целый комплекс мероприятий. В рамках госбезопасности мы обязаны были их делать. Наши товарищи были в контакте с людьми из службы безопасности Ельцина.

Прокурор: Ельцин ездил в Сосновку или в Архангельское. Никто об этом не знал. Вы отслеживали его поездки?

Крючков: Тогда была такая система безопасности. А вы мыслите нынешними представлениями.

Прокурор: Вы дали Расщелину указание арестовать Ельцина?

Крючков: Такого указания не давал.

Прокурор: 17 августа вы Расщелина приглашали?

Крючков: Я его не раз вызывал.

Прокурор: Вы ему задачу отслеживать Ельцина ставили?

Крючков: Я не раз ставил вопрос о безопасности — и 17-го, и 18-го, и 19-го...

Прокурор: Вы ему не говорили, что с Ельциным надо решать...

Крючков: У меня возникла мысль, что от двух-трех человек будет зависеть судьба Союза. Но конкретных установок не давал ни Грушко, ни Расщелину, ни кому другому. Я бы не пошел на арест Ельцина один. Хотя сейчас у меня гамма чувств... (Улыбается.)

Прокурор: Ваши подчиненные самостоятельны в своих решениях?

Крючков: Смотря в чем.

Прокурор: В отношении президента?

Крючков: Боже упаси! (Снова на лице гамма чувств...) После того времени произошло столько событий, что трудно все упомнить. Расщелин — начальник 7-го управления, но он подчинялся Агееву.

Прокурор: Кто, кроме Агеева и его группы «Альфа», были задействованы и по чьему указанию отслеживали Ельцина?

Крючков: Это по моему заданию была создана группа по борьбе с терроризмом — «Альфа». Кто теперь дал задание «Альфе» штурмовать Белый дом? Порой они охраняли трассу. Это наша работа.

Прокурор: Всегда ли эта группа, которая не знает трассу, ее охраняла?

Крючков: Я считал, что охраняемый не должен знать, какая трасса готовится для его маршрута. Строгое охранение может вызвать у охраняемого какие-то сомнения. И мы не всегда говорим о маршруте.

Прокурор перешел к событиям 17 августа, уточнил состав группы, собравшейся «на объекте АБЦ»* — в конспиративном особняке.

Крючков: Павлов, Язов, Шенин, Болдин, Грушко, Варенников, Крючков, Егоров, Бакланов, Ачалов. Эта группа встретилась по договоренности. Грушко — Крючков — Егоров представляли КГБ, Болдин — аппарат президента. Шенин был оставлен в ЦК «на хозяйстве».

Прокурор: Чем была обусловлена эта встреча, ее цель?

Крючков: Надо было посоветоваться.

Прокурор: Какие вопросы обсуждали?

Крючков: Обстановку в стране.

Прокурор: Что решили?

Крючков: Съездить еще раз к Горбачеву и пояснить, какая ситуация складывается, какая опасная игра идет. Есть одна-единственная и реальная возможность спасти державу, удержать сползание в пропасть. Для всех был понятен отказ Украины от подписи под Союзным договором. А это означало ее выход из СССР. Накануне уборки урожая. Вот причина. Решили, что поедут те, кому он мог поверить, прислушаться, спасти ситуацию. Сам Горбачев не раз звонил мне и рисовал черными красками и более мрачную картину. Но без предложе-

---

* АБЦ, он же «объект» — конспиративный особняк, где 17-го заговорщики обсуждали детали своей затеи.

ния каких-либо мер. Состав группы: Оборона — Варенников, Совет Обороны — Бакланов, ЦК — Шенин, руководитель аппарата — Болдин. Плеханову я поручил обеспечить встречу.

Прокурор: Почему вы не вошли в состав этой группы, хотя Горбачев вас знал не хуже, а вы знали намного лучше ситуацию?

Крючков: Вопрос обо мне на поездку не стоял. Когда я к нему входил, объяснялся с ним, он вздрагивал. Особенно обиделся после моей известной речи на Верховном Совете. И чтобы не быть таким раздражителем, я не поехал. Своей фамилии не предлагал. Но если бы решили меня послать, я бы поехал. Горбачев при виде меня, когда я к нему входил, говорил: «Ну, выворачивай все из своей черной папки!»

Прокурор: Какая необходимость была в то время заменить Медведева* и послать из службы безопасности туда Генералова?

Крючков: Генералов воспринял эту поездку как обычную, так как это его работа. А Медведев устал и сам просился уехать. Он отвечал за личную безопасность президента. А Генералов за общую безопасность.

Прокурор: Медведев был недоволен, что едет в Москву без президента?

Крючков: Не могу ответить. Он сам ответит.

Прокурор: В критической ситуации меняется личная охрана президента. Как поясните это?

Крючков: Когда человек устал физически и морально, его замена естественна.

Прокурор: Кто с кем конкретно 17 августа на «объекте» договаривался?

Судья: Кто организовал встречу и где?

Крючков: Я разговаривал с Павловым, Болдиным или с Баклановым — не помню, с кем из них.

---

* Медведев — личный телохранитель Горбачева, пользовавшийся его особым доверием.

Зачитывается следственный материал от 24.10.91 года, том 2, л.д. 68. «16 августа звонят Болдин и Шенин, говорят: «Надо собраться и поговорить». Предлагаю «на объекте». 15 августа шквал звонков был громадный».

Крючков: В факте этого перезвона я не вижу ничего особенного. Взаимно договорились и решили направить ту группу из нескольких лиц к Горбачеву. Шенин оставался «на хозяйстве», а лидер партии, несмотря на отмену 6-й статьи Конституции, — Горбачев. После заседания кабинета министров приехал на «объект» Павлов. Он рассказал об экономическом положении в стране. И своих взглядов он не скрывал. Забота о Союзе была стержнем всех наших забот.

Прокурор: Стоял ли на этом совещании вопрос о чрезвычайном положении?

Крючков: Вопрос был — поехать к Горбачеву и посоветоваться. Мы не знали, приедет ли он в Москву 18 августа.

Прокурор: Стоял ли вопрос о ГКЧП?

Крючков: Мы пошли по неординарному пути, так как многое еще не было ясно. Но все эти вопросы витали в воздухе.

Прокурор: На совещании в АБЦ обсуждались какие-либо документы о создании ГКЧП?

Крючков: Да! Но важно было сначала узнать мнение президента.

Перерыв в судебном заседании.

ЧАСТЬ 2

СУДЕБНОЕ ЗАСЕДАНИЕ ВЕРХОВНОГО СУДА РОССИЙСКОЙ ФЕДЕРАЦИИ

02.12.93 г. Продолжение допроса Крючкова Владимира Александровича

Судья: Продолжаем допрос Крючкова.

Прокурор: По вашему указанию были задержаны Гдлян, Камчатов, Уражцев, Проселков? Этот вопрос был решен вами? И где они содержались?

Крючков: Мною было отдано распоряжение о задержании Гдляна, Уражцева, Камчатова, Проселкова. Находились они за городом в одном из помещений Министерства обороны. Содержались они в комфортабельных условиях. Их задержали 19-го, продержали день, 20-го отпустили. Уехали они 21-го, так как 20-го попарились в финской бане. Работал телевизор, телефон, у них была связь с родными. Они не спешили уезжать. Кто-то был доставлен к Белому дому. К этой мере задержания мы прибегли, чтобы избежать обострений ситуации. Мы этих людей знали: как Гдлян может поступать и что в Ленинграде могли быть неблагоприятные явления, могла пролиться кровь.

Прокурор: У вас с Министерством обороны была связь по этому вопросу?

Крючков: У нас были сведения из Министерства внутренних дел, что от этих лиц могут быть беспорядки. И определили место, где эти лица могут содержаться. Других задержаний не было. Наши соображения были верны. В течение 19-го в митингах по всему Союзу участвовало не более 160 тысяч из 300 миллионов. Обстановка была неспокойной только около Белого дома.

Прокурор: Был ли составлен список о задержании демократически настроенных лиц? Что вам известно по этому вопросу?

Крючков: Что касается «демократически настроенных лиц», то у меня понятие не такое, как у вас. Мы обдумали, от каких лиц можно ждать эксцессов, беспорядков, нежелательных событий. И их определили. Но списков таких не было. Были подготовлены, как бы очерчены отдельные лица для беседы с ними, чтобы предостеречь их от таких действий. Мы думали о необходимости провести с ними беседы. Пресса много писала о списках по задержанию, которых следствие не обнаружило.

Прокурор приводит выдержку из т. 2, л.д. 22—24: «В случае необходимости провести задержание около 20 человек...» Вы с этим своим заявлением согласны?

Крючков: До этого мы намеревались провести профилактические беседы. До их задержания. Беседы с полутора десятком лиц.

Адвокат (защитник Крючкова) делает заявление: Мне непонятно, почему повторяются вопросы.

Адвокат Падва (защитник Лукьянова) делает заявление: Государственное обвинение ссылается на показания Крючкова, добытые с грубыми нарушениями законности, когда Крючков еще не имел адвоката и не был поставлен в известность о своих правах. Государственное обвинение ссылается на показания свидетелей, которые не допрошены и их показания не оглашены. Это тоже недопустимо. Прошу вас, товарищ председательствующий, как руководителя процесса, оградить подсудимых от грубых нарушений их прав.

Судья: Ссылка идет на те материалы, которые есть в деле и неоднократно оглашались.

Прокурор приводит выдержку из прежних показаний Крючкова — т. 48, л.д. 29: «Я просил товарищей определить круг лиц, подлежащих задержанию. С помощью Грушко отпечатали и дали список 17 лиц, а я отдал его, видимо, Лебедеву».

Крючков: Никаких противоречий я не вижу. Здесь идет разговор о задержании лиц в смысле лишения их свободы. Я это категорически отрицаю. У нас речь шла о круге лиц для профилактической беседы, чтобы предотвратить их от преступлений, дестабилизации обстановки. Это наша работа. Я категорически возражаю против смешения этих вопросов.

Судья: Вернемся к событиям в ночь с 18-го на 19-е. Были ли заготовлены бланки на задержание? Плеханову и Генералову кем-либо отдавалось распоряжение о переподчинении войск службы безопасности?

Крючков: Задержание — это действия в компетенции комендатуры. Это в рамках чрезвычайного положения, потому заделаны были бланки. Мы бы в этих условиях задержали какое-то количество лиц. Но этого сделано не было. Плеханову и Генералову команд на переподчинение войск не давалось.

Судья: 18 августа у вас был какой-либо разговор с Калиниченко, командующим погранвойсками Крыма?

Крючков: Это мой подчиненный, один из замов.

Судья: Вспомните, был ли с ним разговор в отношении пограничных кораблей вблизи Фороса?

Крючков: Никаких команд на переподчинение этих подразделений не было. А лишь усилить их службу.

Судья: Вернемся к совещанию в ночь с 18-го на 19-е. Вы приглашали Пуго к Язову на совещание и с какой целью?

Крючков: Пуго прилетел 18-го к середине дня. И, как я помню, с ним был разговор — как себя чувствует. Он сказал: неважно, так как накануне отравился. Я сказал: надо встретиться, поговорить. Он сказал: да, я знаю и уже кое-что сделал. А вечером я встретился с Пуго в Кремле у министра обороны. Там с ним обнялись.

Судья: У нас просьба давать четкие ответы. Вам предъявлено обвинение, что вы (к заговору) привлекли Пуго. Вы это подтверждаете?

Крючков: Вчера обвинителем Денисовым мне был задан вопрос, на который он требовал ответ: «да» или «нет». Я вспомнил те времена, когда человек давал ответ «да» или «нет» и шел к эшафоту.

Судья делает замечание о корректности выступления подсудимого.

Крючков: Я кого-то привел, склонил — вопрос некорректный. Все понимали ситуацию. И исходили из нее. Никого не надо было привлекать.

Судья снова делает замечание.

Адвокат Крючкова: Не делайте замечаний моему клиенту!

Крючков: Никого никто не привлекал. Каждый действовал в соответствии со своим долгом.

Прокурор: С какой целью вы пригласили Пуго в Кремль?

Крючков: Это интересный вопрос. Насколько помню, я спросил его, будет ли он в Кремле. Он ответил: «Да, я знаю».

Прокурор: Когда обсуждался вопрос о подключении Пуго?

Крючков: 18-го, в Кремле, когда он туда был приглашен.

Прокурор: А не 17-го на АБЦ?

Крючков: Тогда не было ни списков, ни решений. Было неизвестно, как отнесется к этому президент.

Прокурор: Когда вы пригласили Пуго?

Крючков: Вы задаете вопросы с таким умыслом! Как мелкому уголовнику! Будто такие перед вами...

Судья делает замечание о корректности выступления.

Прокурор: Звонили ли вы Лукьянову и приглашали ли его на совещание в Кремль? Давали ему разрешение на самолет для вылета в Форос?

Крючков: Никаких команд на самолет не требовалось. Это в соответствии со службой безопасности решалось. За два года могли бы уже уяснить, что тогда многое делалось иначе.

Прокурор: Приглашали вы Янаева на совещание?

Крючков: Нет, не приглашал.

Прокурор: Он был на совещании?

Крючков: Да, но недолго.

Прокурор: Что обсуждалось на совещании в АБЦ?

Крючков: Это длинная история. Были товарищи, которые приехали из Фороса, наметили людей для ГКЧП и ряд мер. Главное, чтобы избежать кровопролития. Если такая опасность появится, прекратить все свои действия. Думаю, нам удалось это сделать. Определились с вводом войск для охраны важных объектов. Но 19-го уже стало ясно. С пресс-конференцией определились. Предали гласности документы. Я не знаю, что еще решали.

Прокурор: Какие документы разрабатывали?

Крючков: «Обращение к народу» изменили, чтобы изменить имидж Горбачева. Я ввел абзац о сохранении территориальной целостности Союза. Любая сторона, которая такие притязания объявит, получит отпор. Обсуждали «Положение № 1» о мерах, связанных с чрезвычайным положением. Какие-то правки. Сформулировали «Постановление № 2», которое подписали три человека.

Прокурор: Кто присутствовал на этом совещании и когда оно началось?

Крючков: Часов в 8, но если в протоколе другое время, я подтверждаю. Были Янаев, Язов, Пуго, Павлов приехал позже. Еще были Болдин, Бакланов, Шенин. Я, разумеется, тоже. Возможно, кого-то забыл. Значительно позже подъехал Анатолий Иванович Лукьянов.

Прокурор: У вас состоялся разговор с группой лиц, вернувшихся из Фороса?

Крючков: Они приехали и со всеми говорили.

Прокурор: Что они сообщили?

Крючков: Позвонили и сказали, что возвращаются.

Прокурор: Не говорили о реакции Горбачева?

Крючков: Не говорили. Сказали, что Горбачев жалуется на здоровье.

Прокурор зачитывает выдержку из прежних показаний Крючкова — т. 2, л.д. 58: «Из самолета Бакланов, Шенин, Болдин позвонили и сказали, что Горбачев не дал разрешение на ЧП. Подробности при встрече».

Крючков: Мне звонил Болдин. Сказал, что возвращаются.

Прокурор: Вам было известно, что Горбачев не дал добро на ЧП?

Крючков: Я уже сказал об этом.

Прокурор: Вы эту информацию кому-либо сообщили?

Крючков: Я хочу быть точным. Они сообщили, что возвращаются, все расскажут.

Прокурор: Что они рассказали на совещании?

Крючков: О ситуации. Мол, Горбачев решил остаться в Форосе. Мол, дал добро, но мог в любое время отказаться. Один говорил одно, другой другое, частности. В деталях я, возможно, что-либо упустил.

Прокурор: Они были удовлетворены поездкой? Как вы заметили?

Крючков: Этот вопрос задавало следствие. Для них не было неожиданного в реакции Горбачева. Его хорошо все знали.

Прокурор: Они «засветились, сгорели, сожжены» — кто-то это говорил? Чьи это слова?

Адвокат Крючкова делает замечание, что цитируются какие-то отрывочные слова.

Крючков: Так насчет «засветились» вопрос отпал?

Прокурор: Нет-нет! Что у вас осталось в памяти от того, что они говорили о впечатлениях от их встречи с Горбачевым?

Крючков: Горбачев прекрасно понимал, что без рациональных мер Союза не спасти. И достойно сожаления, что Горбачев на это не пошел.

Прокурор: Что дальше? Какие-либо материалы готовили (после разговора с теми, кто приехал из Фороса)?

Крючков: Часа в 2 ночи я ушел из Кремля. Каких-либо других документов не было.

Прокурор: Давайте воспроизведем ту ситуацию: кто как вошел, что говорил, где сидел? (Смешки, шум в зале).

Крючков: Все сидели вроде нормально. Кто где сел, там и сидел. Субординации не было. К лидерству никто не стремился. Были отпечатаны отдельные страницы «Обращения к народу».

Прокурор: Как протекали события в последовательности?

Крючков: Никто не скрывал свои взгляды и высказывался свободно.

Прокурор: К конкретике хочу вернуться. Какие документы лежали, кто их читал, изменял?

Крючков: Они лежали на столе. Количество их было значительно больше, чем присутствующих.

Прокурор: Вы можете сказать, кто какие замечания вносил? Нас интересуют конкретные фамилии. Мы судим не анонимных людей.

Крючков: Насчет Горбачева, перестройки, насчет местностей — мое предложение. Территориальная целостность Советского Союза — мое. Так как в отношении нашей территории разгорелись аппетиты у отдельных стран. Вам это наверняка известно.

Прокурор: Из прибывших из Фороса кто что показал? В каких выражениях о Горбачеве?

Крючков: Мне трудно передать их тональность. Я понимаю сущность вопроса. Прибывшие товарищи еще раз определили, что трудно будет с Горбачевым, с ним трудно определиться. Но он будет соглашаться со всем, что вытащит его, так как с падением Советского Союза его положение будет безнадежным. Горбачев порой допускал выражения, которые трудно соотнести с его положением. И что он делал — тоже. Вот один из трудных разговоров с ним. Он сказал: «Года полтора продержимся, а там видно будет». Для президента великой страны выражения такого рода недопустимы. Подчеркнул: состояние тяжелое. Но никакого желания 18-го приехать в Москву у него не было. Говорил так: пробудет тут дня два. В Форосе. Мол, за это время ничего не изменится.

Прокурор: Кто это говорил? Кто и что рассказывал?

Крючков: Трудно воспроизвести, столько времени прошло.

Прокурор: Бакланов что говорил? Шенин что рассказывал?

Крючков: Не могу, не в состоянии разделить, кто что говорил.

Прокурор: Болдин что говорил?

Крючков: Болдин был с нами недолго, у него начался острый приступ печени, и он лег в больницу.

Прокурор: Из ваших людей кто-то там был?

Крючков: Плеханов, но в разговоре с Горбачевым не участвовал.

Прокурор: Что-то он рассказал?

Крючков: Его задача — обеспечение безопасности.

Прокурор: Кто-то приходил туда в Кремль на совещание в течение вечера? Например, министр иностранных дел Бессмертный?

Крючков: Часов в 11 вечера. Был недолго. Часа два был Лукьянов.

Прокурор: Он, Лукьянов, с пустыми руками пришел?

Крючков: Насчет пустых рук ничего не могу сказать.

Прокурор: Он что-то сказал?

Крючков: Что у него есть некоторые материалы, текст какого-то документа.

Прокурор: Что-то вам сказал?

Крючков: Говорил, у него были сомнения. Не могу сказать, что был в восторге.

Прокурор: На этом совещании родился вариант ГКЧП?

Крючков: Я говорил уже об этом.

Прокурор: Какие фамилии были включены в его состав?

Крючков: Уже указал. Фамилии Бессмертного не было, так как Запад мог воспринять неверно. Фамилию не включили. Сам Бессмертный рвался, а мы не допустили?! Так не могу сказать. Учитывали международное положение...

Прокурор: Какие фамилии включили? (в состав ГКЧП).

Крючков: Тизякова, Стародубцева. Но их не было на совещании.

Прокурор: Их действительно не было, а включили. Какая причина?

Крючков: Один представлял промышленность, другой — сельское хозяйство. Нужен был широкий аспект. Я не был знаком ни с Тизяковым, ни со Стародубцевым. Их взгляды знал.

Прокурор: Кто с ними говорил о включении в состав?

Крючков: На другой день они были и со всеми познакомились.

Прокурор: Как подписывали документы?

Крючков: Они лежали на столе, и их подписывали. Были такие представления, что нужно сохранить имидж Горбачева, сохранить его самого. У нас были остатки каких-то надежд, что Горбачев что-то определенное скажет. Но у него были другие соображения, и его не волновали эти вопросы. Янаев не соглашался на замещение, не боролся за власть. Сказал, что примет на себя обязанности президента лишь на 3—4 дня до Верховного Совета. До его решения. Я знал, что он идет на это ради нашего государства. И это позволило с упоминанием «в связи с состоянием здоровья» Горбачеву находиться в Форосе. Сохранить свое лицо. У нас были вице-президент, премьер и спикер, которые могли занять место президента. У нас были соображения, что лучше это сделать вице-президенту.

Прокурор: Оформляли это каким-то документом? Ведь среди вас были юристы, и вы сам юрист.

Крючков: У меня юридическое образование первичное. Но в прикладном плане я не использовал его. Правовая экспертиза о передаче власти в таких ситуациях была дана давно. Документы, принятые на совещании в Кремле в ночь с 18 на 19 августа, готовились разными людьми.

Прокурор: В правовом отношении они соответствовали закону?

Крючков: Они соответствовали законам, Конституции и вытекали из состояния в стране. Оно было тяжелое.

Прокурор: Насчет публикации документов решения принимались?

Крючков: Там было это оговорено. А насчет музыки, музыкального сопровождения — не обговаривали. (Смех в зале.)

Прокурор: Как обговорили, с кем в отношении трансляции?

Крючков: Эти подробности не припомню, чтобы не вводить вас в заблуждение и чтобы в дальнейшем вы их не использовали.

Прокурор: Насчет ввода войск обсуждали вопросы на этом совещании?

Крючков: Да, для охраны важнейших объектов.

Прокурор: Кто принимал это решение?

Крючков: Все запомнили март 1990 года, когда происходили массовые беспорядки. Чтобы их предотвратить, президент принял тогда такое решение. И это привело тогда к положительному результату. Но в августе мы быстро поняли, что это не нужно. Поведение солдат было благожелательным. Кто из наших был там, у техники, тот это знал. Никто в людей не стрелял.

Прокурор: Ваших людей использовали?

Крючков: Да, мы готовили их. Мы не знали, какое решение примет Горбачев.

Прокурор: За какое время приняли решение о вводе войск?

Крючков: За сутки, не более.

Прокурор: Кто предложил обосновать указ о Янаеве?

Крючков: Не знаю, кто внес предложение о Янаеве. Знали о болезни Горбачева. И чтобы его сохранить, его имидж, пришли к такой идее.

Прокурор: Кто счел, что Горбачев не может исполнять свои обязанности?

Адвокат делает заявление: Прошу отвести вопрос, так как медицинской комиссии не было.

Прокурор: Что известно было о болезни Горбачева?

Крючков: 18-го Горбачев не мог вернуться в Москву, так как плохо себя чувствовал.

Прокурор: У вас были возможности сделать медицинское обследование Горбачева?

Крючков: Мне неизвестно, чтобы такие меры предпринимались. По мерам безопасности сам президент принимает решение. Плеханов и Генералов выполняли не мои приказы, а в первую очередь Горбачева.

Прокурор делает ссылку на прежние показания Крючкова — т. 2, л.д. 121 от 18.10.91: «Надо прямо сказать, ссылка на здоровье президента была надуманной версией». Что можете сказать?

Крючков: Я об этом говорил. Противоречий нет. Надо было сохранить имидж президента.

Прокурор: Почему не включили в ГКЧП Шенина?

Крючков: Но 6-я статья Конституции была уже отменена. И руководящая роль партии отменена. Нельзя было с этим не считаться. Включить Шенина — я не знаю, какая была бы реакция. Согласился бы он, я не знаю. А насчет того, чтобы партия вернула свою роль, — это уже было нереально.

Прокурор: В связи с чем был на совещании Лукьянов?

Крючков: Анатолия Ивановича пригласили, и он прибыл в Кремль.

Прокурор: Кто пригласил?

Крючков: Там в материалах следствия сказано, что с ним разговаривал Павлов. И он прибыл.

Прокурор: На основании чего был создан ГКЧП? На основании каких документов?

Адвокат делает заявление, что этот вопрос задавался.

Судья: Вы вольны отвечать или нет.

Крючков: Основания были. Превращение Союза в нечто подобное федерации. В марте 1990 года референдум выразил волю народа. Она обязательна для всех. И эта обстановка диктовалась чрезвычайным положением. А оно регламентируется законом.

Прокурор: Я спросил не о чрезвычайном положении.

Крючков: Вот я и говорю, что тогда мы создали орган ГКЧП только до Верховного Совета. Он и должен был вынести свой вердикт. И утром 19-го Янаев все документы представил в Верховный Совет.

Прокурор: Вы говорили, что Горбачев привел к развалу Союза. Почему не ставился вопрос о его отставке?

Крючков: Как не ставился? То есть в прямом смысле — да. Я бы вошел и сказал: «Михаил Сергеевич, уходите в отставку»? Я этого не мог сделать. Но не раз мы это обсуждали. А вот женщины оказались смелее. Сажи Умалатова так прямо и сказала на заседании Верховного Совета.

Прокурор: На улицах тоже много говорили об этом. Но я спросил о вас.

Крючков: 17 июня 1991 года было мое выступление на закрытой сессии Верховного Совета. Жаль, что оно было закрытым.

Прокурор: Я говорю о форме постановки этого вопроса.

Крючков: Я не раз говорил с самим Горбачевым — принимайте меры. Но потом все сходило на нет. Почему я не ставил вопрос о его отставке? В августе я его поставил и теперь нахожусь в положении подсудимого.

Прокурор: Кто предложил Янаеву подписать указ о взятии на себя обязанностей президента?

Крючков: Нельзя разбивать так, на лица...

Судья: Это было сделано без энтузиазма? Кто-то его убеждал?

Крючков: Этот момент — подписания — исторический и в государственном, моральном и в личном плане. Когда он подписывал, он это осознавал.

Прокурор: Мои вопросы вызывают некоторые неудобства. Я постараюсь быть корректным. Соответствуют ваши действия Конституции бывшей? Соответствовали ли Конституции действия Янаева в подписании указа взять на себя обязанности президента?

Крючков: Если исходить из существа событий, то соответствовали, так как шли на защиту Конституции. Они были оправданны.

Перерыв в судебном заседании.

ЧАСТЬ 3

СУДЕБНОЕ ЗАСЕДАНИЕ ВЕРХОВНОГО СУДА РОССИЙСКОЙ ФЕДЕРАЦИИ

Продолжение допроса Крючкова Владимира Александровича

Прокурор Данилов: Вернемся к 18 августа. Насчет ввода войск в Москву — чья это была инициатива?

Крючков: Чтобы обеспечить спокойствие, порядок. Введение ЧП предполагало это. Как я уже неоднократно говорил.

Прокурор: Вы сказали вчера, что вылетевшие к Горбачеву лица были его доверенными людьми и было принято решение об отключении у него связи. А 30-го сказали, что президент не был изолирован. Была или не была изоляция? Отключали его связь и охрану?

Крючков: Как таковой изоляции не было. Вся личная охрана была у него и ему подчинялась. Что касается его связи, то ее отключили, чтобы он три дня оставался в тени. Хотели сохранить его имидж. И чтобы Запад не знал, что в стране действительно происходит.

Прокурор: Вы можете пояснить, какие статьи закона нарушил Горбачев? Вы говорили о сползании страны...

Крючков: Могу сказать. Во-первых, есть круг вопросов, когда надо знать мнение народа. И 17 марта 91-го был проведен референдум. Больше 70 процентов населения высказалось за сохранение Союза. Нарушить эту волю народа правители могли, если бы получили какое-то подтверждение изменения этой воли. Иначе это нарушение закона. Второе: Министерство внутренних дел давало сведения, что к середине 91-го года была полностью разрушена система внутренних связей, когда на местах не подчинялись центру. Взрыв преступности. В экономике разруха. Разве это нормально, чтобы, когда приехал канцлер Коль, Горбачева не пустили в Киев, куда он хотел поехать с гостем? И еще момент. По всем показаниям к лету 91-го проблема суверенизации зашла так далеко, как никто из руководства не рассчитывал. Причем проблема суверенизации достигла остроты не только у нас, в России, но и в республиках. Это нарушение закона. Удар по Союзу, что резко сказалось на вертикальных и горизонтальных связях. Совет Министров оказался не в состоянии влиять на процессы. С ликвидацией Госплана были нарушены плановые начала.

Прокурор: То, что вы сейчас перечислили, находило отражение в указах президента Горбачева? Скажем, развал Союза, кризис в экономике?

Крючков: Все было понятно — практика, линия Горбачева, его бездеятельность. Он неадекватно реагировал на наши справки, информацию на заседаниях Совета Безопасности.

Прокурор: Это бездействие в документах отражалось? Имело правовую оболочку?

Крючков: Если посмотреть решения Верховного Совета, Совета Обороны, сессий, то у Горбачева было много пищи для размышлений. Я уж не говорю о наших материалах. Не только от наших людей — разведки, КГБ, но и от радиоперехвата было ясно, что Союз находится на грани опасности.

Прокурор: Вы говорили, что совещание в Кремле было в кабинете Янаева, потом — что в кабинете Павлова. А где точнее?

Крючков: Я думаю, что все же в кабинете Павлова. Мне вначале показалось, что это в кабинете Янаева, а фактически у Павлова.

Прокурор: Вы считаете, что появление Лукьянова на совещании было неожиданным?

Крючков: Почему же неожиданным? Мы ничего не делали тайно.

Прокурор: Он появился на совещании до приезда вашей группы из Крыма или после?

Крючков: Не могу сказать.

Прокурор: Я понял, что в кабинете уже были люди. Его кто-то информировал о совещании?

Крючков: Я не информировал. А кто-то другой — не знаю.

Прокурор: Обсуждался вопрос о включении Лукьянова в ГКЧП?

Крючков: Лукьянов был в другом качестве. Он представлял законодательную власть.

Судья: Шла речь о его кандидатуре?

Крючков: Не могу сказать.

Прокурор: Обсуждалась дата сессии Верховного Совета СССР?

Крючков: Не могу сказать. Но мы делали все, чтобы она скорее состоялась. ГКЧП был заинтересован, чтобы она скорее началась. Нам сообщили, что она состоится 26 августа. ГКЧП не мог обсуждать этот вопрос.

Прокурор: Какие вопросы обсуждались при Лукьянове?

Крючков: Сейчас трудно вспомнить. Анатолий Иванович слышал основную информацию. Позиция в отношении Союзного договора им была сформирована раньше.

Прокурор: Он высказывал сомнения в отношении конституционности ГКЧП?

Крючков: Я уже сказал, вы переходите в другую плоскость. Это касается уже Анатолия Ивановича.

Прокурор: Когда в Кремле шло совещание, знал Лукьянов или кто-то другой об отключении связи у Горбачева?

Крючков: Да, вероятно.

Прокурор: Кто-то — скажем, Лукьянов, Янаев — обращался к вам с просьбой связаться с Горбачевым?

Крючков: Не припомню.

Прокурор: От кого исходила инициатива документов ГКЧП?

Крючков: Не могу ответить.

Прокурор: Из ваших показаний: «Ссылка на здоровье президента была надуманной версией. Документы медицинские были подготовлены». Эти документы добывались с помощью КГБ?

Крючков: Насчет «добывались» я бы не сказал. Мы не запрашивали такие документы. Их я не видел. Но кто-то мог проявить интерес к здоровью Михаила Сергеевича.

Прокурор: Когда встал вопрос, что нужен документ о его здоровье, вы знали об этом? И они уже были подготовлены?

Крючков: Таких документов не было заранее подготовлено.

Прокурор: Щербаткину и другим врачам было подсказано подготовить медзаключение с усилением диагноза?

Крючков: С усилением диагноза? Это совершенно исключено.

Прокурор: Когда вернулась группа из Крыма, какова была роль Плеханова на вашем совещании?

Крючков: В Кремле он не выступал. Не помню, чтобы он что-то говорил. Докладчик он неважнецкий. Устал, после 12 ночи уехал.

Прокурор: Павлов все время находился на совещании?

Крючков: Я уходил с совещания, был занят тремя ЧП, которые произошли в то время в стране.

Прокурор: Вопрос о приведении ряда войск в повышенную боевую готовность. Из вашего приказа: «Утром 19 августа Крючков отдал приказ о вводе войск и группы разведчиков в Прибалтику. На базе Витебской дивизии использовать группу разведчиков КГБ». (Ссылается на номер распоряжения 7262). Какое участие в этой работе принял Петровас?

Крючков: Петровас... Такой был, ему отдавался приказ о передислокации отдельных подразделений.

Прокурор: Уточните, чем объясняется эта мера. Не с целью введения режима чрезвычайного положения в Прибалтике?

Крючков: Не с этой целью. ЧП вводилось только в Москве.

Прокурор: Эти действия превышали ваши полномочия?

Крючков: Они были в сфере моих полномочий.

Прокурор: Вы отдавали приказ оцепить Кремль и Манежную площадь?

Крючков: Эти меры были приняты по моему прямому указанию.

Прокурор: По материалам дела этот приказ отдавал Плеханов.

Крючков: Возможно. Он отвечал за охрану Кремля. Но, видимо, все же отдал приказ Петровас.

Прокурор: Была ли команда батальонам двинуться в район гостиницы «Украина»?

Крючков: Если в районе Белого дома что-то выдвигалось, то я этого не помню. У Белого дома было меньше батальона.

Прокурор: Информация о событиях в Москве умышленно преувеличена Акаеву в Киргизию, в Белоруссии, на Украине?

Крючков: Отвергаю — «умышленно». Решения о какой-то специнформации не было. Акаев вышел на меня сам, так как решал вопрос о председателе службы безопасности на Байконуре. Что касается Украины, то и Кравчук вышел на меня сам. У него был в то время Варенников. Была информация о неспокойной обстановке в Тернопольской и Львовской областях, а в других — все было спокойно. И разговор был спокойный, проблем не было. Только насчет Белоруссии вызывали беспокойство приграничные районы. Но я предлагал не торопиться. Так и вышло. ЧП ввели только в Москве, а в других местах вводить не следовало.

Прокурор: Высказывал кто-либо из руководителей этих республик негативное отношение к введению ЧП в Москве?

Крючков: Как помню, не высказывали недовольства. Только Кравчук говорил о взвешенных мерах. Акаев говорил о Байконуре. Белоруссия — как я сказал.

Прокурор: Следующий пункт обвинения: «Крючков 19 августа действовал неправомерно с введением ЧП в Москве. На пресс-конференции даны извращенные сведения».

Крючков: Как я говорил, действия шли в режиме ЧП.

Прокурор: Кто присутствовал на совещании 19 августа?

Крючков: Насчет пресс-конференции вопрос решался в ночь на 19-е. Кто участвовал? Янаев, Язов, Крючков, Пуго, Тизяков, Стародубцев, Бакланов. Болдин был болен. Павлов заходил на короткое время. У него было заседание кабинета министров в то время, когда шло заседание ГКЧП.

Прокурор: Кто выступал?

Крючков: Бакланов, Язов, я, конечно, кто-то еще.

Прокурор: Какие-то указы подписывались? О введении ЧП?

Крючков: Да, подписывали.

Прокурор: Указ номер 2 о средствах массовой информации?

Крючков: Да, подписывали.

Прокурор: Был определен состав участников пресс-конференции?

Крючков: Да. Тизяков, Стародубцев, Пуго. Я второй год смотрю эту пресс-конференцию.

Прокурор: Что было предопределено?

Крючков: Приостановка газет и поток их, чтобы не дестабилизировали обстановку.

Прокурор: В связи с чем решили провести эту пресс-конференцию?

Крючков: Чтобы восстановить стабилизацию, успокоить людей.

Прокурор: Чем определялся круг лиц?

Крючков: Люди, которые представляли широкий спектр. Мы хотели охватить разные интересы.

Прокурор: Кто на этом заседании выступал и что говорил?

Крючков: Я, Пуго. Не помню еще кто.

Прокурор: Насчет пресс-конференции. Ее мог услышать Горбачев и действовать. Как вы его действия просчитывали?

Крючков: Да, мы действительно думали, что он ее прослушает. Но 18,19,20 августа он смотрел веселые кинофильмы. И по его заказам было ясно, что это не было проявлением шока или близкого к нему состояния. Он использовал свою тактику для самосохранения.

Прокурор: Чем он заслужил такой имидж, чтобы сохранить его как президента?

Крючков: Это интересный вопрос. Его имидж был уже очень низкий среди советских людей. А на Западе я не знаю такого человека, которого так пышно встречали. Котировка его имиджа была очень высокой. Мы должны иметь в виду эту раздвоенность, когда говорим о его имидже. Но фактически он уже был отработанный пар, битая карта.

Прокурор: Вы были депутатом Верховного Совета. Как у депутата, в чем ваше критическое отношение к Горбачеву выражалось?

Крючков: Депутатом Верховного Совета был до 1989 года. Это лучшее время в моей жизни. Я был депутатом Белоруссии. Это одна из порядочных республик. Народ высокой нравственности и культуры. Как председатель госбезопасности, я занимал критическую и острую позицию в отношении Горбачева. Если бы довел ее до конца, не было бы такого результата. Когда Горбачев в мае 91-го года должен был ехать в Совет Безопасности, я сказал: «Вас дезинформируют. Запад не даст вам ни 300, ни 400 млрд долларов. А даст не больше полутора. Нас это не спасет». Ему это не понравилось. Он не дал нам свой доклад, предназначенный на Совет Безопасности. Уже тогда у нас не было коллективного руководства. У нас не было возможности выступать открыто на пленумах. Только в отношении Ельцина выступали остро. А к призыву «оседлать процесс» не прислушались. Это неверное отношение к демократии. Ее надо защищать. А председателем Комитета я стал позже. До того был начальником разведки. В 1990 году я понял, что страна катится. Я попросил у Горбачева разрешения уйти в отставку. Он возражал. Летом 1991-го через Болдина еще раз попросился в отставку. Три раза просился. Горбачев сказал: «Потерпи, в конце года уйдешь в отставку». Я видел, что делает российское руководство, ко мне приходили другие люди. Видел, что делается.

Судья делает гособвинителям замечание: надо четче формулировать вопросы.

Прокурор Денисов: О пресс-конференции. Обсуждали вопрос о вашем участии в ней?

Крючков: Для добровольцев препятствий не было. Но мне казалось, что при том составе мое присутствие необязательно, так как они вполне справились с обязанностями.

Прокурор: Каково было мнение народа после пресс-конференции и как вам об этом доложили?

Крючков: Было мало времени для анализа. Но на всех уровнях народ отнесся к ней спокойно. Сохранялось спокойствие. Только в Ленинграде прошли митинги в 40—45 тысяч человек. Я разговаривал с Собчаком и сказал: главное, сохранять спокойствие и порядок. На конец августа 91-го года в манифестациях участвовало не больше 150—160 тысяч человек. У них был большой нажим на решительные действия. А насчет Белого дома — там были активно действующие, любопытные и отрицательно настроенные люди.

Прокурор Фадеев: 19 августа в решении о вводе ЧП в Москве принимал участие Павлов?

Крючков: Не помню.

Прокурор: Каково было его состояние?

Крючков: Судя по его реакции, у него был гипертонический криз.

Прокурор: Ему предлагали участвовать в пресс-конференции?

Крючков: Не помню.

Прокурор: Принимали решение 19 августа о создании штаба?

Крючков: Да. Его возглавили Бакланов и Грушко от КГБ.

Прокурор: По чьему решению?

Крючков: Коллективное решение.

Прокурор: Глушко вошел по вашему указанию?

Крючков: Да, без моих указаний он не мог войти в штаб.

Прокурор: Какие задачи он должен был выполнять?

Крючков: Все было скоротечно, мало времени. Создали 19-го или 20-го, и тут же все действия прекратились...

Адвокат Падва, защитник Лукьянова, делает заявление об ухудшении состояния здоровья своего подзащитного с целью переноса заседания.

Перерыв в судебном заседании.

ЧАСТЬ 4

СУДЕБНОЕ ЗАСЕДАНИЕ ВЕРХОВНОГО СУДА РОССИЙСКОЙ ФЕДЕРАЦИИ

03.12.93 г. Продолжение допроса Крючкова Владимира Александровича

Председательствующий зачитывает «Заявление состава суда Военной коллегии Верховного суда Российской Федерации»:

«По сообщениям Интерфакса, Генеральный прокурор РФ А. Казанник в интервью 1 декабря с. г. расценил производство в Военной коллегии Верховного суда РФ по делу о ГКЧП как фарс, сославшись на то, что по различным причинам суд не собирался на свои заседания почти 4 месяца, а освобожденные из-под стражи подсудимые имеют возможность заниматься политической деятельностью.

Это высказывание Генерального прокурора расценивается всем составом суда как явное проявление неуважения к суду и как попытка публичного давления на него с целью ускорить разбирательство дела вопреки процессуальным нормам, а также побудить Военную коллегию определять меру пресечения подсудимым по политическим мотивам.

Состав суда отвергает любые попытки давления на него, заявляет о безусловной приверженности закону и оставляет за собой право на защиту своей чести и достоинства от подобных высказываний в установленном порядке.

А. Уколов (Председательствующий)
Ю.Зайцев,
П.Соколов
3 декабря 1993 года».

Продолжается рассмотрение вопроса о средствах массовой информации в период августовского путча 1991 года.

Прокурор: Кто принимал решение о трансляции пресс-конференции?

Крючков: Это могло сделать само ТВ.

Прокурор: Вам предъявлено обвинение по поводу телеграммы, которая была послана насчет введения комендантского часа. В ваших показаниях этот вопрос не отражен.

Крючков: Такая телеграмма была. Это объясняется обстоятельствами дела. Когда решался вопрос о введении комендантского часа, возражений не было. Это практика ЧП.

Прокурор: Кто присутствовал 20 августа на совещании, кроме членов ГКЧП?

Крючков: Все члены ГКЧП. Кроме Павлова. Вы назовите фамилии.

Прокурор: Прокофьев был? (Бывший первый секретарь МГК).

Крючков: Вроде был.

Прокурор: На совещании какие вопросы рассматривались?

Крючков: Вопросы работы оперативной группы по сбору информации. Кроме такой работы, другой у нее не было.

Прокурор: На совещании ставился вопрос о создании московского правительства?

Крючков: Не ставился. Это миф. Были контакты с Поповым (в то время мэр Москвы), с Лужковым. По хозяйственным вопросам. Но вопрос о правительстве не обсуждался и не вставал.

Прокурор: А готовились документы на этот счет?

Крючков: Прокофьев внес ясность, что вопроса о создании московского правительства или документов не было.

Прокурор: Фамилия Никольский вам говорит что-то в связи с созданием нового исполнительного органа?

Крючков: Никольский — заместитель московского правительства, и сейчас я не помню, что с ним что-то было связано.

Прокурор: Вам предъявлено обвинение, что 20-го вечером вы проигнорировали указ президента Российской Федерации за номером 59/63, сочли его недействительным. И закрыли радиостанцию.

Крючков: Этот указ тогда квалифицировался недействительным, так как ничего не было ясно. Янаев представлял союзную власть. Решение закрыть радиостанцию объяснялось тем, что ее работа вызывала беспорядки. Меры по ее закрытию были оправданны.

Прокурор: Кто 20-го присутствовал на совещании?

Крючков: Все члены ГКЧП. Назовите фамилии, кто вас интересует?

Прокурор: Кравченко был?

Крючков: Вроде был.

Прокурор: Записка за номером 16/26 вам что-то говорит?

Крючков: Документов за полторы тысячи, не упомнишь всех.

Прокурор: Совместно с Кравченко вы представляли какое-либо письмо членам ГКЧП?

Крючков: Да, но готовился документ в радиокомитете, за подписью Кравченко и Крючкова.

Прокурор: Его содержание можете сказать?

Крючков: Нет. Но письмо и содержание в нем были необходимы.

Прокурор: В нем говорилось о прекращении трансляции некоторых каналов, об их закрытии.

Крючков: Да. Речь шла о радио «Эхо Москвы», да и то на несколько часов.

Прокурор: Содержание письма встретило возражение? Принимали постановление о прекращении трансляции?

Крючков: Да, речь шла об этом.

Прокурор: Обсуждали письмо Кравченко?

Крючков: Не помню.

Прокурор: Вы ввели достаточно жесткую цензуру на средства массовой информации и радиотелевещание.

Адвокат возражает, так как гособвинитель цитирует обвинительный акт. Судья его поддерживает и предлагает не использовать обвинительный материал, а четче ставить вопросы.

Прокурор: Кто предпринял конкретные меры, чтобы ограничить выход средств массовой информации? Конкретно?

Крючков: У нас разные понятия о жесткой цензуре. Когда бьют по ТВ из пулеметов и тяжелой технике, это действительно жесткая цензура. Или похлеще. А «Эхо Москвы»... Было решено приостановить ее действия, так как в эфире звучали подстрекательские призывы выйти на улицы, строить баррикады. Меры по ограничению таких подстрекательств — это не жесткая цензура.

Прокурор: Кто закрыл газеты и радиостанцию? Иного решения не было?

Крючков: Прийти и их прихлопнуть, что ли?!

Прокурор: Кто конкретно это решение принимал?

Крючков: Было принято решение. Но силового приема — прийти и разбить в типографиях станки не было.

Прокурор: От кого поступило это указание?

Крючков: Не от КГБ, а от соответствующего органа, министерства.

Прокурор: Конкретно, от кого и какого министерства?

Крючков: Тогда было соответствующее министерство.

Прокурор: Кто настаивал на принятии решения закрыть газеты, радио?

Крючков: Не без моего ведома, и я был согласен.

Прокурор: Ваши работники были в редакциях?

Крючков: Они работали в обычном режиме. Цензурой не занимались.

Прокурор: Делалось тонко, программы были изменены.

Судья: Вы можете сказать, что в этом вопросе предпринималось от вас?

Крючков: Высокий суд, мне трудно вспомнить, что делалось в режиме обычной профессиональной работы.

Судья: К исполнению этого решения ваше ведомство имело отношение?

Крючков: Нет, я принимаю решения.

Прокурор: Ваши сотрудники выезжали, где-то прослушивали эфир?

Крючков: Это обычная работа, поиск в эфире враждебных станций. Да и сейчас тот же режим.

Прокурор: Кто конкретно этим занимался?

Крючков: Я затрудняюсь ответить. Может, мои заместители. Грушко может дать пояснения.

Прокурор: Письменный указ об ограничении деятельности средств массовой информации от вас исходил?

Крючков: Не помню. Разве что письмо Кравченко.

Прокурор: Это что, Кравченко сам по себе действовал?

Крючков: Я думаю, что руководил, отдавал приказания Кравченко.

Прокурор: Не понял. Кравченко не действовал сам по себе, а руководил?

Крючков: Слишком был короткий срок. Может, дней через 5—6 и давали бы ему указания...

Прокурор: Ваши сотрудники докладывали вам о том, что происходит?

Крючков: Нет, я получал сводки ТАСС.

Прокурор: Вы как-то реагировали на поступавшую информацию?

Крючков: Я учитывал всю информацию. Средства массовой информации должны действовать не на эмоциях. А их эмоции распирали. Особенно беспокоило «Эхо Москвы» своим подстрекательским характером.

Прокурор Данилов: Кто и каким образом реализовал комендантский час?

Крючков: Это скорее военный вопрос. Дело до полной его реализации не дошло. Начался вечером 20-го, а в ночь на 21-е кончился.

Прокурор: Члены ГКЧП поручали кому-то этим вопросом заниматься?

Крючков: Нет, так как это не их компетенция, а военных органов.

Прокурор: В своих показаниях от 30 ноября 91-го года вы коснулись плана захвата Белого дома. Когда возник вопрос о походе на Белый дом?

Крючков: На заседании этот вопрос не обсуждался. Я повторю свои показания от 30 ноября 91-го года.

К нам поступили сведения, что из Белого дома стреляют. Там стоял танковый батальон. Днем Язов, Янаев, Пуго, Крючков собрались и обсудили это. И вариант по разоружению этих людей отпал. На совещании этот вопрос не обсуждали. Довели до сведения Ельцина, Бурбулиса, Силаева. План захвата Белого дома — миф.

Прокурор: На совещании Язова—Пуго—Крючкова ставился вопрос о задержании Ельцина?

Крючков: Насчет задержания Ельцина. Он 19-го выехал из Архангельского. Мы могли его задержать. А сделали трассу безопасной. Это абсурдное предположение о его задержании.

Прокурор: С Ельциным кто должен был профилактически беседовать?

Крючков: Павлов, Бакланов.

Адвокат заявляет протест по поводу того, как недопустимо идет допрос: его клиента перебивают.

Судья просит уточнять вопросы.

Прокурор: Уточнение: Павлов беседовал с Ельциным?

Крючков: Павлов заболел.

Прокурор: Когда Павлов заболел? Уже все было подготовлено — машины... Что за диагноз у Павлова?

Крючков: Я не знаю, я не врач.

Прокурор: Кто из ваших работников разрабатывал план «Гром»*?

Крючков: Агеев, первый зам Карпухин, начальник подразделения. Почему Агеев? Это его право, кого взять.

Прокурор: Где разрабатывался?

Крючков: В Министерстве обороны.

Прокурор: А в КГБ?

Крючков: Возможно, не обсуждали этот план в комитете...

Прокурор: Вы знакомы с этим планом?

---

* Имеется в виду план захвата Белого дома и ареста Ельцина.

Крючков: Я его не видел. Агеев как такового плана не показывал. В 5—6 вечера мы отказались от этого плана.

Прокурор: Что предусматривалось этим планом?

Крючков: Я его не видел. Если бы у Белого дома обстановка накалилась, план был бы осуществлен. Речь до этого не дошла. Если бы вечером обстановка накалилась, то было бы совещание на высоком уровне. Это раз. И на ГКЧП — два. «Гром» — это утка, которую раздувала пресса.

Прокурор: Причина отказа от этих мер?

Крючков: Ни у кого не было желания проводить это мероприятие. Белый дом — это государственная структура. И обстановка не диктовала. От этого варианта отказались.

Прокурор: А кто отказался?

Крючков: Плана как такового не было

Прокурор: Агеев, Шибаршин в этом вопросе с вами контактировали?

Крючков: Агеев — мой зам. Шибаршин — начальник разведки. Шибаршину я сказал: никаких операций в Белом доме не будет и вариантов нет. А плана как такового не было.

Прокурор: Создается впечатление, что вы были как бы изолированы. Но в материалах дела иное. В т. 3, л.д. 47: «Вопрос о Белом доме возник 20 августа. Кто назвал его операцией «Гром», не знаю». В т. 2, л.д. 43 от 11.09.91 ваши показания: «20 августа встал вопрос, как быть с Белым домом. В КГБ Агеев и Карпухин — от меня. 20 августа ехал к зданию парламента лично, чтобы оценить обстановку». 17—26.12.91 г., т. 3, л.д. 205—208: «Вопрос о применении сил воздействия возник 20 августа. У КГБ—МВД—Минобороны возникла мысль о разоружении Белого дома».

Прокурор: Нам нужна конкретика, чтобы определить — виновны вы или нет, — поэтому выясняем.

Крючков: Конкретные лица, у кого возникла такая мысль: я, Пуго, Язов.

Судья: Вы в своих показаниях применительно к этим событиям в предварительном следствии прямо говорили, что дали указания тому и тому. И обязанность прокуратуры и суда установить, есть тут противоречия или нет.

Крючков: Мы созвонились — Язов, Пуго и Крючков из безопасности. Дал указание Агееву и Карпухину, если возникнет опасная ситуация и обстановка, съездить туда. Мы решили реально этой мысли не отрабатывать, и она отпала. Я полностью подтвердил, что говорил на предварительном следствии.

Прокурор Денисов: Был план «Гром» или нет?

Крючков: Не хочу перекладывать ответственность на членов Министерства обороны. Был план в письменном виде или нет? Я его не видел. Была мысль. Очень часто возникали ситуации, когда прорабатывалась какая-то идея, но операции не следуют. И высшему руководству не докладывают.

Перерыв в судебном заседании.

Судья: Есть еще вопросы?

Прокурор: Решил к вам приставать. План не план, как назвать — не важно. Какие войсковые соединения решалось предположительно задействовать для разоружения Белого дома?

Крючков: Я должен пояснить, чтобы не было досадного непонимания. Я и Язов не заслушивали такой информации. Плана операции мы не заслушивали. Какие-то войсковые соединения мы бы задействовали. Но не хочу сбивать с толку.

Прокурор: А ваши кагэбешники?

Крючков: Их нет, но предположительно — «Альфа», немного войск было бы задействовано, под Москвой одно соединение. То есть какая-то часть войск была бы задействована. Но очередь не дошла.

Прокурор: Мы анализируем ваши записи, но нет конкретики. Вы хаете Горбачева все время. Нам нужно конкретно, чтобы оценить вас, Владимир Александрович.

Судья: Точнее формулируйте вопросы.

Прокурор: Вы с какими-то людьми встречались, обсуждали вопросы?

Крючков: Если мои высказывания о Горбачеве оценивать как охаивание, это не подходит. Я к этому человеку относился критически. А мои эмоции очень облегченны, не отражают всей сути. Давал задания Агееву, человеку из МВД. Чтобы не занимать время в суде, его и так мало, подтвердить обвинение или его исключить, поясню: у нас не дошла очередь до обсуждения «Грома» на уровне трех силовых министерств. Мы бы там обсудили и приняли решение.

Судья: Заслушивали вы доклад Агеева?

Крючков: Я доклад Агеева даже не заслушивал. Он вернулся из Белого дома часа в 4 утра. И надобность отпала у нас.

Прокурор: Что заставило вас ехать к Белому дому?

Крючков: Чтобы самому посмотреть. Вышел из машины, был с людьми. Меня узнали. Враждебного отношения не было. К самому Белому дому не подъехал. Проехал по Калининскому проспекту и соседним улицам. Никто нигде не стрелял.

Прокурор: Ваши подразделения были задействованы — Московского управления КГБ, по Москве и Московской области?

Крючков: Если бы речь шла о практической операции, то, естественно, были бы задействованы.

Прокурор: С Карпухиным 20-го встречались?

Крючков: В ночь с 20-го на 21-е у меня была группа товарищей, и там был Карпухин. Операция была отменена за несколько часов. Сама жизнь привела к этой мысли. И операция отпала.

Прокурор: Какие товарищи?

Крючков: Громов, Ачалов, Варенников. Заходили Агеев, Грушко.

Прокурор: Зачем? Причина?

Крючков: Обменяться мнением об операции — почему отпала мысль. По Москве все нагнетали психоз, что операция начнется в 2 часа, 3 часа, 4 ночи. Якобы будет операция.

Прокурор: Как протекал разговор?

Крючков: Обменялись мнением о Москве. Стало ясно, что не нужны меры о чрезвычайном положении. Не надо, нет смысла проводить операцию. Это в час ночи. Все сразу уехали. Звонил Ельцину, Бурбулису.

Прокурор: Товарищи Громов, Ачалов, Варенников и другие — они к вам по своей инициативе заехали или по вашему приглашению?

Крючков: Сами, по своей инициативе. Доложили, что был один выстрел. Я не почувствовал тревоги.

Прокурор: Они сообщили, зачем заехали?

Крючков: Нет, не доложили. Неэтично было их спросить: зачем заехали?

Прокурор: Можно сказать, что кто-то из них был лидером?

Крючков: Я понимаю ваше желание, что я буду выстраивать пирамиду — кто, где. Но все было скоротечно. Шел поиск выхода из ситуации. Громов, кажется, приехал пораньше. Я его знал по Афганистану. Ачалова знал. Варенникова тоже по Афганистану. Это не была группа лиц, которая должна предпринять какой-то демарш. Для обмена мнениями приехали.

Прокурор: Вы сказали, что Громов приехал раньше. Что он вам сказал?

Крючков: Разговор спокойный. Помню, когда речь зашла насчет слухов о часе операции, я бросил мысль, что надо эти слухи развеять. Речь не шла, что операция отсрочена. Вообще все войсковые дислокации не тронуты. Надо лишь развеять слух.

Прокурор: Зачем Громов приехал? Приехал как солдат к солдату? Он что-то просил? Получил от вас?

Крючков: Нет, не просил. Не получил. Главное, что все работали в стране. Вся страна работала.

Прокурор: Кто еще приехал после или до Громова?

Крючков: Он приехал до или после Варенникова.

Прокурор: О чем была с ними речь? Они ведь приехали не потому, что страдали бессонницей. О чем шел разговор?

Крючков: Обменялись мнениями о ситуации. Их приезд объяснялся тем, что у меня обширная информация. Они хотели ее получить от меня, я — от них. Обменялись мнениями.

Прокурор: Что они услышали от вас? Что вы от них?

Крючков: Вот они будут здесь и скажут. Я свою точку зрения навязывать не хочу.

Прокурор: В своих показаниях вы говорили, что в Белом доме было до 100—160 вооруженных людей. Откуда у вас эта информация?

Крючков: Она неполная, поступала из разных сторон. Вокруг и внутри было под 500 вооруженных людей. От военизированных корпоративных до военнослужащих. И нетрезвые, которые подстрекали на беспорядки.

Прокурор: Что это были за люди? Какое впечатление произвели?

Крючков: Я не доехал даже до Садового кольца, развернулся на Калининском проспекте. Это были молодые люди. Враждебности я от них не получил. Разговор не носил какой-то глубокий характер. Для меня главное — я увидел москвичей. И не вражду.

Прокурор: Если я вас правильно понял, решение об отказе от операции было принято не в результате вашей поездки, а на основании обстоятельного анализа ситуации?

Крючков: Часов в 5 вечера 20-го отказались от операции. На этот счет есть показания и Силаева. Звонили Янаеву.

Прокурор: Янаев выступал за опровержение слухов насчет штурма Белого дома?

Крючков: Я с ним говорил. Ему звонили из Белого дома.

Прокурор: Вы давали советы?

Крючков: Я доложил ему, что говорил с Силаевым о том, чтобы опровергнуть слухи о штурме Белого дома.

Прокурор: Было общение с Лукьяновым и разговор о слухах?

Крючков: Возможно. Но он был 21-го.

Прокурор: В связи с болезнью Янаева обсуждался вопрос о его замене как президента?

Крючков: Не обсуждался. Это компетенция Верховного Совета.

Прокурор: Ситуация вокруг Белого дома — это компетенция силовых структур. А другие члены ГКЧП обсуждали ее?

Крючков: Не обсуждали.

Прокурор: Никакого обсуждения?

Крючков: Если бы обсуждали, то было бы решение.

Прокурор Пронин: У вас состав участников совещания: вы, Пуго, Язов. Встречались с другими людьми?

Крючков: Прежде чем ехать на совет в Минооборону, мы у меня обсуждали.

Судья: Когда Пуго, Язов и Крючков решили обсудить вопрос о событиях вокруг Белого дома?

Крючков: Мы не собирались, а созвонились. Встреча была в Минобороне, а в ночь отказались от плана «Гром». Были Ачалов, Громов, Варенников, Агеев, Крючков, позже заехали Бакланов, Шенин. Но они — Бакланов и Шенин — никакого отношения к КГБ и нашему обсуждению не имели. Бакланов был болен, у него постельный режим. Они захватили часть разговора.

Прокурор: Их вызывал кто-то, или они приехали по собственной инициативе?

Крючков: Я не имел полномочий их вызывать. Я их не вызывал. Бакланов — зам. председателя Совета Обороны, Шенин — партия. Я не меняю своих убеждений в отношении к партии. Уже вечером в 5—6 часов сам собой вопрос о штурме Белого дома отпал.

Прокурор: Откуда они могли знать, что вы на работе?

Крючков: Свет горел. Не знаю, были ли вы на работе. Все были. Правда, в ночь на 20-е я отдыхал несколько часов дома.

Прокурор: Откуда вам известно, что от операции отказались? Ваши показания: «В связи с этим возникло несколько вопросов. 21 августа, в этот день утром состоялось совещание ГКЧП».

Крючков: Язова не было.

Прокурор: Ачалов был?

Крючков: Ачалов или Варенников. Не могу сказать.

Прокурор: Что сообщили?

Крючков: Не помню. Был разговор о выводе войск. Тяжелую технику начали выводить 19-го.

Прокурор: Какая реакция была у членов ГКЧП на вывод войск?

Крючков: Я не скажу, что реакция взрывная. Тогда убедились, что обстановка спокойная. Размышляя о прошлом, я пришел теперь к мысли: можно было обойтись без ввода войск.

Прокурор: Неожиданная реакция была у членов ГКЧП на вывод войск?

Крючков: Я спокойно отнесся к этому.

Прокурор: Что вас заставило приехать к Язову?

Крючков: Мы видели, что та сторона готова на кровопролитие. Мы решили, что надо остановиться на любом этапе, чтобы не было кровопролития. Опасность кровопролития заставила пересмотреть все. И поездку в Форос.

Прокурор: Сообщение Ачалова и поездка к Язову сорвали ваши планы?

Крючков: Не думаю, что эти обстоятельства сыграли роль.

Прокурор: Вы уговаривали Язова, что выводить войска нельзя?

Крючков: Это один из мифов. Никто не предполагал вести силовую борьбу. Все вопросы решали мирными средствами. Категорически отвергаю, что я давил на Язова. Это неверная информация, миф.

Прокурор: Кто-нибудь его призывал к силовым действиям?

Крючков: Никто.

Прокурор: Кто были участники совещания у Язова?

Крючков: Я, Тизяков, Прокофьев, Шенин, позже Плеханова пригласили. Позвонили Лукьянову. Он собирался в Форос. Не помню, кто еще.

Прокурор: Плеханов принимал участие в совещании у Язова?

Крючков: У него другие полномочия.

Прокурор: От кого вам известно о намерениях Лукьянова выехать в Крым?

Крючков: Может, от Анатолия Ивановича или от Янаева.

Прокурор: Выехали в Крым к Горбачеву с какой целью?

Крючков: Чтобы объяснить ему обстановку.

Адвокат делает заявление, что в связи с ухудшением состояния его подзащитного нужно перенести заседание на вторник.

Судья: Есть у государственных обвинителей еще вопросы?

Прокурор: У нас один-два вопроса.

Судья: Давайте продолжим.

Прокурор: Вы в своих показаниях ответили на ряд частных вопросов, а сейчас — как резюме. Почему не были реализованы те меры, которые ГКЧП предполагало провести для спасения страны? И кончило тем, чем кончило...

Крючков: Я уже говорил и на первых заседаниях. Больше всего мы боялись кровопролития. Когда обсуждали те или иные вопросы, это было на первом месте. И когда принимали решения. Через кровь не могли идти. До августа 91-го жертвы шли не на сотни и не на тысячи. Когда получали информацию, что где-то погибло 1—2 человека, принимали решения. Чтобы сотни перешли в тысячи жертв, такого не было. У Белого дома речь шла о тысячах. Закрыли газеты, задержали Гдляна... Но решили немедленно кончать, когда речь пошла о крови, жертвах. Общество должно быть готово к восприятию того, к чему идет. Кто тогда предполагал, что к концу года с Союзом будет покончено? Мы не хотели возбуждать народ. Если бы ГКЧП обратился с призывом к манифестациям, беспорядкам, это было бы проведено. Но мы не пошли на это. А другая сторона шла на все. И дальнейшее показало, что она способна на многое. И на кровопролитие.

Прокурор: Вы думали о том, что с вами будет?

Крючков: Решения принимали в соответствии с волей ГКЧП. Судьба каждого из нас в личном плане была на втором месте. Рисковать событиями — это вещь недопустимая. Подход товарищей — преследовали гуманные цели.

Судья: Не меняется ваша позиция, просьба о переносе заседания?

Адвокат: Не меняется, так как подзащитный плохо себя чувствует.

Председательствующий судья объявляет перерыв.

«Новое русское слово». 7, 11, 14 янв. 1994 г.

Содержание

Вынужденное предисловие 5

Часть I
Красный август 8

Часть II
(16 месяцев спустя)
Красный январь 199... года 176

Избранные места из допросов ГКЧП 398

Эдуард Тополь советует:

BEE LINE ME!

Да, по-английски это звучало бы так: «Bee line me!» Но в переводе «Би-лайн мне!» в игре слов теряется флер пчелиного жужжания, и потому я скажу проще:

Я пользуюсь телефонной связью «Би-лайн» не потому, что это самая надежная, удобная, скоростная и приятная система мобильной связи, с помощью которой я из любой точки России могу позвонить куда угодно, даже домой в США.

И не потому, что «Би-лайн» предоставляет дюжину замечательных услуг: переадресовку звонков, голосовую почту, конференц-связь, доступ в Интернет, телебанк, заказ авиабилетов, вызов автотехпомощи, экстренную юридическую помощь, определитель номера вызывающего вас телефона, справочную службу и службу бытовой помощи вплоть до вызова такси, консультаций по вопросам недвижимости, ресторанного рейтинга и доставки продуктов на дом.

И не потому, что «Би-лайн» ввела льготные тарифные планы под нужды любого клиента и посекундную оплату телефонных разговоров, что значительно снижает расходы.

Я пользуюсь сотовой связью «Би-лайн», поскольку мне, как автору политических триллеров, жизненно важна полная уверенность в том, что мои телефонные разговоры никто не прослушивает и не записывает на пленку. Конечно, стопроцентной защиты нет ни от чего, но до тех пор, пока за мной не ездит автобус с подслушивающей аппаратурой и надо мной не летают «Аваксы», вы можете совершенно спокойно позвонить мне по «Би-лайн» и рассказать любые секреты — от государственных до любовных.

Итак, уверенно пользуйтесь сотовой связью «Би-лайн» и говорите всем, как я:

No problem, Bee Line me!

Литературно-художественное издание

Тополь Эдуард

Завтра в России
Роман

Художественный редактор О.Н. Адаскина
Технический редактор О.В. Панкрашина
Младший редактор Е.А. Лазарева

Подписано в печать с готовых диапозитивов 20.12.2000.
Формат 84×108^1/$_{32}$. Бумага типографская. Печать офсетная.
Усл. печ. л. 23,52. Тираж 7000 экз. Заказ 2477.

Налоговая льгота — общероссийский классификатор продукции
ОК-005-93, том 2; 953000 — книги, брошюры.

Гигиеническое заключение
№ 77.99.14.953.П.12850.7.00 от 14.07.2000 г.

ООО «Издательство АСТ».
Лицензия ИД № 02694 от 30.08.2000 г.
674460, Читинская область, Агинский район,
п. Агинское, ул. Базара Ринчино, д. 84.
Наши электронные адреса:
WWW.AST.RU.
E-mail: astpub@aha.ru.

При участии ООО «Харвест». Лицензия ЛВ № 32 от 27.08.97.
220013, Минск, ул. Я. Коласа, 35 — 305.

Налоговая льгота — Общегосударственный классификатор
Республики Беларусь ОКРБ 007-98, ч. 1; 22.11.20.300.

Республиканское унитарное предприятие
«Издательство «Белорусский Дом печати».
220013, Минск, пр. Ф. Скорины, 79. Заказ 114.

Республиканское унитарное предприятие
«Полиграфический комбинат им. Я. Коласа».
220005, Минск, ул. Красная, 23.